STRÖBELE
DIE BIOGRAFIE

Stefan Reinecke

STRÖBELE
DIE BIOGRAFIE

BERLIN VERLAG

Mehr über unsere Autoren und Bücher: www.berlinverlag.de

FSC
www.fsc.org
MIX
Papier aus verantwortungsvollen Quellen
FSC® C014496

ISBN 978-3-8270-1281-4

Umschlaggestaltung: ZERO Werbeagentur, München
Typografie: Birgit Thiel, Berlin
Gesetzt aus der Garamond Monotype und der Linotype Univers
Druck und Bindung: GGP Media GmbH, Pößneck
Printed in Germany

Für Karin,
Manuel und Luis

Inhalt

Kapitel 1

KINDHEIT UND JUGEND
1939 BIS 1960

1945: Ein Ende, ein Anfang. Und viel vom Gleichen

»Ihr müsst auf mich warten.«
Christian Ströbele zu
Spielkameraden, Schkopau, 1945

Im Jahr 1944 ist Christian Ströbele fünf Jahre alt. Er wohnt mit seiner Familie, zwei Schwestern und einem kleinen Bruder, in einer Werkssiedlung der IG Farben in Schkopau. Das Haus in der Oppaustraße ist geräumig. Der Vater Rudolf, der in der Familie Rolf heißt, arbeitet in dem kriegswichtigen Buna-Werk als hochrangiger Chemiker. Ein paar Häuser weiter wohnt Wilhelm Biedenkopf, technischer Direktor des Buna-Werkes, mit seinem Sohn Kurt, dem späteren CDU-Politiker. Es ist das bessere Viertel der Siedlung. Ströbeles Haus liegt an einem offenen, weiten Feld.

Der Krieg rückt langsam näher. Das Buna-Werk in Schkopau und vor allem das Leuna-Werk im zehn Kilometer entfernten Merseburg sind äußerst attraktive militärische Ziele für die Alliierten. Denn die deutsche Kriegsmaschinerie braucht den synthetischen Kautschuk und das synthetische Benzin, die dort produziert werden. Im Mai 1944 bombardieren 800 US-Flugzeuge das Leuna-Werk und werfen dabei 1700 Tonnen Sprengstoff ab – mit Erfolg. Sie machen das Hydrierwerk dem Erdboden gleich. Nach dieser Angriffswelle war der Krieg »produktionstechnisch verloren«, schreibt Albert Speer, Organisator der NS-Kriegsindustrie, später in seinen Erinnerungen. Die Bombergeschwader der US Air Force und des britischen Bomber Command fliegen ab 1944 zwanzig Großangriffe auf die Leuna-Werke. Am 28. Juli 1944 ist der Lauchagrund, vom Wohnhaus der Ströbeles nicht einmal zwei Kilometer entfernt, übersät mit Bombenkratern.

Der Vater Rudolf Ströbele in der Siedlung in Schkopau, 1941/1942. Im Hintergrund in Uniform Schwager Herbert Zimmermann, der später als die »Stimme von Bern« Fußballgeschichte schreiben wird.

Wenn nachts die Sirenen heulen, fliehen die Ströbeles zu Nachbarn in den Keller. Später suchen sie bei Fliegeralarm den sicheren Werksbunker auf, der weiter entfernt liegt. Der Vater nimmt Christian und den Jüngsten, Herbert, auf dem Fahrrad mit. Helga, eineinhalb Jahre älter als Christian, fährt allein mit dem Rad. Christian schaut oft fasziniert in den Himmel auf die »Christbäume« – so tauft die deutsche Zivilbevölkerung jene an Fallschirmen befestigten Leuchtmittel, mit denen die Alliierten für nachfolgende Verbände markieren, welches Terrain schon bombardiert wurde.
Im Laufe des Jahres 1944 schicken die Ströbeles die drei jüngeren Kinder – Christian, damals fünf Jahre alt, Gudrun, eineinhalb Jahre

jünger, und Herbert, noch ein Kleinkind – sechs Monate lang mit Kindermädchen Toni auf den Bauernhof der Großeltern in den Odenwald. Weil dort weniger Bombenangriffe drohen. Sechs Monate ohne die Eltern. Mag sein, dass Christian Ströbeles lebenslange Liebe zum Odenwald und zu dem auch nach Jahrzehnten spartanisch eingerichteten Holzhaus in diesem halben Jahr 1944 wurzelt.

Die Ströbeles haben Glück. Ihr Haus in Schkopau bleibt unbeschädigt, auch als ab November 1944 die alliierten Geschwader das Buna-Werk bombardieren. Niemand wird verletzt. Selbst nicht, als tagsüber Bomben fallen und 1945 Zivilisten vor den MG-Salven der Tiefflieger in Deckung gehen.

Christian begreift nicht so recht, dass Krieg Gefahr bedeutet. Dies wird ihm erst im Frühjahr 1945 bewusst, als der Krieg in Schkopau schon fast vorbei ist. Er hat in der Siedlung viele Kameraden, mit denen er oft in der Nähe seines Elternhauses spielt. Die Ströbeles haben einen Garten, verlockend ist das freie Feld hinter dem Haus. Die Jungs sammeln gern Munition, die sie irgendwie explodieren lassen. Im Mai 1945 finden sie auf dem Feld ein besonders vielversprechendes Exemplar. Christian will unbedingt dabei sein, wenn sie das Objekt untersuchen. »Ihr müsst auf mich warten«, sagt er seinen Freunden. Er muss erst kurz ins Haus, aufs Klo. Als er dort ist, hört er einen lauten Knall. »Gemein, jetzt haben die das ohne mich aufgemacht«, denkt er.

Als er wieder nach draußen will, um weiterzuspielen, hält ihn seine Mutter zurück. Ein Spielkamerad von ihm ist tot, zerfetzt von der Granate, mit der er hantierte. Als Schwester Helga nach Hause kommt, sieht sie auf der Wiese hinter dem Elternhaus eine Art Prozession. Das tote Kind ist in eine Decke gehüllt, der Vater trägt es auf den Armen, gefolgt von stummen Erwachsenen, stummen Kindern.

Diese Szene ist ein Schock, Einbruch von Gewalt und Tod in die Welt des Spiels. Aber sie ist auch eine Metapher für das Glück, das die Ströbeles 1945 haben. Dass Christian noch einmal schnell ins Haus muss, ehe die Granate genau in Augenschein genommen wird, ist ein Sinnbild. Die Ströbeles umschiffen 1945 fast alle existenziellen Bedrohungen, nicht nur, aber auch per Zufall.

Das Kriegsende verläuft in Schkopau recht glimpflich. Christian fällt auf, dass sich etwas verändert: Im Radio fehlen die täglichen Berichte über die Siege und heroischen Rückzüge der Wehrmacht. Am 13. April 1945 besetzen US-Truppen das Buna-Werk. Rudolf Ströbele, Betriebsleiter der Butoldestillation, ist an der Übergabe an die Alliierten beteiligt. 1983 hat er seine Erinnerungen an diesen Tag fixiert.[1] Die Zwangsarbeiter wohnen in einem Lager zwei Kilometer nördlich von dem Wohnhaus der Ströbeles und direkt beim Werk. Die Zwangsrekrutierten aus ganz Europa (insgesamt 17 000 in der Zeit von 1939 bis 1945) beginnen, laut Rudolf Ströbeles Erinnerung, zu plündern.

Rudolf Ströbele sucht, im Auftrag von Betriebsleiter Carl Wulff, Kontakt zu den US-Soldaten. Die Fremdarbeiter, sagt er, drohen das Werk zu stürmen. Die GIs zucken die Achseln – und halten es nicht für den Job der US-Armee, die deutsche Werkselite vor der Rache der verschleppten Franzosen, Tschechen und Niederländer zu schützen. Doch Ströbele insistiert. In dem Werk gebe es hochexplosives Material, das bei Plünderungen hochgehen könne. Außerdem könnten die Arbeiter nicht mehr versorgt werden, wenn das Werk geplündert wird. Das leuchtet den GIs ein. Die US-Besatzer sind für die Ströbeles, wie sich bald zeigt, ein Glücksfall. Die Naziflagge, die die Ströbeles im Haus haben, wird nicht mehr gebraucht. Mutter Gabriele, talentiert im Umgang mit Stoffen, näht aus dem Hakenkreuztuch im April 1945 rote Turnhosen für die Kinder.

Mehr als sechs Millionen Deutsche sterben im Zweiten Weltkrieg – davon fünf Millionen Soldaten. In den Familien fehlen Väter, Söhne, Onkel. Den Krieg, den viele deutsche Familien als Ruin oder Gewaltexzess erleiden, erleben die Ströbeles, abgesehen von

Bombennächten in Schkopau und der Granate, die im Mai 1945 unweit ihres Hauses explodiert, geschützt wie durch einen Kokon. Sie werden nicht ausgebombt und nicht vertrieben. Der Vater muss nicht an die Front. Die Familie selbst erlebt keine Vergewaltigungen, keine Plünderungen. Es gibt keinen nahen, auch keinen fernen Verwandten der Ströbeles und Zimmermanns – so der Mädchenname der Mutter –, der im Krieg getötet wird.

Rudolf Ströbele gehört zur technischen Intelligenz, die die US-Armee schon im Frühjahr 1945 keinesfalls unter Stalins Herrschaft wissen will. Im Juni packen die Ströbeles ihre Sachen. Jeder darf einen Koffer mitnehmen – mehr nicht. Lastwagen der US-Armee bringen die Elite des Werkes, die Chemiker und Ingenieure, die zwei Monate zuvor noch für den deutschen Endsieg gearbeitet haben, in die amerikanische Besatzungszone ins hessische Rosenthal. In den Erinnerungen der Kinder erscheinen die GIs wie Märchenfiguren. Helga Reindel, Christian Ströbeles ältere Schwester, damals sieben Jahre alt, erinnert sich an eine Szene, die aus einem Film stammen könnte. Die GIs schenken den Kindern Schokolade und Kaugummi. Besonders begeistert sind die farbigen Soldaten von Herbert Ströbele, dem zweijährigen Bruder, und von dessen blondem, wuscheligem Haarschopf. Christian Ströbele schwärmt heute noch von Carepaketen, die ein paarmal aus den USA kamen. Und von der Hershey's-Schokolade darin. Rudolf Ströbele bekommt schon Anfang der 50er-Jahre, nach einigem Hin und Her wegen seiner NSDAP-Mitgliedschaft, ein Visum für eine Geschäftsreise in die USA.

Die Ströbeles ziehen erst ein paar Monate in den Odenwald auf den Bauernhof, den der Großvater Franz Ströbele zu dieser Zeit bewirtschaftet. Christian geht dort ein paar Wochen zur Schule. Dann machen sie sich auf nach Marl am Rand des Ruhrgebietes, wo der IG-Farben-Konzern ebenfalls ein Buna-Werk betreibt. Die Chemischen Werke Hüls und die angegliederte Werkssiedlung werden die neue Heimat. Werk und Wohnung sind Schkopau zum Verwechseln ähnlich. Die Häuser sehen genauso aus, sogar die Straßennamen, die auf andere Produktionsstandorte der IG Farben verweisen, sind die gleichen. Die Ströbeles ziehen wiederum in ein großes, dreigeschossiges Haus, das in der Siedlung für die Elite reserviert ist: Kampstraße 88, Ecke Leverkusener Straße. Die Schkopauer Straße ist in Marl nur einen Steinwurf vom Haus der Ströbeles entfernt. 1945 ist für die Ströbeles nicht Katastrophe, Unglück oder Bruch mit allem Gewohnten. Sondern das Gleiche, nur anderswo.

Manches ist auch anders. In Marl muss die Mutter Gabriele, in der Familie Gaby genannt, um Brot anstehen oder per Zug ins Münsterland fahren, um dort Kartoffeln zu ergattern. Nahrung ist nach 1945 mitunter knapp, die Kinder bekommen manchmal von einer Nachbarin etwas zu essen geschenkt. »Wir Kinder haben da offenbar einen unterernährten Eindruck gemacht«, so Christian Ströbele. Im neuen Haus sind Flüchtlinge einquartiert. Es dauert eine Weile, bis die Familie die zweite Etage in Beschlag nehmen kann, die dritte bezieht die Familie erst 1952. Doch die Privilegien sind ähnlich. Ströbeles wohnen standesgemäß neben dem Grundstück des Direktors der Buna-Werke Paul Baumann, der von 1938 bis 1965 Chef des Werkes ist.

Die Ströbeles leben in der Bereitschaftssiedlung, unweit des südlichen Werkstores. Diese Siedlung, auch Akademikersiedlung genannt, bevölkert das Werkspersonal, auf das es ankommt: Direktoren, Betriebsleiter, Chemiker, Ingenieure und Meister. Die Not ist bei den Ströbeles auch deshalb vergleichsweise gering, weil aus dem Odenwald von Großvater Franz Ströbele regelmäßig umfangreiche Apfellieferungen kommen. Am Kriegsende sind gute Kontakte zum Bauern mehr wert als Geld. »Es gab bei uns jeden Tag Apfelmus«, erinnert sich Schwester Helga Reindel.

Christian findet in Marl schnell neue Freunde. Er ist sowieso kommunikativ. Viele Kinder sind neu, geflohen mit ihren Familien. Rasch bildet sich ein Trio aus drei Spielkameraden, die in der nahen Harkort-Volksschule in dieselbe Klasse gehen: Christian, Diether Heisig, Flüchtlingskind aus dem Sudetenland und Ingenieurssohn, Erwin D., Sohn eines Elektromeisters. Drei Freunde aus den drei sozialen Klassen, die die Siedlung bevölkern: oben die Direktoren und Betriebsleiter, in der Mitte Ingenieure, unten die Meister.

In Christian Ströbeles Kindheit gibt es viel Freiheit, viel Wildes, viele Möglichkeiten, die Welt auf eigene Faust zu entdecken. Nach Schule und Schularbeit können die Kinder oft tun, was sie wollen. Die drei lesen Karl May, lange Jahre Christian Ströbeles Lieblingslektüre, und spielen Indianer. Ströbele heißt Büffelkopf und bastelt sich einen Kopfschmuck aus Kaninchenfell und mit Kuhhörnern, die er von der Abdeckerei holt, und den nicht nur empfindliche Nasen für ein doch schwieriges Spielgerät halten. Erwin ist meist der Chef, Ströbele oft Medizinmann. Kleine Brüder sind dafür da, als gefangene Indianer an den Marterpfahl gebunden zu werden. Die drei verstehen es, sich Tomahawks zu schnitzen und auch Mokassins selbst zu machen. In einem mit Holzwurzeln ausgetragenen Zwist mit einer konkurrierenden Jungenbande haut Erwin ein Nachbarskind bewusstlos und erklärt, der Erinnerung von Diether Heisig zufolge, ungerührt: »So ergeht es allen unseren Feinden. Howgh, ich habe gesprochen. Folgt mir, meine Krieger!« Woraufhin das Trio die Arena verlässt.

Erwin ist der draufgängerische Chef, Christian Ströbele, körperlich schmächtig, eher der Abwartende. Als er und Freund Diether Heisig eines Abends eine der raren Birnen im Garten des Nachbarn ins Visier nehmen, geht das schief. Der Nachbar bemerkt die Tat, Diether, körperlich kräftig, flieht per beherztem Sprung über den Jägerzaun. Christian zieht es vor, erst einmal in der Dunkelheit auf dem Boden liegen zu bleiben. Und zu warten. Bis der erzürnte Nachbar ihn beim Schlafittchen packt.

Christian Ströbeles kindliche Talente liegen weniger darin, entschlossen Jägerzäune hinter sich zu lassen, als auf Ideen zu kommen, wie man Geld verdienen kann. Zum Beispiel: Filme auf dem Projektor rückwärtslaufen zu lassen und von Nachbarskindern Eintritt zu nehmen: fünf Pfennig.

Zum freien Spiel gehört auch Gefahr. Einmal graben die drei in Ströbeles Garten – die Häuser von Betriebsleitern haben einen Garten – ein tiefes Loch, das mit Brettern verschlossen wird und nur von außen zu öffnen ist. Der kleine Bruder Herbert soll den Verschlag öffnen, aber irgendwie missglückt der Plan. Erwin hat in dem Versteck einen Erstickungsanfall, ehe Rettung naht. Aus Schaden klug, montieren die drei Freunde ein Ofenrohr zwecks Sauerstoffzufuhr.

Es ist eine Kindheit ohne Fernsehen, ohne viel Kontrolle durch die Eltern. Und mit Tieren. Im Odenwald hat Christian ein Pony, im

Christian Ströbele mit dem Pony Hansel

Garten in Marl gibt es Kaninchen und Hühner. 1950 kauft Christian auf dem Markt ein paar Küken, für die er einen Stall bauen will. Um die Küken zu wärmen, befördert er sie in den Backofen, was sich als ungute Idee erweist.

Obwohl es unter den Kindern kaum Zwist zwischen Dazugekommenen und Alteingesessenen gibt, ist die Lage nicht für alle gleich. Diether Heisig wird in der Schule, als Flüchtling, abschätzig »Russe« genannt, Christian nicht. »Die Rangordnung der Kinder war durch die Stellung des Vaters vorgegeben«, so Heisig, der später als Architekt und Künstler arbeiten wird.

Spürbar sind die mehr oder weniger subtilen Klassenunterschiede durchaus. Christian Ströbele läuft stets quer über den Rasen, wenn er zu den Heisigs geht. Das ärgert Heisigs Eltern – doch sie trauen sich nicht, den Sohn eines Abteilungsleiters zurechtzuweisen. Die Ströbeles haben später standesgemäß ein Hausmädchen – Helga Bertha. »Sagt Helga Bertha« ist ein geflügeltes Wort im Hause Ströbele – wenn etwas banal ist. Es gibt bei den Ströbeles keinen Klassendünkel. Aber es gibt das selbstverständliche Bewusstsein, dass man zur gebildeten Elite gehört.

Neben den Freiheitsräumen gibt es stets drohende himmlische Strafen: Die Ströbeles sind, wenn auch ohne rechte Überzeugung, katholisch. 1948 geht Christian zur Kommunion. Zu lügen kommt für Christian nicht in Betracht. Mit zehn, elf Jahren geht er, obwohl von den Eltern dazu keineswegs genötigt oder ermutigt, in die Kirche. Und beschließt, wenn er einmal groß ist, Papst zu werden.

Ein noch härteres Disziplinierungsmittel ist die Volksschule. Bei unbotmäßigem Verhalten werden die Jungen mit dem Stock gezüchtigt. Der Lehrer greift zu einer dünnen Gerte und schlägt den Schülern mit weit ausholender Geste auf die Finger. »Gelegentlich musste der Delinquent vor den Schlägen eine neue Rute aus dem nahe gelegenen Wald holen«, erinnert sich Diether Heisig. »Die Schläge waren schmerzhaft«, so Heisig.

Klassenfoto Volksschule: Schläge mit der Haselnussgerte.
Christian Ströbele ist in der untersten Reihe der Dritte von rechts.

Aber auch in der Prügelpraxis der Schule kommen Klassenunterschiede zum Vorschein. »Bei den Kindern aus den besseren Familien waren die Lehrer viel zurückhaltender. Ich bekam es nur auf die Finger, wurde aber nicht über die Bank gelegt«, sagt Christian Ströbele. Als Herbert, der Jüngste, zu Hause erzählt, dass der Volksschullehrer ihm mit der Haselnussgerte auf die Hand geschlagen hat, stellt ihn Gabriele Ströbele, Gattin des Betriebsleiters, umgehend zur Rede. Herbert Ströbele, heute emeritierter Physikprofessor, erinnert sich, dass zu Hause halbironisch davon die Rede war, dass die Mutter, wenn sie sich für die Kinder in der Schule verwendet habe, stets erst einmal »die Krokodilledertasche auf den Tisch stellte«. Das ist der Versuch, mit sozialer Distinktion zu beeindrucken. Am meisten ist die Krokotasche für Christian in Gebrauch.

Gabriele Ströbele, geborene Zimmermann, ist die ins Auge fallende, präsente Figur in der Familie. Die Rollenverteilung ist typisch für die 50er-Jahre: Rudolf Ströbele arbeitet, Gabriele macht den Haushalt. Sie ist temperamentvoll und selbstbewusst. Und sie interpretiert ihre Rolle als Hausfrau eher unorthodox. Dem Kochen widmet sie sich mit weniger Leidenschaft als dem Klavier. Morgens schläft sie bis halb neun – Kinder und Mann bedienen sich am vorbereiteten Frühstückstisch. Christian, der von Kindesbeinen an notorisch zu spät kommt, erscheint stets als Letzter. Allerdings: Jeden Tag steht mittags um halb eins und abends um halb sieben das Essen auf dem Tisch. Wenn es einmal eine halbe Stunde später wird, gibt es Ärger mit dem Gatten. Jedes Wochenende wird Kuchen gebacken.

Die Mutter erzählt zudem, dass sie 1938 heiraten musste – weil ein Kind unterwegs war. Die Eltern hatten sich 1937 kennengelernt

Die Mutter Gabriele Ströbele, die sich für ihren Sohn Christian in der Schule stets einzusetzen wusste.

und setzten die Heirat gegen den entschiedenen Widerstand ihrer Eltern durch. In Marl läuft Gabriele auch gern mal nackt durch die Wohnung. Tochter Helga ermahnt die Mutter, wenn sie unbekleidet am Fenster steht. Darin drückt sich ein in den 50er-Jahren lockeres Verhältnis zu Körperlichkeit aus. Man mag bei Ströbeles auch das Unkonventionelle.

Gabriele Ströbele ist seit den 50er-Jahren Anthroposophin. Sie liest und schätzt Heidegger. In einem Lesekreis studiert sie die Werke von Rudolf Steiner, sie kauft Weleda-Produkte und Demeter-Brot. Die Kinder in eine Waldorfschule zu schicken steht nie zur Debatte: Es gibt im Umkreis von Marl keine. In der Schule sorgt sie dafür, dass Christian nicht geimpft wird, weil die anthroposophische Medizin Impfungen ablehnt. Dass sie dies in der Schule durchsetzt, zeigt, dass sie sich gegen Autoritäten zu behaupten weiß.

Die Zimmer in der Kampstraße 88 sind zeitweise in von Anthroposophen bevorzugten Tönen gehalten: Gelb, Rot, Schwarz, Grün. Die Familie nimmt die Farbexperimente und gelegentlichen missionarischen Versuche der Mutter gelassen zu Kenntnis. Tochter Gudrun interessiert sich fürs Anthroposophische, ohne überzeugt zu sein. Nur Ehemann Rudolf nähert sich später Steiner an. Als Gabriele in den späten 60er-Jahren etwas erbt, vergibt sie 100 000 DM als zinslosen Kredit an das anthroposophische Krankenhaus in Herdecke. Dass die Ströbeles 1974 an der Gründung der anthroposophischen GLS-Bank in Bochum beteiligt waren, ist möglich – Unterlagen darüber existieren indes nicht. Gabriele Ströbele hat in den frühen 50er-Jahren losen Kontakt zu den Schilys, Anthroposophen in Bochum. Tochter Gudrun lernt in den 60er-Jahren bei einer anthroposophischen Fortbildung für Studenten in Dornach Konrad, den Bruder von Otto Schily, kennen.

Gabriele Ströbeles Passion gilt der Musik. Sie singt im Werkschor und spielt im häuslichen Musikzimmer jeden Tag Klavier. Zur Familienlegende gehört, dass es auch mal passiert, dass die Bratkartoffeln anbrennen, wenn Gabriele selbstvergessen am Klavier sitzt.

Mit Helga, der Ältesten, die Geige spielt, macht die Mutter Hausmusik. Gudrun, die jüngere Schwester, spielt Flöte, Herbert Klavier. Nur Christian ist, beeindruckend zweifelsfrei, unmusikalisch. Den Klavierunterricht boykottiert er aggressiv und erfolgreich.
Ihren Kindern liest die Mutter zu Hause unter anderem Gustav Freytags *Die Ahnen* vor, einen Romanzyklus, der eine deutsche Familiengeschichte von der Germanenzeit bis ins 19. Jahrhundert erzählt. Als ein Freund Christian zum Geburtstag einen Tarzan-Comic schenkt, erntet er böse Blicke von der Mutter. Solcher Schund ist ungern gesehen.
Die Mutter mag den neoklassizistischen Bildhauer Arno Breker, der in der Gunst der Nazis stand. Und sie ist fasziniert vom Schauspieler Gustaf Gründgens und dem Dirigenten Wilhelm Furtwängler.
Gabriele Ströbele stammt aus dem Rheinland und versteht es, andere zu unterhalten. Sie ist mit dem Konzertdirektor in Marl befreundet. Vor den Konzerten, in Marl stets Gastspiele, sind nachmittags oft Orchestermusiker bei ihr, die im Musikzimmer proben. Sie war, entsinnt sich Christian Ströbele, »auf Festen oft der Mittelpunkt«. Sie ist offen, amüsant, aufgeschlossen. Alkohol trinkt sie indes nie, eine Gewohnheit, die später auch Christian Ströbele pflegen wird.
Ungewöhnlich ist bei den Ströbeles auch, dass die Söhne – anthroposophisch korrekt beziehungsweise quer zu damals vorherrschenden Idealen – auch »Weibliches« tun. Christian muss regelmäßig nach dem Essen Geschirr abwaschen und lernt mit übersichtlichem Erfolg stricken. »Der Schal ähnelte eher einem Bettvorleger«, so Ströbele im selbstkritischen Rückblick. Erfolgreicher ist für ihn das jede Weihnachten ausführlich in der Familie zelebrierte Backen von Christstollen und Plätzchen, bei dem die Söhne der Mutter helfen. Christian Ströbele produziert heute noch, wenn der Kampf für eine bessere Welt es erlaubt, jeden Dezember einen Christstollen, dessen Verfertigung sieben Stunden dauert.

Zur Mutter hat Christian eine sehr enge Beziehung – und vice versa. »Jung, wir müssen mal wieder auf den Wiesenpfad gehen«, sagt die Mutter mitunter zu ihrem Sohn. Dann gehen Gabriele und Christian spazieren und besprechen, was besprochen werden muss. Die Mutter, so Helga Reindel, »förderte alle Kinder intensiv«. Aber um Christian kümmert sie sich noch etwas mehr.

Kurzum: Christian Ströbele wächst in einem bildungsbürgerlichen Haushalt auf. Die Ströbeles sind offen nach außen, in Maßen nonkonform, es herrscht der Geist eines anthroposophisch gefilterten deutschen Traditions- und Kulturbewusstseins.

Jenseits des Verdrusses mit der Schule bietet die Akademiker-Siedlung den Kindern die Möglichkeit, sich frei herumstromernd auszuprobieren. Und es herrscht auch keine Kleinfamilienenge. Es gibt die beiden Großelternpaare, die Zimmermanns, wo die Großmutter die präsentere Figur ist, und die Ströbeles. Großvater Franz, Schwabe aus Ochsenhausen, der bei BASF Karriere macht, ist von 1947 bis zu seinem Tod 1952 Präsident des Bauernverbandes in Württemberg-Baden. Franz Ströbele leitet die BASF-Forschung auf dem Gebiet der Stickstoffdüngung, ein knorriger Deutschnationaler, der Nazis verachtet. Christian und seinen Geschwistern erscheint er als Patriarch und unnahbare Autorität.

Franz Ströbele kaufte 1932 auf dem Maimarkt in Mannheim das Holzhäuschen im Odenwald, das Christian Ströbele mehr als achtzig Jahre später noch immer jedes Jahr nutzt. Es gibt viel intakten Familiensinn bei den Ströbeles. Vor allem aber existiert in Christian Ströbeles Kinderwelt eine wunderbare Erscheinung, ein schillernd leuchtendes Kontrastmittel zu allem Engen in Marl: der Onkel. Herbert Zimmermann, Gabrieles Bruder.

Der Onkel: Das Versprechen der weiten Welt

»Aus dem Hintergrund müsste Rahn
schießen. Rahn schießt ...«

Herbert Zimmermann, Bern, 1954

Christian liebt den Onkel. Wenn der mit seinem Mercedes-Cabriolet kommt, ist sofort beste Stimmung. Er ist, erinnert sich Ströbele, immer für die Kinder da, »auch wenn er mal müde ist«. Er, der berühmte Sportkommentator, spielt mit ihnen und kommentiert wie

Mit seinem Onkel, dem legendären Sportreporter Herbert Zimmermann, der ihn manchmal zu Fußballspielen mitnimmt.

im Radio, wenn sie Fußball spielen oder um die Wette laufen. Ein festes Ritual ist die Ankunft. Der Onkel hat, wie Christian Ströbele auch, sehr kleine Füße, die mitunter schmerzen. Herbert Zimmermann legt sich als Erstes bei den Ströbeles auf die Couch, und die Kinder massieren ihm die Füße, für 50 Pfennig.

Der Onkel ist anders. Er hat keine Kinder und ist nicht verheiratet. Er liebt seine Nichten und Neffen überschwänglich, anders als der eher zurückhaltende Vater Rudolf. Er bringt Geliebte mit und vermag scheinbar jedes Publikum mit Worten für sich einzunehmen. Diether Heisig erinnert sich, dass Zimmermann bei einem von Christians Geburtstagen mit einer Livereportage die Gesellschaft unterhielt. Inhalt: Diether Heisig nimmt die Gabel und isst ein Stück Kuchen, was Zimmermann »in getragenem Ton und mit bedeutenden Worten« (Heisig) kommentierte. Wortgewandt, unbeschwert, spontan, unternehmungslustig: So ist der Onkel.

In den 50er-Jahren kommt der Onkel, nun Sportchef beim NWDR in Hamburg, regelmäßig nach Marl zu seiner Schwester und den Kindern. Er unternimmt mit seinen Neffen und Nichten viel, Anfang der 60er machen die jungen Erwachsenen mit dem Onkel eine gemeinsame Reise durch Süddeutschland. Er nimmt sie mit in die Spielbank in Baden-Baden. Im Auto hört er Börsenkurse – und wenn die für ihn erfreulich sind, lädt er die Ströbele-Kinder gleich in ein vornehmes Hotel ein. Beim Onkel ist scheinbar alles leicht und Spiel. »Der Onkel war kein Besuch, er gehörte, mehr als die Großeltern, zur Familie«, erinnert sich Herbert Ströbele, der jüngere Bruder. Und: »Christian hatte ein gutes, nahes Verhältnis zum Onkel.«

Der Starreporter nimmt Christian mit zum FC Schalke 04, als er dort ein Spiel für das Radio überträgt. Christian bewundert, dass der Onkel »alle Details über alle möglichen Spieler vorrätig hatte, wann und wo dieser oder jener verletzt gewesen ist«. Verwundert bemerkt er, dass Reporter Zimmermann auch mal schummelt und keineswegs immer berichtet, was gerade auf dem Platz passiert.

»Wenn ein Tor fiel, musste er ganz schnell wieder auf den Zeitpunkt zurückkommen«, so Ströbele.
Der Onkel ist ein Vorbild – erst recht, als er am 4. Juli 1954 das Endspiel zwischen Deutschland und Ungarn im Radio kommentiert. Ströbele, damals 15 Jahre alt, geht während der Übertragung durch die Akademikersiedlung und hört, dass aus vielen Häusern die Stimme des Onkels erschallt. Die Sentenz »Aus dem Hintergrund müsste Rahn schießen. Rahn schießt ... Tooooor! Tooooor! Tooooor! Tooooor!« wird erst nach Zimmermanns frühem Tod 1966 zum festen Inventar der populären bundesdeutschen Kollektivgeschichte. 1954 ist Zimmermann vielmehr der Mann, der Torwart Toni Turek »Fußballgott« nannte – und damit den Zorn der Kirche erregt.
Manchmal kommt auch Zimmermanns Lebensgefährtin mit nach Marl – Auguste Reuß-Barth, die bei den Ströbeles Tante Medy heißt. Tante Medy ist zehn Jahre älter als der Onkel und ebnet ihm mit robusten Mitteln den Karriereweg. Sie arbeitet in München als Filmproduzentin, unter anderem für die Operettenverfilmung *Im weißen Rößl* (1952) und den Spionage- und Kriegsfilm *Rommel ruft Kairo* (1959) und Veit Harlans Melodrama *Liebe kann wie Gift sein* (1958). Auguste Reuß-Barth war schon zu NS-Zeiten äußerst gut vernetzt mit Leuten bei der UFA, auf die es ankam. Sie arbeitete als Regieassistentin bei einem halben Dutzend Produktionen, meist Unterhaltungsfilmen, auch bei dem NS-Propagandafilm *Feinde* (1940).
Der Onkel und Tante Medy repräsentieren für Christian Ströbele Weltläufigkeit. Herbert Zimmermann ist ein Bohemien, der neben Auguste Reuß-Barth und ungezählten Affären noch eine feste Beziehung hat – mit einer zehn Jahre älteren Kölnerin, die er auch mit nach Marl bringt. Die leitete das Restaurant des Westdeutschen Rundfunks in Köln – eine günstige Verbindung für die Ströbele-Kinder, die dort umsonst essen dürfen. Und dann gibt es noch eine jüngere Münchenerin, mit der eine Heirat erwogen und verworfen wird. Gabriele berät ihren Bruder in dessen zur Unübersichtlich-

keit neigenden Liebesangelegenheiten. Die Polygamie des Onkels wird bei den Ströbeles keineswegs verschwiegen oder verhüllt. Als Gabriele ihren Bruder 1961 in Hamburg besucht, bekommt sie mit, wie unkonventionell Herbert Zimmermann lebt. Man geht zum Pferderennen, wo Medy wettet und Weinkrämpfe bekommt, wenn sie verliert (»ist jeden Sonntag so«, notiert Gabriele Ströbele kühl in ihr Tagebuch). Abends sind sie im Café Keese auf der Reeperbahn, mit schwulen Kellnern, Sekt, Travestieshow. Herbert und Medy, das unverheiratete Paar, das eine recht offene Beziehung lebt, hat in der fleißigen, biederen Adenauer-Zeit fast etwas Exaltiertes. Der Onkel ist, so sieht es der Neffe, schlagfertig und redegewandt, ein Spieler, der seine 17-jährige Nichte Helga auf der Reeperbahn als seine neue Freundin ausgibt, ein Charmebolzen, der die Grenzen von Wohlanständigkeit und Benimm ignoriert.[2]

Der Onkel verkörpert die weite Welt. 1948 reist er zu den Olympischen Spielen nach London (an denen Deutschland nicht teilnehmen darf), 1956 nach Australien, 1955 nach Moskau zum Fußball-Freundschaftsspiel gegen die Sowjetunion. Der Onkel verkörpert das Abenteuerliche, Aufgeräumte, die bohemehaften Möglichkeiten, die sich bieten, wenn man Marl und das Konventionelle hinter sich lassen könnte. Christian versucht als Halbwüchsiger beim Onkel in Erfahrung zu bringen, was es mit der Reeperbahn auf sich hat.

Tante Medy und der Onkel sind auch später nützlich. Als Christian Ströbele in Berlin studiert, ist er Komparse bei Filmen – was sich Tante Medys Kontakten verdankt. Anfang der 60er-Jahre jobbt Christian in Berlin-Steglitz jeden Freitag in der Lottoannahmestelle von Werner Polz – einem Kriegskameraden von Herbert Zimmermann.

Das unaussprechbare Erbe: Die Nazizeit

»Wir haben als Kinder und Jugendliche nichts von der NS-Zeit gewusst, aber es war trotzdem anwesend.«

Bernhard Sinkel, Jugendfreund, 2015

Auch während des Krieges besucht Zimmermann seine Schwester Gabriele in Schkopau. Das war, erinnert sich Helga Reindel, »immer etwas Besonderes«. Er trägt Wehrmachtsuniform – aber die Kinder sehen nicht die Uniform, sondern nur den Onkel, lustig und begeistert von den Kindern. Der unterhaltsame Onkel wird in der Werkssiedlung von Fest zu Fest herumgereicht. Er ist nicht nur ein charmanter Plauderer, sondern auch ein dekorierter Frontkämpfer.

Zimmermann dient, zusammen mit seinem Kameraden Werner Polz, als Zugführer in der Panzereinheit 101, als die Wehrmacht die Sowjetunion überfällt. Unter anderem ist er im Sommer 1941 beteiligt an der Einkesselung der Roten Armee in Smolensk und Witebsk. Zimmermann, offenbar ein draufgängerischer Soldat, dessen Panzereinheit an vorderster Front mitkämpft, wird mit dem Eisernen Kreuz 2. und 1. Klasse ausgezeichnet. Im November 1941 wird er von einem Granatsplitter schwer verletzt – und zieht zeitlebens das rechte Bein nach. Er ist ein ehrgeiziger, zweimal schwer verwundeter Soldat. 1942 wird er vom Reserveleutnant zum aktiven Truppenoffizier befördert. Ende Juli 1942 nimmt er, wieder an vorderster Front, an der für die Wehrmacht verlustreichen Eroberung von Rostow am Don teil. Die Einsatzgruppen der SS folgen der Wehrmacht. Zwei Wochen nach der Einnahme der Stadt ermordet die SS in der Schlangenschlucht bei Rostow 27 000 Zivilisten, überwiegend Juden. Ob und was Zimmermann davon wusste, ist unklar.

Herbert Zimmermann in Uniform, ca. 1943

Wegen der Kriegsverletzung wird Zimmermann zurück in die Etappe beordert: Er wird Ausbilder in der Panzertruppenschule I in Wünsdorf bei Berlin. Doch im Dezember 1944 fasst Zimmermann, damals 28 Jahre alt, einen Entschluss, der ihn später als Heldenfigur für *Landser*-Hefte tauglich machen wird. Er meldet sich freiwillig für die zusammenbrechende Ostfront, um im Baltikum gegen die Rote Armee zu kämpfen.

Auf diesen Entschluss vermag sich auch Zimmermanns Biograf Erik Eggers, der dessen Wehrmachtsakten studiert hat, keinen Reim zu machen. Ist es ideologischer Fanatismus? Blinder Glaube, dass mit der Ardennenoffensive im Dezember 1944 die Wehrmacht den Krieg doch noch gewinnen wird? Selbstzerstörerische Sehnsucht nach den existenziellen Gefahren der Front? Loyalität zu Vorgesetzten, vermischt mit Naivität? Vertrauen in die mythische Fähigkeit des Führers? Oder die eigene Unverwundbarkeit?

Zimmermann überlebt die Monate bis zum Kriegsende im Mai 1945. Ende Februar stoppt er in Lettland mit vier Panzern einen

Stoßkeil der Roten Armee. Anfang April wird er dafür mit dem Ritterkreuz ausgezeichnet, der höchsten militärischen Auszeichnung von Wehrmacht und Waffen-SS. Später in *Landser*-Heften wird er vor allem deswegen in der Bundesrepublik zum Helden stilisiert, weil er mutig und listig zahlenmäßig weit überlegene Panzerverbände der Roten Armee aus dem Feld geschlagen habe. Im Mai 1945 gelingt ihm, was fast noch unwahrscheinlicher ist, als den Kurland-Kessel zu überleben, im letzten Moment die Flucht aus Lettland nach Schleswig-Holstein.

Seinen Neffen berichtet Zimmermann in den 50er-Jahren, wie er das Kriegsende erlebte. Der Onkel, sagt Christian Ströbele, »hat oft erzählt, wie viel Glück er damals hatte: Auf dieses Schiff zu gelangen im Osten, und dann heil zurückzukommen. Gott sei Dank, hat er immer gesagt.« Auch dass er Ritterkreuzträger ist, berichtet der Onkel, ein blendender Geschichtenerzähler, seinem Neffen. Ströbele erinnert sich an eine abenteuerliche Beschreibung »in Kurland, hinter dem Berg, wie er sechs russische Panzer abgeschossen hat«. Warum er sich kurz vor dem Zusammenbruch des NS-Regimes an die Ostfront meldete, erzählt Herbert Zimmermann nicht.

Todesangst, Judenverfolgung, Einsatzgruppen, Geiselerschießungen bei der Partisanenbekämpfung, die Vernichtung der Dörfer und Städte in der Sowjetunion beim Rückzug der Wehrmacht, der berüchtigte Kommissarbefehl, nach dem die Wehrmacht alle Politkommissare der Roten Armee zu töten hatte – nichts davon kommt in den Erzählungen von Herbert Zimmermann vor. Nichts vom Hörensagen, nichts vom Augenschein, nichts Geahntes, nichts Gewusstes, nichts Getanes. Was Christian Ströbele auch mit Anfang zwanzig zu hören bekommt, wenn der Onkel mit Werner Polz über früher redet, ist das Ensemble der immer gleichen Episoden – Heldentaten, Frauengeschichten, das Glück bei der Flucht vor der Roten Armee, das Glück in britischer Gefangenschaft, Englisch zu können. Herbert Zimmermann erzählt vom Krieg, erinnert sich Ströbele, »als einer wichtigen Zeit in seinem Leben. Aber nicht in dem Sinne: Das war der schlimmste Teil meines Lebens. Es war nicht so, dass er darunter gelitten hätte, überhaupt nicht.«

Niemand will wissen, ob das alles gewesen ist. Auch Christian Ströbele nicht. »Werner Polz habe ich auch nicht gefragt, was er in Russland getan hat«, sagt Ströbele. Das wäre nicht einfach gewesen – als Anfang-20-Jähriger den schwer kriegsversehrten Exsoldaten Polz, nebenbei sein Arbeitgeber in der Lottoannahmestelle, ins Kreuzverhör zu nehmen. Oder den verehrten, wortgewaltigen Onkel.

So ein Gespräch findet auch deshalb nicht statt, weil erst vierzig Jahre später in das öffentliche Bewusstsein rücken wird, dass die Wehrmacht nicht Hitlers Opfer, sondern aktiver Akteur des deutschen Vernichtungskrieges im Osten war. So ein Gespräch ist kaum möglich, weil auch die Jüngeren sich als Teil des deutschen Opferkollektivs fühlen. In den 50er-Jahren finden im Albert-Schweitzer-Gymnasium in Marl, das Christian Ströbele besucht, Gedenkfeiern für die Widerstandskämpfer des 20. Juli 1944 statt. Schüler Ströbele schaut sich das skeptisch an. »Wir dachten: Das muss wohl sein. Wir haben ja den Krieg verloren. Stauffenberg galt vielen als Verräter. Die Demontagen im Buna-Werk in Marl empfanden alle, nicht nur die Rechten, als eine weitere Ungerechtigkeit. Jetzt nehmen sie uns auch noch die Maschinen weg.«

Der Sozialphilosoph Hermann Lübbe hat dieses Phänomen »kommunikatives Beschweigen« der NS-Zeit in der frühen Bundesrepublik genannt. Die Eliten lernen langsam, die Vorteile der westlichen Demokratie zu schätzen, und verurteilen öffentlich das nationalsozialistische Regime – der Preis dieses reibungslosen Übergangs ist, dass die eigenen Anteile am NS-System aus dem Selbstbild gestrichen werden.

Bei den Ströbeles passiert das Gleiche wie in fast allen deutschen Familien in den 50er-, 60er- und 70er-Jahren. Es herrscht eine Art des Redens, das viel ausklammert und wenig offenbart.

Die Jüngeren sind in den 50er-Jahren oft ein Echo dieses nach außen undurchdringlichen, nach innen aber fragilen Bewusstseinszustandes. Sie fragen kaum nach, was ihre Eltern und Lehrer getan haben. Antworten bekommen sie fast nie. Die Vergangenheit erscheint den Jüngeren als abgedunkelter, schwer durchschaubarer Raum voller Gerüchte. Christian Ströbeles erster Klassenlehrer war, so die Erinnerung von Diether Heisig, während des Krieges Privatlehrer in Spanien gewesen. Im Lehrerkollegium galt er daher manchen als Drückeberger. Der schneidige, für Bösartigkeiten gefürchtete Lateinlehrer soll, so Heisig, im Unterricht nebenher die Bemerkung fallen gelassen haben, dass man noch mehr Juden hätte vergasen sollen. Die Klasse nahm das widerspruchs- und sprachlos hin. »Solche Sprüche hörte man öfter«, so Heisig.

Die Autoritätspersonen – das sind Gymnasiallehrer in der jungen Bundesrepublik – stammen offenbar aus einer Erfahrungswelt, die vom befriedeten, zivilen Alltag der Schüler im Marl der 50er-Jahre Lichtjahre entfernt scheint. Der Deutschlehrer Erwin Denker, ein Mann »mit starrem Gesicht« (Heisig), kehrte Mitte der 50er nach zehn Jahren aus sowjetischer Kriegsgefangenschaft heim. Bei ihm müssen Ströbele und seine Mitschüler Friedrich Schillers »Bürgschaft« auswendig lernen. Ungewöhnlich war die persönliche Begründung: Ohne das Memorieren der »Bürgschaft« hätte der Lehrer das sowjetische Gefangenenlager nicht überlebt. Bei einer Debatte über die Bundeswehr erklärt der Deutschlehrer einem der wenigen pazifistisch eingestellten Schüler, dass er ihn persönlich mit dem Maschinengewehr gegen den Russen verteidigen werde.

Die Zeit vor 1945 ist ein fremdes, oft nur halblaut angesprochenes Rätsel, eine Welt, in der ein diffuser Gewaltorkan herrschte. Wie verspannt das Verhältnis zur NS-Zeit auch im sozialdemokratischen Marl in den 50er-Jahren ist, illustriert der Versuch der Rektorin des Mädchengymnasiums, die Schule nach den Geschwistern Scholl zu benennen. Das Begehren scheitert 1957 am Einspruch des von der SPD beherrschten Marler Rates der Stadt.

Bernhard Sinkel besucht von 1955 bis 1957 mit Christian Ströbele dieselbe Klasse. Sinkels Vater ist kaufmännischer Direktor in den

Chemischen Werken Hüls und gehört mithin zur Oberschicht der Akademikersiedlung. Die Ströbeles und die Sinkels kennen sich recht gut, 1956 machen die Familien gemeinsam Urlaub an der Nordsee. Bernhard und Christian sind mit 15, 16 Jahren eng befreundet.

»Wir haben als Kinder und Jugendliche nichts von der NS-Zeit gewusst, aber sie war trotzdem anwesend«, sagt Sinkel. Als Regisseur hat er sich 1985 professionell mit der IG Farben und seiner eigenen Familiengeschichte in dem TV-Vierteiler *Väter und Söhne* befasst – einem aufwendigen, viel gelobten Historiendrama, bei dem Sinkel für Recherche, Drehbuch und Regie verantwortlich zeichnete.

»Die NS-Zeit war bei uns zu Hause kein Thema«, sagt Christian Ströbele. Mit einer Ausnahme – eine Episode aus dem Leben der Mutter. Gabriele Zimmermann studierte in den 30er-Jahren Jura. 1935 machte sie das erste Staatsexamen. Sie wollte Jugendrichterin werden. Der Prüfer ist ein junger Jurist, strammer Nationalsozialist, wie bei Juristen damals üblich. Friedrich Karl Vialon nimmt Fräulein Zimmermann nach der Prüfung zur Seite und gratuliert – sie ist die einzige Frau des Jahrgangs. Allerdings sei dies natürlich das Ende der Karriere von Fräulein Zimmermann. »In diesen Zeiten braucht der Führer keine Juristinnen, sondern Mütter, die ihm Kinder schenken«, sagt Vialon.

»Diese Geschichte hat die Mutter«, entsinnt sich Christian Ströbele, »bestimmt hundert Mal erzählt.« Friedrich Karl Vialon ist später an der finanziellen Ausplünderung der Juden im Baltikum beteiligt. In den 50er-Jahren steht der Name Vialon manchmal in der Zeitung. Er bringt es in der Adenauer-Republik zum Ministerialdirektor im Bundesfinanzministerium, in den 60er-Jahren zum Staatssekretär.

Und der Vater? Rudolf Ströbele hat in den 30er-Jahren Verbindungen zu NS-Organisationen. Bis 1937 ist er Rottenführer der SS-Reiterstandarte, SS-Nummer 200 200. Er trägt die berüchtigte schwarze SS-Uniform – allerdings ist die Reiter-SS vor Kriegsbeginn eher von Adligen und Deutschnationalen geprägt als von NS-Aktivisten. 1933 wandeln sich die meisten Reitervereine in einem Akt freiwilliger Gleichschaltung in SA- und SS-Reiterverbände um. Im Juli 1933 meldet der Reichsverband Warmblut an Adolf Hitler, dass die »250 000 Reiter, Fahrer und Züchter mit ihren Herzen und Pferden hinter Ihnen stehen«.

Die SS-Reiterstandarte ist zudem die einzige SS-Abteilung, die die Alliierten 1946 nicht zur verbrecherischen Organisation erklären. Ströbele verlässt auf eigenen Wunsch am 21. Juni 1937 die SS – und tritt in die NSDAP ein, der er rückwirkend seit dem 1. Mai 1937 angehört (Mitgliedsnummer 4 463 653). Die NSDAP hatte im April 1937 den seit Mai 1933 geltenden Aufnahmestopp gelockert – eine Chance, die Ströbele sofort wahrnimmt.[3]

Beides kann man als Hinweis deuten, dass Rudolf Ströbele keine Karriere in NS-Organisationen anstrebt. Er tritt vielmehr in die NSDAP ein, um als Chemiker Karriere machen zu können.

Denn 1937 beginnt auch sein beruflicher Aufstieg. Er hat Chemie, Physik und Physiologie in Freiburg, München und Heidelberg studiert. Sein Doktorvater ist Richard Kuhn, der 1938 den Nobelpreis für Chemie erhält. 1938 melden Kuhn und Ströbele ein gemeinsames Patent für ein »Verfahren zur Darstellung von Abkömmlingen von Phenylendiaminen« (Veröffentlichungsnummer DE664048 C) an. Kuhn ist später in NS-Verbrechen verstrickt. 1944 nimmt er an einer Tagung im Rüstungsministerium teil, bei der Ernährungs- und Menschenversuche ausgewertet werden.

Rudolf Ströbele geht 1937 nach Schkopau, wo das Buna-Werk der IG Farben aufgebaut wird. Das NS-Regime braucht Buna, synthetischen Kautschuk, für den geplanten Krieg, für Infanterie und Luftwaffe. Das Werk in Schkopau ist ein großes Projekt, mit neu gebauter Werkssiedlung. Die IG Farben pumpt von 1937 bis 1940 einen Großteil ihres Kapitals nach Schkopau und Leuna – insgesamt 400 Millionen Reichsmark.

Das Buna-Werk ist eine aufstrebende Fabrik, Ströbele verlässlich und kompetent. Er arbeitet zuerst mit SS-Öl, einem synthetischen

Schmiermittel. Rasch wird er zum Betriebsleiter der Butoldestillation befördert.
Das Buna-Werk in Schkopau ist mit den anderen IG-Farben-Werken verbunden – Marl, Ludwigshafen und ab 1942 mit der Buna-Produktionsstätte in Monowitz, die ein paar Kilometer entfernt von Auschwitz entsteht. Monowitz ist kein Vernichtungslager, sondern ein vor allem mit Zwangsarbeitern betriebenes Werk und darin Schkopau ähnlich. Allerdings unterscheiden sich die Bedingungen für die Zwangsarbeiter gravierend. Wer in Schkopau die Arbeit verweigert oder rebelliert, wird in das Arbeitserziehungslager Spergau verschleppt. 1944 werden in Schkopau 144 Zwangsarbeiter wegen Widerstand verhaftet. Doch Zwangsarbeiter, die sich anpassen und nicht alliierten Bombardierungen zum Opfer fallen, überleben. In Monowitz ist das grundlegend anders. 1944 werden bei Selektionen mehr als 7200 Häftlinge für arbeitsunfähig erklärt und nach Auschwitz geschickt.
Die Zwangsarbeit in Schkopau ist 1944 nichts Besonderes. Sie unterscheidet sich nicht von dem, was in fast allen größeren Betrieben in Deutschland in den letzten zwei, drei Kriegsjahren geschieht. Sechs Millionen Fremdarbeiter gibt es damals im Reichsgebiet.
Wusste Rudolf Ströbele, was Monowitz war? War er dienstlich dort? Was wusste er von Kollegen? Dass sich Angehörige der Leitungsebene für andere Werke, auch für Monowitz, bewarben, weil dort mehr Geld oder Aufstiegschancen lockten, war üblich.
Wir wissen es nicht. Es ist mit Archivmaterial nicht rekonstruierbar. Bernhard Sinkel hat bei den Recherchen für *Väter und Söhne* Anfang der 80er-Jahre mit Rudolf Ströbele ein biografisches Interview geführt, von dem keine Aufzeichnungen mehr existieren. Es ist möglich, dass Betriebsleiter Ströbele von dem, was in Monowitz geschah, nichts wusste.
Im Familiengedächtnis der Ströbeles gibt es Monowitz als schattenhaftes Gerücht, an das sich Christian Ströbeles Schwester Gudrun Behrens-Hardt, die als Ärztin und Psychoanalytikerin arbeite-

te, erinnert. Ein deutscher Chemiker war dort und verletzte sich. Ein Zwangsarbeiter half ihm – er war Arzt. Es ist eine Geschichte vom Hörensagen, die dem Vater zugetragen worden sei. Eine in Kinderohren irritierende Geschichte: Ärzte als Hilfsarbeiter. Gudrun Behrens-Hardt sagt im Rückblick: »Wir wussten nicht, was wir den Vater hätten fragen können.«

Christian Ströbele hat später in den 70er- oder 80er-Jahren mit seinen Schwestern die Mutter gefragt, ob der Vater in Monowitz gewesen sei. Nein, Gott sei Dank, nie, lautete die Antwort. Der Vater habe mit Judenverfolgung, so Gabriele Ströbeles Auskunft, nichts zu tun gehabt und nur im Werk gearbeitet. Die Fremdarbeiter in Schkopau seien zudem, nachdem die US-Armee das Werk besetzt hatte, freundlich zu ihnen gewesen. Das zeige, dass der Vater sie gut behandelt habe.

Den Vater direkt fragen die Kinder nicht.

Die Ströbele-Geschwister – Helga, Christian, Herbert und Gudrun mit den Großeltern, 1958

Steiler Aufstieg, frühes Leid

»Die Schule war vor allem Qual.«
Christian Ströbele, 2015

Die Ströbeles sind nach 1945 nicht reich. Das Haushaltsgeld ist oft vor Monatsende verbraucht. Aber der Aufstieg, der folgt, ist steil. Der Vater verdient gut. Schon 1950, als nur jeder hundertste Deutsche ein Auto besitzt, haben die Ströbeles einen VW, später einen Opel Rekord. Rudolf Ströbele meldet in den 50er- und 60er-Jahren ein halbes Dutzend Patente an. Die Gehälter in den Chemischen Werken Hüls steigen in den Adenauer-Jahren teilweise um zehn Prozent jährlich. 1955 wird Ströbele Leiter der organischen Chemie, der größten Abteilung des Werkes, ab 1957 hat er Prokura, ab 1961 ist er (Titular-)Direktor der Chemischen Werke Hüls.

Die Bereitschaftssiedlung wird Ende der 30er-Jahre auf der grünen Wiese aus dem Boden gestampft und folgt architektonisch einem Konzept, welches das ästhetisch Avancierte des Bauhaus-Stils zurücknimmt. Schon der Name Bereitschaftssiedlung gibt die Richtung vor: Alles ist auf das Werk ausgerichtet, auf Produktion, Wachstum und Gewinn. Weiße Handtücher werden auf der Wäscheleine nicht nur trocken, sondern auch schwarz. Das Werk liegt zwischen zwei Zechen, die eine – Auguste Victoria – wird erst Ende 2015 als vorletzte in Deutschland ihren Betrieb stilllegen.

Marl erscheint mit dem prosperierenden Werk, den außerhalb gelegenen Arbeitervierteln und der Akademikersiedlung für die Werkselite wie eine am Zeichenbrett entworfene Skizze der bundesdeutschen Klassengesellschaft. Allerdings regieren in Marl keineswegs nur Elitenkontinuität zur NS-Zeit und postfaschistisches Schweigen. Es existiert ein Nebeneinander von Revanchismus, das unter der demokratischen Oberfläche köchelt, und schwungvollem sozialdemokratischem Aufbau. Die prägende Figur ist der SPD-Bürgermeister Rudolf-Ernst Heiland, Extrotzkist, 1936 von den Nazis eingesperrt, Widerstandskämpfer. Schlagzeilen macht er 1950, als er zusammen mit Herbert Wehner im Bundestag einen Parlamentarier, der Nazisprüche von sich gibt, kurzerhand die Treppe hinunterwirft. Heiland holte die Moderne nach Marl. Hans Scharoun, der die Philharmonie in Berlin entwarf, baut in Marl eine Schule. 1946 wird mit »die insel« eine Volkshochschule gegründet, für die, ein Novum in der Bundesrepublik, 1955 eigens ein aus dem Geist der architektonischen Moderne gespeistes Gebäude errichtet wird. Ströbele hört dort 1958 eine Lesung von Heinrich Böll. Auch das Theater der Stadt Marl ist neu – ein Gastspielort, ohne eigenes Ensemble, in dem aber die Größen des Landes haltmachen. Christian Ströbele sieht dort mit Bernhard Sinkel Gustaf Gründgens und Oskar Werner, mit Diether Heisig im Theater in Recklinghausen Hardy Krüger und Claus Biederstaedt. Marl ist in manchem typisch für die frühe Bundesrepublik, auch in der Suche nach neuen Formen, die mitunter retortenhaft wirkt.

Christian Ströbele hat in Marl in den 50er-Jahren zwei Probleme: die Schule und den Vater. Schon in der Harkort-Volksschule tut er sich mit dem Schreiben schwer und bringt öfter Diktate mit zwanzig Fehlern nach Hause. Helga und Gudrun, seine Schwestern, absolvieren die Schullaufbahn reibungslos. Das macht das Ungemach für ihn nicht kleiner. Helga Reindel hält es im Nachhinein für wahrscheinlich, dass ihr Bruder unerkannter Legastheniker war – eine Symptomatik, die in den 50er-Jahren noch weitgehend unbekannt ist. Die Mutter übt mit ihm fast jeden Nachmittag. Sie engagiert sich energisch für seine schulische Karriere, redet mit Lehrern und kämpft für den Sohn, wo es nur geht. »Sie ist wie eine Löwin ins Lehrerzimmer gestürzt, wenn uns Unrecht geschehen war«, so Christian Ströbele. Denn Christian soll natürlich auf das Gymnasium – damals noch die Eliteschule – und zu den wenigen gehören, die Abitur machen und studieren. Doch das missglückt erst einmal. Ausgerechnet der älteste Sohn, im patriarchalen Bild Stammhalter, droht zu versagen. Als Christian nach vier Grundschuljahren auf das Albert-Schweitzer-Gymnasium wechseln soll, scheitert er an der Aufnahmeprüfung. Daher besucht er fünf Jahre lang die Volksschule und wechselt dann. Als er die Prüfung besteht, bekommt er von den Eltern als Belohnung einen Hund geschenkt, Erla, einen großen Airedale Terrier. Das Problem Schule – vielmehr Sprachen in der Schule – bleibt bestehen.

Am Ende jedes Schuljahrs, am Tag vor der Zeugnisvergabe, kommt der Hausmeister des Albert-Schweitzer-Gymnasiums in die Siedlung. Er bringt Briefe zu denen, die nicht versetzt werden und zur Zeugnisvergabe nicht zu erscheinen brauchen – eine für die Be-

Airedale Terrier Erla begrüßt die Mutter und ihre Söhne Herbert und Christian, 1951.

troffenen recht gruselige Inszenierung. »Wenn man dabei war«, so Ströbele, »hatte man das Gefühl: Ich kann mich jetzt eine Woche lang nicht auf der Straße sehen lassen.« Er gehört in der Untersekunda dazu.

Für Kinder gibt es in der Siedlung viele Freiräume. Die Kehrseite ist: Die soziale Kontrolle ist engmaschig, die Rollenerwartung klar. Wenn der Hausmeister bei Ströbeles den Brief einwirft, wissen viele: Der Sohn des Leiters der Organischen Abteilung hat versagt. Wer Abitur macht, gehört zur Elite, wer es nicht schafft, zum Rest. 1960 studieren 6 Prozent des Jahrgangs, 94 Prozent nicht. Zu dieser Elite gehören kaum Kinder der Unterschicht: Ende der 50er-Jahre sind nur gut 5 Prozent der Abiturienten Arbeiterkinder. Umgekehrt wird es als mittlere Katastrophe empfunden, wenn Kinder der Elite versagen. Auf den Gymnasien wird rabiat selektiert. Nur die Hälfte der Schülerinnen und Schüler, die die Sexta besuchen, machen Abitur.

»Der Weg von zu Hause zur Schule war zum Teil ein Leidensweg – mit Ängsten, wie ist die Arbeit ausgegangen«, so Ströbele im Rückblick. »Ich habe Sprachen als meine Feinde betrachtet. Die Vokabeln wollten nicht in meinen Kopf«, sagt er. Vor allem in Französisch und Englisch hapert es, Latein geht besser. Der Französischlehrer neigt dazu, Sprache als Ensemble von Grammatikregeln zu verstehen und sogar französische Austauschschüler zu verbessern. Das verschärft Ströbeles Aversion gegen Sprachen zusätzlich.

Das Abitur schafft er 1959 mit Ach und Krach – auch wegen Dr. Schümer. Der ist Rektor des Albert-Schweitzer-Gymnasiums und Sozialdemokrat. Er unterrichtet Geschichte und Gegenwartskunde, Fächer, in denen Ströbele in der Oberstufe glänzt. Im Abitur befasst Ströbele sich mit chinesischer Geschichte, in der Oberstufe liest er hochinteressiert Bismarcks Erinnerungen. Schümer mag er nicht zwingend wegen dessen sozialdemokratischer Einstellung, sondern wegen dessen diskursiven Unterrichts. »Wir lasen Quellen über die Weimarer Zeit und den Ersten Weltkrieg. Das mochte ich

sehr gern, der Rest der Schule war Qual«, so Ströbele. Texte analytisch zu durchdringen und Bezüge zu begreifen fällt ihm leicht. Aufs Ganze gesehen hat Ströbele es indes schwer, den Ansprüchen der klassischen Autoritätsinstanzen der bürgerlichen Welt – Schule und Vater – zu genügen. Beides ist kompliziert, beängstigend – und prägend. Die Mutter steht bedingungslos zu ihrem Sohn, gerade weil der es mit vielem schwerer hat als seine Geschwister. Klar ist auch, wer in der Familie am Ende das Sagen hat. Wenn es Gabriele Ströbele mit den Kindern zu viel wird, folgt die Drohung, die in unzähligen deutschen Haushalten in solchen Momenten ausgesprochen wird: dass der Vater ein Machtwort sprechen werde.
Diether Heisig schildert Rudolf Ströbele als »freundlich und zurückhaltend«. Der Vater hat auch eine fürsorgliche Seite. So nehmen die Ströbeles Anfang der 60er-Jahre einen Klassenkameraden von Herbert Ströbele auf, der an Schizophrenie leidet. Der junge Mann, um den sich Rudolf ebenfalls kümmert, bleibt bei den Ströbeles sogar noch eine Weile, nachdem Herbert von zu Hause ausgezogen ist. Gleichwohl erscheint der Vater in den Erzählungen der Geschwister und Jugendfreunde als still und unnahbar. Er wirkt wie eine Figur im Hintergrund, anders als die expressive, lebenslustige Mutter. Schweigende, oft abwesende Väter sind in den 50er-Jahren nicht ungewöhnlich – für Christian Ströbele fällt der Kontrast zwischen beiden Elternteilen extrem aus.
Rudolf Ströbele hat etwas Strenges und einen unerbittlichen Gerechtigkeitssinn. Im Werk sorgt er einmal dafür, dass einem Vorarbeiter, der zwei Arbeiter während der Dienstzeit seine private Garage mauern ließ, fristlos gekündigt wird. Keine Abmahnung, direkt die Höchststrafe. Herbert Ströbele, 1943 geboren und vier Jahre jünger als Christian, sagt, dass ihm dies »zu rigoros vorkam. Aber es gab für den Vater kein Weichen und Wanken.«
Der Vater fährt gern Motorboot, aber auch in den prosperierenden 60er-Jahren mit Direktorengehalt leistet er sich keines. Stattdessen investiert er in Solides. Er kauft eine Eigentumswohnung in

Marl, eine Ferienwohnung an der Nordsee und eine im Schwarzwald sowie Aktien. Und er finanziert seinen Kindern eigene Wohnungen. Der Lebensstil der Ströbeles ist nicht puristisch. Aber Verschwendung, Tand oder ein Motorboot kommen nicht infrage. Man achtet vielmehr darauf, dass das Geld in der Familie bleibt. Das Fürsorgliche ist die andere Seite der Strenge. Gabriele sagt zu ihrem Mann mitunter: »Du bist ein alter Schwab.«

Auch die Töchter, die es mit dem Vater entschieden einfacher haben als Christian, kennen ihn eher aus der Distanz. Der Vater redet nicht über sich, Gespräche über Privates sind zwischen Vätern und Kindern in den 50er-Jahren nicht vorgesehen.

Rudolf Ströbele läuft gern Ski – oft am Wochenende in Winterberg im Sauerland und in den Ferien im Schwarzwald. Gudrun und Herbert fahren häufig mit. »Das war eine Möglichkeit, dem Vater nahe zu sein«, sagt Gudrun Behrens-Hardt. Christian ist selten dabei. »Wenn er Ski gefahren ist, waren danach die Skier kaputt«, sagt Gudrun.

Rudolf Ströbele spielt Tennis, 1955 initiiert er die Gründung des Tennisclubs VfT Schwarz-Weiß Marl. Herbert Ströbele spielt Tennis, Christian nicht.

Die Schwestern erinnern sich daran, dass Christian ziemlich oft mit größeren oder kleineren Verletzungen nach Hause kommt. Mal fährt er mit dem Rad vor einen Laternenpfahl, mal gerät er in die Kette eines Fahrrads. Am Meer springt er übermütig von Stein zu Stein und verrenkt sich dabei den Fuß. Christian ist mit 15, 16, auch mit 17 und 18 Jahren noch relativ schmächtig. Er spielt in Marl bis zum Umfallen Fußball. Er ist kein begnadeter Fußballer, den anderen körperlich unterlegen und macht das durch Einsatz wett. Er riskiert auch Verletzungen, um Schwächen zu überspielen.

Der Vater reagiert ungehalten, wenn der Älteste mal wieder mit Wunden nach Hause kommt. Gudrun Behrens-Hardt erinnert sich, dass Christian sich einmal den Knöchel anbrach, das provisorisch selbst verarztete und verband, damit der Vater nichts bemerkte. Das ist eine Lektion, die Christian Ströbele als Pubertierender lernt: hart gegen sich selbst zu sein. Nicht aufzugeben.

Der Opel Rekord des Vaters steht ein paar Meter vom Haus entfernt im Garagenhof. Ein neuer Opel kostet 1957 knapp 6000 DM – mehr als ein Durchschnittsverdiener im Jahr nach Hause bringt. Christian macht 1957 mit 18 Jahren den Führerschein, hat den Wagen aber schon früher öfter aus der Garage gefahren, um ihn zu waschen. Einmal poliert er mit Freund Heisig den Opel und fragt: »Willst du auch mal fahren?« Heisig, der noch nie am Steuer saß, schrammt mit dem Opel prompt ein Tor. Die Zierleiste ist ramponiert – die beiden besorgen eine neue und befestigen sie mit einem Kaugummi, was naturgemäß nicht lange hält. Es endet wie oft – zu Hause gibt es Krach mit dem Vater.

Das Auto des Vaters, der Opel Rekord, ist ein Versprechen. Wer Auto fährt, gehört zur Welt der Erwachsenen. Es ist ein soziales Statussymbol, das zeigt, dass man zur Oberschicht oder oberen Mittelschicht gehört. Es symbolisiert Freiheit, Mobilität, Unabhängigkeit. 1959 nimmt Ströbele den Autoschlüssel und fährt zum Tanztee nach Polsum. Dort kracht er beim allzu schwungvollen Rückwärtsfahren gegen einen Begrenzungsstein, der eine beeindruckende Beule verursacht. Mit Kaugummi ist da nichts mehr zu machen, der Krach zu Hause erheblich.

An den Vater hat Christian Ströbele zwiespältige Erinnerungen: »Der Vater hat halb ironisch zu mir gesagt: Was ich einmal werden würde, sei klar – Warentester. Wenn Sachen bei mir einen Monat überleben, dann können sie nicht kaputtgehen. Das war lustig gemeint, charakterisierte aber seine Haltung zu mir. Der Vater war für mich eine Autoritätsperson. Ich hatte immer, wenn ich ihn traf, ein schlechtes Gewissen: Was habe ich jetzt wieder falsch gemacht?« Im Blick von Rudolf Ströbele hat sein ältester Sohn etwas von einem Versager. Er macht viel kaputt. Er ist so schlecht in der Schule, dass der Vater überlegt, ihn eine Banklehre machen zu lassen. Das wäre ein Bruch mit der akademischen Tradition, die Rudolf

Ströbeles Vater Franz begründete, als er den väterlichen Hof in Oberschwaben ausschlug und lieber studierte und bei BASF Karriere machte.
Christian kann nicht Klavier, nicht Flöte, nicht Geige spielen. Er läuft nicht Ski und spielt nicht Tennis. Auf den Feldern, auf denen man dem Vater vorsichtig nahe sein kann, ist er nicht präsent. Und wenn Christian bei Tisch mit vollem Mund spricht, dann bekommt er vom Vater auch mal eine Ohrfeige. Besonders heftig und trotzig reagiert Christian Ströbele, wenn er sich fälschlicherweise beschuldigt sieht. Im Konflikt mit dem Vater bildet sich sein intensives, affektiv aufgeladenes Verhältnis zu Gerechtigkeit und Ungerechtigkeit heraus. Und eine Art Grunddistanz in der Beziehung zu anderen.
»Mein Vater hat mir nie etwas aus seinem Inneren preisgegeben. Und ich ihm auch nie etwas aus meinem«, sagt Christian Ströbele. Strafe, Schuld und Gerechtigkeit sind Themen, die ihn als Teenager umtreiben, mehr als andere. Es werden zentrale Sujets seines Lebens.
Christian Ströbele kann mit 16, 17 Jahren – aus dem Blickwinkel des Vaters – vieles nicht. Aber er kann ein paar Sachen gut, außergewöhnlich gut: Er kann hartnäckig sein. Er kann gut reden und argumentieren. Und er kann schweigen.

Kleine Fluchten, verborgene Auflehnung

»Von Christian habe ich gelernt,
dass man sich nicht alles gefallen lassen muss.«

Diether Heisig, Jugendfreund seit 1946

Gegen 14 Uhr klingelt es Mitte der 50er-Jahre bei den Ströbeles ziemlich oft. Dann stehen Christians Freunde, Diether Heisig, Wolfgang Plato, genannt Plüschko, der später Anwalt wird, Dieter Boden, der im Auswärtigen Amt Karriere machen wird, und Bernhard Sinkel, der schon mit 15 viel fotografiert und liest, vor der Tür. In Christians Zimmer hängt ein Poster von Elvis, den er verehrt. Es ist das einzige Poster, das er jemals aufhängt. In einer hektografierten, von der Klasse verfertigten Zeitung – »Der Banause« – mit Spottreimen über Schüler und Lehrer heißt es über Christian Ströbele: »Elvis Presley ist sein Idol, / wenn dieser singt, ist ihm so wohl. / Er will sogar Herrn Schortemeier überzeugen, / er möge sich auch dem Rock 'n' Roll beugen.« Musiklehrer Schortemeier hält Elvis für Krach.

In Ströbeles Zimmer stehen viele Kerzenständer, die Jungen spielen Schach, hören Musik, eine Zeit lang auch Reden von Nazigrößen wie dem berüchtigten NS-Richter Roland Freisler. Und sie reden. Über die Schule, Mädchen – Politik nur am Rande.

Gudrun, eineinhalb Jahre jünger als Christian, ist erpicht zu erfahren, was die Jungs nachmittags so treiben. Doch aus Christian – Familienspitzname Brüder – ist nichts herauszubekommen.

Ströbele ist manchmal auch bei Heisigs. Diethers Vater versucht den Freund des Sohnes regelmäßig auszufragen, wie sich Diether in der Schule macht – erfolglos. »Man konnte sich auf ihn verlassen«,

so Heisig. Schweigen zu können ist später auch eine der hervorragenden Eigenschaften des Rechtsanwalts Ströbele.
In Marl existiert in den späten 50er-Jahren für Jugendliche eine Reihe von sozialen und sexuellen Markierungslinien, die zu überschreiten mitunter buchstäblich verboten ist. Den Schulhof des Albert-Schweitzer-Gymnasiums durchtrennt in der Mitte eine unsichtbare, von zwei Lehrern stets streng bewachte Linie. Denn der Pausenhof ist auch für die Schülerinnen des Mädchengymnasiums zugänglich – jeder Kontakt zwischen den Geschlechtern aber verboten. Für Ströbele ergibt sich die bizarre Lage, dass er Strafe riskiert, wenn er mit seinen Schwestern Helga und Gudrun, die das Mädchengymnasium besuchen, spricht. Hinter der Turnhalle gibt es allerdings einen inoffiziellen Treffpunkt.
Die Geschlechter begegnen sich nicht nur dort, in der Tanzstunde und beim förmlichen Tanztee in der Schule. Bei Sinkels feiern Mädchen und Jungen mit Rotwein und Elvis-Platten Partys. Für das soziale Ranking der Gruppe zählt es, ein Mädchen zu haben, mit dem man geht. Ströbele, sagt Diether Heisig, »konnte sich präsentieren«.
Jenseits der Siedlung gibt es zwei großen Zechen: Auguste Victoria und Brassert. Mit den Jugendlichen aus Brassert, einem Stadtteil von Marl, liefern sich die Jungen aus der Akademikersiedlung im nahen Wald, so Diether Heisig, regelrechte Schlachten. Gefangene werden gefesselt und mit Kot beschmiert. Man schießt mit Zwillen und Schrauben aufeinander. Wundersamerweise läuft dieser Klassenkampf im Wald ohne ernsthafte Verletzungen ab. Ströbele, eher schmächtig, hält sich bei Schlägereien und den militanten Auseinandersetzungen im Wald stets auf Distanz. Er hat fast immer Erla dabei, auch als Schutz.
In der Siedlung ist es nicht selten, dass Jugendliche Autos schrotten. Diether Heisig überschlägt sich als Beifahrer mit einem Borgward, den sein Kumpel von dessen Vater »ausgeliehen« hatte. Der Werkschutz – nicht die Polizei – inspiziert den Unfall und informiert

Ströbele und sein Freund Heisig genießen die Freiheit auf Ausflügen mit dem eigenen VW Käfer namens Mau.

den Vater, der seinen Borgward fälschlicherweise noch in der Garage wähnt. Solche Malheure wurden mit elterlichen Ohrfeigen und ohne Polizei geregelt.

Als Gudrun abends mit ihrem Bruder und dessen VW – ein Geschenk von Großmutter Ströbele – ins Theater eilt, warnt die Schwester Christian noch vor den Gefahren überhöhter Geschwindigkeit. »Das ist meine Spezialkurve«, erklärt Fahrer Ströbele selbstbewusst, kurz bevor der VW im Graben landet.

In den 50er-Jahren herrscht auf bundesdeutschen Straßen für heutige Vorstellungen Anarchie. Erst 1957 wird Tempo 50 in Städten eingeführt, zuvor gab es für Personenwagen und Motorräder keinerlei Geschwindigkeitsbegrenzung. Das Bewusstsein, dass Autos gefährlich wie Waffen sein können, ist unterentwickelt. Unfälle gelten als Schicksalsschläge. Entsprechend dramatisch ist das Ergebnis. 1960 fahren auf westdeutschen Straßen acht Millionen Kraftfahrzeuge – es gibt 14 406 Unfalltote. 2015 sind in Deutschland mehr als 50 Millionen motorisierte Fahrzeuge zugelassen – die Zahl der Unfalltoten ist im Vergleich zu 1960 auf weniger als ein Viertel gesunken.

Seinen VW (Kosename Mau) malt Ströbele lilafarben an, ein Jahrzehnt vor den Hippies eine exzentrische Wahl. Der Wagen ist in einem legendär ramponierten Zustand. Der Scheibenwischer geht mitunter nicht. Als das Gaspedal zerbricht, montiert Ströbele, der eine Neigung zu eigenwilligen handwerklichen Lösungen hat, einen Schraubenzieher an dessen Stelle, den sich der Fahrer zwischen die Zehen klemmt. Einmal klingelt bei Heisigs das Telefon. Ströbele fragt seinen Freund: »Kannst du mich abholen?« Die Polizei hatte den VW stillgelegt.

Die Jungsclique ist die Gegenwelt zu Schule und Vater. Dort testet man Grenzen aus, auch die der Legalität. In einem Lebensmittelladen nahe der Schule lässt Christian ein Stück Schokolade mitgehen. Im Keller unter der Schulbaracke lagern Flaschen – warum soll man da nicht probieren, ob es jemand merkt, wenn man ein paar mitnimmt? »Ich habe ziemlich viel angestellt«, so Ströbele im Rückblick. Auf der Klassenfahrt 1959 kollidieren in Paris Ströbele, Heisig und Plato nicht nur mit dem Regelwerk der Schule. Auf dem Weg zum Louvre trödeln die drei und verlieren den Anschluss an

Der Freund: Bernhard Sinkel

die Klasse. Nur weil sie nachweisen können, dass sie an der Kasse des Louvre waren, werden sie nicht vorzeitig aus disziplinarischen Gründen nach Hause geschickt. Ströbele entwendet mit anderen auf dem Boulevard Saint-Michel Bücher, Münzen, Postkarten, Kleinigkeiten. Es geht dabei nicht darum, etwas zu besitzen – sie verschenken die Beute oft. Sie tun es, weil sie es können.

Ströbele ist recht raffiniert im Schummeln. Bei Klassenarbeiten müssen Texte, die der Lehrer vorliest, nacherzählt werden. Auf Klassenfahrt in Paris gelingt es Ströbele und einem Klassenkameraden über eine französische Mädchenklasse, das Buch zu besorgen, aus dem der Lehrer die Texte für Diktate und Nacherzählungen entnimmt. Der Coup fliegt auf, als der Klassenkamerad in der nächsten Klas-

Christian Ströbele auf dem Weg zum Halbstarken

Vater Rudolf Ströbele, der es in den Chemischen Werken Hüls 1961 bis zum Direktor bringt.

senarbeit, dabei das Buch unter dem Tisch, etwas aus dem Text referiert, das der Lehrer gar nicht vorgetragen hatte. »Natürlich haben alle geschummelt – aber das war spektakulär«, erinnert sich Heisig. Diese Verstöße gegen das Erlaubte sind typisch pubertäres Austesten der Grenzen, die durch Überschreiten erkundet werden. Sie sind auch Protestzeichen gegen die Autoritäten, deren Erwartungen er nicht genügt. Gegen Gesetze zu verstoßen ist vor allem eine versteckte Geste der Provokation Richtung Vater. Denn der achtet akribisch auf Korrektheit und die Einhaltung von Regeln. In den 70er-Jahren wird Rudolf Ströbele in einer Verkehrssache beschuldigt. »Er war wochenlang kaum ansprechbar, so sehr hat es ihn belastet, dass er eventuell mit dem Gesetz in Konflikt kommt«, entsinnt sich

Christian Ströbele. Die Verhandlung endete mit Freispruch für den Vater.

Eine offene, ödipale Revolte gegen die Väter ist Ende der 50er-Jahre kein kulturell gängiges Rollenmodell im Beziehungsgeflecht der Generationen. Auch Christian Ströbele rebelliert nicht offen. »Ich habe versucht, die Regeln zu unterlaufen«, sagt er. Weil er auch mit 16 Jahren abends um 20 Uhr zu Hause zu sein muss, sucht er durch das Toilettenfenster regelmäßig den Weg in die Freiheit, ins Kino oder in den Hülser Park Gänsebrink, wo man sich mit Mädchen trifft. Diese Art des stillen Protests ist auch naheliegend, weil der Vater Mitte der 50er-Jahre eine ernste Krise durchlebt. Er leidet zwei Jahre lang unter Schlafstörungen, Synonym für eine Depression. Im Familiengedächtnis ist das der Effekt einer anstehenden Beförderung in den Chemischen Werken Hüls nach ganz oben – in den Vorstand. Diese Aussicht wirft den pflichtbewussten Rudolf Ströbele, der sich überfordert fühlt, aus der Bahn. Gabriele und die Töchter stehen dem Vater nächtelang bei. Eine Therapie gibt es nicht – auch in der anthroposophischen Medizin sind Depressionen nicht vorgesehen. Sogar eine Frühpensionierung steht zur Diskussion. Besser wird es, als klar ist, dass er für den Posten nicht mehr infrage kommt.

Bei den Ströbeles dreht sich in dieser Zeit fast alles um den Vater, der keinesfalls gestört werden darf. Die Treppe darf nicht knarren, damit er nicht wach wird. Als Autorität – gegen die ein Sohn, der sich missverstanden fühlt, kämpfen kann – ist dieser Vater zwei Jahre lang ungeeignet.

Christian Ströbele hat, gegen das Ungemach zu Hause und in der Schule, eine Kraftturbine, die ihn mit Selbstbewusstsein versorgt: die Clique. Dazu gehört auch Heinrich Breloer, der wie Sinkel später Filmregisseur wird. Den Breloers gehört das vornehme Hotel Loemühle, in dem die deutsche Fußballnationalmannschaft absteigt, wenn ein Länderspiel im Westen ansteht. Breloer lädt seine Freunde, wenn seine Eltern nicht zu Hause sind, zum »Whisky-

Soda-Gedächtnisrennen« ein. Diether Heisig erinnert sich an ein, zwei ausgelassene Partys, bei denen erst die Gäste in voller Bekleidung, danach Silbertabletts mit Schnittchen im Schwimmbad der Breloers landeten. »Das waren Szenen wie in einem amerikanischen Spielfilm«, so Heisig.

Breloer geht nicht in Marl zur Schule, sondern auf ein verhasstes katholisches Internat, dessen Geschichte er später in dem Dokudrama *Eine geschlossene Gesellschaft* erzählt. Zu Hause in der Loemühle zu sein bedeutet für Breloer, der drei Jahre jünger als Ströbele ist, Freiheit – ein Ventil außerhalb der Dressur im Internat.

Heisig, Sinkel, Ströbele und Plato treffen sich gern am Wochenende bei Breloer. Denn Heinrich hat praktischerweise im Gastraum einen Deckel, auf den Bier umsonst geordert werden kann. »Wir trugen alle kurze Haare und Stiefel«, entsinnt sich Heinrich Breloer, »und sangen manchmal alle zusammen »Oh ain't she sweet, / see her coming down the street« – ein Song, der 1956 durch Gene Vincent populär ist. Das Motto der Clique lässt sich so beschreiben: Freigeist und König Pilsener, Jazz und sich irgendwie rebellisch fühlen, am besten in dunklen Räumen. »Wir wollten kurz ausbrechen aus dem Engen«, sagt Breloer.

1958 reist die Klasse nach Berlin. Ströbele, Plato und Heisig tragen graue Flanellanzüge mit rotem Schlips. Ströbele ist ein stilbewusster junger Mann, ein bisschen snobby. In Berlin sieht er mit seiner Klasse im Deutschen Theater Heiner Müllers Inszenierung seines eigenen Stückes *Der Lohndrücker*, im Berliner Ensemble Bertolt Brechts *Leben des Galilei*. Das zeigt deutlich den sozialdemokratischen Geist, den es im Albert-Schweitzer-Gymnasium auch gibt. Brechts Stücke wurden in der Bundesrepublik in den 50er-Jahren wenig gespielt, mitunter sogar verboten – und der CDU-Außenminister Heinrich von Brentano diffamierte Brecht 1957 im Bundestag als Geistesverwandten des Nazis Horst Wessel.

Auf Fotos posiert Ströbele in Jeans und James-Dean-Pose. Er strahlt die arrogante Selbstsicherheit eines jungen Mannes aus gutem Hause aus, der nichts zu fürchten braucht. Oder zumindest so tun kann, als würde er nichts fürchten.

Ströbele gehört zum Zentrum der Gruppe, er ist freundlich, offen und fast immer guter Dinge. Wenn Onkel Herbert nach Marl kommt, nimmt der seinen Neffen mit zum Fußball, zu einem Florettwettkampf Deutschland gegen die Sowjetunion im Feierabendhaus in der Siedlung oder zu einem Hockeyländerspiel. Manchmal darf Christian mit einem Haufen Freunde in dem weißen Mercedes-Cabriolet des Onkels zur Eisdiele in Marl fahren. Das war, so Diether Heisig, »großartig«.

Als Christian endlich das Abitur geschafft hat, fährt er mit Freunden nach Essen in die Grugahalle zum Tanzen. Mit dem Opel Rekord vom Vater. Er ist euphorisch. Jetzt kann ihm nichts mehr passieren. Und es ist klar, dass er weggeht, vom Vater, Marl, der Schule, der Enge.

Ein typischer Ströbele-Satz 1960? »Komm, lasst uns das machen!«

Posieren im Wirtschaftswunderland: Christian Ströbele, Diether Heisig und Wolfgang Plato drapieren sich vor einer zufällig gefundenen Nobelkarosse.

Kapitel 2

WEHRDIENST UND STUDIUM
1960 BIS 1967

Bei der Bundeswehr: Die Abenteuer des braven Soldaten Ströbele

»Schwejk, Jesusmaria, Himmelherrgott, ich erschieß Sie, Sie Vieh, Sie Rind, Sie Ochs, Sie Idiot, Sie. Sind Sie so blöd?« – »Melde gehorsamst, ich bin so blöd, Herr Oberlajtnant.«

Jaroslav Hašek,
Die Abenteuer des braven Soldaten Schwejk

Am 19. Juli 1960 sitzt Christian Ströbele nachts in einer Bar in Aurich in Ostfriesland. Die Musikbox spielt sein Lieblingslied »Milord« von Edith Piaf, damals Nummer eins in den Charts. Er trägt eine Bundeswehruniform. Seine Kumpane sitzen am Tresen und wollen, dass Ströbele, Spitzname Struppi, gefälligst mittrinkt. Doch Ströbele schreibt lieber einen Brief an seinen Freund Bernhard Sinkel. Er berichtet von seinen Ferien: Er war (»in Uniform«) in Marl in seiner alten Schule, die ihm so viel Ärger bereitet hatte, später in Heidelberg »Studenten – und Nachtleben genossen (teilweise in Uniform, 5 Vorlesungen in Jura gehört)«, dann auf Texel und Norderney (»ersten Abend Frau kennengelernt; Zelt- und Strandfeten mit ihr gefeiert«). Und recht stolz: »Gestern erfahren, dass meine große Inselliebe Miss Nordsee geworden ist, na bitte!« Der Ton ist aufgeräumt und ironisch.

Die Frage, ob er zur vor Kurzem gegründeten Bundeswehr geht oder den Kriegsdienst verweigert, stellt sich ihm nicht. Man macht einfach, was alle machen – so sehen es Ströbele und Diether Heisig, der ebenfalls in Aurich seinen Wehrdienst ableistet. In den 50er-Jahren ist die Frage, ob die Bundesrepublik sich nach der Katastrophe des Zweiten Weltkrieges wieder bewaffnen soll, heftig umstritten. Dass Ströbele nicht auf die Idee kommt, sich ernsthafte Gedanken um Militär- oder Zivildienst zu machen, zeigt, wie er damals Politik sieht: Gesprächsstoff, der keine Konsequenzen für das eigene Leben hat.

Allerdings ist Ströbele, obwohl er die Uniform mitunter auch im zivilen Alltag trägt, keineswegs ein überzeugter Anhänger der Bundeswehr. Bernhard Sinkel rät er: »Wenn Du Dich vom Wehrdienst befreien lassen willst, kannst Du mit Deiner Brille gar nichts, mit Deinem Rücken dafür aber umso mehr anfangen.«

Die Führung der neuen Armee besteht aus Wehrmachtspersonal. 1959 sind mehr als 80 Prozent der Offiziere der Bundeswehr bereits vor 1945 Offizier gewesen. Auch das Liedgut, das die Rekruten sin-

Christian Ströbele im Dienstanzug mit Schirmmütze.
Die Uniform trug er zuweilen im zivilen Alltag.

gen sollen, stammt aus dem Wehrmachtsfundus, wie »Polenmädchen«, ein um die Jahrhundertwende entstandenes Lied, das die kaiserliche Armee und die Wehrmacht auf ihren Feldzügen gen Osten schmetterten. Der Drill mobilisiert bei Ströbele, der schon Klavierunterricht und Vokabellernen unzumutbar fand, Widerstände. »Ich habe es nicht eingesehen, von alten Feldwebeln geschliffen zu werden«, sagt er. Als hilfreich erweisen sich Ströbeles kleine Füße, die ihn oft vor gefürchteten Gewaltmärschen schützen. Er entwickelt eine versierte Art, die Teilnahme an Übungen zu umschiffen, und entdeckt, dass er heftig unter der Schlatter'schen Krankheit zu leiden hat.

Kanonier Ströbele verfügt über ein besonderes Talent: Er ist einer der besten Schützen des ganzen Bataillons. Dazu passt, dass er, obwohl als Sportler keine Offenbarung, mit guten Reflexen als Fußballtorwart zu überzeugen weiß. Für beides, Torwart und Kanonier, braucht man ein feines Gefühl für den Raum und dafür, wie sich temporeiche Objekte darin bewegen. »Ich habe gern geschossen«, sagt Ströbele. Weil er bei der Schießausbildung viele virtuelle Feinde vom Himmel über der Ostsee holt und Panzerattrappen in der Lüneburger Heide unschädlich macht, gewinnt er sogar einen Rundflug mit einem Bundeswehrhubschrauber. Samstags gibt Abiturient Ströbele den Kameraden politischen Unterricht. »Der Unterricht«, so Ströbele, »bestand eigentlich darin vorzutragen, was ich in der Zeitung gelesen hatte.« Zeitung heißt für Ströbele: die *Welt*, die er schon in Marl täglich gelesen hat.

Den Vorgesetzten fällt Kanonier Ströbele vom Flugabwehrbataillon 44 allerdings nicht wegen seiner Treffsicherheit oder seiner politischen Allgemeinbildung ins Auge, sondern wegen seiner beharrlichen Neigung, den reibungslosen Ablauf zu stören, und wegen seines offenkundigen Mangels an militärischem Ehrgeiz. Alle Abiturienten werden automatisch als Offiziersanwärter angesehen – Ströbele und Heisig signalisieren prompt, dass sie kein Interesse am Offizierslehrgang haben.

Beim Weg zum Essen und beim Marschieren müssen die Soldaten singen, häufig »O, du schöner Westerwald«. Ein Unteroffizier stellt eines Tages fest, dass Kanonier Ströbele »völlig falsch singt«. Ströbele antwortet: »Ich kann nicht anders. Ich hatte in Musik eine Fünf.« Der Unteroffizier schickt den Chorstörer zum Kommandeur. Ströbele erscheint dort wie befohlen. Der Kommandeur sagt: »Na, dann singen Sie mir mal was vor!« Rekrut Ströbele: »Was denn?« Der Kommandeur: »Was können Sie denn?« Ströbele trägt daraufhin »Hänschen klein« vor und wird mit den Worten »Sie sind für alle Zeit vom Singen befreit« zur Tür hinausbefördert.
Auf dem Sportplatz müssen die Kanoniere im Kreis laufen. Es ist heiß. Ströbele wirft sich irgendwann einfach zu Boden. »Aufstehen, Mann!«, bellt ihn ein Unteroffizier an. Doch Ströbele regt sich nicht. Schließlich wird ihm befohlen, sich im Krankenrevier untersuchen zu lassen – damit war der Tort vorbei. Subversion durch Verweigerung.
Ströbele sorgt nicht nur dafür, selbst von allzu großen Strapazen verschont zu bleiben – er kümmert sich auch um seine Kameraden. Struppi schreibt Liebesbriefe für einen Holzfäller, der Analphabet ist, und für Kameraden, die keine Ahnung haben, was sie ihren Ehefrauen noch mitteilen sollen. Erfolgreich: Es kamen »schwärmerische Briefe zurück«, so Ströbele. Er engagiert sich, wenn Kameraden Probleme mit Geld, Heimaturlaub oder Disziplinarstrafen haben. Gleich zu Beginn wird unter den Neuen ein Vertrauensmann gesucht. Heisig wirbt für Ströbele, der 1960 seine erste Wahl gewinnt. Vertrauensmann, eine Art Personalrat, zu sein hat handfeste Vorteile. Wenn er keine Lust aufs Exerzieren und rüden Schleiferton hat, muss er dringend einen Arrestanten besuchen. Außerdem untersteht er als Vertrauensmann nicht dem Hauptmann, sondern dem Major, den die Batterie kaum zu Gesicht bekommt.
An Sinkel schreibt er: »Im Übrigen kann ich mich Dir als Anwalt empfehlen, denn im Laufe der Zeit habe ich mich sehr mit der Materie befasst und alle Soldaten unserer Batterie (150 Mann) holen

Der Trupp aus Grundwehrdienstleistenden bei der Verpflegung im Feld, Ströbele sitzt vorn in der Mitte.

sich bei mir Rat übers Beschweren usw. Sogar Unteroffiziere konnte ich schon als Klienten begrüßen. Morgen geht eine Beschwerde von mir an den Bataillonskommandeur, außerdem habe ich schon zwei Schreiben an den Wehrbeauftragten abgefasst.«

Das weitaus effektivere Mittel, als sich auf den Boden zu werfen, um dem Drill zu entkommen, ist der Blick in das Wehrbeschwerderecht. Ströbele bewahrt das Wehrgesetzbuch griffbereit in seinem Spind auf. Es ist eine Premiere: Es sind die ersten Gesetze, die er liest.

Vertrauensmann zu sein ist auch ein Mittel gegen Langeweile und Unterforderung im Dienst. Am 11. Dezember 1960 schläft Soldat Ströbele dreizehneinhalb Stunden und kommt auch tagsüber nicht so recht aus dem Bett. »Etwas anderes bleibt mir nicht übrig, da ich Bereitschaft habe und die Kaserne nicht verlassen darf.« Der Leerlauf ist fast genauso schlimm wie der Wehrmachtskommandoton. »Der Dienst«, erinnert sich Heisig, »war unfassbar öde.«

Als die Grund- und Dienstpostenausbildung absolviert sind, schreibt Ströbele ironisch an Sinkel: »Am 1. Oktober ist Opa [Spitzname von Diether Heisig, Anm. d. Autors] befördert worden und lässt sich nur noch mit Herr Gefreiter anreden. Mich hat man unverschämterweise übergangen, sodass ich keine Nacht mehr ruhig schlafen kann. Wo ich es doch so verdient hätte!«

Die Kanoniere wurden obligatorisch zu Gefreiten befördert – nur Ströbele nicht. Das ist offenbar die Strafe dafür, dass er akribisch das Wehrrecht und dessen erstaunliche und wenig genutzte Möglichkeiten studiert und praktisch angewandt hat. Ströbele nimmt es sportlich.

Die Chancen, Sinkel bei einem Manöver unweit von dessen Internat zu treffen, sind leider gering. Ströbele schreibt an Sinkel: »Wahrscheinlich werde ich keinen Urlaub bekommen, da drei Meldungen gegen mich vorliegen. So habe ich viel zu tun, mit Beschwerden Gegenschläge auszuteilen.«

Schläge, auf die man mit Gegenschlägen antwortet – dies ist die Urszene des RAF-Verteidigers Ströbele, der sich zehn Jahre später trotzig, hartnäckig und mit der Strafprozessordnung unter dem Arm mit der Bundesanwaltschaft, dem Bundesgerichtshof, Richtern und der Mehrheit der öffentlichen Meinung in der Bundesrepublik anlegen wird.

Am 11. Dezember 1960 schreibt Ströbele an Sinkel: »Von hier gibt es viel zu berichten, aber Dich wird wohl nur interessieren, dass letzte Woche großer Manöverball war, der aber trotz meiner Mitwirkung wenig Spaß gemacht hat, und dass ich am 1. Januar befördert werden soll, was ich aber nicht zu akzeptieren gedenke.«

Letzteres wird der Coup der Wehrdienstzeit des Kanoniers Ströbele – ein schwejkhafter Versuch, das Befehlssystem Bundeswehr vorzuführen. Ströbele versucht fünf, sechs Leidensgenossen, die gleichfalls wegen unbotmäßigen Verhaltens nicht befördert wurden, von einer subversiven Aktion zu überzeugen. Sie sollen, auch aus Protest gegen die als scharf empfundenen Strafen für einen Kameraden, kollektiv die anstehende nachträgliche Beförderung zum Gefreiten ablehnen. Denn das steht laut Wehrgesetzbuch jedem Soldaten ohne Angabe von Gründen frei. Auch die anderen sind von dieser Protestgeste angetan.

Doch als es zum Appell kommt, akzeptieren alle die Beförderung zum Gefreiten – aus Mangel an Mut, aus der Reihe zu tanzen, oder weil der Sold als Gefreiter höher ist. Als die Reihe an Ströbele kommt, hebt der zitternd die Hand und sagt: »Herr Hauptmann, ich lehne die Beförderung zum Gefreiten ab.«

Er ist der Einzige, der so viel Zivilcourage hat. Warum er? Christian Ströbele verfügt über das selbstverständliche Selbstbewusst-

Ströbele und Schulfreund Diether Heisig, der mit ihm auch zusammen bei der Bundeswehr ist, an der Nordseeküste.

sein von jemandem, der aus der Elite stammt und sich vom Habitus von Offizieren weniger leicht beeindrucken lässt. Und er hat zu Hause in der Auseinandersetzung mit seinem Vater und der Schule genug Erfahrung im Umgang mit Autoritäten und deren Drohungen gesammelt, um zu wissen, wie man Druck ausweicht und widersteht.

Diese provokante Inszenierung vor versammelter Mannschaft ist für den 21-Jährigen ein Risiko, das Schikanen provozieren kann. »Das war«, sagt Ströbele, »einer der dramatischsten Akte in meinem Leben.« Es geht gut aus. Der Hauptmann ist zwar fassungslos, aber nicht nachtragend. Vor allem ist er entnervt, weil er die Beförderung nun rückgängig machen muss, was mit einer Menge unerfreulicher Bürokratie verbunden ist. Die Bundeswehr ist nicht zuletzt Papierkrieg.

Diese Tat ist ein bescheidener Beitrag zur Demokratisierung der Bundeswehr. Es ist ein Symbol gegen Untertanengeist, dem zufolge man sich stets zu fügen hat, und für eine republikanische, von blinder Autoritätshörigkeit entrümpelte Armee mit Soldaten, die ihre Rechte kennen und selbstbewusst in Anspruch nehmen.

Das Motto von Rudolf Ströbele lautete: Man verstößt nicht gegen die Regeln. Christian Ströbeles Motto lautet: *mit* den Regeln *gegen* die Autoritäten. In der Rolle des Vertrauensmannes, der sich für die Kameraden einsetzt, und des Kanoniers, der aus der Reihe tritt, sind die Rollen seines Lebens wie in einer Skizze vorgezeichnet – die des selbstbewussten Rechtsanwaltes und die des Dissidenten, der eigenwillig bis zur Sturheit seinem eigenen moralischen Kompass folgt. Ströbele war in Marl lange der Kleinste unter den Freunden, Diether Heisig überragte ihn mit 16, 17 noch um einen halben Kopf. Als er Aurich und die Bundeswehr verlässt, ist er 21 Jahre alt und größer als Heisig. Es ist ungewöhnlich, dass Männer mit über 20 noch wachsen. Christian Ströbele, so scheint es, musste den Kokon von Marl, Vater und Schule hinter sich lassen, um zu werden, was er ist.

Die Boheme-Zeit: Von Heidelberg nach Berlin

»Aber was sich auch ereignen mag, diese Generation wird nie revolutionär, in flammender kollektiver Leidenschaft auf die Dinge reagieren.«

Helmut Schelsky,
Die skeptische Generation, 1957

Hans Zehrer ist von 1953 bis 1966 eine Schlüsselfigur im Axel Springer Verlag. Springer nennt ihn seinen »Freund und Mentor«, der ihn in den 50er-Jahren erst für Politik interessierte. Zehrer ist ein rechtsbürgerlicher Intellektueller. Am Ende der Weimarer Republik war er einer der Köpfe der antidemokratischen Konservativen, die sich um die Zeitschrift *Die Tat* gruppierten. Er war Chefredakteur der Zeitschrift, die wuchtig gegen die »romanisch-westlichen Begriffe« Parlamentarismus und Liberalismus agitierte und von einer autoritär geführten, völkisch orientierten Gesellschaft träumte. Nationalsozialist war er nicht – 1933 setzten ihn die Nazis als Chefredakteur ab. Bis 1945 hatte er faktisch Berufsverbot. In der *Welt* verfolgt Zehrer seit 1953 einen eigenwilligen Kurs, nationalkonservativ gefärbt und noch immer skeptisch gegenüber dem Westen und – für Kalte-Kriegs-Zeiten – relativ offen gegenüber Moskau. Denn er will eher als die Westintegration die deutsche Wiedervereinigung.

Zehrer ist eloquent, traditionsbewusst, in vielen Fächern bewandert, etwa in Philosophie und Naturwissenschaften. Seine Wurzeln im autoritären Denken der Jungkonservativen der Weimarer Republik schimmern auch in der Bundesrepublik durch. Gerade die freie Gesellschaft, schreibt er, brauche »Maß, Verzicht, Zucht und

Disziplin«. Und: »Der Blick nach oben [zu Gott] gibt ein enges Verhältnis zur Autorität, ohne die die Freiheit für den Konservativen nicht vorstellbar ist.«

Zehrer verkörpert die von der Katastrophe 1933 scheinbar unzerstörte Kontinuität konservativen Denkens. In Briefen an Springer 1952 bezeichnet er eine SPD-FDP-Regierung in Bonn als »das Allerschlimmste«. Später, in den frühen 60ern, freundet er sich mit der Möglichkeit einer Großen Koalition an, als Regierung der nationalen Einheit. Bei der Spiegel-Affäre 1962 – einem gravierenden Verstoß gegen die Pressefreiheit – ist Zehrer auf der Seite von Regierung und Staatsräson. Der *Spiegel*, schreibt er in einem Leitartikel, habe, indem er militärische Geheimnisse veröffentlicht hat, »die Freiheit missbraucht« und fröne »einer anarchistischen und nihilistischen Kritik«.

Axel Springer gibt Ende der 50er-Jahre die Wiedervereinigung zugunsten der Westintegration faktisch auf und entfernt sich damit von seinem Spiritus Rector Zehrer. Den Geist im Springer Verlag in den späten 50er- und frühen 60er-Jahren prägt gleichwohl kaum jemand so wie Zehrer.

Staatstreue, kritische Haltung gegenüber dem Westen, Affinität zu Nation und deutschen Eliten, diskursiver Stil, gelegentliche, in gedämpftem Tonfall vorgetragene Verachtung der Massen – Ströbele, Sohn aus gutem Hause, gefällt dieser Sound. Ende der 50er-, Anfang der 60er-Jahre liest er wie sein Vater die *Welt*. Besonders schätzt er die wöchentlichen Leitartikel des Chefredakteurs. »Zehrer musst du lesen«, empfiehlt er Freunden. Ein anderer von Ströbele bevorzugter gelesener Autor der *Welt* ist Sebastian Haffner – polemisch, gescheit, entschieden antikommunistisch. 1961 wechselt Haffner vom britischen *Observer* zur *Welt*, weil er Londons Berlin-Politik für zu weich gegenüber Moskau hält. Als Student in Berlin geht Ströbele gern mit der *Welt* unter dem Arm auf die Straße.

Politik gehört für Ströbele dazu. Er weiß, was passiert und was debattiert wird. Politik ist für ihn indes kein Terrain, auf dem man

Distinktionen markiert und Identitäten bildet – nicht gegenüber Freunden, nicht gegenüber den Eltern.

Bei den Ströbeles in Marl redet man beim Abendessen auch mal über Politik, aber ohne Streit oder Heftigkeiten. Rudolf Ströbele ist dem engagierten Marler SPD-Bürgermeister Rudolf Heiland gegenüber skeptisch. Er findet ihn zu links. Im Bundestag, sagt er seinem Sohn Herbert, müssten mehr Unternehmer und Leute aus der Wirtschaft sitzen – eine Position, die die Nähe von Direktor Ströbele zur FDP anzeigt.

Doch das Interesse an Politik hat generell etwas Abgetöntes, Gedämpftes. Das ist typisch für die frühe Bundesrepublik, jedenfalls jenseits der aktiven Kernmilieus von Christ- und Sozialdemokratie. Nach der Gewaltexplosion des Nationalsozialismus, der die Gesellschaft in einen Zustand ständiger Erregung und innerer Mobilmachung versetzte, hält man sich lieber in der Mitte auf. Man meidet nicht nur extreme Meinungen – politische Leidenschaften an sich stehen unter Verdacht. Goebbels' Sportpalast-Rede und die tiefe (und in den 50er-Jahren oft verleugnete) Gefühlsbindung vieler Deutscher an Hitler gelten als Zeichen, dass die Kopplung von Affekten und Politik in den Abgrund führt. Das ist ein Grund, warum SPD-Chef Kurt Schumacher, KZ -Überlebender, Moralist und passionierter Antikommunist, nach 1945 wenig Erfolg hat. Schumacher redet in der kämpferischen Diktion der Weimarer Zeit. Den Westdeutschen liegt eher der großväterliche, milde temperierte Ton Konrad Adenauers. Ströbeles Großvater Zimmermann, der in Bonn wohnt, erläutert dem heranwachsenden Enkel Christian einmal, wie es in der Politik zugeht und warum Adenauer die richtige Wahl ist. »Die CDUler, die haben schon Geld. Die Sozialdemokraten, die Arbeiter, die wollen noch Geld, wenn sie an die Regierung kommen. Deshalb ist es besser, CDU zu wählen«, sagt er.

In den frühen 60er-Jahren bricht das »kommunikative Beschweigen« der NS-Zeit langsam auf. In Israel findet 1961 der Eichmann-Prozess globales Interesse, der die Mittäterschaft der deutschen

Bürokratie in den Fokus rückt. 1962 formiert sich während der Spiegel-Affäre eine selbstbewusste linksliberale Öffentlichkeit. In Frankfurt am Main werden im ersten Auschwitz-Prozess von 1963 bis 1965 deutsche Täter verurteilt. Im Bundestag ist die Debatte um die Aufhebung der Verjährungsfrist für NS-Morde 1965 ein offen ausgetragener Selbstverständigungsversuch um die NS-Zeit. Student Ströbele nimmt diese Debatten zur Kenntnis, ohne davon sonderlich berührt zu sein oder Position zu beziehen. Er schreibt sich 1961 an der Universität Heidelberg ein und studiert dort wie

Das Häuschen im Odenwald, in das sich Christian Ströbele auch nach sieben Jahrzehnten immer noch gern zurückzieht. Die Mutter schrieb auf die Rückseite des Bildes: »Erinnerung an die harte Arbeit vom Jung am Häuschen«.

sein Marler Freund Wolfgang Plato Jura. Heidelberg liegt nahe am großväterlichen Gut im Odenwald. Ströbele fährt oft mit seinem VW zu dem Häuschen. Sein Schwager Wolfgang Reindel, den schon in der Marler Akademikersiedlung viele Jüngere wegen seines unorthodoxen Lebensstils bewunderten, ist in der Nähe Geschäftsführer eines Jazzkellers.

Ströbele ist offen, auch für Widersprüchliches. Er mag Jazz, war Anführer eines kleinen zivilen Aufbegehrens in der Bundeswehr, macht aber keinen Bogen um Rechtsextreme. Heidelberg ist damals eine Hochburg von studentischen Verbindungen, die über pompöse Villen verfügen. Ströbele geht ein, zwei Mal zu sogenannten Fuchsabenden einer schlagenden, rechtslastigen Verbindung – ein Kommilitone wohnt dort. Ströbele interessiert sich mehr für das Bier als für die Parolen.

Das Leben in Heidelberg ist locker, der Studieneifer von Student Ströbele übersichtlich. Er steht selten vor elf Uhr morgens auf. Aber er studiert auch Politische Wissenschaft und besucht ein Seminar bei Dolf Sternberger, der zwei Grundsätze der Bundesrepublik formuliert: »Frieden herzustellen, Frieden zu bewahren, zu gewährleisten, zu stärken und freilich auch zu verteidigen ist Politik«, so Sternberger in seiner berühmten Heidelberger Antrittsvorlesung im November 1960. Zudem müsse dieser Staat wehrhaft sein und dürfe, so eine Lehre aus der Weimarer Republik, den Feinden der Freiheit keine Freiheit gewähren. Das ist eine Rechtfertigung des Verbots von KPD 1956 und der Neonazi-Partei SRP 1952 durch das Bundesverfassungsgericht.

In Jura hört Ströbele Vorlesungen des Staatsrechtlers Ernst Forsthoff, Kommentator des Grundgesetzes und damals ein Star in der akademischen Szene. Und, was damals weniger bekannt ist, 1933 Autor der Schrift *Der totale Staat*, einer schrillen Verherrlichung des Führerprinzips.

Das Studium finanziert der Vater. Trotzdem jobbt Christian in den Semesterferien in den Chemischen Werken Hüls. Er reinigt Kessel in der PVC-Produktion. Rudolf Ströbele, stets korrekt, achtet darauf, dass der Sohn nicht in seiner Abteilung arbeitet. Den Entschluss, Jurist zu werden, hat Ströbele bei der Bundeswehr gefasst. Jura ist eine sichere Wahl, die viele Karrieremöglichkeiten eröffnet.

Die Entscheidung, Jurist zu werden, hat auch einen familiären Hintergrund. Hunderte Male hat Gabriele Ströbele darüber berichtet, warum sie in der NS-Zeit nicht praktizierende Juristin werden konnte. Christian will tatsächlich werden, was seine Mutter nicht werden durfte.

Als Camouflage-Kommunist in Ostberlin

»Hör auf, ich will nach Hause.«
Siegfried Sessler im Morgengrauen am
Grenzübergang Heinrich-Heine-Straße zu
Christian Ströbele, Frühsommer 1964

Im Jahr 1961 fährt Christian Ströbele nach Berlin. Der AStA in Heidelberg organisiert einwöchige Reisen dorthin für 45 DM. Nach dem Mauerbau gilt es, Verbundenheit mit Westberlin zu demonstrieren. Im Bus lernt er Dieter Marcello kennen, mit dem er sich anfreundet und mit dem er 1966 zusammenwohnt. Über Marcello, so sein Spitzname, wird er 1964 einen Mann treffen, der Marcello und später auch Ströbele viel Verdruss bereiten wird. Marcello zieht 1964 mit seiner schwangeren Frau zur Untermiete in eine 210-Quadratmeter-Wohnung in der Schlüterstraße 55 ein und zahlt dem etwas windig wirkenden Mieter dafür 3600 DM – damit der seine Mietschulden begleichen kann. Der Mieter quartiert Prostituierte in der Wohnung ein. In der Küche stapelt sich Müll. Manchmal gibt es dort Zoff mit Zuhältern. Vor allem: Der Mieter hat gar keinen gültigen Mietvertrag. Als der Eigentümer der Wohnung Marcello samt Familie auf die Straße setzen will, wendet Rechtsreferendar Ströbele das pfiffig mit einer einstweiligen Verfügung ab. Der Pseudomieter, der manchmal verschlafen in der Küche auftaucht, und seine Frau, eine Malerin, die er mitunter misshandelt, heißt Andreas Baader, der zehn Jahre später Staatsfeind Nummer eins und Ströbeles Mandant sein wird. Nichts, sagt Ströbele, »deutete darauf hin, dass er mal so eine Karriere machen würde«.

Ströbele zieht nach Berlin, weit weg von Marl, vom Odenwald, von Heidelberg und den Orten der Familiengeschichte. Auch die Ge-

Die Ströbele-Geschwister heute: Herbert, Helga Reindel, Gudrun Behrens-Hardt, Christian. Auf der Rückseite der Fotografie von 2013 schlägt Herbert dem älteren Bruder vor, eine Gewerkschaft zu gründen, »die gegen die Nachtarbeit von Bundestagsabgeordneten kämpft«.

schwister zieht es fort: Gudrun Behrens-Hardt wird Psychoanalytikerin und Ärztin in Wetzlar, der Bruder Herbert Naturwissenschaftler wie der Vater, später Professor für Physik in Frankfurt am Main, Helga Reindel, Lehrerin, Sozialarbeiterin und überzeugte Sozialdemokratin in Mannheim. Christian Ströbele kommt nur noch selten nach Marl. Den Kontakt hält die Mutter aufrecht, die eisern jeden Sonntag mit allen vier Kindern telefoniert. Geografisch und kulturell entfernt sich scheinbar keiner so weit vom Eltern- und Großelternhaus wie Christian Ströbele. Denn Westberlin wird das Treibhaus sein, in dem sich die Gegenkultur und radikale Linke entwickeln werden.

Davon ist 1962 noch nichts zu ahnen. Ströbele studiert, wie in Heidelberg, Jura und Politische Wissenschaft am Otto-Suhr-Institut der Freien Universität Berlin. Das Jurastudium, obwohl mit viel

Lernen verbunden, macht ihm kaum Probleme. Die Blockaden der Schulzeit scheinen wie weggeblasen.
Zu dieser Zeit wird Ströbele politisch aktiv. Er engagiert sich für Fluchthilfe nach Westberlin, verrichtet Handlangerdienste und schmuggelt Zettel nach Ostberlin. Das ist damals nicht ungewöhnlich. Ähnliches tun aus Idealismus Hunderte Studenten von FU und TU. Die Fluchthilfe professionalisiert sich allerdings recht schnell. Ströbele steigt aus, als er mitbekommt, dass Geld fließt und eine entfernte Bekannte sich prostituiert, um die nötigen Mittel für Schleuser aufzutreiben, die Verwandten zur Flucht verhelfen sollen. Die Erfahrung als Fluchthelfer hinterlässt Spuren. Ströbele betrachtet die DDR, auch in seiner linksrevolutionären Zeit, skeptisch.
Das Klima in Westberlin ist politischer als in Heidelberg oder Marl. So findet Anfang 1963 auf dem Campus der FU ein regelrechter Wahlkampf statt. Es geht um den RCDS-Mann Eberhard Diepgen, der Anfang 1963 zum AStA-Vorsitzenden gewählt wird. Dann wird publik, dass Diepgen, der später Regierender Bürgermeister von Berlin wird, verschwiegen hatte, dass er Mitglied einer laut Universitätsordnung verbotenen schlagenden Burschenschaft ist. Im Februar 1963 wird Diepgen bei einer studentischen Urabstimmung an der FU abgesetzt. Ströbele und Sessler votieren gegen den RCDS-Mann. Siegfried Sessler ist heute pensionierter Richter und, wie Heisig, noch immer mit Ströbele befreundet. Auch Sessler beteiligt sich als Student an Fluchthilfeaktionen. Er neigt in den 60ern politisch zur SPD. Anfang 1963 nimmt er Ströbele mit zu einer Wahlkampfveranstaltung des Regierenden Bürgermeisters Willy Brandt, den die Bundes-SPD mit bescheidenem Erfolg als »deutschen Kennedy« aufzubauen versucht. Brandt regiert damals in Berlin mit einer Großen Koalition aus SPD und CDU – im Abgeordnetenhaus gibt es keine Oppositionspartei. Der CDU-Mann Ernst Lemmer begründet die Koalition so: »Solange der Feind vor unseren Türen steht, so lange haben wir ein Minimum an Kameradschaft zu halten.« Ströbele ist von Brandt, dem exilierten Sozialdemokraten mit Wi-

derstandsbiografie, nur mäßig beeindruckt. Er ist 1963, so Sesslers Eindruck, zu konservativ, um sich für die SPD zu begeistern.

Im Juni 1963 schreibt Christian Ströbele an Diether Heisig. »Ihr müsst Euch Zeit bis zum Wochenende nehmen. Am Samstag ist Fete bei mir. Kennedy kommt am Mittwoch um 8 Uhr 30 an und spricht um 13 Uhr am Schöneberger Rathaus, um 16 Uhr in der Uni. Zahnbürste und Unterwäsche für vier Tage einpacken & viel Glück beim Trampen.«

Kennedy ist für Ströbele ein Idol – charismatisch, antikommunistisch. Marcello erinnert sich, dass er den ganzen Tag auf dem Rad unterwegs war, um den neuen Helden der westlichen Welt zu sehen. Als Kennedy den historischen Satz »Ich bin ein Berliner« am Schöneberger Rathaus sagt, ist Ströbele dabei. Er hat, wohl auch weil sein Onkel NDR-Sportchef ist, beim Sender Freies Berlin (SFB) einen Job als Fahrer und fährt Rundfunk-Offizielle durch die Stadt. Als Kennedy am 22. November 1963 in Dallas ermordet wird, eilt Ströbele mit Tränen in den Augen zu einer spontanen Trauerversammlung zum Rathaus Schöneberg.

Amerika ist für viele, die in Westdeutschland der 50er-Jahre groß werden, ein Versprechen, auch für Ströbele. Für Elvis-Singles ist er extra mit dem Rad nach Essen gefahren – in Marl gab es kein Geschäft, das so etwas verkaufte. Die USA, das sind die netten GIs, die Kaugummi verteilen, das ist Hershey's-Schokolade im Carepaket, das ist Jazz und der Koreakrieg, der Ströbele als Kampf zwischen den guten Amerikanern und den bösen Kommunisten erscheint und dessen Schlachten der Elfjährige nachgespielt hat. John F. Kennedy erscheint als neuer Politikertypus, schwungvoll und jung, eine Verkörperung der Zukunft und damit eine Gegenfigur zu dem 87-jährigen Kanzler Adenauer, dessen Ära 1963 endet. Das Bild der USA als Besatzungsmacht ist in den 50er-Jahren ausgeblichen und vom Bild der Schutzmacht gegen die Diktatur im Osten überblendet.

Ströbele wohnt in Westberlin anfangs zur Untermiete. Es ist üblich, dass die Wirtin durch die Milchglasscheibe in der Tür schaut, um zu prüfen, ob sich unerlaubte Gäste, gar weibliche, im Zimmer aufhalten. Später zieht er in die Niebuhrstraße, Ecke Bleibtreustraße, in eine Wohngemeinschaft. Er frönt studentischem Boheme-leben. Er sitzt stundenlang mit seinen Freunden aus der Heidelberger Gegend wie Marcello und Sessler im Kakaobunker, der Cafeteria der Juristen, und schaut schönen Frauen nach. Die sind allerdings, jedenfalls bei den Juristen, rar. In Ströbeles Semester gibt es zwei Studentinnen. »Eine«, so Ströbele, »kannte ich schon aus Heidelberg.«

Abends geht er in die Jazzkneipe Eierschale oder öfter ins Old Eden, eine schummrige, als Saloon aufgemachte Kneipe am Kurfürstendamm, die damals angesagt ist und dem Playboy Rolf Eden gehört. Cherchez la femme! Das Besondere ist: Das Old Eden ist bis fünf Uhr morgens geöffnet, wovon Ströbele Gebrauch macht. Und das Publikum ist für eine Ku'damm-Kneipe gemischt. Arbeiter, Studenten, Touristen, Reiche.

Schöttle, so sein Spitzname auch in Berlin, spielt in einer Sportanlage am Teufelsberg Fußball und sonntags lange Schach. 1963 organisiert er ein Ehemaligentreffen mit Kameraden in Aurich, das er, stets findig in Gelddingen, von der Bundeswehr finanzieren lässt. Mal verkauft er für den Onkel einen Mercedes, weil die Gebrauchtwagen in Berlin teurer sind. »Wir hatten«, sagt Sessler im Rückblick, »viel Zeit.«

Und dann gibt es noch den Osten.

Wie Sessler und Ströbele die Schauspielerin Ursula Karusseit kennenlernen, ist nicht mehr ganz sicher festzustellen. Am wahrscheinlichsten ist, dass Jurastudent Sessler die Schauspielschülerin Renate Reinecke, genannt Nadja, auf dem Alexanderplatz anspricht. Reinecke besorgt Sessler Karten für das Berliner Ensemble, wo am Abend die *Dreigroschenoper* gespielt wird, in der sie eine kleine Rolle hat. Beim nächsten Treffen kommen Christian Ströbele und die Schauspielerin Ursula Karusseit mit. Die vier freunden sich an. Sessler und Ströbele lernen den Brecht-Schüler und Regisseur Benno Besson kennen; Karusseit und Besson werden in dieser Zeit ein Paar. Ströbele ist besonders angetan von Bessons Inszenierung *Der Frieden* und der im Frühjahr 1965 im Deutschen Theater aufgeführten Stalin-Parabel *Der Drache*. Brechts Hitler-Parabel *Der aufhaltsame Aufstieg des Arturo Ui* mit Ekkehard Schall sieht Ströbele drei Mal. Er schreibt Theaterkritiken. »Wir hatten das Gefühl, dass wir alles können, wenn wir es wollen«, sagt er retrospektiv. An eine Zeitung schickt er allerdings keinen seiner Texte.

»Mit Besson waren wir gut befreundet«, so Sessler. Als Besson mal seine zehnjährige Tochter aus erster Ehe, Katharina Thalbach, für ein paar Stunden im Monbijoupark trifft, nimmt er Sessler mit. »Die Kleine ist so frech«, sagt Besson. Besson bietet Sessler sogar einen Job als Regieassistent an.

Ströbeles Interesse ist weniger deutlich ausgeprägt als das von Sessler. Er war, so der Schauspieler Klaus Manchen, »einfach neugierig auf die Theaterwelt«. Zeitweise ist er täglich in Ostberlin.

Die Weststudenten revanchieren sich für die Karten für das Berliner Ensemble und für die Abende in der Kantine des Berliner Ensembles und des Deutschen Theaters mit Westprodukten. Sie bringen Jeans oder – für den Pferdefreund Klaus Manchen – eine Longierleine mit, die im Sozialismus als feudaler Luxus gilt.

Ströbele bringt Karusseit einmal mit seinem VW nach Berlin-Johannisthal ins Synchronstudio der DEFA. Karusseit hat dort einen Kurzeinsatz und muss für einen Film die Anrede »Hallo, Jungs« einsprechen. Das Honorar von 25 Ostmark »haben wir«, erinnert sich Ursula Karusseit, »danach in der Post versoffen«. Die Post in der Schnellerstraße in Berlin-Schöneweide ist die Stammkneipe der nahe gelegenen Schauspielschule »Ernst Busch«. Abends macht die Wirtin manchmal früher die Kneipe dicht. Dann lassen sich Karusseit, Krischan (so Karusseits Spitzname für Ströbele) und Sessler von älteren Schauspielern Bier- und auch mal Wodkarunden spendieren und skandieren »Die Mauer muss weg!«. »Wir hatten«, so Karusseit, »einen guten Schluck, als wir jung waren.«

Die Schauspielerin wohnt in Schöneweide – doch Ströbele und Sessler müssen noch über den Grenzübergang. Westberliner dürfen sich nur bis 24 Uhr im Osten aufhalten.
Die Mixtur von Bier und Zeitdruck hat an einem Frühsommerabend 1964 ungute Folgen. Ströbeles VW kommt auf der schnurgeraden Köpenicker Landstraße ins Schleudern und rammt eine Laterne, die die Karambolage – Beschädigung von Volkseigentum – nicht übersteht. Straßenbahnschaffner ziehen den blutüberströmten Fahrer Ströbele und seinen Beifahrer Sessler aus dem Autowrack und bringen sie in ein Ostberliner Krankenhaus, wo sie notdürftig verarztet werden. Im Morgengrauen fährt sie, dick bandagiert, ein Vopo-Wagen zum Grenzübergang Heinrich-Heine-Straße.
Es ist die waffenstarrende Nahtlinie des Kalten Krieges. Ströbele aber will sich, unbeeindruckt vom Totalschaden, seiner Verletzung und vom DDR-Grenzregime, auf die weiße Linie legen, die die freie Welt und den Ostblock voneinander trennt. »Hör auf«, mahnt Sessler, »ich will nach Hause.«
Im Krankenhaus in Wedding will ein Assistenzarzt Ströbeles lädiertes Auge sofort operieren. Ströbele ist skeptisch. Die Ärztin im Osten hat geraten, erst mal abzuwarten. »Sie sind betrunken«, sagt ein Oberarzt zu Ströbele. Doch der mit eindrucksvollem Verband versehene Bruchpilot gibt nicht nach – und droht, obgleich alkoholisiert, mit einer Strafanzeige wegen Körperverletzung. Auch der Chefarzt ist bei der Visite am Morgen der Ansicht, man solle das Auge konservativ behandeln. Ströbele, im Umgang mit Institutionen eigensinnig, entlässt sich, gegen den Rat der Ärzte, selbst und fährt mit dem Taxi in seine Wohnung in der Niebuhrstraße.
Der Unfall hat Folgen. Den Wagen zu entfernen und verschrotten zu lassen ist umständlich, weil der VW kaum noch fahrtüchtig ist und immer wieder angeschoben werden muss. Eine schweißtreibende Sache.
Schlimmer noch: Der Führerschein ist weg. Und Ströbele muss in Ostberlin ein paar hundert Mark Strafe zahlen. Er tauscht Ost- und

D-Mark, wie alle, nicht zum offiziellen Kurs eins zu eins, sondern schwarz. Als er mit dem Geld nach Ostberlin kommt, ist das Amt, wo die Strafe zu bezahlen ist, schon geschlossen. Ströbele scheint es riskant, das schwarz getauschte Ostgeld noch zwei Mal über die Grenze zu schmuggeln. Er vergräbt es bei Dunkelheit in einem kleinen Park vor dem Tränenpalast. Sessler wird am nächsten Tag losgeschickt, um das Geld zu bergen. Vergeblich. »Dabei habe ich den halben Park umgebuddelt«, so Siegfried Sessler.

Ströbele hat auch mit Mitte zwanzig ein lässiges Verhältnis zur Straßenverkehrsordnung und ist ein rebellischer Geist, der sich über Anordnungen des Assistenzarztes hinwegsetzt und Doktrinen realsozialistischer Staaten nicht besonders ernst nimmt. 1967 fährt er mit seiner Freundin Juliana Gregor und seinem Freund Michael Hatry, der später als Dramaturg und Theaterregisseur arbeiten wird, nach Dresden, Prag und Wien. In Prag bleiben sie zwei Tage, obwohl sie dafür kein Visum haben. Mit solchen Regelverstößen hat Ströbele nie Probleme. Er tut es einfach. In Dresden bleibt Ströbele, ohne Visum, mal zwei Tage. Nachdem er die Zündkerzen seines VW außer Kraft gesetzt hat, erklärt er den Vopos, dass sein Wagen leider nicht mehr fahre.

Im Mai 1964 will die DDR sich zur Abwechslung als offener, diskutierfreudiger Staat zeigen. Das Deutschlandtreffen der Jugend, organisiert von der FDJ, ist eine Mischung aus gigantischer Propagandashow und kurzem kulturellen Tauwetter. Im DDR-Radio wird erstmals ein Song der Beatles, sonst Inbegriff kapitalistischer Dekadenz, gespielt, in den Straßen Ostberlins tanzen Jugendliche Twist. Ein Sender soll die neue Offenheit symbolisieren: das Jugendradio DT64.

Die DDR-Führung ist besonders erpicht auf Teilnehmer aus Westdeutschland, um sich, so die SED-Doktrin damals, als wahrer Hüter der deutschen Einheit und gegen die Spalter in Bonn in Szene zu setzen. Ströbele und Sessler nutzen die Chance des Deutschlandtreffens, um den Zwang zu umgehen, um 24 Uhr wieder im

Westen sein zu müssen. Sie melden sich bei der FDJ als westdeutsche Kommunisten aus Marl und Mannheim, die gern in den Arbeiter- und Bauernstaat kommen. Die FDJ spendiert ihnen dafür sogar Bahntickets von Marl und Mannheim nach Berlin. Sie übernachten in einer Sporthalle in Köpenick, dürfen vier Tage dort bleiben und treffen ausgiebig ihre Schauspielerfreunde. Sessler bemerkt verwundert, dass es in Sachen Sex im Osten lockerer zugeht. Als er nachts in die Sporthalle in Köpenick zurückkehrt, muss er aufpassen, im Dunkeln auf dem Fußballplatz nebenan »nicht auf Liebespaare zu treten«.

Heikel wird es am Pfingstsonntag. Ströbele und Sessler steigen in einen Bus, der West- und Ostkommunisten zum Marx-Engels-Platz bringt, wo die monumentalen Agitpropveranstaltungen der SED stattfinden. Erst im Bus fällt den beiden auf, wohin die Reise geht und dass sie keine Lust haben, fahnenschwenkend an Walter Ulbricht und Erich Honecker vorbeizulaufen. »Das ist doch wie beim Hitler«, sagt Sessler. Ströbele sieht das genauso. Schon bei der Bundeswehr empfand er Widerwillen gegen abgerichtete Körper und Gleichschritt. Er geht zum Busfahrer und sagt: »Wir wollen aussteigen.« Damit sind ein paar Kommunisten aus dem Westen (wo die KPD seit 1956 verboten ist) nicht einverstanden. »Leute wie ihr werden Richter und werfen uns ins Gefängnis«, sagt einer und droht Prügel an. Es kommt zu einem Handgemenge im Bus. Vor mehr handfester Kritik bewahren Ostbürger die beiden Camouflage-Kommunisten. »Wer nicht mitmarschieren will, muss auch nicht«, sagen die DDR-Bürger.

Etwas problematischer verhält es sich mit dem Kleinkalibergewehr, das Ströbele, der schon bei der Bundeswehr »immer gern geschossen hat«, 1961 aus dem Odenwald mit nach Westberlin bringt – für Schießübungen im Grunewald und ohne Böses im Sinn zu haben. Eines Tages bemerkt er, dass dies illegal ist. Berlin ist entmilitarisierte Zone. Wer eine Waffe hat, muss nach alliiertem Recht mit der Todesstrafe rechnen.

Ströbele entschließt sich, diese unerfreuliche Konsequenz zu umgehen, indem er das Gewehr zurück in den Odenwald bringt. Das erweist sich als wenig weitsichtig. Die Grenzsoldaten beschlagnahmen im Oktober 1962 das Gewehr und verhören Ströbele ausgiebig. Die DDR ist wenig angetan von Bürgern aus dem Staat des Klassenfeindes, die Waffen durch ihr Staatsgebiet befördern. Ströbele verbringt die ganze Nacht auf der Wache. Die Grenzer überprüfen fiebrig, ob es in Transitnähe eine Schießerei gab. 1962 kommt es an der innerdeutschen Grenze auch zu tödlichen Schusswechseln zwischen DDR-Grenzsoldaten und Bundesgrenzschutz. Die Idee, man könne ein Gewehr über eine der am besten bewachten und gefährlichsten Grenzen des Globus schmuggeln, verrät eine Unerschrockenheit, die ans Naive grenzt. »Ich habe mir nicht viel dabei gedacht«, so Ströbele heute.

Ströbele indes sieht in dem Vorfall 1962, ganz Anwalt und mit einer typischen Geste des Trotzes, zu Unrecht entwendetes Eigentum. In Ostberlin stellt er den Antrag, das Kleinkaliber-Gewehr zurückzuerhalten.

Eine Antwort bekommt er nie.

1967: Zwischen Establishment und Revolte

»Ich trete in die SPD ein.«
Christian Ströbele, Sommer 1967

Mitte der 60er-Jahre ändert Ströbele langsam sein Leben. Die verplauderten Stunden im Kakaobunker werden seltener. Er geht zu einem Repetitor in der Bleibtreustraße, wo er den Jurastoff für das erste Staatsexamen paukt und wo auch Jurastudent Eberhard Diepgen für das Examen lernt. Ströbele schreibt, ohne dass ihn dies übermäßige Anstrengung kostet, die obligatorische Sechswochenarbeit und macht im Spätherbst 1965 das erste Staatsexamen. Schluss mit durchzechten Nächten im Old Eden. »Ich fand das irgendwann abgeschmackt«, so Ströbele.

Juristen müssen im Referendariat bei Anwälten, einer Staatsanwaltschaft und einem Gericht arbeiten. Ströbele geht 1966 für ein paar Monate nach Gelsenkirchen. Er sammelt dort am Arbeitsgericht Erfahrungen. »Wir wollten Arbeitsrichter werden, um normalen Leuten zu helfen«, so Siegfried Sessler. Engagement in den Institutionen für kleine Leute – das ist ein sozialdemokratisch gefärbter Ansatz. Diese Idee spiegelt Ströbeles Erlebnisse bei der Bundeswehr wider.

Ströbele, stets findig in Sachen Geld, jobbt ab 1966 bei Rechtsanwalt Schreiber in Neukölln. Er hat nur mit kleineren Delikten zu tun, oft Verkehrssachen. »Machen Se mal«, sagt Schreiber zu dem Referendar. Ströbele verbringt Vormittage damit, allein von Amtsgericht zu Amtsgericht zu eilen. Die Fälle sind unspektakulär, aber die Erfahrungen wichtig. Ströbele hat keine Scheu, sich in dem in den 60er-Jahren streng hierarchisch organisierten Justizapparat zu bewegen.

Der linkssozialdemokratische Soziologe Ludwig von Friedeburg notiert 1965 resigniert: »In der modernen Gesellschaft bilden Studenten kaum mehr ein Ferment produktiver Unruhe. Es geht nicht mehr darum, sein Leben oder gar die Welt zu verändern, sondern deren Angebote bereitwillig aufzunehmen und sich in ihr, so wie es nun einmal ist, angemessen und distanziert einzurichten.«

Die Nachwuchselite will Karriere machen, Politik nimmt sie, wenn überhaupt, als leidenschaftsloser Beobachter wahr. Ströbele entspricht in manchem Friedeburgs Skizze, seine mitunter eigenwillige Art, auf Autoritäten zu reagieren, liegt indes schräg zu diesem Entwurf.

Im Jahr 1966 bekommt das monochrome Bild der braven bundesdeutschen Jugend Haarrisse, nicht zufällig in Westberlin. Die Bildung der Großen Koalition in Bonn mitsamt einem Parlament fast ohne Opposition weckt leise Befürchtungen am Zustand der Demokratie. Vor allem entsteht in Asien ein Katalysator, der den scheinbar stabilen bundesdeutschen Gefühlshaushalt in Aufruhr versetzen wird: der Krieg der USA in Vietnam. 1966 beginnt er langsam ins öffentliche Bewusstsein zu rücken. Besonders in dem von Krieg, Teilung und Mauerbau traumatisierten Westberlin zeigt sich, dass Kritik an der Schutzmacht USA von der Mehrheit als blanker Verrat angesehen wird.

Siegfried Sessler ist dabei, als im Februar 1966 mehr als tausend Studenten vor dem Amerika-Haus in Charlottenburg gegen die »weitere Eskalation in Vietnam« demonstrieren. Wie andere SPD-Genossen auch wirft Sessler sechs Eier an die Wand des Amerika-Hauses. Es kommt zu einem Gerangel mit der Polizei. Springer-Zeitungen polemisieren danach gegen »Antiamerikanismus der studentischen Narren«. »Es waren frische Eier«, befindet Sessler im Rückblick.

Ströbele ist nicht dabei. 1967 wohnt er mit Hatry und dem SDS-Mitglied Walter Aschmoneit in der Waitzstraße am Ku'damm zusammen – in Aschmoneits und Hatrys Bücherregalen stehen Werke von Marx und Engels, die in Ostberlin günstig zu haben sind. Ströbele bleibt Beobachter. »Dutschke und die Radikalen habe ich mir als interessierter Zeitgenosse angeschaut«, sagt er. Seine Begeisterung für die *Welt*, die sich um 1968 vom vornehmen liberalkonservativen Blatt in ein verbissenes Kampforgan wandelt, verblasst allerdings langsam. Am Otto-Suhr-Institut für Politische Wissenschaft hat Ströbele zudem fast nur Professoren gehört, die mehr oder weniger der SPD nahestehen: Ossip K. Flechtheim, Kurt Sontheimer und vor allem den überzeugten Sozialdemokraten Richard Löwenthal. Auch das weicht die Skepsis gegen die SPD auf.

Im Jahr 1965 lernt Ströbele die Schauspielerin und Synchronsprecherin Juliana Gregor näher kennen. Sie ist eigenwillig, selbstbewusst und entstammt der Oberschicht, so wie er. Ihr Großvater Hans Gregor gründete 1905 die erste, privat geführte Komische Oper in Berlin. Juliana Gregor ist in Bolivien aufgewachsen, ihr Vater ist dort deutscher Botschafter. Theaterwissenschaftler Hatry übt mit Juliana Gregor Vorsprechrollen – für Bewerbungen. Für eine Party in der Niebuhrstraße schreibt Hatry mal einen halbstündigen Einakter.

Im Sommer 1967 heiraten Christian Ströbele und die Schauspielerin Juliana Gregor – in der Kathedrale Notre-Dame in Paris. Es bedeutet durchaus bürokratischen Aufwand, vom Bischof die Erlaubnis zu bekommen, im Ausland heiraten zu dürfen. Doch Ströbele hatte sich das in den Kopf gesetzt, damals auf der Klassenfahrt 1958. Die Reise zur Hochzeit ist improvisiert, das Zimmer in Paris billig und nicht frei von Wanzen, die Trauzeugen werden eher zufällig akquiriert. Gerade das Spontane, Unperfekte macht das Romantische der Szene. Die standesamtliche Trauung folgt in Berlin-Wilmersdorf, Michael Hatry und Dieter Marcello sind die Trauzeugen. Die gewissermaßen dritte Heirat ist ein Fest, das die beiden in ihrer neuen, kleinen Eigentumswohnung in der Auguste-Viktoria-Straße geben, die Ströbeles Eltern finanziert haben. Wohnungen sind in der Mauerstadt billig, der Erwerb zudem steuerlich begünstigt.

Ströbele trägt bei dem Fest Fliege, Frack, Bowler und ist, zum Missvergnügen seiner auf Konvention geeichten Schwiegereltern, somit deutlich overdressed. Frack und Zylinder sind keine Travestie, aber doch ironische Distanzierung vom bildungsbürgerlichen Habitus.

Der Sommer des Jahres 1967 geht als Summer of Love in die Geschichtsbücher ein. Die Antibabypille macht sexuelle Libertinage eher möglich. Mit den Hippies wird die Boheme-Idee, dass Ehe altmodischer, bürgerlicher Krempel und die freie Liebe das Versprechen der Zukunft sei, massenmedial verbreitet. Doch das ist nichts für Ströbele. 1967 ist er 28 Jahre alt, ein disziplinierter, angehender Jurist mit guten Karriereaussichten; er ist Besitzer einer Eigentumswohnung und mit einer Diplomatentochter verheiratet. Er legt nicht viel Wert auf noble Kleidung oder Etikette. Aber er lebt in vielem so wie ein Bürger, der zur Oberschicht zählt – in damaligem Sound: Er gehört zum Establishment.

Am Morgen nach der Fete bemerkt Helga Reindel, Ströbeles Schwester, dass die warme Sonne die herumfliegenden Elvis-Singles verbogen hat. Es sind die Elvis-Platten, die Christian zehn Jahre zuvor immer wieder in seinem Zimmer gehört hatte, auch um Helgas Geigenspiel im Nachbarzimmer zu übertönen. Die Singles sind kaputt – ein Symbol für das Ende der Jugend, für die endgültige Abnabelung von zu Hause.

Zudem verlassen Freunde Ströbeles 1966/67 Berlin, Siegfried Sessler, mit dem er manchmal Tage zusammen war, und Michael Hatry. Als Hatry im Sommer 1967 wegzieht, treffen sich die beiden zum Abschied in einer Kneipe in Charlottenburg, dem Tegernseer Tönnchen. Sie reden über das, was kommen wird. Hatry geht als Dramaturg nach Ulm. Auch Ströbele hat Pläne. Er interessiert sich für Politik, mehr als früher. »Ich trete in die SPD ein«, sagt er.

Und es gibt noch eine Zäsur: den 2. Juni 1967.

Kapitel 3

DIE RADIKALISIERUNG 1967 BIS ZUM 1. MAI 1969

Die Urszene der Gewalt: Der 2. Juni 1967

»Die Studenten müssen jetzt den Rechtsstaat gegen die Polizei verteidigen.«

Otto Schily, Juni 1967

Im Jahr 1967 gewinnt die Neue Linke, die in Westberlin mit gezielten Regelverletzungen protestiert, an Verve. Im April inszeniert die Kommune 1 um Dieter Kunzelmann, Rainer Langhans und Fritz Teufel ein Puddingattentat auf US-Vizepräsident Hubert Humphrey, eine clowneske Aktionsform, die symbolisch mit Gewalt spielt. Hans Magnus Enzensberger und Horst Mahler und andere gründen im April den Republikanischen Club, der zu einem Zentrum der außerparlamentarischen Opposition (Apo) wird.

Am 2. Juni 1967 demonstriert die Apo vor dem Schöneberger Rathaus gegen den Besuch des Schahs Reza Pahlevi. Der Schah regiert im Iran mit diktatorischer Gewalt und herrscht dort, seit die CIA geholfen hatte, die linksnationalistische Mossadegh-Regierung in Teheran 1953 zu beseitigen. Der Iran gilt, wie Vietnam, als Zeichen, dass die USA mit Gewalt eine neokoloniale Ordnung aufrechterhalten und, aus Eigennutz und Interesse an billigen Rohstoffen, finstere Regime unterstützen wollen. Vor dem Rathaus Schöneberg demonstriert auch der Student Benno Ohnesorg, eher Sympathisant als Aktivist der außerparlamentarischen Linken. Er hat ein Plakat bei sich, darauf steht »Autonomie für die Universität Teheran«. Benno Ohnesorg ist 26 Jahre alt, ein Jahr jünger als Christian Ströbele.

Nachdem der Schah samt Gattin Farah Diba und Berlins Regierendem Bürgermeister Heinrich Albertz im Schöneberger Rathaus verschwunden ist, schlagen aus Teheran eingeflogene iranische

Mitarbeiter des Geheimdienstes Savak mit Holzlatten, Stahlrohren und Totschlägern auf Protestierende und Schaulustige ein. Die Berliner Polizei lässt sie gewähren. Dass deutsche Ordnungshüter zuschauen, wie ausländische Agenten heimische Bürger verprügeln, ist ein in der Geschichte der Republik einmaliger Vorgang. Er erhellt schlaglichtartig, wie verhärtet die Fronten zwischen politischer Klasse und Mehrheitsgesellschaft und der kleinen studentischen Opposition 1967 ist.

Auch Ströbele will zum Schöneberger Rathaus, doch er kommt zu spät. Er interessiert sich für die Bewegung, die spätestens seit dem von den »Horror-Kommunarden« (Springer-Presse) geplanten Puddingattentat auf den US-Vize zum Stadtgespräch gehört.

Ein ähnliches Szenario wie in Schöneberg wiederholt sich am Abend des 2. Juni vor der Deutschen Oper in Charlottenburg. Wieder prügeln Savak-Agenten auf Protestierende ein. Ein paar hundert Demonstranten skandieren »Schah – SA – SS«. Als in der Deutschen Oper die ersten Takte der deutschen Nationalhymne erklingen, beginnt die Polizei mit Greiftrupps auf den lautstarken, aber weitgehend friedlichen Demonstrationszug loszugehen. Der Berliner Polizeichef Erich Duensing, SPD-Mitglied und Ex-Wehrmachtsoffizier, will den nervtötenden Studenten, die schon im Dezember 1964 den Wagen des kongolesischen Diktators Tschombé mit Tomaten beworfen haben, mit Gewalt ihre Grenzen aufzeigen. Zu einem dieser Greiftrupps gehört der Kriminalobermeister und Waffennarr Karl-Heinz Kurras, der in Zivil Rädelsführer unschädlich machen soll. Benno Ohnesorg ist mit seiner schwangeren Frau Christa auf der Demonstration. In der Krummen Straße hört er aus dem Hof eines Hauses Schreie. Christa Ohnesorg macht sich auf den Heimweg, Ohnesorg geht in den Innenhof des Hauses Krumme Straße 66/67. Um 20 Uhr 30 schießt Kurras ohne Not und unbedrängt Ohnesorg von hinten in den Kopf.

Ströbele ist am Abend vor der Deutschen Oper schon wieder zu spät. Er sieht in der Kantstraße blutüberströmte Demonstranten, die den Wasserwerfern, Savak-Agenten, Prügeleien, Greiftrupps und Tränengaseinsätzen der Polizei entkommen sind. Und er bekommt mit, dass am Abend Lautsprecherwagen der Polizei bekanntgeben, dass es einen Toten gibt – ein Student habe einen Polizisten erstochen. Heinrich Albertz erklärt in der Nacht, dass »ein Toter und zahlreiche Verletzte auf das Konto von einigen Dutzend Demonstranten« gingen. Die Polizei habe sich »bis an die Grenze des Zumutbaren zurückgehalten«. Am 3. Juni geht diese Desinformationskampagne weiter. *Bild* druckt unter der Schlagzeile »Blutige Krawalle – ein Toter!« das Foto eines blutig geprügelten Polizisten. Und kommentiert, dass angesichts der »SA-Methoden der Krawallmacher« die »demokratische Toleranz« aufhöre. Die *BZ* veröffentlicht das Foto einer blutenden Studentin – doch anders als die Springer-Zeitung behauptet, haben nicht Demonstranten sie so zugerichtet, sondern Polizisten. Die *Berliner Morgenpost* kommentiert am 4. Juni 1967, dass Benno Ohnesorg nicht Märtyrer der Apo, »sondern ihr Opfer ist«. *Bild* forderte am 4. Juni, »die kriminellen Minderheiten«, die für die Anti-Schah-Proteste verantwortlich seien, »einfach abzuschieben«. Ströbele geht am 3. Juni zur Krummen Straße und legt Blumen nieder.

Auch die Leiche von Benno Ohnesorg ist Objekt von Verdrehungen. Laut Totenschein starb der Student durch stumpfe Gewalteinwirkung. Bei der Obduktion am 3. Juni ist Horst Mahler, 31 Jahre alt, anwesend, ein erfolgreicher Wirtschaftsanwalt, der eine Schlüsselfigur der außerparlamentarischen Linken in Westberlin ist. In Ohnesorgs Schädeldecke, so stellt sich heraus, fehlt genau jenes ein paar Quadratzentimeter große Stück, in das Kurras' Kugel einschlug. Das Knochenstück bleibt auf rätselhafte Weise verschwunden – Mahler erkennt darin den bösen Versuch, zu vertuschen, woran Ohnesorg starb. Nachdem nicht zu leugnen ist, dass Ohnesorg an den Folgen eines Schusses starb, erklärt der Senat, dass es sich um einen verirrten Warnschuss gehandelt habe, der irgendwo abgeprallt sei.

Wahrscheinlich ist kein Tag der bundesdeutschen Geschichte so genau untersucht worden wie der 2. Juni 1967. Dafür sorgt nicht die Staatsanwaltschaft, nicht die Polizei, dafür sorgt der studentische Ermittlungsausschuss, der die gesammelten Lügen, Halbwahrheiten und Vertuschungsversuche akribisch widerlegt. Dieser Ausschuss, urteilt der SDS-Kader Christian Semler später, war das Beste, was die Studentenbewegung je fertigbrachte: ein Akt bürgergesellschaftlicher Aufklärung, weil die Institutionen des Rechtsstaates versagten.

Der Soziologe Oskar Negt bezeichnet den 2. Juni als einen »staatlich organisierten Mordanschlag«. Das mag überzogen sein und das Chaotische, Zufällige des Dramas unterbewerten. Doch Anfang Juni 1967 sieht es für viele genau so aus. Wenn es nichts zu verbergen gibt, warum manipuliert die Springer-Presse Nachrichten, warum streut die Polizei Falschmeldungen, warum ist Kurras auf freiem Fuß, während Fritz Teufel, dem keinerlei Gewalttaten nachgewiesen werden können, als vermeintlicher Rädelsführer monatelang in U-Haft sitzt und der Haftbefehl gegen ihn 148 Tage lang in Kraft bleibt?

Der 2. Juni 1967 treibt dem SDS Mitglieder zu: Die Zahl der Genossen verfünffacht sich in Westberlin binnen Kurzem von 200 auf 1000. Kurras' Schüsse sind der Katalysator. Die Szene wächst. Studenten im Anzug, die sich ein paar Monate zuvor noch beim Essen in der Mensa per Sie anredeten, wenn sie das Salz haben wollten, sind nun Genossen und fühlen sich als Teil der Gegenkultur. Am 3. Juni versammeln sich Tausende, trotz des von Albertz verhängten Demonstrationsverbotes, in der Freien Universität. Das Gefühl der Apo ist: heute Ohnesorg, morgen wir.

Die Sprachverdrehung Orwell'schen Ausmaßes, die Springer-Presse und Senat zumindest direkt nach der Tat produzieren, weckt den Verdacht, in einer großen Lüge zu leben. Ist die bundesdeutsche Demokratie nur eine Fassade, die bei der ersten Probe zerfällt und beim Blick auf den Kern einen autoritären Staat freigibt? Dieser

Gedanke beschleicht nicht nur Ströbele. Der Tod von Ohnesorg und die skandalöse Reaktion der Westberliner Medien, Politik und Justiz versetzen liberale Zeitgenossen in Alarmstimmung. Karl Heinz Bohrer schreibt am 12. Juni in der *Frankfurter Allgemeinen Zeitung*, dass man so etwas wie den Fall Ohnesorg bisher »nur aus halbfaschistischen Ländern« kenne.

Kurras war, wie 2009 publik wurde, Mitarbeiter der Stasi. Es gibt indes keinen plausiblen Hinweis, dass Kurras mit Wissen oder im Auftrag der Stasi schoss. Wäre Kurras' Stasi-Connection 1967 bekannt geworden, hätte sich die Wut der Studentenbewegung in Westberlin wohl andere Kanäle gesucht. Doch Geschichte im Konjunktiv ist unsicherer Boden. Sicher ist, dass es die gusseiserne Reaktion von Politik, Justiz und Medien auf den tödlichen Schuss in Westberlin war, die die Lage eskalieren ließ.

»Vor dem 2. Juni hatte ich ein gewisses Verständnis für die Apo, mehr nicht«, sagt Ströbele. Auch danach wird er nicht über Nacht ein Linksradikaler. Er tritt nicht in den SDS ein. Er geht zu Debatten in den Republikanischen Club, als Zuhörer, nicht, um mitzureden. Im Herzen der antiautoritären Bewegung, dem SDS-Zentrum am Ku'damm, ist er nur selten, in der Kommune 1 nur ein Mal. Horst Mahler und der Anwalt Ulrich K. Preuß sind im SDS aktiv, Otto Schily im Republikanischen Club. Schily, der distanzierte Bürger, nennt seine Tochter 1967 nach Jenny Marx und Rosa Luxemburg – von Ströbele sind 1967 keine ähnlich plakativen Symbole überliefert.

Der Anwalt der Revolte: Beginn bei Mahler

»Ich halte Horst Mahler noch immer für einen der besten, eloquentesten Anwälte, die ich je erlebt habe.«

Christian Ströbele, 2015

Christian Ströbele meldet sich im Juni 1967 in Horst Mahlers Kanzlei in der Konstanzer Straße in Berlin-Wilmersdorf, um dort sein Referendariat fortzusetzen. Mahler kennt er nur aus der Zeitung. »Sie bekommen hier kein Geld«, sagt Mahler. Doch darum geht es nicht. Es geht um die Wahrheit.

Die Zusammenarbeit ist unkompliziert. »Welche Termine können Sie übernehmen?«, fragt Mahler. Ströbele betreut rasch eigene Mandanten, kleine Fälle. Er vertritt Lehrlinge, die bei Demonstrationen auf dem Ku'damm wegen »Auflauf« angeklagt werden – ein Paragraf aus der Kaiserzeit, der 1970 von der sozialliberalen Koalition gestrichen wird. Ströbele erreicht im Fall von Peter K. Einstellung wegen geringer Schuld und bekommt dafür vom Rechtshilfefonds des Republikanischen Clubs 105,50 DM. 1967 gibt es in Westberlin bereits funktionsfähige Keimformen der linken Infrastruktur, die später zu der Szene aus Kollektiven, Kinderläden, Alternativprojekten, Initiativen wächst, in der sich Ströbele in den nächsten Jahrzehnten bewegen wird.

Oft arbeitet Referendar Ströbele umsonst, weil sich die Mandanten, iranische Studenten und 18-jährige Arbeiter, keinen Anwalt leisen können. Ströbele erledigt auch Handlangerdienste, recherchiert für seinen Chef Horst Mahler beim Einwohnermeldeamt die Adresse des beurlaubten Polizeipräsidenten Erich Duensing, den Mahler verklagen will.

Ein typischer Fall für Referendar Ströbele ist der des 35-jährigen

Physikers Wilhelm U., der sich am 27. Februar 1969 auf dem Ku'damm aufhielt, während dort eine Demo gegen den Besuch von US-Präsident Richard Nixon stattfand. Wilhelm U. sah, wie ein Polizist rüde gegen einen Demonstranten vorging, der ein Flugblatt verteilte. Titel des Flugblattes: »Ein NIX geht durch die Stadt«. Grund der Festnahme laut Polizist Hans Peter H.: Das Flugblatt richtete sich »gegen US-Präsident Nixon«. Das reichte aus. Wilhelm U. ging dazwischen, wurde selbst festgenommen und in die Gefangenensammelstelle gebracht. Strafe: 300 DM oder 15 Tage Haft. Das Verfahren wird, wie Tausende andere, im Mai 1970 nach dem sozialliberalen Amnestiegesetz eingestellt und der Fall zu den Akten gelegt.

Mahler hat 1967 schon eine kurvenreiche Biografie hinter sich: Er war in einer rechten schlagenden Verbindung, wurde als Linksradikaler aus der SPD ausgeschlossen, hat eine Neigung zum leninistisch Autoritären und gilt 1967 als traditionslinker Konterpart zu dem aktivistischen und DDR-kritischen Flügel um Rudi Dutschke. Mahler pflegt stets im dunkelgrauen oder roten Einreiher aufzutreten, fährt mit seinem burgunderroten BMW 1800 über den Ku'damm und lebt mit seiner Familie in einer noblen Altbauwohnung am Lietzensee. Die Anwaltspraxis in der Konstanzer Straße ist groß, edel eingerichtet, mit schwarzen Ledersesseln.

Das Büro Mahler ist für Ströbele das Tor zu einer faszinierenden, unbekannten Welt. Die Spitze des SDS, ein paar Monate zuvor noch ein Haufen Studenten, die nur Insider kannten, gilt seit dem Frühjahr 1967 als Avantgarde der Bewegung. Rudi Dutschke, bewunderter und gehasster Medienstar, geht bei Mahler ebenso wie die SDS-Größen Bernd Rabehl und Christian Semler ein und aus. Die Taktung der Demonstrationen nimmt zu, es gibt Verhaftungen, Randale, Teach-ins, Rektoratsbesetzungen mit Polizeieinsatz – und genug zu tun für Anwälte. Ströbele sagt: »Mahler war ein Vorbild für mich. Ich halte ihn noch immer für einen der besten, eloquentesten Anwälte, die ich je erlebt habe. Er konnte glänzend argumentieren.«

Im Büro Mahler lernt Ströbele auch Karl-Heinz P. kennen, Mitglied in der Kommune 1. P. erledigt im Büro Hilfsdienste. P. ist damals heroinabhängig und setzt sich im Flur seine Spritzen. Manchmal liegt er im Flur auf dem Sofa und schläft. Als er ohne Hemd mit nacktem Oberkörper Mandanten die Tür öffnet, ist es Ströbele zu viel. »So geht das nicht«, sagt er mahnend.
Ströbele gilt in der Politszene als Sidekick des Stars Mahler. Im Fall Ohnesorg engagieren sich beide im Ermittlungsausschuss des SDS. Der Prozess endet im November 1967 mit einem äußerst fragwürdigen Freispruch für Kurras aus Mangel an Beweisen.
Seinen Ruf in der Apo verdient sich Ströbele durch Fleiß, Beharrlichkeit, Präsenz. Er geht auf Demonstrationen gegen den Vietnamkrieg, die Notstandsgesetze, Freisprüche für Exnazis und die Praxis, Bundeswehrflüchtlinge von Westberlin per Flugzeug zurück in die Bundesrepublik zu verfrachten. Er spielt eine Doppelrolle – als Demonstrant und Anwalt. Als Anwalt hat er Privilegien. Er kann Polizeisperren passieren. Er kümmert sich um Demonstranten in der Gefangenensammelstelle Spandau, die von der Bereitschaftspolizei festgenommen und dort festgesetzt wurden. Die meisten wegen »Auflauf« oder Widerstand gegen die Staatsgewalt. Er leistet juristische Hilfestellung – und mehr. »Es ging«, so der Anwalt Klaus Eschen, der im Frühjahr 1968 als Anwalt im Büro Mahler einsteigt, »auch darum, den Leuten zu zeigen: Ihr seid nicht vergessen, wir kümmern uns.«
Helmut Höge kommt 1969 auf der Flucht vor der Bundeswehr nach Westberlin und gerät dort in den Sog der Apo. Ströbele, so Höge, ist oft im Republikanischen Club in der Wielandstraße, »redete dort aber nicht viel«. Bei einer Demonstration auf dem Ku'damm gegen die (später für rechtswidrig erklärte) Abschiebung von Bundeswehrflüchtlingen nach Westdeutschland drückt Ströbele dem 22-jährigen Demonstranten Höge, der zufällig des Weges kommt, ein Megafon in die Hand. Die Bewegung hat etwas von einer großen Ersatzfamilie. Wer will, gehört dazu.

Februar 1968 im überfüllten Audimax der TU Berlin. Rudi Dutschke, der idealistische Agitator, schreit in den Saal: »Die Revolutionierung der Revolutionäre ist die entscheidende Voraussetzung für die Revolutionierung der Massen. Es lebe die Weltrevolution und die daraus entstehende freie Gesellschaft der ganzen Welt.« Dutschke gibt die seltsamsten, verschraubtesten Wortungeheuer von sich – aber bei ihm klingen sie nach Aufbruch, Neuem, Erlösung. Ströbele gehört 1968 zu der Gemeinde, die mal andächtig, mal euphorisch zuhört. »Ich habe«, so Ströbele im Rückblick, »an seinen Lippen gehangen« – auch wenn er nicht immer versteht, worum es in Dutschkes mäandernden Relativsatzketten geht. Auch sein Chef Horst Mahler tritt auf und gibt auf dem Vietnamkongress eine der für die Neue Linke 1968 typisch verschwurbelten Erklärungen zur Gewaltfrage ab. Man werde nicht aus Spaß Gewalt ausüben, sondern nur wenn sie der Bewegung »aufgezwungen wird«. Auch Otto Schily ist auf dem Kongress; er lehnt sich, wie immer in Anzug mit Weste, im Gang lässig an die Wand, erinnert sich Ströbele.

Das Manifest der Gegengewalt: Das Attentat auf Rudi Dutschke

»Wenn ich mich an das Steuer eines Autos setze, muss ich damit rechnen, dass ein Reifen platzt.«

Horst Mahler über zwei Tote bei einer Anti-Springer-Demonstration in München 1968

Einen Wimpernschlag der Weltgeschichte lang scheint es 1968 möglich zu sein, dass Dutschkes eschatologisch gefärbte Versprechungen wahr werden, dass die Welt sich radikal ändert, dass die Befreiung aus dem Korsett des Kalten Krieges möglich und die abtrünnige Nachwuchselite in Westberlin ein Ferment dieses Prozesses ist. Der Vietcong fügt den USA mit der Tet-Offensive im Februar 1968 wenn kein militärisches, so doch ein PR-Desaster zu: Die Supermacht ist verletzbar. In Paris gibt es im Mai so heftige Straßenschlachten, dass Staatspräsident de Gaulle kurzfristig nach Baden-Baden flieht. In Prag scheint mit den Reformkommunisten im autoritären Staatssozialismus der Geist der Revolte einzukehren. Ströbele fährt 1968 nach Prag und hört dort auf einer Veranstaltung den Kafka-Experten, Chef des Schriftstellerverbandes und Vordenker des Prager Frühlings Eduard Goldstücker. Ströbele ist fasziniert von der schwungvollen Atmosphäre und dem Enthusiasmus, auch wenn er in dem Sprachgemisch aus Englisch, Deutsch und Tschechisch nur ungefähr mitbekommt, worum es geht.

Der zweite Radikalisierungsschub, der Teile der Apo an den Rand der Legalität und darüber hinaus treibt, ist das Attentat auf Rudi Dutschke Ostern 1968. Am 11. April mittags wartet der Hilfsarbeiter und Leser des NPD-Blattes *Deutsche National-Zeitung* Josef Bachmann auf den SDS-Chefdenker. Dutschke will in einer Apotheke

am Ku'damm Nasentropfen für seinen Sohn kaufen. Bachmann sagt: »Du dreckiges Kommunistenschwein«, und schießt Dutschke zweimal in den Kopf und einmal in die Schulter.
Die *Bild* hatte im Februar 1968 geschrieben, dass man »die ganze Drecksarbeit nicht der Polizei und ihren Wasserwerfern überlassen« dürfe, und zum Ergreifen der Rädelsführer aufgerufen. Ströbele macht wie die Apo die Springer-Presse für das Attentat verantwortlich. Am Abend des 11. April ziehen rund 2000 aufgebrachte Demonstranten zum Springer-Hochhaus in der Kreuzberger Kochstraße. An vorderster Front marschiert Horst Mahler. Auch Ulrike Meinhof, die SDS-Spitze und die Kommune 1, Tilman Fichter und Peter Schneider und Christian Ströbele sind vor Ort. An diesem Abend ist noch ungewiss, ob Dutschke überleben wird. Die Apo ist sich einig: Die Blockade von Springer ist die einzig mögliche Antwort auf den Mordanschlag.
Christian Semler erinnert sich später an Szenen wie aus einem Film:

> »Eine sanfte, junge Studentin, sonst nur zu Füßen Klaus Heinrichs zu finden, dem angebeteten Philosophen, ruft mir im Vorbeirennen zu: ›Du hast recht, es geht nur mit Gewalt!‹ Vor dem Hochhaus ein Steinhagel gegen die Polizeiketten. Gemeinsam mit Götz Schmidt, auch er ein versierter Kenner der Hermeneutik, versuche ich, mit einigen Mitstreitern einen Bauwagen durch die Polizeiketten zu schieben, um die gläserne Fassade am Haupteingang zu rammen. Vergeblich, die Deichsel verhakt sich.«

Ströbele ist mit Juliana in dem Pulk, der auf den Haupteingang des Springer-Hochhauses zuströmt. Später sagt er vor einem Ausschuss, der Entlastungsmaterial für den Prozess gegen Horst Mahler sammelt: »Ich wurde von hinten gedrängt und drängte meinerseits Mahler. Der wurde genauso geschoben wie ich.«
Ströbele marschiert Ostern 1968 mit gegen Springer – Otto Schily

hingegen sucht bei solchen Zuspitzungen stets das Weite. Bei den Demonstrationen in Westberlin zwischen 1967 und 1970 existiert fast jederzeit die Möglichkeit der Eskalation – Ströbele, der sich bei den Schlachten im Wald mit den Arbeiterjugendlichen in Marl stets zurückgehalten hat, geht in der Masse der Demonstranten das Risiko einer körperlichen Konfrontation mit der Staatsmacht ein. Diese Demonstration, die versucht, Springers Macht mit Gewalt zu brechen, ist ein Erlebnis, das alles zu verändern scheint. Man war symbolisch Opfer – die Schüsse auf Dutschke gelten allen Oppositionellen – und befreite sich aus dieser Ohnmacht mit spontaner Militanz. Dieter Marcello, den Ströbele seit 1961 kennt, ist auch dabei. Er erinnert sich daran, vor dem Springer-Hochhaus mit anderen einen Lieferwagenanhänger umgeworfen zu haben. »Was unvorstellbar war, geht, wenn man es zusammen tut.« Es ist die Urszene des rebellischen Kollektivs, eine fast mythologische Szene. Christian Semler, damals Dutschkes Vertrauter, schrieb Jahre später in der *taz*:

> »Die Stimmung, die Haltungen, die Urteile – alles war verändert. Auf der Ku'damm-Demonstration am Karfreitag schleppte ein Mensch ein riesiges Holzkreuz mit sich herum und hielt es beschwörend dem Strahl der Wasserwerfer entgegen. Wenige Tage vorher wäre der Erfinder einer derart gigantischen Geschmacklosigkeit mit sanftem Nachdruck aus dem Blickfeld der Kameras entfernt worden – jetzt war alles möglich. Was die linken Studis so sehnlich gewünscht hatten, war auf den Plan getreten: eine Massenbewegung. Nur leider keine proletarische. Beflügelt von der eigenen Courage und von den Bildern des Pariser Mai, schwärmten in jenem Sommer 1968 die Aktivisten der Apo in die Gesellschaft aus. ›Metastasenartig‹, wie es besorgte Würdenträger formulierten, wucherte der Geist der Revolte, der Verweigerung, der Selbstorganisation.«

Die Schattenseite dieser als Selbstbefreiung erlebten Nacht ist die weitere Entgrenzung der Gewalt. Die Demonstranten werfen handgemachte Brandbomben, sogenannte Molotowcocktails. Diese Waffen liefert Peter Urbach, Spitzel des Berliner Verfassungsschutzes, an Mahler & Co. Urbach ist Agent Provocateur, der später auch die RAF mit Waffen versorgen wird. Die Schüsse auf Dutschke machen aus der elitären, auf Westberlin und Frankfurt am Main beschränkten Studentenbewegung eine republikweite Oppositionsbewegung. Auch in Hamburg und München kommt es zu Straßenschlachten. In München sterben dabei, unter ungeklärten Umständen, aber wahrscheinlich auch durch Gewalt von Demonstranten, der Fotograf Klaus Frings und der Student Rüdiger Schreck.
Die Bewegung in Westberlin ist 1968 überzeugt, dass die Revolution kommt – und dass sie mit Gewalt kommt. Sie ist gefangen in ihrer eigenen Hybris. Diese Selbstüberschätzung rührt auch aus der Bespiegelung durch die Medien – den Hass von *Bild*, die Reportage des *Sterns* über die Kommune 1, die Leitartikel im *Spiegel*. All das scheint zu zeigen, wie mächtig die Apo ist. Doch die Apo ist ein Scheinriese. Sie ist laut, grell und neu (und damit alles, was Medien mögen), aber sie ist nicht groß. Etwa die Hälfte der 300 000 Studierenden beteiligt sich 1967/68 in der Bundesrepublik und Westberlin an Protesten, die meisten demonstrieren gegen die Notstandsgesetze. Nach deren Verabschiedung Ende Mai 1968 ebben die Massenproteste ab.
Ströbele erlebt auch den Beginn des Untergangs der Apo – am 3. November 1968. Horst Mahler steht, wegen des Marsches auf das Springer-Hochhaus, ein Ehrengerichtsverfahren ins Haus. Der militante SDS-Flügel um Christian Semler zettelt, unterstützt von Rockerbanden, am Tegeler Weg eine Schlacht gegen 400 überraschte und überforderte Polizisten an. Ergebnis laut der Wochenzeitung *Die Zeit*: 2371 ausgerissene Pflastersteine, 130 verletzte Polizisten, ein Rentner mit gebrochenem Oberschenkel. Ströbele beobachtet die Demo, die Klügere für ein Fiasko halten. Was als kalkulierte

Regelverletzung begann, als Versuch, die staatliche Autorität satirisch mit Puddingbomben vorzuführen, ist blutige Realität geworden.

Danach beherrscht die rapide zerfallende Apo nur noch ein Thema: Gewalt. Ströbele sagt im Rückblick: »Damals herrschte das Gefühl: Wir demonstrieren gegen den Krieg in Vietnam, aber nichts ändert sich. Es gab das Gefühl: Es muss weitergehen. Auch mit Gewalt.«

Auf Vollversammlungen in der TU wird 1968 offen debattiert, ob und wie man sich bewaffnen müsse. Es gebe kaum noch, so das traditionssozialistische Blatt *Extra-Dienst*, ein Teach-in, »auf dem nicht irgendein gefeierter ›wahrer Revolutionär‹ nach Maschinengewehren ruft, kaum ein ›linkes‹ Papier aus diesen Gruppen, das nicht vom Militanz-Rausch high ist«. Ströbele ist dabei – die Frage, ob die Bewegung zur Gewalt greifen muss, leuchtet ihm ein. Seine Antwort ist für ihn selbst, nach eigenem Bekunden, klar: ohne mich. Theodor W. Adorno erkennt 1968 die Nachtseite der Revolte. Er schreibt an Herbert Marcuse, dass der Studentenbewegung, neben dem Verdienst, »den glatten Übergang zur total verwalteten Welt unterbrochen« zu haben, auch »ein Quäntchen Wahn beigemischt« sei.

Der Vietnamkrieg spaltet insbesondere in Westberlin die Generationen: Die Älteren, die Etablierten, halten es für unverschämt, die Schutzmacht USA zu kritisieren, da sie in Vietnam aufopferungsvoll für die Freiheit Westberlins kämpfe. Der blanke Hass der Mehrheitsgesellschaft auf die Studenten wurzelt aber nicht nur in der verständlichen Furcht, dass ohne Schutz der USA Westberlin der DDR in die Hände fallen könne. Die USA repräsentieren in der mentalen Ausstattung der Bundesrepublik bis 1990 das Über-Ich, die Macht, die schützen oder strafen kann.

Diese Macht begeht in Vietnam Kriegsverbrechen. Die Jüngeren wie Ströbele wurden mit Hershey's-Schokolade, Elvis und Tränen für JFK und dem Glauben groß, dass die USA der gute Lehrer in

Sachen Demokratie sind. Die Generation Ströbele ist, anders als die Eltern, nicht direkter Teil des Schuld-/Strafkomplexes von 1939 bis 1945. Dass ihre berechtigte Kritik an den USA, die von Mexiko bis Paris, von Berkeley bis Amsterdam ertönt, in Westberlin fast wie Landesverrat behandelt wird, lässt das Misstrauen in der Republik ins Uferlose wachsen. Etwas ist faul in diesem Staat.

Der Fall Oske

»Eine außergewöhnliche Lage
verlangt außergewöhnliche Maßnahmen.«

Ernst-Jürgen Oskes Begründung
des Freispruchs für den NS-Richter
Hans-Joachim Rehse 1968

Ein anderes Schlüsselereignis ist für Ströbele, der sich bis dato nicht sonderlich für die Verfolgung von NS-Tätern interessierte, der Fall Hans-Joachim Rehse im Dezember 1968. Denn er betrifft Ströbeles Profession direkt – und die Frage, was in der Bundesrepublik Gerechtigkeit ist. Rehse war bis 1945 hoher Richter am Volksgerichtshof, zeichnete für Urteile wegen Bagatellen wie NS-kritischen Witzen verantwortlich und unterschrieb 231 Todesurteile. Im Dezember 1968 wird er freigesprochen. Denn auch die sieben besonders schwerwiegenden und zur Verhandlung stehenden Todesurteile hätten sich, so das Urteil, »im Rahmen dessen bewegt, was damals gesetzlich vertretbar war«. In der Bundesrepublik wird kein NS-Jurist je verurteilt.

Die Apo demonstriert gegen dieses Urteil, die liberale Presse ist entsetzt. Ströbele ist besonders angefasst von diesem Fehlurteil. Denn verantwortlich dafür ist ein Mann, den er kennt und jede Woche sieht: der 42-jährige Ernst-Jürgen Oske, Vorsitzender der Schwurgerichtskammer. Oske ist 1968 Ströbeles Arbeitsgemeinschaftsleiter, bei dem er wöchentlich Strafrecht lernt. Ströbele und ein halbes Dutzend andere Referendare verfassen einen scharfen Kommentar zu Oskes Urteil, den sie hektografiert verteilen. Tenor: Was ist von einer Justiz zu halten, die sich selbst von augenscheinlichen Verbrechen freispricht? Nach Oskes Logik hätte auch

Roland Freisler, Präsident des Volksgerichtshofes und Hitlers ergebener Diener, nicht verurteilt werden können.
Der Nazirichter Rehse, so Oske, habe nur damals geltendes Recht angewandt. Weil Deutschland damals »in einem Kampf auf Leben und Tod« stand, sei es überlebensnotwendig gewesen, Defätismus zu bekämpfen. »Eine außergewöhnliche Lage verlangt außergewöhnliche Maßnahmen.« In dem konkreten Fall ging es um ein Todesurteil gegen einen Priester, der Ideen für ein friedliches Nachkriegsdeutschland zu Papier gebracht hatte. Oske befand, dass jeder Staat, auch das NS-Regime, sich mit Gesetzen schützen dürfe. Auch die Alliierten hätten während des Krieges nicht auf »extensive Auslegung der Staatsschutzbestimmungen« verzichtet.
Ströbele geht nach dem Dezember 1968 nicht mehr zu Oskes Strafrechtskurs. Sein Misstrauen in die Justiz wächst. Beate Klarsfeld ohrfeigte vier Wochen vor dem Rehse-Urteil, am 7. November 1968, Bundeskanzler Kurt Georg Kiesinger wegen dessen NS-Vergangenheit. Klarsfeld wurde in einem Schnellverfahren zu einem Jahr Haft verurteilt (vor der sie indes ihre französische Staatsangehörigkeit bewahrte). Ströbele ist 1969 an der Vorbereitung des Klarsfeld-Prozesses beteiligt. Was, fragt Ströbele, ist eine Justiz wert, die eine Ohrfeige umgehend mit einem Jahr Haft bestraft, aber 231 Todesurteile mehr als zwanzig Jahre ungesühnt lässt und dann freispricht?
Ströbele ist seit dem 2. Juni 1967, den Schüssen auf Rudi Dutschke, seit Rehse, den unzähligen Verfahren wegen Demonstrationsdelikten überzeugt, dass die Bundesrepublik eine Revolution braucht. Das ist die Wahrnehmungsverzerrung des radikalen Teils der Apo. Die Bundesrepublik ist eine liberale Demokratie, sie kann ohne Gewalt verändert werden. Doch im Tunnelblick der Rebellen ist ausgeblendet, dass Richter Oske wegen der geharnischten Kritik einen Nervenzusammenbruch erleidet und danach keine Strafprozesse mehr verantworten darf. Der für den 2. Juni 1967 verantwortliche Innensenator Wolfgang Büsch tritt zurück, ebenso der Regierende Bürgermeister Heinrich Albertz.

1969 wird der linksliberale Protestant und Anhänger der Bekennenden Kirche Gustav Heinemann Bundespräsident und Nachfolger von Heinrich Lübke, der vor 1945 den Einsatz von Zwangsarbeitern befehligte. Willy Brandt, Emigrant und Widerstandskämpfer, löst als Bundeskanzler Kiesinger ab, der im NS-Außenministerium Karriere machte. Heinemann hat viel Verständnis für die Revolte, Brandt geht entschlossen die neue Ostpolitik an und verspricht das Ende des autoritären CDU-Staates.

Doch den Rebellen entgeht die Zeitenwende, die sie selbst mit ausgelöst haben. Sie schätzen die Amnestie für Polit-Straftaten der sozialliberalen Koalition, die Tausenden von Aktivisten zugutekommt und die die Union erbittert bekämpft, nur gering.

Ströbele interessiert der Machtwechsel 1969 nicht besonders. Er kann sich nicht erinnern, ob er damals SPD gewählt hat, immerhin die Partei, der er damals angehört. Er sieht, wie die Apo, nur einen auf Repression getrimmten Staatsapparat und die eigene Niederlage. Die Studentenbewegung katalysiert einen kulturellen Wandel – Selbstverwirklichung und Emanzipation werden Schlüsselbegriffe, das Erziehungsideal wandelt sich von Drill zu Laisser-faire, das Geschlechterverhältnis wird als Machtverhältnis lesbar, Wohngemeinschaften werden zeitweise zur Alternative zur Familie. »Ein bisschen Apo«, schreibt der *Spiegel* im Mai 1970, »reklamiert heute fast jeder Bürger für sich, der nicht CSU wählt.«

Eine der nach wie vor trefflichsten Kritiken der Bewegung formuliert der spätere FDP-Generalsekretär Karl-Hermann Flach 1967 in der *Zeit*, der in der Apo die Wiederkehr eines rigorosen Moralismus erkennt, der in der deutschen Romantik wurzelt und sich nur marxistisch kostümiert. Flach skizziert die Apo als Bewegung, die ihre Heilserwartung auf die Dritte Welt projiziert, Che Guevara zur Christusfigur mythisiert und unfähig scheint, sich selbst als das zu begreifen, was sie ist: ein vitaler, erfolgreicher Mitspieler in der Demokratie.

Doch gemessen an den hochfliegenden Visionen Rudi Dutschkes, der nicht weniger als die Weltrevolution will, ist die Niederlage der Apo total. Wer es, wie Ströbele, für eine Niederlage hält, dass ein paar tausend Linksradikale in Westberlin die USA-Regierung nicht dazu zwingen, den Vietnamkrieg zu beenden, muss sich fragen, ob radikalere Mittel nötig sind.

1969: Linksradikalismus mit doppeltem Netz

»Revolten sind Feuerwerke, geschossen
in das Dunkel der Macht. Sowie sie erleuchten,
beginnen sie zu verlöschen.«

Michel Foucault

Ströbele gilt fast fünfzig Jahre danach als letzter 68er in der Politik – dieses eingefräste Bild steht in merkwürdigem Widerspruch dazu, dass er in den so gewissenhaft ausgeleuchteten Jahren 1967 bis 1969 nahezu unsichtbar bleibt. Ströbeles Antlitz ist auf keinem der unzähligen Demofotos zu entdecken, sein Name taucht in keiner der Biografien, Erinnerungen und Darstellungen über 1967/68 auf, die längst Bücherwände füllen. Ströbele widersteht in den Gesprächen über diese Zeit übrigens der Versuchung, seine Rolle retrospektiv aufzublasen.

Christian Ströbele kommt im Sommer 1967 als Fremder in die Politszene. Er kennt schlicht niemanden.

Die Studentenbewegung kommt ihm vor wie eine Familie. Es gibt Selbstverständlichkeiten, über die man sich – trotz aller Diskussionswut – stillschweigend einig ist. »Man duzte sich sofort, man war Genosse und vertraut«, so Ströbele. Es gibt einen Dresscode – Jeans, lässige Kleidung, die Statusunterschiede einebnet –, an dem man sich erkennt, es gibt Orte, wie die Kneipe Schotten in Berlin-Charlottenburg, die man frequentiert, wenn man dazugehören will. Wenn bei einer Veranstaltung CDU-Politiker Jürgen Wohlrabe reden will, sorgen Ströbele und Genossen spontan dafür, das dies nicht passiert. Klar ist, dass der Senat, die USA, die Mehrheitsgesellschaft in Westberlin Gegner sind.

Um Teil dieser neuen Familie zu werden, tut Ströbele viel. »Ich war 1967 und 1968 obsessiv. Ich musste erst mal unglaublich viel lernen«, sagt er im Rückblick.

Von Marxismus oder der Kritischen Theorie, von Herbert Marcuse, Ernst Bloch und Theodor W. Adorno, den Theorie-Helden der Antiautoritären, hat er keinen blassen Dunst. Was links ist, kennt er am ehesten aus dem Theater – aus den Brecht-Stücken im Berliner Ensemble. 1968 absolviert er zusammen mit Juliana eine Marx-Schulung beim Ring der politischen Jugend. Sein Lehrer ist Wolfgang Roth, der später Juso-Chef und Bankmanager wird. So richtig viel bleibt von der Marx-Lektüre nicht hängen, das Ganze hat etwas Pflichtschuldiges. »Ich bin kein Theoretiker«, sagt Ströbele über sich. Karl May, dessen Werke er mit erstaunlich ungebremster Euphorie zeitlebens schätzt, ist ihm näher als Karl Marx.

Dieses Desinteresse an allem Theoretischen ist ungewöhnlich. Denn in der Apo ist Theorie-Lektüre libidinös besetzt. Die Bewegung ist geradezu von dem Glauben beseelt, dass sich die Welt mit Texten enträtseln und verändern lässt. An Ströbele rauschen die Theorie-Moden vorbei – die Marx-Renaissance in den späten 60ern nimmt er noch wahr, die Marxismus-Beerdigungen in den späten 70ern durch André Glucksmann und André Gorz am Rande, den Aufstieg der Kritischen Theorie und ihren Niedergang in den 80ern bekommt er kaum mit. Ströbele liest, was sich praktisch verwerten lässt: Schriftsätze und Zeitungen. Die dickfellige, an Ignoranz grenzende Ferne zum Abstrakten imprägniert Ströbele indes auch gegen das Sektenwesen und den trostlosen Ableitungsmarxismus der 70er-Jahre.

1964 spielte er mit dem Gedanken, neben dem Jurareferendariat bei Richard Löwenthal eine Dissertation in Politischer Wissenschaft zu schreiben. Löwenthal ist Sozialdemokrat, Exkommunist, der aus seinen Erfahrungen mit dem Stalinismus klug geworden ist und den wolkigen Utopismus der Studentenbewegung mit Argwohn sieht. Ströbele möchte bei Löwenthal über die »Bolschewisierung der Kommunistischen Partei Chinas« schreiben. Dazu kommt es nicht: Es fehlt die Zeit.

Ströbele wird nicht über den Intellekt zum undogmatischen Linken, sondern durch Gefühl, Moral, Bilder und Erfahrungen mit der Staatsgewalt. Die TV-Aufnahmen aus Vietnam zeigen den bösen, dreckigen Krieg einer hochgerüsteten Weltmacht gegen einen technologisch weit unterlegenen Feind, der im Unterschied zu den USA ein legitimes Ziel verfolgt: den Neokolonialismus abzuschütteln. Ströbele berichtet noch 2015 mit frischer Empörung, dass SPD-Chef Willy Brandt, damals Außenminister der Großen Koalition, den Vietnamkrieg nie öffentlich verurteilte. Ströbele wird zum Linken, nicht weil er ausgefeilte Imperialismusanalysen studiert, sondern weil er sieht, dass dieser Krieg ungerecht ist. Weil die USA ein falsches Ziel mit unfairen Mitteln zu erreichen suchen. Goliath gegen David.

Das ist auch das Muster bei etlichen Demonstrationen, bei denen die Westberliner Polizei, gleichermaßen überfordert und brutal, zuschlägt. Und diese Bilder mobilisieren in ihm jenes wütende Gerechtigkeitsempfinden, das er zu Hause verspürte, wenn ihn sein Vater rüffelte wegen etwas, das er nicht angestellt hatte.

In der Zeit von Juni 1967 bis 1969 härten Ströbeles wetterfeste Grundüberzeugungen aus, die kaum variiert die nächsten Jahrzehnte überdauern. Er ist skeptisch gegenüber Regierung und Parlament, überzeugt, dass die Justiz Klassenjustiz ist, er glaubt, dass die USA als imperiale Macht ihre Interessen durchsetzen, dass Kapitalismus und Demokratie sich ausschließen und die Konsumgesellschaft das Volk von seinen wahren Interessen ablenkt. Das ist der Katechismus der Fundamentalopposition.

Am 11. Juni 1969 hält Ströbele in Hannover einen Vortrag vor linkem Publikum. Titel: »Ist die Bundesrepublik auf dem Weg zum Polizeistaat?« Das elfseitige Skript fasst zusammen, was er damals politisch denkt. Scheinbar sei in der Republik alles in Ordnung:

»Solange man sich bei uns in den Schranken des Grundgesetzes bewegt, bekommt man keinen Ärger mit der Polizei, und wenn doch, gibt es immer noch die freien, unabhängigen Gerichte, an die man sich wenden kann.«

Das allerdings sei in der ČSSR, in Francos Spanien und in dem von den Obristen regierten Griechenland ähnlich. Der Lackmustest hingegen sei, wie der Staat mit einer »wirklichen, nicht systemimmanenten Opposition« umspringe. Und das sei, so Ströbele, seit dem 2. Juni 1967 klar. Fritz Teufel wurde in U-Haft gesperrt, Kurras freigesprochen. Nach den Schüssen auf Dutschke 1968, referiert Ströbele, wurden am 14. April Studenten, die nur festgenommene Kommilitonen aus Polizeikasernen abholen wollten, eingekesselt und verprügelt: Die Polizei hatte für Freunde und Verwandte grünes Licht gegeben, um Demonstranten, die bei Demos nach den Schüssen auf Dutschke verhaftet worden waren, abzuholen. Doch das entpuppte sich als Falle – die Polizei knüppelte die Überraschten nieder und beschuldigte sie der versuchten Gefangenenbefreiung. Ähnliches widerfuhr Demonstranten, die von der Polizei in die Meinekestraße dirigiert wurden – nur um dort zusammengetrieben und verprügelt zu werden. Die Polizei sei brutal, die Justiz parteiisch. Während ein Polizist, der einen Bürger verprügelt hat, mit 150 DM Geldstrafe davonkomme, sitze ein Rechtsreferendar aus München 15 Monate ohne Bewährung, weil er an der Blockade der Springer-Presse beteiligt war. Ostern 1968 seien potenzielle Demonstranten »für einige Zeit in Internierungslager der Polizei gebracht« worden. Das Notstandsregime, so Ströbeles Conclusio, sei keine ferne Gefahr, sondern längst Alltagspraxis.

»Auch in der Bundesrepublik wird mit der Opposition nicht besser verfahren als in anerkannten Polizeistaaten. Die Bundesrepublik ist nicht auf dem Weg zum Polizeistaat, sie ist in ihrem praktischen Umgang mit der radikaldemokratischen Opposition schon heute als solcher anzusehen.«

Zudem regierten in Wahrheit nicht »die Parteifürsten in Bonn, sondern die Springer, Abs und Flick«, im Hintergrund zögen die USA die Fäden. Wer kritisiere, dass »die Reichen immer reicher, die Mächtigen immer mächtiger und die Armen zwar nur selten materiell ärmer werden, dafür aber geistig immer mehr verarmen und nur noch an das Anschaffen der sinnlosesten Konsumgüter denken, bekommt die Polizeigewalt und die Macht zu spüren«.

Dieses reliefartige Bild ist 1969 allgemeines Gedankengut in der undogmatischen Linken. Es enthält, in verdichteter Form, die wesentlichen Ingredienzien des Gesellschaftsbildes der Apo – Antikapitalismus und Herrschaftskritik. Der Staat gehorcht, laut Ströbele, letztlich dem Kapital, die Demokratie ist nur schöner Schein, der Parlamentarismus Fassade. Der Konsumkapitalismus hält ausgerechnet die Armen davon ob, sich dem wahren Leben zu widmen. Diese Gesellschaftskritik liest sich wie eine Zusammenfassung der Klappentexte der damals einschlägigen Werke von Johannes Agnoli *Die Transformation der Demokratie* bis hin zu Herbert Marcuse *Der eindimensionale Mensch.*

Das Bild des Polizeistaates rechnet Ströbele aus dem hoch, was er persönlich kennt: dem 2. Juni, den Polizeieinsätzen gegen die Apo, die in Westberlin oft brutaler verliefen als in Westdeutschland. Ströbeles Kritik fußt auf profunden Erfahrungen mit Einsätzen der Westberliner Polizei, die aller Verhältnismäßigkeit Hohn sprechen, und auf Urteilen der Justiz, die – von Rehse über Kurras bis Teufel – Doppelmoral verraten. Doch das Urteil, dass der Polizeistaat längst Wirklichkeit geworden sei, ist maßlos. Denn die Bundesrepublik begibt sich 1969 auf Reformkurs. Und an diesem 11. Juni 1969 in Hannover kann man dies sehen.

An diesem Tag demonstrieren 5000 Studenten und Schüler in der Innenstadt gegen Fahrpreiserhöhungen. Am Tag zuvor hatten be-

reits 2000 Protestierende Straßenbahngleise blockiert – die Polizei war mit 500 Mann angetreten und hatte resigniert. Am 11. Juni legen die Demonstranten den öffentlichen Nahverkehr in der gesamten Innenstadt lahm, einige beschädigen Gleise der Straßenbahn und Fahrkartenautomaten. Die Polizei greift nicht ein. Die Demonstration, die unter dem Motto Aktion Roter Punkt in die Protestchronik der Republik eingeht und sogar von der Stadtverwaltung unterstützt wird, ist erfolgreich. Die Verkehrsgesellschaft nimmt die Preiserhöhung zurück. Die Aktion zeigt, dass die Praxis des SDS mit gezielten Regelverletzungen, maßvoll angewandt, zum wenn nicht legalen, so doch geduldeten Instrument sozialer Konfliktregulierung wird. Für einen Polizeistaat, der sich nach Ströbele prinzipiell in keiner Weise von der ČSSR nach dem Einmarsch der Sowjetunion unterscheide, ist das recht erstaunlich.
Die undogmatischen Linken agitieren gegen den deutschen Obrigkeitsstaat, gegen die Exnazis, die im Justizapparat noch häufiger anzutreffen sind als in der Politik. Doch der Staat ist 1970 nicht der monolithische Block, den die linke Szene fantasiert. Im Mai 1970 beendet die Amnestie der sozialliberalen Koalition, von der Union als »Freibrief für Terror« bekämpft, 5000 anhängige Prozesse wegen Demovergehen, Rektoratsbesetzungen und Ähnlichem. Das ist ein Zeichen, dass die 50er-Jahre, als Kommunisten, nur weil sie Kommunisten waren, inhaftiert wurden, passé sein sollen. Die Idee, dass die Republik und ihre Institutionen faschistisch oder auf dem Weg dorthin seien, ist eine Projektion, in der sich die radikale Linke in die Rolle des Opfers halluziniert. Zudem sind die Linksradikalen auch Akteure, die die Möglichkeit blutiger Eskalation einkalkulieren. Schon am 2. Juni 1967, der Geburtsstunde der linken Opfererzählung, ist tödliche Gewalt als Möglichkeit auch auf der Seite der Rebellen existent. Einige Linksradikale aus dem Umfeld der Kommune 1 wollen mit einem Bombenanschlag den Schah in Westberlin töten – Rudi Dutschke und Bahman Nirumand votieren gegen diesen Plan. So jedenfalls stellt es Peter Schneider in *Rebellion und Wahn* dar.

Ströbele teilt den Überzeugungskern der 68er, auch wenn er, anders als Horst Mahler oder Dieter Kunzelmann, keine treibende Kraft bei der Radikalisierung ist. Er versteht sich als revolutionärer Linkssozialist, der den Umsturz für unvermeidlich hält. Allerdings arbeitet Ströbele mit doppeltem Netz.

Im Oktober 1968 tritt er in die SPD ein. Ein ungewöhnlicher Zeitpunkt. Die Sozialdemokratie regiert damals als Teil der Großen Koalition mit dem Kanzler und Ex-NSDAP-Mitglied Kurt Georg Kiesinger und hat im Sommer die von Apo und Gewerkschaften bekämpften Notstandsgesetze durchgewinkt. In Berlin machen der regierende SPD-Bürgermeister Klaus Schütz und Innensenator Kurt Neubauer Front gegen die Studenten. Schütz lässt sich 1968 zu der Formulierung hinreißen, man müsse »diesen Typen« nur »ins Gesicht sehen«, um zu erkennen, dass sie »unsere freiheitliche Grundordnung« zerstören wollten. Und Neubauer wollte schon 1967 »besser jetzt als später« in eine blutige Entscheidungsschlacht gegen die Rebellen ziehen.

Die Große Koalition ist 1968 nicht nur für Linksradikale ein Symbol für das verharschte, leblose bundesdeutsche System. 1970, nach der unverhofften Bildung der sozialliberalen Koalition unter Willy Brandt, treten Hunderttausende Jüngere in die SPD ein – in der berechtigten Hoffnung, dass diese Regierung die durch die Revolte auf die Agenda gesetzte »Fundamentalliberalisierung« (Jürgen Habermas) der Republik durchsetzen werde.

Dass Ströbele im Herbst 1968 als Linker Sozialdemokrat wird, ist verwunderlich. Ströbele glaubt offenbar an die von Dutschke skizzierte Idee, die Bewegung müsse sich auf den »Marsch durch die Institutionen« machen.

Während die Apo-Genossen Kinderläden und maoistische Sekten gründen oder den Gang in den Untergrund planen, geht Ströbele jeden zweiten Dienstag zum SPD-Ortsverein Wilmersdorf und bringt es zum Kreisdelegierten. Das ist keine organisierte Unterwanderung – so wie die Trotzkisten in Großbritannien die Labour Party für sich einzuspannen versuchen. Ströbele verfolgt in der SPD ein handfestes Ziel. »Wir hatten die richtigen Analysen und wollten sie unter die Leute bringen«, sagt er im Rückblick. Ein typischer Satz: gerade, schlicht, ohne viel reflexiven Resonanzboden.

Im April 1969 macht Ströbele sein zweites Staatsexamen. Und er hat noch immer dasselbe Ziel wie 1966, als er mit seinem sozialdemokratischen Freund Siegfried Sessler Zukunftspläne schmiedete: Er bewirbt sich als Richter.

Die Aussichten sind gut. Richter werden gesucht, Ströbele hat ein Prädikatsexamen. Ideologisch passt diese Wahl eigentlich nicht in Ströbeles Weltbild – als Richter wäre er Repräsentant eines Systems, das in seiner Sicht ein dem Kapital dienstbarer Polizeistaat ist. Doch für Ströbele sind politische Parolen und finstere Beschreibungen der Bundesrepublik das eine – ein zupackender Alltagspragmatismus das andere. Als Richter könne man, so Ströbeles einfache Idee, mehr erreichen. »Ich hatte da keine Berührungsschwierigkeiten«, sagt er. Auch im Sozialistischen Anwaltskollektiv rät er den Referendaren später, besser Richter zu werden. So handelt kein zu allem entschlossener Revolutionär, der die Klassenjustiz zerschlagen will. So agiert ein praktisch denkender Reformist.

Kurz bevor das Berufungsverfahren zum Richter abgeschlossen ist, zitiert ein Oberstaatsanwalt Ströbele zu sich. »Herr Assessor, ich muss Ihnen leider mitteilen: Wir können Sie nicht als Richter nehmen.« Ströbele versteht nicht so recht und fragt: »Warum?« – »Weil Sie in dem Büro Mahler arbeiten.«

Faktisch ist das ein Berufsverbot. Und die Bestätigung, wie rüde der Staatsapparat mit Oppositionellen umspringt. Ströbele bewirbt sich mit dem für ihn typischen Trotz weiter beim Arbeitsgericht um einen Richterposten. Eine offizielle Absage bekommt er nie.

Kapitel 4

DER AUFSTIEG
1. MAI 1969 BIS 1972

Das Sozialistische Anwaltskollektiv

»Dafür dass wir Revolutionäre sein wollten,
war unser Alltag erschreckend normal.«

Klaus Eschen, 2015

Christian Ströbele ist 1968 eine treibende Kraft bei der Gründung des Sozialistischen Anwaltskollektivs (SAK). Er besorgt das Büro in der Meierottostraße, unweit des Ku'damms, eine Achtzimmerwohnung, die monatlich 700 DM Miete kostet und in der einst Heinrich Mann residierte. Er kauft die Möbel, unter anderem einen ausladenden, ovalen Tisch, 5,50 Meter lang, 1,50 Meter breit, der eine Reliquie linksradikaler Geschichte wird und später auch in der Kommune 2 und der *taz* zum Einsatz kommt. Das historienträchtige Möbelstück hätte sich gut im Bonner Haus der Geschichte gemacht – allerdings verfeuern ihn wenig geschichtsbewusste Ostberliner Autonome im Winter 1990.

Am 1. Mai 1969 eröffnen Horst Mahler, Klaus Eschen, Christian Ströbele und Ulrich K. Preuß das erste Rechtsanwaltskollektiv der Bundesrepublik. Ströbele, mit praktischer Intelligenz ausgestattet, organisiert die Finanzen.

Das Sozialistische Anwaltskollektiv steht von Beginn an in der Kritik. 1970 klagt die Berliner Anwaltskammer erfolgreich gegen den recht pompösen Namen – originellerweise weil Ströbele & Co. damit »unlautere Wettbewerbsmethoden« anwenden würden. Sozialistisch suggeriere, es gebe etwas umsonst. 1971 entscheidet das höchste Ehrengericht – der Senat für Anwaltssachen beim Bundesgerichtshof –, dass Ströbeles und Eschens Selbstbezeichnung sozialistisch »unvereinbar mit dem Berufsbild des Rechtsanwalts und seiner im Gesetz festgelegten Stellung« ist. Der Springer Ver-

Der Blick aus dem Fenster der Kanzlei des Sozialistischen Anwaltskollektivs in der Meierottostraße 1

lag versucht das Image der Linksanwälte zu ruinieren. *Bild* behauptet 1970, dass das Anwaltskollektiv keine Miete zahle und seinen Vermieter derartig tyrannisiere, dass der es nicht wage, seine Miete einzufordern oder zu kündigen. Das ist frei erfunden, im Prozess gegen *Bild* erstreiten Ströbele und Eschen 5000 DM Schmerzensgeld. Mit dem Vermieter Hermann Wirtz versteht sich Ströbele gut. Wirtz nimmt keinen Anstoß daran, dass die Polizei in den 70er-Jahren dreimal mit Großeinsätzen die Wohnung durchsucht und dabei auch mal die Haustür aufbricht. »Das passiert, wenn man politisch aneckt«, sagt Wirtz zu Ströbele. An dem Gefühl der Linken, im Feindesland zu leben, ändern auch freundliche Liberale wie Wirtz nichts. Klaus Eschen sagt im Rückblick: »Wir haben die Mehrheit

der Gesellschaft als Feind wahrgenommen, weil sie uns feindlich gegenübertrat. Die hielten uns für den letzten Dreck.«
Auch der Berliner Verfassungsschutz interessiert sich für das Kollektiv. Er schleust, wie Ströbele Jahre später erfährt, 1969 eine Sekretärin in das Büro ein, die Zugriff auf Prozessunterlagen hat und bis 1971 aktiv ist. Auch der Verfassungsschutzspitzel Peter Urbach kommt im Sommer 1969 vorbei und bietet an, gestohlene Warmwassergeräte zu montieren. Ströbele lehnt klugerweise ab. Bei den drei Hausdurchsuchungen in den 70er-Jahren wäre Hehlerware in der Kanzlei wohl aufgefallen. So bleibt dem Kollektiv die Schlagzeile »Diebesgut im Badezimmer der Linksanwälte« erspart.
Von links außen gerät das Kollektiv rhetorisch unter revolutionären Druck. Die Zeitung *Rote Presse Konferenz* veröffentlicht im Sommer 1969 eine Debatte zwischen linksradikalen Referendaren und eine Antwort von Mahler, Ströbele und Eschen. Die beiden Texte sind ein Hagelsturm von Abstraktionen, in dem alle Erfahrungen bis zur Unkenntlichkeit verstümmelt scheinen. Das seminarmarxistische Wortgetöse klingt wie eine halb vergessene Fremdsprache, der man mühsam versteckten Sinn abringt.
Das Anwaltskollektiv, so die linksradikale Kritik, schüre die Illusion, dass es für Anwälte im Kapitalismus »eine revolutionäre Berufspraxis« gebe. Das sei falsch, besser sollten sich die Linksanwälte in die – herbeifantasierte – »sozialistische Massenbewegung« einreihen, als den Anschein zu erwecken, dass es in der Klassenjustiz so etwas wie Gerechtigkeit geben könne. Das ist eine typische Argumentationsfigur der radikalen Linken damals, ein als Leitfaden für die Praxis missverstandener Adorno. Wenn es im falschen Leben kein richtiges gibt, dann gibt es in der Klassenjustiz auch keine Praxis für linke Anwälte.
Die Antwort des Anwaltskollektivs klingt ähnlich verbalradikal. Die Bundesrepublik sei zwar noch kein »offen-faschistischer Staat«, aber die Justiz ein Machtapparat, der die Interessen der Herrschenden durchsetze und das Volk mit dem Versprechen benebele, dass es

in der Klassengesellschaft gerecht zugehe. Der Linksanwalt müsse daher dafür sorgen, dass seine Klienten – die wir uns durchweg als Opfer des Kapitalismus vorzustellen haben – ein ordentliches Klassenbewusstsein entwickeln. Allerdings sei Mandanten, die wegen Demonstrationsdelikten oder Ähnlichem verfolgt würden, kaum mit Anwälten gedient, die vor Gericht sozialistische Agitationsreden halten. Die Idee, dass linke Anwälte grundsätzlich immer nur das System aufhübschen, sei jedenfalls auch »theoretisch Quark«. Die eher protestantische als revolutionäre Grundregel des Sozialistischen Anwaltskollektivs lautet: Man vertritt keine Arbeitgeber in Prozessen gegen Arbeitnehmer, keine Vermieter gegen Mieter.

Die Finanzen in dem Kollektiv sind entsprechend knapp. Die Frage, so Ströbele, lautet, wie später bei der *taz*, jedes Jahr aufs Neue: »Wie kommen wir über den Sommer?« Denn Mahlers bürgerliche Klientel hat sich 1969 längst verabschiedet, und die Praxis, Genossen auch umsonst zu verteidigen, macht das Geschäft auch nicht leicht. Gelegentlich hilft ein Rechtshilfefonds bei politischen Verfahren, ansonsten, so Eschen, »haben wir uns mit Freisprüchen, Pflichtverteidigungen und bei gewonnenen Prozessen mit dem Geld unserer Gegner finanziert. Und mit Scheidungen, Miet- und Arbeitsprozessen«. In dem Kollektiv sollen alle, Anwälte und Mitarbeiter, 1200 DM Einheitslohn bekommen – das ist exakt der Durchschnittsverdienst 1970.

Als Erstes verlieren Mahler, Eschen und Ströbele einen Prozess in eigener Sache: Beim Einzug waren die Anschlüsse für die Telefonanlage, die Mahler aus dem Büro in der Konstanzer Straße mitbrachte, abgeknipst. Die roten Anwälte wollen vom Vormieter – der Rechtsanwaltskammer Berlin – 1327,87 DM Schadensersatz. Sie verlieren das Verfahren und müssen auch noch 283,90 DM Kosten für ihren Anwalt zahlen. Kein guter Start.

Auch die alternative Alltagspraxis gestaltet sich schwierig. Als die Schreibkraft Lisa A. im Oktober 1969 nicht zur Arbeit erscheint, schreibt Ströbele ihr einen gepfefferten Brief:[4]

»Wir haben mit Verwunderung zur Kenntnis genommen, dass Sie seit dem 9.10. (vorgestern) nicht mehr zur Arbeit erschienen sind. Dadurch entstand erheblicher Arbeitsüberhang, den die verbliebenen Genossen nur aufarbeiten konnten. Wir waren äußerst verärgert.«

Die Sekretärin könne ihren Restlohn abholen. Dass sie ein Attest beibringt, beeindruckt die Linksanwälte nicht. A., 49 Jahre alt und oft krank, arbeitet seit Frühjahr 1968 bei Mahler. Sie klagt: »Andere dürfen krank sein – ich nicht?« Und: »Wenn Sie die fristlose Kündigung aussprechen, so ist es Ihre Sache, diesen Schritt zu begründen, mit Feudalismus, Kapitalismus – von Sozialismus kann jedenfalls keine Rede sein.«

Sie verlangt eine fristgerechte Kündigung, damit sie Krankengeld beantragen kann. Das wäre eine elegante Lösung. Doch das Kollektiv, Anwälte und Mitarbeiter, ist stur. Mahler verfasst eine bemerkenswerte Begründung, warum die Anwälte die Schreibkraft vor die Tür setzen. In dem Brief skizziert er die Schrecken des Kapitalismus, der Menschen zur Ware degradiert. Wer nicht arbeiten will oder kann, wird als »Parasit angesehen, den man ins Konzentrationslager oder ins Arbeitshaus wünscht«. A. aber wolle nur als Fachkraft zum Abtippen von Schriftsätzen der Anwälte angestellt sein – und nicht, um als Handlanger Telefonate entgegenzunehmen oder Akten herauszusuchen. Und sie will auch keine Texte von Referendaren tippen. Mit dieser »kapitalistischen Wertskala« wolle man – fristlos – nichts mehr zu tun haben. Ströbele schreibt am 27. November 1969: »Wer sich weigert, Mandanten zu empfangen«, passe nicht ins Kollektiv.

Nach Urteil und Berufung und Wechsel seitenlanger Schriftsätze einigt man sich im Mai 1970 auf einen Vergleich: 900 DM für die Schreibkraft A. Interessant ist, dass das linke Anwaltskollektiv in eigener Sache keine Scheu hat, die Klassenjustiz zu bemühen.

Das Anwaltsbüro ist Dienstleister für die Politszene. Wer ein Kneipenkollektiv aufmacht oder einen Kinderladen gründet oder wem

Strafbescheide wegen Demovergehen ins Haus flattern, geht in die Meierottostraße. Manchmal ist die Szene auch übergriffig. In den frühen 70ern fährt Ströbele wie immer mit seinem orangefarbenen VW-Cabrio ins Büro. Die Leute, die in seinem Büro telefonieren, kopieren und den Sitzungsraum in Beschlag genommen haben, hat er noch nie gesehen. Es ist, wie sich herausstellt, das Streikkomitee einer Fachhochschule, irgendein Streikender kennt einen Referendar, der jemanden im Anwaltskollektiv kennt, und irgendjemand meinte, das sei schon okay. Nach zwei Tagen zieht das Streikkomitee wieder ab.

»Wir haben uns nicht getraut, die hinauszuwerfen. Wir waren ja alle Genossen«, so Ströbele. Genosse ist das Zauberwort, das viele Türen öffnet und das Gegenüber zu unendlicher Toleranz verpflichtet. Wer Genosse oder Genossin ist, gehört zu dem mythischen Bewegungskollektiv. Auch Mitglieder der militanten Gruppe Zentralrat der umherschweifenden Haschrebellen, Bommi Baumann, Thomas Weisbecker und Georg von Rauch, aus der später die Terrorgruppe Bewegung 2. Juni hervorgeht, halten sich manchmal in der Meierottostraße auf – und ziehen erst mal einen durch.

Der junge Anwalt des Kollektivs beim Aktenstudium, 1969

Doch diese Szenen sind eher Ausnahmen. Vor allem bedeutet das Anwaltskollektiv viel Arbeit. Ströbele und Eschen kommen morgens ins Büro, schauen die Akten durch, gehen zu Prozessterminen, nachmittags finden Mandantengespräche statt, abends ist wieder Aktenstudium angesagt. Ströbele achtet darauf, dass es professionell zugeht. Als sich eine maoistische Anwältin bewirbt und im Vorstellungsgespräch erklärt, das Wichtigste bei der Arbeit sei der »Klassenhass«, lehnen Eschen und Ströbele dankend ab. »Wir brauchten keine Spinner«, sagt Eschen. Henner Kraetsch, anfangs Referendar im Kollektiv, erinnert sich, dass Ströbele stets »besonnen und ruhig« auftritt. Es gibt fünf Mitarbeiter. Jeden Mittwoch ist Plenum. Da streitet man sich auch mal darum, wer putzt und wer die Küche aufräumt. »Dafür dass wir Revolutionäre sein wollten, war unser Alltag erschreckend normal«, so Eschen im Rückblick.

Anfang 1970 wächst Ströbele in die Rolle des Kopfes des Büros hinein. Er ist kommunikativ, seine überzeugendste Waffe ist seine Freundlichkeit. Er spielt im Büro und in der Politszene eine ähnliche Rolle wie Ende der 50er-Jahre in der Clique mit Sinkel, Breloer und Heisig: Er ist nicht durch Kampf und Konkurrenz, sondern eher unauffällig und sanft ins Zentrum gerückt. Eschen, der ihn im Frühjahr 1968 bei Mahler kennengelernt hat, sagt: »Er war ein Sonnyboy. Er hatte etwas von dem jungen Kennedy: groß, gut aussehend, großbürgerlich.«

Ein typischer Prozess, den Ströbele führt, ist Anfang 1970 der Zwist um die Zwangsrelegation der dffb-Studenten Holger Meins, Harun Farocki, Werner Sauber und Hartmut Bitomsky. Diese hatten im Mai 1968 während der Proteste gegen die Notstandsgesetze das Büro des Direktors der Deutschen Film- und Fernsehakademie Berlin (dffb) okkupiert und, so die Begründung der Filmhochschule für den Rauswurf, »versucht, Herrn Dr. Rathsack zu einem Gespräch zu nötigen, das er ablehnte«. Die dffb schließt 1969 Wiederaufnahmeanträge und Kompromisse – wie einen Verweis oder Ausschluss für ein Jahr – aus. Ströbele will im Februar 1970 per einstweiliger

Verfügung die Wiederaufnahme erreichen. Zwar sei der Auftritt der Studenten »strafrechtlich möglicherweise Nötigung oder Hausfriedensbruch«, doch von einem »kriminellen Exzess«, mit dem die dffb den Ausschluss rechtfertigt, könne keine Rede sein. Ströbele hat Erfolg: Meins, Bitomsky, Farocki und Sauber dürfen, nach fast mehr als eineinhalb Jahren Hausverbot, weiter studieren.[5]

Das Wort »Bewegung« ist ziemlich diffus, aber für Ströbele vollkommen klar. Zur Bewegung gehören alle, die sich mit dem rebellischen Impuls 1967/68 identifizieren. Die Revolte ist der magische Moment, den er als Zuschauer, dann als Basisaktivist, Demonstrant und Anwalt erlebt und die für ihn ein Kraftzentrum ist, das mit schier unverminderter Energie bis ins Heute reicht. Das ist erstaunlich, auch weil in dieser Bewegung 1969 vor allem die Feindschaften blühen.

Den Zerfall der Apo und die K-Gruppen sieht Ströbele skeptisch. Sein Freund Marcello, der in einem Kinderladen arbeitet und dann einen Job als Schweißer hat, tritt der maoistischen KPD/AO bei. Die Verwandlung von Spontis in disziplinierte Kader mit kleinbürgerlichem Lebensstil »fand Ströbele unverständlich«, so Marcello. Ströbele kamen die marxistisch-leninistischen K-Gruppen wie Psychosekten vor.

Geschickte, günstige Anwälte werden in der Apo und Post-Apo dauernd gebraucht – so fällt Ströbele die Rolle zu, die seinem politischen Selbstbild entspricht: Er wird eine Art ideeller Gesamtlinker. Er hält Kontakt zu Leuten, welche die Straßenseite wechseln, wenn sie sich untereinander begegnen, zu Militanten und Sozialdemokraten, den DDR-Treuen, Maoisten und Undogmatischen.

1969 fasziniert ihn, wie subversiv manche mit dem hierarchischen Justizapparat umspringen. In einem Prozess gegen Fritz Teufel und Dieter Kunzelmann frühstücken die beiden Politaktivisten im Gerichtssaal. Begründung: »Das machen wir jeden Morgen um neun.« Ströbele ist ihr Anwalt, ihn belustigt die Szene auch fast ein halbes Jahrhundert später noch.

Auch bei einer spektakulären Aktion des Kommunarden Karl-Heinz Pawla im Herbst 1968 ist Ströbele dabei. Pawla steht wegen Widerstand gegen die Staatsgewalt vor Gericht, außerdem weil er, eine typische plakative Aktion der Antiautoritären, das Wappen der FU abmontiert und verbrannt hatte. Pawla lässt während des Prozesses die Hose herunter und scheißt im Saal 101 des Kriminalgerichts in Moabit vor den Richtertisch. »Ich war«, so Ströbele, »sehr gespalten, ob das noch unter revolutionäre Aktion fällt.«
Mitunter kommen clowneske Ideen auch von Ströbele. Niels Kadritzke, heute Redakteur bei der deutschsprachigen Ausgabe von *Le Monde diplomatique*, ist 1969 an einer Rektoratsbesetzung am Otto-Suhr-Institut der FU Berlin beteiligt. Nachmittags rückt die Polizei an, kesselt die 80 Besetzer ein und nimmt ihre Personalien auf – auch die von Niels Kadritzke. Ein Routinefall, nichts Besonderes. Kadritzke bekommt umgehend einen Strafbefehl über 4000 DM zugestellt. Weil Kadritzke früher einmal AStA-Vorsitzender war, hält ihn die Staatsanwaltschaft für den Rädelsführer der Besetzung. Es kommt zum Prozess in Moabit. Ströbele hat eine Strategie. Niels hat einen Zwillingsbruder, Ulf, der wissenschaftlicher Mitarbeiter an der FU ist. Ströbele versucht die scheinbar wasserdichte Schlussfolgerung, dass Niels Kadritzkes von der Polizei identifizierter Personalausweis beweise, dass Niels Kadritzke auch bei der Rektoratsbesetzung dabei gewesen sei, zu erschüttern. Es könne auch sein, dass Niels seinen Ausweis seinem Zwillingsbruder gegeben habe und der eingekesselt war. Falls diese Möglichkeit nicht sicher ausgeschlossen werden kann, gilt: in dubio pro reo. Die Staatsanwaltschaft setzt ihre trügerische Hoffnung auf den RCDS-Mann und Zeugen Jacky Horn. Doch der gesteht ein, dass er Niels auf dem Campus stets fragt: »Wer bist jetzt du, Niels oder Ulf?« Niels Kadritzke wird freigesprochen.
Die antiautoritäre Demokultur erreicht die Gerichtssäle. Der Apparat soll enttarnt und lächerlich gemacht werden – die linken Anwälte helfen, die theatralen Aktionen der Angeklagten in die Spra-

che des Gerichts zu übersetzen. Das komödiantische Spiel mit den Identitäten wiederholte sich im Juli 1971 in Moabit beim Prozess gegen Bommi Baumann, Georg von Rauch und Thomas Weisbecker, die wegen Brand- und Bombenanschlägen vor Gericht stehen. Ströbele verteidigt sie. Weisbecker und von Rauch kennt Ströbele seit 1968 aus Mahlers Büro. Die beiden sind knapp zehn Jahre jünger als er und kommen wie er aus Akademikerelternhäusern. Sie tun, was er nicht tat: Sie rebellieren. Sie verschwinden nicht möglichst leise und unbemerkt wie er in Marl durch das Klofenster. Sie öffnen krachend und lärmend die Haustür, mit dröhnendem Selbstbewusstsein, einem Joint in der Hand und Machoattitüde. »Sie waren sehr fordernd und irgendwie faszinierend«, erinnert sich Ströbele. Es kann sein, dass Ströbele, der sich selbst »Muttersöhnchen« nennt, neidisch auf dieses Unbekümmerte, Waghalsige, Egozentrische, Tatkräftige schaut.
Am 9. Juli hebt der Richter die Haftbefehle gegen Baumann und Weisbecker auf – von Rauch soll in Haft bleiben. Von Rauch und Weisbecker sehen sich entfernt ähnlich, beide haben dunkle Vollbärte. Von Rauch setzt Weisbeckers Brille auf, das soll für das Verwechslungsspiel reichen. Als der Richter die Aufhebung der Haftbefehle verkündet, stehen von Rauch und Baumann, begleitet von johlendem Beifall des Publikums, auf und verabschieden sich in die Freiheit. Als die Beamten von Rauch wieder in seine Zelle bringen wollen, protestiert der lauthals: »Ich bin Weisbecker, nicht von Rauch.« Am Ende sind beide frei. Ströbele hatte »Spaß an solchen fantasievollen Aktionen, die den autoritären Apparat infrage stellten. Das wird heute viel zu selten gemacht.«
Was in Ströbeles Rückblick fehlt, ist: In den Fängen der Klassenjustiz hätte von Rauch vielleicht, so wie Horst Mahler und Dieter Kunzelmann, eine Überlebenschance gehabt. Weisbecker, der sich der Bewegung 2. Juni anschließt, und von Rauch sterben ein paar Monate später durch Polizeikugeln.
Ströbele trinkt in den 70er-Jahren kaum Alkohol und konsumiert

keine Rauschmittel. Er ist bei Besetzungen, Demonstrationen und Verhaftungen dabei. Das politische Engagement betreibt er mit preußischer Disziplin. Der Kontakt nach Ostberlin ist abgerissen, er geht nicht mehr ins Theater. Die Nächte mit Bier und Frauen im Old Eden sind längst passé. Das Äußerste an Entgrenzung ist die Flasche Eierlikör, die stets im Kühlschrank in der Meierottostraße steht und die Ströbele gern mit Milch mischt – ein auf jeden Fall exzessfreier Genuss. In Kneipen geht er nur, wenn dort politische Diskussionen anstehen. Er führt ein bürgerliches Leben. Das exzentrischste Detail darin ist Bubu, sein stets gegenwärtiger Hund, der nur auf Französisch – assis! (sitz!) – reagiert.

In seiner kurzen, aber intensiven religiösen Phase vor der Pubertät hat er, so Ströbele, »das Beichten und den Beichtkatalog sehr ernst genommen«. Dass alles, was mit Sexualität zu tun hat, als schamlos und mit Schuld verknüpft zu gelten habe, hat ihn geprägt. Später entdeckt er, dass »Sexualunterdrückung und der Beichtkanon gar nicht in der Bibel vorkommen« – das bringt ihn auch im Alter von 75 Jahren noch in Rage.

Die Rebellen schreiben sich in den späten 60er-Jahren die Befreiung der Sexualität auf die Fahne. Die sexuelle Revolution ist ein Effekt der Antibabypille, die seit den frühen 60ern auf dem Markt ist, der Pop- und auch der Pornoindustrie, die sich in den 60er-Jahren etabliert. Dass sich die Vorstellungen von Sex und Ehe fundamental ändern, wird durch die Protestbewegung katalysiert, ist aber vor allem Teil der Verwandlung der auf Disziplin geeichten Fabrikgesellschaft im hedonistischen Konsumkapitalismus.

Ströbele ist eher selten in der Kommune 1 und 2, wo, unter Zuhilfenahme von mannigfachen Drogen und auch mit viel Rücksichtslosigkeit, mit libertären Lebens- und Sexualitätsformen experimentiert wird. Er schaut sich dies aus der Distanz an.

Ströbele hat am eigenen Leib die Institutionen der bürgerlichen Gesellschaft erlebt – die Herrschaft des Vaters über den Sohn, den sozialen Zwang in der Schule, die Moral der Kirche, den Drill des

Militärs. Diese Erfahrung ist der Resonanzraum, auf dem seine Faszination für die Kommune, für Kunzelmann, Teufel, Bommi Baumann wachsen. Er macht nicht mit bei dem großen Experiment mit den Entgrenzungen, bei Beziehungen, Sex, Drogen, Gewalt. Aber er hat viel Verständnis für den Versuch, radikal mit allem Bürgerlichen zu brechen.

Was Ströbele sich 1970 indes nicht träumen lässt, ist, dass er verhaftet werden wird, dass ihm per Post Pistolenmunition zugestellt wird, verbunden mit der Aufforderung, sich zu erschießen, dass er klandestin Mitglieder der RAF treffen wird, nach denen die Sicherheitsorgane der ganzen Republik suchen. Er wird als Sympathisant von Terroristen gebrandmarkt und von RAF-Gefangenen als »alte sozialdemokratische Ratte« beschimpft, dessen »ganzes Gezeter sich dagegen richtet, dass wir uns nicht einfach endlich stillschweigend vernichten lassen«.[6]

Er geht durch ein Säurebad der Kritik. Und wird so zu dem, der er ist. All das gerät in Schwung, als sein Mentor und Vorbild, zu dem er, obwohl nur drei Jahre älter, ein Schüler-Lehrer-Verhältnis hat, eine kriminelle Vereinigung gründet und Banken überfällt.

Der Fall Mahler: Der Beginn des linken Terrorismus

»In der gegenwärtigen Situation besteht die Gefahr, dass entweder die Studenten oder die Exponenten der Macht Amok laufen.«

Hannah Arendt, »Reflexionen über Gewalt«, 1970

Horst Mahler ist auch im Sozialistischen Anwaltskollektiv der Chef. Größere Prozesse, wie das Verfahren gegen eine Rockerbande, die im großen Stil Diebstähle verübt, dürfen Ströbele und Eschen nur übernehmen, wenn Mahler mal Besseres zu tun hat. In diesem Fall im Juni 1969 vertritt er in Straßburg einen Mandanten vor dem Europäischen Gerichtshof gegen die Bundesrepublik Deutschland.[7]
Mahler ist 1969 der namhafteste Anwalt neuen Typs, der sich entschieden und unter Ausnutzung aller Möglichkeiten der Strafprozessordnung für seine Mandanten engagiert. In der Bundesrepublik verstanden sich Anwälte lange, wie in der NS-Zeit, gemeinsam mit Richtern und Staatsanwälten als Kameraden an der Rechtsfront. Die linken Anwälte, deren stilbildender Prototyp Mahler ist, lösen einen Kulturschock aus. Sie bringen den Generationenkonflikt, der auf den Straßen tobt, in den Gerichtssaal. Die Teach- und Sit-ins der Revolte sind Importe aus der Protest- und Bürgerrechtsbewegung – auch der linke Anwalt ist, ob bewusst oder nicht, eine Anleihe aus den USA. Im dortigen Justizsystem ist der Advokat weniger »Organ der Rechtspflege« als vielmehr radikal einseitiger Verfechter der Interessen seines Mandanten.
Ströbele und Eschen raten ihren Mandanten, auch mal zu schweigen. Sie stellen Beweisanträge, die die Motive der Angeklagten beleuchten – vor allem zum Vietnamkrieg. Der Anwalt, so wie Ströbele und Eschen ihn verstehen, hat die Aufgabe, die bis Ende

Eschen, Mitarbeiterinnen und Ströbele im Anwaltskollektiv, 1970

der 60er-Jahre weitgehend ungenutzten Möglichkeiten der Strafprozessordnung – von umfangreichen Prozesserklärungen der Angeklagten bis hin zu Befangenheitsanträgen gegen Richter – zu nutzen, um den Mandanten die Bühne freizuräumen, die dort ausführlich ihre politischen Gründe darlegen. Vor allem mäandernde politische Prozesserklärungen oder der Versuch im Prozess gegen Beate Klarsfeld, Bundeskanzler Kiesinger vorzuladen und das Verfahren in ein Tribunal über die NS-Vergangenheit der Regierung umzufunktionieren, geht den Richtern auf die Nerven. *Mit* den Regeln *gegen* die Autoritäten – es ist dasselbe Prinzip, mit dem Ströbele zehn Jahre zuvor bei der Bundeswehr manche Offiziere auf die Palme brachte.

Mahler ist in der Meierottostraße Primus inter Pares. Aber er hat 1969 nicht nur mit einer Zivilklage des Springer-Konzerns zu tun, der von ihm eine halbe Million Mark Schadensersatz wegen der Randale nach dem Dutschke-Attentat erstreiten will, weil er dort, so die wolkige Begründung, als Rädelsführer gewirkt habe. Mahler ist 1969 finanziell klamm und leiht sich auch bei Anwaltskollegen Geld. Die Miete für Mahlers Wohnung am Lietzensee (600 DM) geht direkt vom Kollektiv-Konto ab. Zudem hat Mahler als politischer Aktivist zu tun. Er ist 1969 dabei, den bewaffneten Kampf zu organisieren. Im Herbst 1969 fliegt er nach London zu Rudi Dutschke und versucht erfolglos ihn zu überzeugen, dass eine Stadtguerilla nötig ist.

Ströbele fällt zwar auf, dass Mahler gelegentlich in die Kommune 1 geht und dort offenbar mit Dieter Kunzelmann Polit-Strategien entwirft. Mehr aber nicht. Dabei sind Mahler und Kunzelmann im Herbst 1969 die beiden Schlüsselfiguren, die die Verwandlung der militanten Apo-Reste in terroristische Gruppen vorantreiben. Zu einem gemeinsamen Projekt kommt es indes nicht. Kunzelmanns Gruppe, die Tupamaros Westberlin, zu der auch Bommi Baumann gehört, verübt Ende 1969 ein wahres Stakkato von Brand- und Bombenanschlägen. Mahler ist das zu spontihaft und chaotisch.

Das Büro des Anwaltskollektivs ist einer der Orte, an denen sich der gewalttätige Linksterrorismus 1969/70 formiert. Annekatrin Bruhn, eine 19-Jährige aus Kunzelmanns Umkreis, hält zwischen der Kunzelmann-Gruppe und Mahler Kontakt. Sie bringt Ende 1969 auch Goldplatten, die der spätere RAF-Unterstützer Thomas Weisbecker aus dem Safe seiner Eltern in Kiel stiehlt, zu Mahler – der ihr dafür 1000 DM gibt. Mahler will von Bruhn wissen, was die Kunzelmann-Gruppe plant. Dabei stellt er immer das Radio laut. Er fürchtet, nicht zu Unrecht, dass der Verfassungsschutz ihn im Visier hat.[8]

Mahler versucht Ende 1969, mit Ulrike Meinhof in Berlin im Märkischen Viertel das Subproletariat zu organisieren und zudem eine leninistische Untergrundgruppe aufzubauen. Ende 1969 reist er zu Andreas Baader und Gudrun Ensslin nach Rom, um sie für den bewaffneten Kampf zu rekrutieren. Baader und Ensslin haben 1968 in Frankfurt einen Brandanschlag auf ein Kaufhaus verübt. Die Waffen für die Organisation, die sich später Rote Armee Fraktion (RAF) nennt, versucht Mahler 1970 bei dem Verfassungsschutzspitzel Peter Urbach zu besorgen, der schon beim Sturm auf das

Springer-Hochhaus Ostern 1968 mit Brandsätzen zur Stelle war.
Am 2. April 1970 trifft sich Mahler in dem Anwaltsbüro mit Andreas Baader, Peter Urbach, Renate W. und Peter Homann, dem Freund von Ulrike Meinhof. Man will Waffen beschaffen, Urbach weiß, dass in Buckow auf einem Friedhof Bomben und Schusswaffen lagern. Gudrun Ensslin prophezeite dem Anwalt schon 1968, wohin sein Weg führen werde. »Horst, du wirst die Robe ausziehen und die Kalaschnikow in die Hand nehmen.«

Am 14. Mai 1970 wird, erstes Gründungsfanal der RAF, Andreas Baader, inzwischen wegen der Kaufhaus-Brandstiftung in Berlin-Tegel inhaftiert, bei einem Ausgang in ein wissenschaftliches Institut in Berlin-Dahlem mit Gewalt befreit. Dabei wird der Angestellte Georg Linke lebensgefährlich verletzt – das erste Opfer des linken Terrorismus. Die Aktion verläuft wirr. Ulrike Meinhof, die so tun sollte, als wisse sie von nichts, flieht mit Baader in den Untergrund.

Im Gericht in Moabit taucht Mahler am 14. Mai um kurz vor halb zehn auf. Es geht um ein Plädoyer in einem Betrugsprozess. Mahler hatte sich für diesen Tag krankgemeldet. Preuß sollte ihn vertreten. »Nanu, Herr Rechtsanwalt, sind Sie wieder gesund?«, sagt der Richter. Während Mahler in Moabit plädiert, wird Baader in Dahlem mit Waffengewalt befreit. Mahler hat am 12. Mai in Tegel bei dem Gefängnisdirektor Wilhelm Glaubrecht erwirkt, dass Baader am 14. Mai die Erlaubnis bekommt, das Institut zu besuchen. Der Verdacht, dass er wusste, was geplant war, liegt auf der Hand. Mahler taucht ab.

Am 26. Mai 1970, um 17 Uhr 30, klingelt es an der Tür der Anwaltskanzlei in der Meierottostraße. Vor der Tür steht Kriminalhauptkommissar Werner: »Es geht um Rechtsanwalt Mahler. Wo ist er?« Ströbele blockt ab: »Ich mache nur vor einem Richter Aussagen.« Der Kripomann will wissen, ob Ströbele oder Eschen eine Vollmacht hätten, Mahler juristisch zu vertreten. Ströbele sagt: »Im Anwaltskollektiv können alle alle vertreten.« Ströbele und Eschen spielen verteilte Rollen, Ströbele ist unversöhnlich, Eschen weicher. Mahler sei im Urlaub, sagt Eschen dem Kripobeamten.

»Es war nicht so, dass Mahler auf der Stirn stand, dass er jetzt in den Untergrund geht«, sagt Ströbele heute. Mahler habe auch nichts vorbereitet. »Sein Schreibtisch sah so aus, als würde er gleich wieder zur Tür hereinkommen.« Auch Eschen erinnert sich nur daran, dass »Christian und ich entsetzt waren, weil dies den Hardlinern in der Bundesregierung in die Hände spielt«.

Im Herbst 1970 steht Mahler, längst als RAF-Gründer gesucht, mit Perücke verkleidet bei Ulrich K. Preuß vor der Tür. Er will Unterstützung – dass Mahler dies nur bei Preuß, nicht aber bei seinem Schulkameraden Eschen und bei Ströbele versucht, ist möglich, aber wenig wahrscheinlich. Freilich: Im Herbst 1970 hat die RAF noch niemanden getötet. Auch viele Liberale halten die Baader-Meinhof-Gruppe für fehlgeleitete Moralisten. Die Publizistin und *Zeit*-Herausgeberin Marion Gräfin Dönhoff soll damals gesagt haben, dass sie nicht die Polizei rufen würde, wenn Ulrike Meinhof bei ihr klingelt. »Ich würde ihr Geld geben und sie wegschicken.«[9]

Die Kripo hat die Anwälte im Verdacht, dass sie mehr wissen, als sie zugeben. Am frühen Nachmittag des 29. Mai 1970 rücken ein Dutzend Polizisten in der Kanzlei an und durchsuchen zwei Stunden lang die Büros. Doch außer ein paar Briefumschlägen, die an Baader und Astrid Proll adressiert sind, Notizen von Mahler und zwei Kalender von Dieter Kunzelmann im Schrank von Eschen finden sie nichts. Der Kalender ist allerdings interessant: Dort hat Kunzelmann, auch als Militanter ein Mann mit ausgeprägtem Ordnungssinn, sorgfältig und wenig vorausschauend alle Brandanschläge des Jahres 1969 aufgelistet.

Der herbeigeeilte Anwalt Otto Schily, der nicht zum Anwaltskollektiv gehört, erhebt gegen jede Beschlagnahmung Einspruch. Teilweise mit Erfolg: Mahlers Handakte in dem Zivilprozess Ulrike Meinhof gegen ihren Exmann Klaus Rainer Röhl darf die Polizei nicht öffnen. Auch Juliana Ströbele-Gregor ist im Büro. Ströbeles

Diktiergerät wird abgehört – doch darauf findet sich nichts Belastendes.[10]

In Mahlers Wohnung am Lietzensee ist die Kripo erfolgreicher – im Nachttisch liegen die Pässe von Baader und Ensslin, zudem finden die Beamten Munition für ein Schrotgewehr.

Am 3. Juni wird Mahler per Haftbefehl gesucht. Am 8. Juni 1970 reist er mit Baader, Ensslin, Meinhof über den Libanon und Syrien nach Jordanien, um sich bei der palästinensischen Befreiungsarmee PLO als Guerilla ausbilden zu lassen. Das Bundeskriminalamt weiß am 11. Juni, wo Mahler steckt.

In einem TV-Interview im Juni 1970 geben sich Ströbele und Eschen ahnungslos. Die Justiz habe gar keinen Grund, sich für Mahlers Reise nach Jordanien zu interessieren. Denn: »Mahler hatte schon immer vor, eine längere Reise in die Dritte Welt zu machen, um sich über die dortige emanzipatorische Bewegung zu informieren«, so Ströbele – gewissermaßen eine Art Fortbildung. Warum bei dieser Bildungsreise auch die Flüchtigen Baader, Meinhof und Ensslin dabei sind, dazu könne Ströbele leider »gar nichts sagen«.

So bleibt es 45 Jahre lang. Ströbele und Eschen bleiben eisern bei der Version, dass sie von Mahlers Abtauchen in den Untergrund und seinem Treffen mit Baader, Homann und Urbach im Büro nichts mitbekommen hätten. Das kann sein – aber verwunderlich ist dies schon, gerade für aufgeweckte, neugierige und qua Profession mit ausreichend Misstrauen und Kombinationsfähigkeit ausgestattete Juristen.

Ströbele und Eschen sagen bis heute, da Mahler Neonazi und verurteilter Holocaustleugner ist, nichts Böses über ihren Exchef. »Mahler war unser Vorbild. Er war marxistisch und historisch gebildet und ein blendender Strafverteidiger«, so Eschen. Henner Kraetsch, damals Maoist und Referendar im Anwaltskollektiv, sieht das im Rückblick anders: »Eigentlich waren alle froh, dass Mahler weg war.« Auf dem Briefkopf des Büros sind noch lange die Namen Klaus Eschen, Horst Mahler, Ulrich K. Preuß und Christian Ströbele oben rechts aufgeführt. Der Name Horst Mahler ist auf jedem Blatt fein säuberlich mit Bleistift und Lineal durchgestrichen. Das zeigt: Mahler gehört noch dazu, aber nicht mehr richtig. Und: Ströbele ist sparsam.[11]

Ströbele kümmert sich nach Mahlers Abtauchen um dessen Ehefrau Ruth Mahler und verhilft ihr zu einem Job an der Universität. Ruth Mahler reicht 1970 die Scheidung ein – Mahler lebte seit 1969 mit der 22-jährigen Renate W. zusammen.

Ströbele und Eschen übernehmen im Juni 1970 Mahlers juristische Vertretung. Das stößt auf Widerstand bei der Staatsanwaltschaft. Weil die beiden mit Mahler im Kollektiv gearbeitet haben und sich somit als »einheitliches Ganzes betrachten«, liege es nah, dass sie eine Aufklärung des Falls verhindern wollen und als Verteidiger nicht zugelassen werden dürfen. Ströbele protestiert. Am 22. Juni 1970 schreibt er an das Amtsgericht Tiergarten, die Vorstellung, dass im Kollektiv alle Anwälte identisch seien, sei verquer. »Finanz- und Profitinteressen erzeugen im gegenwärtigen Gesellschaftssystem die stärksten zwischenmenschlichen Beziehungen«, da mache auch das Kollektiv keine Ausnahme, so Ströbeles etwas gewundenes Argument.

Nach einigem Hin und Her setzen sich Ströbele und Eschen durch. Im Oktober 1970 kassiert die 8. Strafkammer des Landgerichts Berlin das Verbot, Mahler zu verteidigen. Anwälte dürfen Verwandte und Ehegatten verteidigen – da könne man Kollegen in Anwaltskollektiven schlecht anders behandeln.

Christian Ströbele übernimmt in dem Büro von nun an die Regie. Am 25. August 1970 schreibt er an die Mandanten Holger Meins, Bommi Baumann und Dieter Kunzelmann und andere:

> »Genossen, wie ihr aus der letzten Zeitung entnommen habt, sind weitere Genossen inhaftiert worden. Insgesamt befinden sich zurzeit 15 Genossen in Haft, deren Interessen wir zu vertreten haben. Wir bitten daher um Verständ-

> nis, dass wir unsere Besuche bei euch auf ein Minimum beschränken müssen.«[12]

Er ist jetzt, neben Schily, der bekannteste linke Anwalt in Berlin. Dass Mahler in den Untergrund geht, bedeutet für Ströbele faktisch einen Karrieresprung. Er tritt aus dem Schatten des Vorbilds heraus. Ströbele, so Eschen, kann sich 1970 »ohne Angst vor Autoritäten in der Welt bewegen« und verfügt über ein »solides Selbstbewusstsein«.

Das braucht er auch in seinem ersten großen Strafprozess. Sein Mandant ist Horst Mahler.

Die Mahler-Prozesse

»Dazu habe ich keine Aussagegenehmigung.«
V-Mann Peter Urbach 1971 zu der Frage,
ob er die RAF mit Waffen ausgerüstet hat

Am 8. Oktober 1970 bekommt die Kriminalpolizei den anonymen Tipp, Horst Mahler sei in der Knesebeckstraße 89. Dort öffnet abends ein Mann mit halblangen Haaren und Bart den Polizisten die Tür. Ein Kripobeamter reißt ihm die Perücke vom Kopf, was der RAF-Gründer Mahler elegant mit den Worten »Kompliment, meine Herren!« kommentiert.

Am 1. März 1971 beginnt in Moabit im Saal 700 der Prozess gegen Horst Mahler wegen der Baader-Befreiung. Der Richter ist Friedrich Geus – keine glückliche Wahl. Es war Geus, der im Benno-Ohnesorg-Prozess Kurras freisprach. Otto Schily und Christian Ströbele verteidigen ihren Kollegen.

Es sieht nicht gut aus für Mahler. Er hat als Anwalt dafür gesorgt, dass Baader am 14. Mai in die Bibliothek durfte. Er hat Waffen beschafft, bei seiner Verhaftung trug er eine geladene Pistole im Hosenbund. Baader und Ensslins Pässe befanden sich im Mai 1970 in seiner Wohnung.

Ströbele arbeitet eng mit Mahler zusammen. Vor dem Prozess skizziert er seine Prozessstrategie – Mahler redigiert den Text. Ströbele will in dem Prozess zeigen, dass der Verfassungsschutz in den Tagen vor dem 14. Mai 1970 immer exakt wusste, was Mahler tat. »Ganz wichtig«, schreibt Ströbele, »ist der Nachweis, dass Mahler seit Längerem (seit wann?) intensiv überwacht wurde. Seit Dienstag von 6 Observanten, die jeweils auf 3 Pkws verteilt waren und stets hinterherfuhren. Am 14. 5. wurde Mahler von einem seiner Begleiter bis in den Gerichtssaal verfolgt.« Mahler ergänzt handschriftlich: »Die Observanten müssen als Zeugen her und bestätigen, dass ich die Beschattung bemerkt und durch manchmal stundenlange Manöver versucht habe, die ›Begleiter‹ abzuschütteln.«[13]

Doch in dem Prozess blockt der Verfassungsschutz, wie immer, ab. Akten über die Observation, die Namenslisten der beteiligten Agenten, seien leider abhandengekommen.

Am 17. Mai 1971 plädiert Ströbele auf Freispruch für Mahler. Triumphierend stellt er fest: »Mahler hat das beste Alibi, das überhaupt denkbar erscheint – die ständige Begleitung durch einen oder mehrere Polizeibeamte, und zwar vor und nach dem Tattag.« Dass es keine Aufzeichnungen über die Beschattung gibt, zeigt, so Ströbele, dass sie auf Weisung von oben vernichtet wurden – als Mahler längst in U-Haft saß. Der Berliner Verfassungsschutz spielt, nicht nur wegen Waffenlieferant Urbach, bei der Gründung der RAF eine dubiose Rolle.

Ströbele kennt 1970 die Arbeit des Geheimdienstes aus eigener Anschauung:

> »Wir haben uns in diesen Tagen oft vom Fenster der Praxisräume aus die meist zeitungslesenden Herren in Privatwagen angesehen und die Fantasielosigkeit beim Auswählen der Wagen und Nummernschilder bewundert. Wir haben an einem Tag ausprobiert, ob die Herren von Polizeirat Krügers Truppe nicht zu foppen wären. So ging einer nach unten, setzte sich in Mahlers Auto und brauste davon. Ein junger Mann im VW hinterher. Nach einigen Minuten war er wieder da und erstattete aufgeregt per Telefonzelle Bericht. Erst als er merkte, dass wir oben standen und uns über ihn amüsierten, verschwand er.«

Schily und Ströbele verteidigen Mahler klassisch – ohne Anträge zum Weltimperialismus und die politischen Erklärungskanonaden,

9. Oktober 1972: Die Verteidiger Otto Schily und Christian Ströbele auf dem Weg zum ersten Verhandlungstag im Prozess gegen Horst Mahler wegen Rädelsführerschaft im Kriminalgericht Moabit

die später viele RAF-Prozesse zu zähen Angelegenheiten machen. Schily und Ströbele, die in den Mahler-Prozessen eng kooperieren, versuchen die locker gestrickte Indizienkette zu erschüttern. Die Anklageschrift enthält viele einleuchtende Vermutungen – etwa dass »Mahler von dem Plan zur Baader-Befreiung unterrichtet war und ihn billigte«. Doch Zeugen und Beweise sind Mangelware. Nachdem Ströbele die 85-seitige Anklageschrift gelesen hat, notiert er fröhlich: »Eigentlich eine interessante Partie.«[14]

Im Prozess gelingt es Ströbele, Zweifel zu säen, ob Mahler die genaue Tatplanung kannte. Sein Plädoyer ist nicht frei von Politkitsch. Mahler solle »politisch totgemacht werden«, wie damals, als er als Rädelsführer bei der Springer-Demo nach den Schüssen auf Rudi Dutschke vor Gericht stand. Weil Mahler per Stadtteilarbeit im Märkischen Viertel den »vom Senat verratenen Umsiedlern ihre Ausbeutung in den Betonwüsten bewusst zu machen« versuchte, sei er vom Verfassungsschutz überwacht worden und solle nun von der Justiz ausgeschaltet werden. Und: »Hier geht es nicht um die

Wahrheit, sondern darum, an Mahler, Symbolfigur der Linken, ein Exempel zu statuieren.«[15]

Das ist, angesichts der Entschlossenheit, mit der Mahler, unter anderem in der Meierottostraße, die Gründung der RAF forcierte, ein mehr als süßliches Bild.

Der Star auf der Verteidigerbank ist nicht Ströbele, sondern Schily. Er verunsichert Richter Geus sichtlich. Eine Sternstunde ist Schilys Befragung des Verfassungsschutzspitzels und Waffenlieferanten Peter Urbach, der, als letztes Mittel der Staatsanwaltschaft, zeigen soll, dass Mahler in die Waffenakquise eingebunden war. Dafür hat er eine Aussagegenehmigung vom Innensenator bekommen – allerdings nur für die Tage vom 2. bis zum 4. April. Schily gelingt es, mit geschickten, suggestiven Fragen den Urbach-Auftritt zu einem Tribunal gegen die Praxis des Verfassungsschutzes zu machen, die militante Szene mit Waffen und Bombenattrappen zu versorgen.

Schily fragt:

> »Haben Sie Linken Waffen angeboten? Haben Sie Brand-, Spreng- oder Zeitzünderbomben an Dritte übergeben? Haben Sie Zeitzünder in der Kommune 1 deponiert? Haben Sie von März 1969 bis Februar 1970 in mindestens zwölf linken Wohngemeinschaften Waffen hinterlegt? Und sind die Zeitzünderbomben vom Verfassungsschutz selbst geliefert worden? Haben Sie den Sprengkörper geliefert, der im Jüdischen Gemeindehaus nicht explodiert ist?«

Das sind interessante Fragen. Denn der Fall Urbach, Blaupause aller späteren Skandale mit V-Männern des Verfassungsschutzes, ist bis heute nicht aufgeklärt. Urbach antwortet auf jede von Schilys Fragen monoton mit dem gleichen Satz: »Dazu habe ich keine Aussagegenehmigung.«

Mahler wird freigesprochen, aus Mangel an Beweisen. Es ist ein Sieg für Schily und Ströbele. Und für den Rechtsstaat.

Der zweite Mahler-Prozess im Herbst 1972 verläuft anders. Die RAF hat im Frühjahr Attentate auf US-Stützpunkte, den Springer Verlag und das Landeskriminalamt in München verübt. Auf das Konto der RAF gehen Dutzende von Schwerverletzten, tote GIs; es gibt die ersten Toten bei Schießereien zwischen RAF-Terroristen und Polizisten. Seit Juni sitzen Baader, Ensslin und Meinhof in Untersuchungshaft. Das Klima ist härter geworden.

In dem Prozess geht es um die Frage, ob und wie Mahler an drei Banküberfällen in Westberlin am 29. September 1970 beteiligt war. Die Staatsanwaltschaft hat ein ähnliches Problem wie im ersten Verfahren. Alles spricht zwar dafür, dass der RAF-Gründer Mahler die Überfälle plante und auch mit durchführte – doch es fehlt ein triftiger Beweis. Mahler soll mit vorgehaltener Waffe in einer Filiale der Berliner Bank in der Rheinstraße 154 182,50 DM erbeutet haben.

Um die löchrige Beweislage zu schließen, setzen Staatsanwaltschaft und das Gericht auf zwei Tricks, die windig zu nennen untertrieben ist. Es sei, so Richter Zelle in der Urteilsbegründung, ausgeschlossen, dass sich Mahler vor einer »Mitwirkung an dem Raub gedrückt hätte«. Das ist eine plausible Vermutung, mehr nicht. Es gibt keinen glaubhaften Zeugen, keinen Fingerabdruck, der beweist, dass Mahler in der Rheinstraße dabei war. Dafür glaubt das Gericht dem abtrünnigen RAF-Mann Karl-Heinz Ruhland, der von der Sicherungsgruppe Bonn des Bundeskriminalamts mit der Aussicht auf ein mildes Urteil geködert wurde. Ruhland ist faktisch Kronzeuge – den es de jure im bundesdeutschen Recht 1972 nicht geben darf. Mahler, anders als Ruhland rhetorisch versiert und hochintelligent, verwickelt den Kronzeugen coram publico in eklatante Widersprüche.

Schily und Ströbele verlesen abwechselnd ein 90-seitiges Dossier, das Ruhlands schwankende Aussagen und Beeinflussungen durch das BKA detailliert nachzeichnet.[16] Sechs Mithäftlinge von Ruhland, die allesamt nichts mit der RAF zu tun haben, sagen unter Eid aus,

dass Ruhland selbst gesagt hat, dass er Mahler ans Messer liefern wird, um selbst einer hohen Gefängnisstrafe zu entgehen.
Mahler hätte wegen Mitgliedschaft in einer kriminellen Vereinigung verurteilt werden müssen (Höchststrafe: fünf Jahre). Er bekommt im März 1973 zwölf Jahre – für einen Banküberfall, der ihm nicht nachgewiesen wurde. Es ist ein politisch motiviertes Urteil, es ist eine Niederlage für Schily und Ströbele. Und für den Rechtsstaat. Denn der wird zum Torso, wenn Vermutungen, mögen sie auch naheliegend und politisch erwünscht sein, zu Beweisen werden.
Ein sprechendes Detail ist, dass Richter Egbert Weiß in dem Prozess als Beisitzer fungiert. Weiß war 1968 an dem Prozess gegen den Nazirichter Hans-Joachim Rehse beteiligt – und überzeugt, dass der Freispruch für Rehse korrekt gewesen sei. Freispruch für Rehse, zwölf Jahre für Mahler – es sind solche Urteile, die Ströbeles Bewusstsein aushärten, im Feindesland zu leben.
Das überzogene Urteil gegen Mahler ist das eine – Mahlers totalitärer Gewaltfetischismus das andere. Am letzten Verhandlungstag, dem 22. Februar 1973, verliest Mahler eine Grundsatzerklärung, in der seine Wandlung zum überzeugten Nazi dreißig Jahre später schon anklingt. Eine palästinensische Terrorgruppe hat 1972 bei den Olympischen Spielen in München israelische Sportler ermordet. Mahler hält dies für eine gelungene Aktion gegen den globalen Imperialismus. Denn der Staat Israel, die »Symbiose von Zionismus und Imperialismus«, sei an der Seite der USA und der Bundesrepublik der Feind, den es in der großen Schlacht zwischen den unterdrückten Völkern und dem imperialen System mit Gewalt zu besiegen gelte. Die »westdeutsche Linke«, so Mahler, glaube indes irrtümlich, dass der »faschistische Terror« am 8. Mai 1945 untergegangen sei. Ganz falsch. Der US-Imperialismus sei brutaler als die Naziherrschaft: »Gegenwärtig leiden weitaus mehr Menschen unter dem faschistischen Terror, als das in den Jahren von 1933 bis 1945 der Fall war.« Der Zionismus hingegen habe »das

Erbe des deutschen Faschismus angetreten«. Deshalb sei es richtig gewesen, in München israelische Sportler – für Mahler »Soldaten eines zionistischen Propagandatrupps« – zu töten.[17]

Israel als neuer Nazistaat, der US-Imperialismus, der bösartiger als der NS-Terror ist – das sind Phrasen der alten und neuen Rechten. Ströbele nimmt das nicht als antisemitisch wahr. 2010 gibt er in einem Gespräch mit Gregor Gysi zu Protokoll:

> »Bei Mahler gab es meiner Wahrnehmung nach damals nicht den allergeringsten Anhaltspunkt, dass dieses rechtsextreme Gedankengut irgendwo in seinem Denken verankert sein könnte. Das ist eine Entwicklung, die erst im Gefängnis begann.«

Israel und die USA in einem Atemzug für faschistisch zu halten ist in den 70er-Jahren nicht Mainstream in der undogmatischen Linken. Es ist eine extreme, aber doch geduldete Position. Deshalb hat Mahlers Feindseligkeit gegenüber Israel für Ströbele nichts mit Rechtsextremismus zu tun.

Die Mahler-Prozesse zeigen auch die Rollenverteilung zwischen Otto Schily und Christian Ströbele: Schily ist der Star, der mit an Arroganz grenzender Selbstsicherheit Richter abkanzeln und geschliffen plädieren kann. Ströbele ist eher juristischer Handwerker. Ulrich K. Preuß lobt noch heute Schilys Gespür vor Gericht. »Wir haben oft versucht, die Glaubwürdigkeit der Belastungszeugen zu erschüttern. Das war Arbeit, oft erfolglos. Schily kam fast immer zu spät, hörte sich ein paar Minuten unser Verhör an und übernahm die Befragung. Und es glückte ihm oft, den Zeugen zu knacken. Das konnte er, wir konnten das nicht. Ströbele hat neidlos anerkannt, dass Schily Fähigkeiten hatte, die er nicht hatte.«

Otto Schily hält Ströbele umgekehrt »für einen fleißigen Anwalt. Er war ein sehr guter Solicitor, der sehr, sehr sorgfältig das Material zusammengestellt hat, nicht unbedingt der beste Barrister«, so

Schily in dem Dokumentarfilm *Die Anwälte*. Denn der beste Barrister, der Anwalt im Rampenlicht und im Fokus der Öffentlichkeit, kann niemand anderes als Schily selbst sein.

Schily sagt rückblickend mit der ihm eigenen Bescheidenheit, dass er am 22. Februar 1973 »ein ganz gutes Plädoyer gehalten hat«. Leider habe Mahler dies mit seinem Schlusswort ruiniert. Der Satz: »Mit den Bütteln des Kapitalismus redet man nicht, auf die schießt man«, hat auf die Richter in der Tat wenig vertrauensbildend gewirkt.

Schilys Schlussplädoyer (für das Schily und Ströbele gemeinsam als Autoren zeichnen, das aber Schilys Handschrift trägt) ist rhetorisch elegant. Raffiniert bringt sich Schily am Anfang aus der Schusslinie: »Aufgabe der Verteidiger kann es nicht sein, als Kritiker oder Befürworter der von ihrem Mandanten vertretenen politischen Auffassungen aufzutreten oder eigene politische Auffassungen vorzutragen.«[18] Schily fächert sodann eine mit Zitaten von Bertrand Russell, Karl Jaspers, Augustinus, Ernst Bloch und Jean-Paul Sartre munitionierte, politische Globalanalyse auf. Der US-Imperialismus führe in Vietnam einen Vernichtungskrieg, der »den Untaten der Nazis« gleiche. Die Gewalt des US-Monopolkapitals werde in der Bundesrepublik akzeptiert. Schily fragt rhetorisch: »Kann man die Gewalt verurteilen, die sich der Gewalt des Monopolkapitals versucht entgegenzustellen?« Schily insinuiert und legt nahe; die typische Sprachfigur seiner Plädoyers ist die nachhallende Frage. Zum Widerstandsrecht in der bundesdeutschen Demokratie bemerkt der Anwalt, dass Verfassung und Verfassungswirklichkeit zweierlei seien. Und – rhetorische Frage: »Ist die Verfassungswirklichkeit nicht eher so beschaffen, dass alle Staatsgewalt vom Monopolkapital ausgeht?« Wenn, so die nicht ausgesprochene, aber nahegelegte Schlussfolgerung, global das Monopolkapital sein brutales, mit dem NS-Regime vergleichbares Regime führt, dann sind Mahler und die RAF, die sich als »Soldaten der Weltrevolution« (Schily) sehen, Widerstandskämpfer.

Mit solcher Sprachgewalt vermag nur Schily die RAF zu einer Truppe zu veredeln, die nicht nur Moral auf ihrer Seite hat, sondern womöglich auch das Recht, sich als Kombattant im Weltbürgerkrieg außerhalb der bundesdeutschen Rechtsordnung zu wähnen. Ströbeles eher schlichte Versuche, Mahler als Justizopfer zu zeichnen, entfalten längst nicht die suggestive Wirkung wie Schilys stets mit Distanzierungsgesten versehene Auftritte.

Was Ströbele als Anwalt kann, zeigt sich in einem Prozess, in dem er nicht von Mahler oder Schily überstrahlt wird. Es ist das Verfahren gegen Dieter Kunzelmann. Dort steht, anders als im Fall Mahler, am Anfang ein hartes Fehlurteil, am Ende ein Freispruch – den Ströbele erkämpft.

Triumph ohne Publikum: Der Kunzelmann-Prozess

»Ich hatte im Knast ein distanziertes Verhältnis zum bewaffneten Kampf gewonnen, vielleicht auch wegen der Lektüre und der Gespräche mit meinem Anwalt Ströbele.«

Dieter Kunzelmann, *Leisten Sie keinen Widerstand!*, 1998

Am 10. Januar 1970 geht bei der Deutschen Presseagentur (dpa) ein Bekennerschreiben ein:

> »Das Kommando Kunzelmann hat heute im Palais am Funkturm beim diesjährigen Juristenball eine Bombe zur Explosion gebracht. Diese Aktion der Berliner Stadtguerilla ist die einzig adäquate Antwort auf den permanenten Terror der Justiz gegen uns alle. Hannibal, Paula, Caspari, Janssen und Pietzner und viele andere von uns sitzen schon viel zu lange. Sie sind ebenso unschuldig wie Charles Manson, Valpreda und Pinelli [italienische Anarchisten]. Unser Terror ist Kampf gegen die PIGS, diese Schweine da oben.«

Unterzeichnet ist der Brief mit »Geronimo (tw)«.
Kampf gegen die »PIGS«? Kommando Kunzelmann? Unschuldig wie der psychotische Hitler-Fan und Mörder Charles Manson? Dieter Kunzelmann ist 1970 eine der abgründigsten Figuren der militanten Szene. Er ist Mitbegründer der Kommune 1, Protagonist des auf mediale Spektakel geeichten Flügels der Apo und Autor surrealer Gewaltprosa. 1967 wird er aus dem SDS ausgeschlossen. 1969, als das Interesse der Boulevardmedien an seinen Happenings schwindet, wird er zum Kopf einer militanten Gruppe, die sich in

Jordanien bei der Fatah ausbilden lässt und aus der später die terroristische Bewegung 2. Juni hervorgeht.
In der Kunzelmann-Gruppe, zu der auch Georg von Rauch, Thomas Weisbecker und Bommi Baumann gehören, mischen sich Gewaltfaszination und Hippiehabitus, Attitüden der Freak-Brothers-Comics mit linksextremen Versatzstücken, Irrationalismus und Antisemitismus.
Der Brief geht nicht nur bei der dpa ein. Er findet sich auch in der Handtasche mit dem Sprengkörper, allerdings falsch datiert auf den 10. Januar 1967. Die Bombe war vermutlich funktionsuntüchtig. Die Tupamaros Westberlin verüben von November 1969 bis Januar 1970 14 Brandanschläge. Der erste ist der berüchtigte antisemitische Attentatsversuch auf das Jüdische Gemeindehaus am 9. November 1969, von Albert Fichter ausgeführt, von Kunzelmann geplant. Von den 14 Sprengsätzen, von denen einige aus dem Arsenal des Verfassungsschutzspitzels Peter Urbach stammen, explodiert nur einer – am 20. Dezember 1969 deponiert Annekatrin Bruhn einen Sprengsatz in der Damenabteilung des KaDeWe. Verletzt wird niemand.
Die Kunzelmann-Gruppe ist hochaktiv, als Terrororganisation aber eher unfähig. Die Polizei findet neben den Explosionskörpern öfter Reste von Joints. Tiefpunkt der militanten Praxis ist in professioneller Hinsicht ein Anschlag auf das Rathaus Berlin-Schmargendorf. Dort fackeln die Tupamaros Westberlin mit Molotowcocktails eine Hecke ab. Die Polizei ist ratlos und stuft den Vorfall nicht als Anschlag ein. Offenbar führen ausgiebiger Haschisch- und LSD-Konsum, technische Ahnungslosigkeit, vielleicht auch ein Mangel an krimineller Energie dazu, dass die Brandsätze nicht explodieren.
Auch die Bombenlegerin Annekatrin Bruhn, eine 19-jährige Arzthelferin aus Braunschweig, die es eher zufällig in die Kunzelmann-Gang verschlagen hat, verhält sich auf dem Juristenball am 10. Januar 1970 für eine Militante wenig zielstrebig. Sie will tanzen und

Sekt trinken. Ihr Begleiter, nach Bruhns Aussage Dieter Kunzelmann, ist allerdings der Ansicht, dass man nicht zum Spaß da sei. Das wirkt alles etwas konfus.
Kunzelmann wird im Juli 1970 in Berlin verhaftet. Im Oktober 1971 wird er angeklagt – wegen versuchten Mordes und versuchter Brandstiftung. Der Anwalt Klaus Eschen, der mit Ströbele das Anwaltskollektiv am Leben hält, hat bei dem Fall kein gutes Gefühl. Am 1. August 1970 schreibt er an Kunzelmann:

> »Lieber Kunzelmann, es ist für mich politisch ausgeschlossen, Dich in dieser Sache [Juristenball] zu vertreten. Bei aller Skepsis der Anklage gegenüber kann ich zu Deiner Praxis kein politisches Verhältnis gewinnen. Sie erschließt sich nur aus individualpsychologischen Kategorien.«[19]

Klaus Eschen ist Sohn eines jüdischen Deutschen, der die NS-Zeit überlebte. Der Brief zeigt, dass es auch für Anwälte möglich ist, sich der Genossen-Solidarität zu verweigern. Eschen ist überhaupt in der Wahl der Mandanten skrupulöser: Eschen verteidigt Drogendealer, nur wenn sie selbst abhängig sind, Ströbele macht diese Einschränkung nicht.
Die Staatsanwaltschaft stützt sich zentral auf Annekatrin Bruhn, die 1971 aus der Westberliner Terrorszene ausgestiegen ist. Faktisch behandelt die Justiz sie wie eine Kronzeugin, die es damals rechtlich nicht gibt. Kunzelmann sitzt fast vier Jahre in Untersuchungshaft, sie keinen Tag. Der Prozess gegen sie endet mit einem milden Urteil.
Am ersten Prozesstag, dem 26. Oktober 1971, stellt Ströbele einen Befangenheitsantrag gegen das Gericht. Die Richter beteuern, nicht auf dem Juristenball gewesen zu sein – also keine potenziellen Opfer des Anschlagsversuchs und daher nicht befangen zu sein. Ströbele zieht den Antrag zurück. Die Stimmung ist, wie so oft in Politprozessen, aufgeheizt. Kunzelmann erklärt: »Ich habe

die Bombe nicht gelegt«, und beschimpft Staatsanwalt Thiele als »Schwein«. Das linksradikale Publikum johlt, der Richter lässt den Saal räumen, ein Aktivist wirft Tränengas. Kunzelmann gibt vor Gericht den Revoluzzer. »Dieses System kann nur mit Gewalt und dem bewaffneten Kampf zerschlagen werden«, sagt er – ein Satz, der es der Verteidigung nicht leichter macht.[20] Das Szenario ähnelt dem Mahler-Fall. Es gibt die einleuchtende Vermutung, dass Kunzelmann, Chef der Gruppe, den Anschlag plante und ausführte. Aber es gibt, außer Bruhns Aussage, nichts Handfestes. Die Anklage steht und fällt mit Bruhns Glaubwürdigkeit.

Bruhn hat am 3. November 1970 beim niedersächsischen Landeskriminalamt umfassend ausgesagt. Vieles klingt schlüssig und ist detailliert beschrieben. Laut Bruhn fassten Kunzelmann, Spitzname Ede, Lena Conradt, Tommy Weisbecker, Susanne Plambeck und Abi Fichter die Aktion Anfang Januar 1970 ins Auge. Die Handtasche, in der das explosive Gemisch deponiert wurde, kaufte sie mit Kunzelmann. Zudem kaufte sie eine Fliege (für 3,95 DM) für ihre Begleitung und lieh einen Smoking (für 38 DM), den sie ordnungsgemäß am Montag zurückbrachte. Die Karten für den Ball bekam sie in der Meierottostraße von der Freundin Horst Mahlers. Außerdem belastet sich Bruhn selbst. Sie gibt zu, die Brandsätze am Büro der israelischen Fluggesellschaft El Al und im KaDeWe platziert zu haben. Das lässt sie glaubwürdig erscheinen. Kunzelmann hat die 19-Jährige 1969 benutzt, um Bomben zu deponieren, weil Bruhn bei der Polizei noch nicht einschlägig bekannt war.

Doch es gibt Widersprüche, die Ströbele mit Fragen bloßlegt. Die Serviererin beim Juristenball kann Kunzelmann nicht identifizieren. Bruhn will am 10. Januar mal ein schwarzes, mal ein weißes Kleid getragen haben. Kunzelmann hatte sich, so Bruhn, mit schwarzen Haaren und schwarzem Bart verkleidet. Doch das Personal erinnert sich an einen Mann mit hellblonden Haaren, der hochdeutsch redet – Kunzelmann spricht unüberhörbar fränkisch.

Am fünften Verhandlungstag, dem 5. November 1971, reibt Ströbele Bruhn widersprüchliche Aussagen unter die Nase, etwa zu der Frage, ob sie im November 1970 drogenabhängig war oder nicht. Und ob Kripo und Staatsanwaltschaft ihr versprochen haben, dass sie mit Bewährung davonkommt, wenn sie gegen Kunzelmann aussagt. »Ich möchte auf diese Frage von Ströbele nicht antworten«, sagt sie. Und: »Ich bin müde, ich will nach Hause.«[21]

Ströbele ist sich sicher, dass er den richtigen Punkt getroffen hat. Denn all das weiß er von Bruhn selbst.

Am 22. Januar 1971, um vier Uhr nachmittags, klopfen zwei junge Frauen an Ströbeles Zimmertür in der Meierottostraße. Sie sind keine Unbekannten, Annekatrin Bruhn war, bevor Mahler im Mai 1970 in den Untergrund abtauchte, als Kunzelmanns Botengängerin öfter bei Mahler. »Können wir reinkommen – oder schmeißt du uns gleich wieder raus?«, fragt Bruhns Freundin H. M. Was sie Ströbele erzählt, klingt wie eine Räuberpistole. Wenn nur die Hälfte stimmt, agieren Staatsanwaltschaft und Kripo jenseits des Erlaubten. Staatsanwalt Thiele habe ihr 20 000 DM, eine neue Identität, eine Bewährungsstrafe und Freiheit für ihren Freund Bommi Baumann versprochen – wenn sie gegen Kunzelmann aussage. Falls nicht, werde sie sofort verhaftet. Das Gespräch mit Thiele fand statt, als sie im Opiumentzug im Krankenhaus war und starke Medikamente nahm.

Auch Bruhn war drogenabhängig, als sie ihre Aussage unterschrieb. Ein Kripobeamter, erzählt sie Ströbele, habe ihr eine Bewährungsstrafe versprochen, wenn sie aussage. Falls nicht, werde sie verhaftet und komme erst als alte Frau wieder raus. Annekatrin Bruhn saß, notiert Ströbele in einem Gedächtnisprotokoll über das Treffen, »meist apathisch im Sessel«. Die beiden Frauen sind offenbar noch immer drogenabhängig. »Die Anne«, sagt ihre Freundin, »ist doch jetzt wieder vollgefixt.«

Das Treffen dauert zwei Stunden. Ströbele holt Klaus Eschen hinzu. Eschen urteilt: »Wie diese Aussagen zustande gekommen sind, ist ein Skandal.« Staatsanwaltschaft und Kripo haben eine Drogenabhängige eingeschüchtert und mit Versprechungen geködert. Ströbele rät den beiden, im Prozess die Wahrheit zu sagen, und bietet an, ihnen einen Anwalt zu besorgen. Er selbst komme als Kunzelmanns Verteidiger nicht infrage. Er verhält sich korrekt. Ströbele hat schon im Dezember 1970 ein Gutachten angefordert, das zeigen soll, dass Bruhn drogenabhängig ist und die Aussagen nichts wert sind.[22]

Der Prozess 1971 verläuft schnell, von November bis Dezember. Im Schlussplädoyer sagt Ströbele in schwerblütiger Politprosa, hier solle »ein bekannter Gegner der gegenwärtigen Gesellschaftsordnung ausgeschaltet werden. Und zwar einer, der immer äußerst konsequent seine theoretischen Erkenntnisse selbst in die Praxis umgesetzt hat.« Der kapitalistische Staat sperrt seine Gegner ein – das ist die Grundmelodie, die später kompatibel mit der aggressiven Selbstviktimisierung der RAF sein wird.

Der Kommunarde Dieter Kunzelmann und der »Genosse Linksanwalt«, der dem Angeklagten in der Revision einen Freispruch erstreitet.

Doch Ströbeles Plädoyer ist mehr als Politprosa. Er kritisiert zu Recht, dass Kripo und Staatsanwaltschaft Beweismaterial an die Springer-Presse durchstachen. Die Hauptzeugin Bruhn ist wankelmütig, die Beweislage schütter. Außerdem bleibt unklar, ob der Brandsatz wegen eines Defekts nicht explodierte oder ob er, wofür viel spricht, komplett funktionsuntüchtig war – was den Vorwurf Mordversuch ausschließt. Eigentlich müsste das reichen.
Doch das Gericht entscheidet anders. Kunzelmann wird am 6. Dezember 1971 wegen des Juristenball-Anschlags zu neun Jahren Haft verurteilt, mehr, als die Staatsanwaltschaft gefordert hatte.[23] Ein Schlüsselsatz in dem Urteil lautet: »Die Zeugin Bruhn stand am 3. November 1970 und an allen anderen Tagen, an denen sie aussagte, nicht unter Drogeneinfluss.«[24] Auch die konservative *Frankfurter Allgemeine* traut diesem Urteil nicht und fordert eine Revision. Der Verdacht, dass die Richter den Anschlag auf den Juristenball besonders übel genommen haben, liegt nahe.
Klaus Hartung, damals Linksradikaler, später *taz*- und *Zeit*-Journalist, schreibt in der *Roten Hilfe* 1972 über Bruhn:

> »Sinnlos von ihr als Verräterin zu reden, ohne zu sehen, dass sie selbst eine Verratene ist, und zwar doppelt. Sie ist das Produkt der Berliner Szene, der Politszene und der Drogenszene. Sie ist für einen politischen Kampf instrumentalisiert worden.«

Ströbele geht in Revision. In einem 36-seitigen Schriftsatz listet er die problematischen Punkte des Prozesses auf. Der Prozess wird neu aufgerollt.[25]
Staatsanwalt Thiele kämpft in der Revision mit harten Bandagen. Im Gespräch mit einem Referendar lässt er die Bemerkung fallen, dass sein Kontrahent Ströbele sich selbst als »überzeugten Anarchisten« bezeichne – was nicht stimmt. Als Ströbele am 2. Mai 1973 nochmals Bruhn in die Mangel nimmt, fällt Thiele dem Anwalt ein

ums andere Mal ins Wort. Ströbeles Fragen gingen »über die Grenzen der zulässigen Prozessordnungsmäßigkeit hinaus«, wettert der Staatsanwalt. Am 3. Mai 1973 unterbricht der Richter die Verhandlung. Am Ende muss sich Thiele, der sich auch mit dem Richter anlegt, beim Gericht entschuldigen.[26]

Im Juni 1973 endet das Verfahren mit einem Freispruch für Kunzelmann. Bruhns »falsche Aussagen vor Gericht, die Entstehung der Aussage, das Aussageverhalten, die Stellung als Mitbeschuldigte, das Verhalten der Ermittlungsbeamten und der Drogenmissbrauch der Zeugin vor, während und nach ihren Aussagen aus den Jahren 1970/71 sowie die extrem widersprüchlichen Bekundungen hierbei begründen erhebliche Zweifel am Wahrheitsgehalt ihrer Aussagen«, so das Urteil.[27]

Es ist ein Triumph für Ströbele – aber er findet vor leeren Rängen statt. Schlagzeilen macht nur noch die RAF.

Ströbele steht in regem Austausch mit Kunzelmann. Kunzelmann schreibt am 18. Juli 1972 an seinen Anwalt:

> »Lieber Christian, um Dein eventuell latent vorhandenes schlechtes Gewissen zu besänftigen: Ob Du in einer Woche oder in einem Monat oder erst in zwei Monaten vorbeischaust, ist unwichtig. Es geht mir sehr gut! Aber hüte Dich zu kommen und keine Zeit zu haben. Und sieh, dass Du immer wieder aus dem Knast herauskommst. Venceremos, Dieter«[28]

Ströbele schickt Kunzelmann am 25. Juli 1973 einen Text über den Prozess, den er in der maoistischen Zeitschrift *Rote Robe* veröffentlichen will. Kunzelmann antwortet am 31. Juli 1973: »Für die *Rote Robe* könnte der Text ruhig etwas aggressiver und politischer sein.« Es werde nicht deutlich, dass »die Staatsanwaltschaft weisungsgebundener Handlanger politischer Instanzen zur Sicherung der Diktatur der Bourgeoisie« sei. Kunzelmann mahnt Ströbele:

»Du solltest Dein Licht nicht unter den Scheffel stellen und durchaus etwas pro domo sprechen: Dieser Prozess hat gezeigt, dass das konsequente Ausschöpfen aller strafprozessualen Möglichkeiten seitens einer politischen und rechtsstaatlichen Verteidigung zumindest den Bestrafungsfanatismus der SA (u. a. Axel Cäsar) ans Tageslicht zerrt. Gerade weil die Polizeijournaille den Freispruch praktisch verschwiegen hat, ist es wichtig, genau aufzuzeigen, wie so etwas möglich ist: 9 Jahre – Freispruch!«

Allerdings fehle Ströbele die »politische Argumentation«. Daher: »Also, Genosse Linksanwalt, setz Dich noch mal ran und versuch die angesprochenen Punkte in Dein Schlussresümee noch einzuarbeiten.«

Kunzelmann nennt Ströbele einmal »lieber ruhmreicher Revisionsanwalt«. So reden nicht Anwalt und Mandant, so reden Genossen miteinander. Kunzelmann kommentiert am 16. April 1974 einen Prozess, in dem Ströbele Shehade, einen jungen palästinensischen Aktivisten, vertritt. Zu der Frage, wie dieser an die Adresse des Sozialistischen Anwaltskollektivs kam, schreibt Kunzelmann: Wahrscheinlich »veröffentlicht ihr in arabischen Zeitungen Inserate«, dass sich palästinensische Kämpfer, »die in die Mühlen der zionistischen Klassenjustiz geraten«, an das Sozialistische Anwaltskollektiv wenden sollen. Kunzelmann möchte von Ströbele dessen Plädoyer zugeschickt bekommen: »Verständige bitte Genossen von der *Roten Hilfe* über den Termin, an dem die Plädoyers in dem Shehade-Prozess gehalten werden. Rot Front!«

Ströbele antwortet knapp und kühl am 20. April 1974: »Montag plädiere ich bei den Palästinensern. Schriftlich habe ich das nur zum Teil.«

Hier endet der Briefwechsel. Mehr ist im Archiv nicht vorhanden. Ströbele widerspricht der Fantasie einer »zionistischen Klassenjustiz« nicht. Es gibt von ihm keine Distanzierung, aber auch keine Affirmation von Kunzelmanns Antisemitismus. Ströbele nimmt ihn nicht wahr – scheint diesen achselzuckend zu ignorieren – und verhält sich damit exakt so wie das Gros der undogmatischen Linken. Kunzelmann versucht 1969 mit dem »Brief aus Amman« in der militanten Untergrundzeitung *Agit 883* mit dem Slogan »Unser Vietnam ist Palästina« und mit der Agitation gegen den »Judenknacks« der deutschen Linken sowie, als Propaganda der Tat, mit dem versuchten Brandanschlag auf das Jüdische Gemeindehaus, die Meinungsführerschaft in der militanten Szene zu erobern. Der neue Feind soll Israel sein. Damit scheitert er. Die Linksradikalen reagierten mit doppelter Ignoranz: Sie folgten Kunzelmann nicht, realisieren aber auch nicht, wie skandalös Antisemitismus gerade für eine Bewegung ist, die sich moralisch auf der richtigen Seite glaubt.

Ströbele hat Kunzelmann in mehreren Prozessen Anfang der 70er-Jahre verteidigt – aber nicht in Sachen 9. November 1969. Wegen des versuchten Anschlags auf das Jüdische Gemeindehaus wurde nie Anklage erhoben. Das war bemerkenswert. Denn der Bekennerbrief der Tupamaros Westberlin (»Schalom und Napalm«) wies in Richtung Kunzelmann. Doch offenbar hemmte den Ermittlungsdrang die Aussicht, dass in einem Prozess öffentlich werden würde, woher der Brandsatz kam: von dem Verfassungsschutzspitzel Peter Urbach. Der Historiker Wolfgang Kraushaar hat 2005 recherchiert, dass Albert Fichter, Mitglied der Tupamaros Westberlin, die defekte Bombe deponierte und Kunzelmann Spiritus Rector der Aktion war.

Bemerkenswert ist, dass Ströbele sich auch im Rückblick nicht kritisch zu antisemitischen Mustern bei Mahler und Kunzelmann in den frühen 70ern äußert. Was das Bild der moralischen Revolte verunreinigen könnte, blendet Ströbele weitgehend aus.

Kunzelmann kommt 1975 frei und wendet sich wie Mahler dem Maoismus zu. Die KPD/AO ist eine Sekte – hat aber mit Terror nichts am Hut. »Ich hatte«, schreibt Kunzelmann in seiner Biografie, »im Knast ein distanziertes Verhältnis zum bewaffneten Kampf gewonnen, vielleicht auch wegen der Lektüre und der Gespräche mit meinem Anwalt Ströbele.«

Kunzelmann leugnet in seiner Biografie, dass er den versuchten Anschlag auf das Jüdische Gemeindehaus am 9. November 1969 mit plante, und hat ein elastisches Verhältnis zur Wahrheit. Doch es spricht einiges dafür, dass er in Sachen Ströbele recht hat.

Christian Ströbele ist Anfang der 70er-Jahre ein etablierter linker Anwalt. Er ist das Aushängeschild des Kollektivs. Er könnte als Strafverteidiger, die zu dieser Zeit in Westberlin rar sind, viel Geld verdienen. Der in Berlin bekannte Anwalt Dietrich Scheid, ein Sozialdemokrat, den Ströbele im Wilmersdorfer SPD-Ortsverein kennengelernt hat, bietet ihm in den frühen 70er-Jahren an, Sozius in seiner Kanzlei zu werden. Aber Geld interessiert Ströbele nicht in erster Linie. So ficht er einen zähen Kampf mit der Justiz um Pauschalvergütungen. Für das Kunzelmann-Verfahren fordert Ströbele eine pauschale Vergütung von 12000 DM, er bekommt 2620,20 DM. Das Geld ist knapp, dafür kommt es manchmal aus unerwarteten Quellen. So spendet Annekatrin Bruhn, die von Ströbele im Kunzelmann-Prozess später in die Mangel genommen wird, dem Anwaltskollektiv 2000 DM, fast die Hälfte ihres Honorars für ein *Stern*-Interview.

In der Hochzeit der RAF-Prozessvorbereitung arbeitet Ströbele oft von morgens acht Uhr bis abends acht Uhr. Und am Wochenende auch. Um das Anwaltsbüro zu betreiben, müssen jeden Monat mindestens 12000 DM erwirtschaftet werden. Die politischen Prozesse bringen wenig ein. Geld spülen eher die normalen Strafprozesse in die Kasse, die auch zeitaufwendig sind. So fliegt Ströbele mitunter einmal in der Woche zu einem Betrugsprozess in Koblenz, den er zusammen mit dem Frankfurter Anwalt Armin Golzem bestreitet. Einmal beschwert Ströbele sich, dass Klaus Eschen schon um 18 Uhr nach Hause geht. »Dabei habe ich doch mit den Zivilprozessen Geld in die Kasse gebracht«, sagt Eschen.

Es ist der einzige Konflikt. »Richtig gestritten haben wir uns erstaunlicherweise nie, nicht um Geld, nicht um Politik«, erinnert sich Eschen.

Ströbele und Eschen, die Gründer des Kollektivs, haben unterschiedliche Temperamente, die sich ergänzen. Bei gemeinsamen Verfahren spielen sie »Good guy, bad guy«: Ströbele legt sich selbstbewusst mit Richtern und Staatsanwälten an, Eschen übernimmt den kompromissbereiten Part. Nach gemeinsamen Gerichtsterminen fahren die beiden mit ihren Autos in die Meierottostraße. Ströbele ist immer als Erster dort. »Er ist der typische Autofahrer, der es nicht erträgt, überholt zu werden«, so Eschen. Ähnlich forsch ist er auch im Beruf. Was dem Ziel dient, wird gemacht, schnell, direkt.

Matthias Zieger, Referendar im Anwaltskollektiv, arbeitet Anfang der 70er-Jahre an einem Betrugsfall. Die Polizei hat Unterlagen des Beschuldigten konfisziert und versiegelt. Ströbele rät: »Schreib einen Antrag, wir wollen dabei sein, wenn die Staatsanwaltschaft das versiegelte Dokument öffnet. Damit wir intervenieren können.« Zieger sucht in der Strafprozessordnung den entsprechenden Paragrafen, doch dort steht nichts über das Recht von Anwälten, bei der Öffnung versiegelter Dokumente anwesend zu sein. Zieger wendet sich ratlos an Ströbele. Der erwidert: »Dann zitier die Vorschriften über die Beistandsfunktion des Verteidigers. Wir müssen unsere Mandanten in jeder Lage unterstützen.« Was nicht verboten ist, ist erlaubt.

Der Kunzelmann-Prozess ist für Ströbele ein doppelter Erfolg. Er erreicht mit Geschick und Ausdauer den Freispruch. Und er unterstützt die Abkehr eines Militanten vom Gewalttrip.

So gut gelingt Ströbele die Balance zwischen Legalität und Solidarität mit den Genossen nicht immer. Seine neuen Mandanten werden sich nicht bei ihm bedanken, dass er ihnen half, mit dem Terror zu brechen. Es sind Ulrike Meinhof, Andreas Baader, Gudrun Ensslin und Holger Meins.

Kapitel 5

DER ANWALT DER RAF
1972 BIS 1975

Baader und Meinhof im Gefängnis

»Die Zeit im Gefängnis ist eine andere Zeit. Sie vergeht ohne Maß. Sie besitzt keinen Rhythmus. Sie ist da, ohne Ufer, ein Wasser ohne Horizont.«

Ulrike Edschmid, *Frau mit Waffe*, 1996

Andreas Baader, Ulrike Meinhof, Gudrun Ensslin und Holger Meins verüben im Mai 1972 Bombenanschläge auf die US-Armee, den Springer Verlag und den Richter Wolfgang Buddenberg. Am 24. Mai detonieren zwei in Autos deponierte Bomben im Hauptquartier der US-Armee in Heidelberg, in dem Einsätze der US-Luftwaffe über Nordvietnam koordiniert werden. Drei US-Soldaten sterben. In der RAF-Erklärung zu dem Attentat in Heidelberg wird der Krieg in Vietnam als »Genozid« und »Völkermord« bezeichnet: »Das ist Auschwitz.« Der Kampf gegen die USA verschmilzt in einer Phantasmagorie mit dem Kampf gegen das Naziregime. Autorin ist wahrscheinlich die Publizistin Ulrike Meinhof. Nach der Mai-Offensive wird das erste Ziel der RAF, ihre Kader aus dem Gefängnis freizupressen. Dazu entfesselt sie eine Vendetta gegen den Staat. Auch mithilfe mancher Anwälte, die wie Siegfried Haag und Jörg Lang in den Untergrund gehen.

Der RAF-Kern wird im Sommer 1972 verhaftet. Ströbele übernimmt, mit anderen Anwälten, ihre Verteidigung. Von 1972 bis 1975 ist Ströbele mindestens alle sechs Wochen, bei Hungerstreiks weit öfter, auf RAF-Tour unterwegs: 1500 Kilometer legt er jedes Mal zurück. Er fährt mit seinem VW-Käfer-Cabrio abends von Berlin nach Schwalmstadt in Hessen, dort sitzt Baader in U-Haft. Baader besucht er vormittags. Mittags fährt er weiter nach Wittlich in Rheinland-Pfalz zu Holger Meins. Von dort geht es nach Köln zu Ulrike Meinhof, Astrid Proll und Gerhard Müller. Und dann auf dem Rückweg zu Gudrun Ensslin in Essen. Ströbele schläft auch mal im Auto.

Alle wollen etwas von ihm, Zahnpasta, Bücher, Informationen, Geld für das Haftkonto, und Debatten über den Weltimperialismus führen. Ströbele erträgt all dies klaglos. »Er war glücklich, als er sich für die Tour von einem befreundeten Professor dessen Porsche leihen konnte«, erinnert sich Klaus Eschen. Allerdings springt der Porsche einmal ausgerechnet in Köln-Ossendorf nicht mehr an. Der RAF-Anwalt muss sich Starthilfe von den JVA-Beamten holen.

Manchmal besucht Ströbele seine Schwester Gudrun, die in Herborn, unweit von Schwalmstadt, als Ärztin arbeitet. In dem Krankenhaus gibt es manche, die hinter vorgehaltener Hand fordern, dass

Mit dicker Aktentasche begibt sich Christian Ströbele am 2. Juni 1972 in die JVA Bochum, um dort den inhaftierten RAF-Terroristen Holger Meins zu besuchen. Der war am Tag zuvor in Frankfurt zusammen mit Andreas Baader festgenommen worden.

sie entlassen werden soll, weil sie als Schwester eines RAF-Anwalts nicht mehr tragbar sei. Die RAF wirbelt den autoritären Bodensatz der bundesdeutschen Gesellschaft auf.

Ulrike Meinhof ist seit dem 16. Juni 1972 in strenger Einzelhaft in Köln-Ossendorf inhaftiert. Ihre Zelle befindet sich in einem langgestreckten Trakt, den JVA-Bedienstete »stille Abteilung« nennen. Das von dicken Betonstreifen unterteilte Fenster geht zu einem Innenhof, der von fensterlosen Betonwänden begrenzt ist. Meinhof klagt über Kopfschmerzen – Ströbele hält das eher für einen Effekt des Schocks der Inhaftierung. Ulrike Meinhof hat vor Ossendorf einen turbulenten Absturz hinter sich. Sie war in den 60er-Jahren die scharfsinnigste Publizistin der Neuen Linken. Die Starjournalistin gehörte zur linksliberalen Hamburger Schickeria, mit der sie radikal brach. Sie hat zwei Jahre im Untergrund gelebt, wurde verraten und verhaftet. Sie war noch nie im Gefängnis – Ströbele hält das für einen Grund für ihre desolate Verfassung. Zudem ist Untersuchungshaft laut Strafprozessordnung stets Einzelhaft – um Absprachen von Angeklagten oder Flucht zu verhindern.

Doch Meinhof lässt nicht locker. Jedes Mal, wenn Ströbele sie im Sommer und Herbst 1972 in Ossendorf besucht, und in fast jedem Brief klagt sie über Beschwerden. Sie höre keinerlei Geräusche, sagt sie, außer den Wärtern, die ihr Essen bringen. Als Ströbele die RAF-Gefangene Astrid Proll, die schon seit 1971 in Ossendorf inhaftiert ist, besucht, fängt die manchmal um 17 Uhr am ganzen Körper an zu zittern.[29] Ströbele ist hilf- und ratlos und besorgt einen medizinischen Gutachter – doch der findet nichts. Prolls Panikattacken, so reimt Ströbele es sich später zusammen, haben damit zu tun, dass ab 17 Uhr in Prolls Trakt nichts mehr zu hören ist.

Ströbeles Kollege Ulrich K. Preuß, Anwalt von Astrid Proll, recherchiert Berichte über bei Bergwerksunfällen Verschüttete, von IRA-Gefangenen in britischen Gefängnissen und politischen Häftlingen in Psychiatrien in der UdSSR. Das Bild wird langsam klar: Meinhof und Proll leiden unter der Isolation. Die Nachbarzellen

sind unbesetzt, die RAF-Häftlinge dürfen nicht am normalen Anstaltsleben, an Hof-, Kirch-, Duschgängen, teilnehmen. Und im stillen Trakt, in dem Meinhof sitzt, dem Flügel eines Neubaus, der wie eine Schule wirkt, ist kein Ton zu hören.
Am 22. November 1972 schreibt Ströbele an Meinhof:

> »Nach meinem letzten Besuch war ich ziemlich durcheinander. Brauchte lange, um wieder freizukommen. Trotz Deiner Zweifel an meiner Sensibilität trifft mich das Zusehen, Zuhören, ohne viel helfen zu können, so sehr, dass ich geschafft bin und ein fürchterliches Gefühl in der Magengegend bekomme. Helfen könnte hier nur darin bestehen, die Möglichkeit der direkten Kommunikation mit anderen zu beschaffen.«[30]

Er hat ein schlechtes Gewissen gegenüber Meinhof. Er muss sie – jetzt erst recht – vor der kalten Macht des Staates schützen. Und zwar doppelt. Als ihr Anwalt und als ihr Genosse. Ströbele legt Gerichten die Berichte von Ärzten vor, er schreibt Dienstaufsichtsbeschwerden und Strafanzeigen gegen den JVA-Leiter. Alles weitgehend erfolglos. Im November 1972 erwirkt er mit anderen Anwälten eine richterliche Verfügung, dass Astrid Proll verlegt wird. Doch nichts geschieht.
Ströbele besucht Meinhof und Proll, sooft es geht – um seine Mandantinnen zu stabilisieren und zu zeigen, dass sie nicht allein sind. »Wenn wir Anwälte nicht wären, würden die Gefangenen nur alle zwei Monate einen Menschen sehen, mit dem sie vertraut sprechen können. Wir sind für die doch fast schon Psychotherapeuten«, so Ströbele 1973 in der *Zeit.*
Das NRW-Justizministerium veröffentlicht Anfang 1973, wie oft Ulrike Meinhof Besuch hatte, um die Legende von der Isolationsfolter zu widerlegen. Insgesamt 48-mal, 30-mal von Anwälten, 18-mal von Verwandten, im Durchschnitt knapp zweimal die Woche.

Ströbele findet es infam, dass seine Besuche die Haftbedingungen rechtfertigen sollen.
Meinhof ist im Dezember 1972 in Berlin Zeugin im Mahler-Prozess. »In Ossendorf werden Menschenversuche gemacht«, ruft sie. Kurz darauf schreibt sie einen Text, ein lyrisches Zeugnis, das nicht nur in der linksradikalen Szene als Beweis gilt, mit welcher Grausamkeit der Staat mit seiner wehrlosen Gegnerin umspringt:

> »Das Gefühl, es explodiert einem der Kopf (das Gefühl, die Schädeldecke müsste eigentlich zerreißen, abplatzen), das Gefühl, es würde einem das Rückenmark ins Gehirn gepresst [...]. Das Gefühl, es sei einem die Haut abgezogen worden.«

Ströbele ist überzeugt, dass die Isolationshaft in Ossendorf eine systematische Tortur ist. Das prägt seinen Blick auf die RAF-Gefangenen. Er sieht sie als Opfer eines Angriffs der Justiz auf die Staatsfeinde. Ossendorf ist geradezu der Beweis, dass die Republik längst ein Polizeistaat ist, der jede entschlossene Opposition gnadenlos unterdrückt. Genauso wie Ströbele es 1969 in Hannover skizziert hatte. Und was er einmal für richtig erkannt hat, insbesondere wenn es mit dem magischen Wort Ungerechtigkeit verknüpft ist, das bleibt in Stein gemeißelt.
Ströbele muss die Gesundheit seiner Mandantinnen schützen. Auch die von Andreas Baader und Holger Meins, von fast allen RAF-Gefangenen, die in strenger Einzelhaft sitzen. Das ist nicht nur sein Recht, es ist seine Pflicht als Verteidiger. Als Baader in Berlin im Mahler-Prozess im Dezember 1972 als Zeuge aussagen soll, schickt der Richter den äußerst fahrig wirkenden Baader erst mal ins Bett. Baader wird zu dieser Zeit in der JVA Schwalmstadt nachts alle 15 Minuten per Licht geweckt.
Ströbele steht unter Druck. Er muss etwas für seine Mandanten tun. Als Anwalt. Und als Genosse erst recht.

Der erste Hungerstreik der RAF

»Ich verliere den Überblick.«[31]
Christian Ströbele am
2. März 1973 an die RAF

Ende Januar 1973 veröffentlicht Ströbele eine Presseerklärung. Zwölf RAF-Gefangene »befinden sich im Hungerstreik, weil sie seit Monaten in strenger Einzelhaft und Isolierung gehalten werden«. Alle Kontakte mit Freunden, Bekannten, auch beruflicher Art, seien »streng verboten«. Bei Astrid Proll habe der zuständige Psychiater zudem geraten, »dass es wünschenswert wäre, wenn die Isolierung wenigstens stundenweise gelockert würde«. Ströbele hat den Hungerstreik mit organisiert. Der Ton seiner Erklärung ist sachlich, der Inhalt klar. Er plädiert für bessere Haftbedingungen.
Doch der RAF-Führung reicht das nicht – sie will es dramatischer, aggressiver, existenzieller. Ein RAF-Gefangener hält die U-Haft für »den Vollzug der Todesstrafe bei lebendigem Leib«, die Justiz wolle die RAF zum Selbstmord erpressen und »mit Psychiatrie und Psychopharmaka die RAF liquidieren«.
Die Auseinandersetzung um diese Presseerklärung beleuchtet Ströbeles Grundkonflikt zwischen professioneller Ratio und RAF-Strategie, zwischen Anwalt und Genosse. Am 29. Januar 1973 schreibt Ströbele:

> »Liebe Genossen, unsere Presseerklärung wurde von Euch allgemein kritisiert, teils scharf. [...] Ich bitte daher die Genossen, in den westdeutschen Knästen eigene Vorschläge für eine Presseerklärung auszuarbeiten. Am Donnerstag, dem 1. Februar, werde ich nach Köln kommen.«[32]

Die Presseerklärung vom 2. Februar 1973 von Ströbele, Eschen und dem Hamburger Rechtsanwalt Kurt Groenewold ist in der Tonlage etwas steiler und RAF-affiner. »Diese Art Haftvollzug ist Vollzug der Todesstrafe an der Psyche der Gefangenen«, heißt es dort. Doch Ströbele ahnt, dass auch »Todesstrafe an der Psyche« noch nicht genug ist.

Am 3. Februar 1973 schreibt Ströbele an die »lieben Genossen« (Grashof, Grundmann, Meins, Baader, Proll, Meinhof u. a.):

> »Anbei die neue Hungerstreikerklärung. Sie wird sicher wieder kritisiert werden. Aber wir halten es für richtig, nur die Fakten an die Zeitung zu geben. Einschätzungen und Kommentare sollten von anderen kommen, Rote Hilfe usw. Bei meinem letzten Besuch in Köln und Düsseldorf konnte ich die Folgen des Hungerstreiks sehen. Aber alle sind bei guter Laune. Meinhof hatte sogar eine Stunde Besuch von Proll in der Zelle. Also ein kleiner Erfolg. Proll sollte sie allerdings zum Essen überreden, aber ohne Erfolg. Einigkeit besteht darin, dass die künstliche Ernährung nicht verweigert werden sollte, allenfalls symbolisch. Dies, weil der Sinn des Hungerns nicht sein kann, irgendwelche bleibenden Schäden oder vollständigen Breakdowns zu verursachen.«[33]

Anwalt Ströbele engagiert sich für die Gesundheit seiner Mandanten – daher die Warnung, bloß keinen Widerstand gegen Zwangsernährung zu leisten. Und er organisiert die Hungerstreikkampagne, verteilt die Rollen zwischen Anwälten und Roter Hilfe. Zur Roten Hilfe Westberlin, die undogmatisch und linksradikal ist und 1973 »Solidarität mit der RAF« fordert, hat er einen kurzen Draht. Drei Referendare, die in der Meierottostraße arbeiten, Henning Spangenberg, Udo Grönheit und Matthias Zieger, sind in der Roten Hilfe aktiv. Und seine Frau, Juliana.

Mitte Februar 1973 vermittelt Ströbele zwischen Bundesanwalt Heinrich Wunder und Andreas Baader den Abbruch des Hungerstreiks – weil die Bundesanwaltschaft Hafterleichterungen in Aussicht stellt. Baader ist skeptisch: »Das halten die nicht ein, das ist ein schmutziger Deal«, sagt er Ströbele. Doch Ströbele votiert für ein Ende des Hungerstreiks. Falls die Haftbedingungen sich nicht ändern, »könnt ihr ja zur Not wieder anfangen«, sagt er Baader.[34] Am 18. Februar gibt Ströbele bekannt: Der Hungerstreik ist vorbei. An Baader schreibt er: »Lieber Genosse, hoffentlich reißt Ihr mir nicht den Kopf ab, wenn die Bundesanwaltschaft ihre Versprechungen nicht einhält.«

Doch genau das passiert. Ulrike Meinhof wird nach ein paar Tagen wieder in die stille Abteilung verlegt, die die Gefangenen »toten Trakt« nennen. Die Isolierung von Holger Meins bleibt bestehen. Der RAF-Gefangene Gerhard Müller attackiert Ströbele scharf: Er habe »gebremst, wo und wie es ging«. Manfred Grashof verlangt, im Sound des Kaderkommunismus, von dem Anwalt »eine gründliche Selbstkritik«.

Ströbele hat schlechte Karten bei der RAF. Erst hat er Prolls und Meinhofs Isolation nicht ernst genommen und sich dann für den Abbruch des Hungerstreiks verwandt. Aber er wehrt sich gegen die »Dolchstoßlegende«, den Hungerstreik verraten zu haben. Seine Kritiker hätten vergessen, schreibt er an die RAF-Gefangenen,

> »dass wir mehr als die Hälfte unserer Zeit zur Finanzierung des Büros usw. einsetzen müssen. Und sie vergessen, dass ›dem Volke dienen‹ für uns auch heißt, anderen Genossen oder sonst von der Justiz Verfolgten, die kein Geld, keinen Anwalt und oft auch keine Angehörigen haben, aus dem Schlimmsten rauszuhelfen oder Herrschaftsmechanismen klarzumachen. Auch das ist keine karitative, sondern politische Arbeit. [...]
> PS: Bitte beiliegende Liste ankreuzen, welche Akten Du

schon hattest, dann zurückschicken. Ich verliere den Überblick.«

Das ist der Versuch, die Halluzination der RAF, die sich für den Hauptfeind der Bundesregierung hält, vorsichtig geradezurücken – mit dem Hinweis, dass sich nicht alles um die zwei Dutzend Gefangenen dreht. In einem Brief an die RAF-Spitze im Februar 1973 verwahrt sich Ströbele gegen Übergriffigkeiten der Genossen:

> »Vielleicht macht Ihr Euch bis zu meinem nächsten Besuch im Lauf der nächsten Woche auch mal grundsätzliche Gedanken zur Funktion der Anwälte in den kommenden Verfahren und überhaupt. Die Anwälte als Speerspitze der Revolution oder der RAF oder der verlängerte Arm der RAF-Genossen, die inhaftiert sind? Wohl kaum! Oder dann eben keine juristischen Hilfen mehr!«

BKA-Mann Alfred Klaus wertet die Briefe 1973 aus. Er kommentiert verwundert, dass Ströbele doch sonst »die RAF-Linie vertritt«. Aber es ist eben etwas komplizierter. Ströbele ist, je nach Lage, Genosse der RAF, Diplomat, entschlossener Anwalt, Psychologe, der es mit misstrauischen, herrischen, auch durch Illegalität, Verhaftung, Isolierung verstörten Gefangenen zu tun hat.
Im Ensemble der RAF-Verteidiger gehört Ströbele eher zu den Moderaten. Das zeigt die Demonstration von Anwälten vor dem Bundesgerichtshof, mit der der RAF-Hungerstreik öffentlichkeitswirksam unterstützt werden soll. Einige Anwälte wollen ebenfalls in einen kurzen Hungerstreik treten. Gudrun Ensslin gibt am 6. Februar 1973 eine wütende Order an die Verteidiger heraus. Sie schreibt:

> »Nur wenn am 9. Februar aus jedem Anwaltskollektiv einer im Talar hungerstreikt, hören wir am Samstag alle auf zu hungern. Sonst Mandatsentzug, das sage ich ganz klar.«[35]

Auch Ulrike Meinhof droht am 6. Februar 1973, Ströbele wegen fehlenden revolutionären Elans als Anwalt zu feuern. Ihr Brief ist adressiert an »Christian-Preuß-Eschen«, nur Ströbele wird mit Vornamen geadelt:

> »Wir sind allmählich wütend über den Mangel an Unterstützung unseres Hungerstreiks durch Euch. Was Ihr machen müsst, ist inzwischen klar – sofort – heute noch – also:
> Freitag ab 8 Uhr früh am Rand der Bannmeile des BGH in Karlsruhe aus jedem Anwaltskollektiv wenigstens einer, besser: Du, Preuß, Eschen, Schily mit Robe Hungerstreik plus Transparente gegen Springerjustiz, die brutale Isolation, der Psychoterror etc. gegen die Politik in den Gefängnissen.
> Sonst – schmeißt Euch raus, brauchen wir Euch nicht mehr, Entzug des Mandats. Es ist uns verdammt ernst. Mach das, und mach das den Genossen klar. Und Pressemeldung an Presse, Fernsehen.
> Für diese Forderungen an Euch stehen jetzt Gudrun und ich. Teilt sie den anderen Gefangenen mit. Verflixt. Ulrike«[36]

Das klingt wie ein Befehl. Der Entzug des Mandats würde die RAF-Gefangenen ins Mark treffen. Sie hätten keine Vertrauensanwälte mehr, keine informelle Infrastruktur. Ströbele hinauszuwerfen wäre nicht rational. Aber das ist, angesichts der Neigung der RAF zum Autodestruktiven, auch keine leere Drohung, die Ströbele leichthändig ignorieren kann. Am 10. Februar 1973 schreibt er an Meinhof und Proll launig: »Wegen der Drohung im letzten Brief bekommt Ulrike noch Dresche. Aber erst wenn sie wieder was im Magen hat.«
Am 10. Februar 1973 demonstrieren ein Dutzend RAF-Verteidiger vor dem Bundesgerichtshof in Karlsruhe. Auf Plakaten wird der

BGH als »brauner Gangsterhaufen« beschimpft, der »Mord« an Untersuchungshäftlingen vollziehe. Otto Schily hat ein besseres Gespür für Grenzen als Ströbele. Er bleibt dem Spektakel fern. Ströbele und Eschen kommen aus Berlin zu der spärlich besuchten Demo. Das Plakat »BGH = brauner Gangsterhaufen« ist, beteuert Ströbele später, schon abgeräumt, als er sich in Robe zu den Demonstranten stellt. Der BGH hat immerhin Ströbeles Revision im Kunzelmann-Prozess wohlwollend behandelt. Klaus Croissant und andere Verteidiger hungern solidarisch zwei Tage lang mit den RAF-Gefangenen. Ströbele und Eschen finden das albern. Sie verschwinden nach ein paar Stunden und gehen Hirschgulasch essen.

Die radikaleren RAF-Anwälte, Kurt Groenewold, Eberhard Becker, Klaus Croissant und Jörg Lang, verfassen zu der BGH-Aktion eine Erklärung, die wie ein Echo der Halluzinationen der RAF klingt. Die Isolation ziele auf »die Auslöschung des Lebens der Gefangenen. Sie ist Folter.« Und sie sei »Ausdruck des schleichenden Faschismus in der BRD«.

Ströbele veröffentlicht mit Eschen und Preuß einen anderen Text für die Presse: Die Isolation »verletzt brutal Persönlichkeit und Menschenwürde der Gefangenen«. Aber sie schreiben nichts von Faschismus. Ströbele versucht der wachsenden Neigung der RAF, sich als Superopfer zu inszenieren, entgegenzusteuern: vorsichtig, sehr vorsichtig.

Dass Ströbele im dem Zwist moderiert, bleibt auch Bundesrichtern nicht verborgen. Georg Knoblich, Ermittlungsrichter am BGH, steht nicht im Ruf, freundlich mit RAF-Anwälten umzugehen. 1972 versucht er Otto Schily wegen des Verdachts des Kassiberschmuggels als Verteidiger auszuschließen. 1973 will er eine Zwangsuntersuchung von Ulrike Meinhofs Gehirn durchsetzen, was an öffentlichem Protest scheitert. Am 19. Februar schickt Bundesrichter Knoblich Ströbele ein Telegramm: »Begrüße Ihr vernünftiges Handeln hocherfreut, dass Sie die durch den Hungerstreik einiger Anwälte entstandene peinliche Situation bereinigt haben.«[37]

Ein ungewöhnliches Lob für einen Anwalt, der in manchen Medien als Terrorunterstützer gilt. Bei seinen Mandanten steht Ströbele weiter unter Druck.

Sie war der intellektuelle Kopf der RAF und wusste als Gefangene, wie man Anwälte und Sympathisanten moralisch unter Druck setzt: Ulrike Meinhof, 1969

Der zweite und dritte Hungerstreik: Die Entdeckung der Propaganda

»Holger hat nicht gejammert.«
Christian Ströbele über den Tod
von Holger Meins, 1974

Ströbele ist als Anwalt überzeugt, dass es bei dem Hungerstreik darum geht, die Isolationshaft, vor allem in Köln-Ossendorf, zu beenden. Baader sieht das anders. Am 9. März 1973 schreibt er: »Dieser Streik hat nur einen Zweck. Er soll Typen aus der Isolation befreien, damit sie eine Möglichkeit zur Agitation im Knast haben.«[38] Baader, Meinhof und Ensslin sind dabei, im Kampf gegen die Isolationsfolter eine neue effektive Agitpropwaffe der RAF zu entdecken. So will Baader den Hungerstreik im Februar 1973 fortsetzen, nachdem er von den Anwälten Armin Golzem und Rupert von Plottnitz erfahren hat, dass sich in Frankfurt am Main erstmals linke Gruppen mit dem Hungerstreik solidarisieren. »Dies würde aufs Spiel gesetzt, wenn man jetzt abbricht«, so Baader. Der Hungerstreik ist, von Beginn an, mehr als Notwehr. Er ist Öffentlichkeitsarbeit für die RAF, und Ströbele ist ein Teil davon. Ende März plant die RAF den nächsten Hungerstreik. Am 28. März 1973 informiert Ströbele per Rundbrief die RAF-Gefangenen über den Ablauf:

> »Liebe Genossen, aus Essen höre ich [von Gudrun Ensslin]: ›Einer soll entscheiden.‹ Sie sagt A. [Baader], der Ablauf des letzten Hungerstreiks sage das auch. Sie und A. sind für den Beginn Anfang Mai.«[39]

Ströbele teilt der RAF-Basis mit, wer das Sagen hat: Baader.

Der zweite kollektive Hungerstreik der RAF-Gefangenen beginnt, typisch für die Neigung der Terrorgruppe zu dröhnender Symbolik, am 8. Mai 1973, 28 Jahre nach der Kapitulation des NS-Regimes. Mehrere Häftlinge werden in einer brutalen Prozedur mit Gummischläuchen zwangsernährt, Andreas Baader erstickt dabei am 24. Mai fast. Die Anwälte sorgen für die Öffentlichkeit und organisieren den internen Informationsfluss. Ströbele schreibt in einer Presseerklärung, dass sich »die Haftverhältnisse der politischen Gefangenen trotz des entschiedenen Protestes der Gefangenen, ihrer Anwälte sowie der Öffentlichkeit nicht geändert haben«. Ende April wird, wie mit Ensslin abgesprochen, ein »Komitee gegen die Folter in der BRD und Westberlin« gegründet. Ensslin schreibt: »Die roten Anwälte sind unentbehrlich, ohne ihre gebündelten und sortierten Informationen geht es nicht.«[40]
Am 11. Mai 1973 fährt Ströbele nach Frankfurt am Main zu einem Solitreffen für den RAF-Hungerstreik. Ströbele notiert: »überragend gut besucht«, fast tausend Leute sind dort. Der marxistische Soziologe Christian Sigrist (den Ströbele »leider zu akademisch« findet) und der niederländische Psychiater Sjef Teuns geben der RAF-Propaganda einen wissenschaftlichen Anstrich. Theuns erkennt in der »sensorischen Deprivation«, verursacht durch Reizentzug und Isolation in der Haft, ein besonders heimtückisches Mittel zur »Auslöschung von Leben«. Sie sei der »perfekte Mord«, den das Opfer an sich selbst exekutiere, schreibt Teuns 1973 im *Kursbuch*. Wirkungsvoll ist auch der Auftritt von Heinz Brandt, IG-Metall-Redakteur und Freund von Rudi Dutschke. Brandt war als jüdischer Kommunist im KZ, SED-Funktionär, später entschiedener Kritiker der DDR. Die Stasi entführte Brandt 1961 in Westberlin, er wurde in Bautzen inhaftiert. Brandt sagt, dass eine »derartig strenge Isolierung sich nach meiner eigenen Erfahrung [in dreijähriger DDR-Haft] schlimmer als [meine vierjährige] Nazi-KZ-Haft auswirkt. Die sinnliche Wahrnehmung wird radikal eingeschränkt, extreme Aggressivität, Halluzinationen, Wahnvorstellungen, Identitätsver-

lust, Autismus sind nur einige der ausgelösten Folgeerscheinungen.« Die Isolationshaft, so die Botschaft, ist also schlimmer als das KZ der Nazis – das beglaubigt einer, der in Auschwitz gewesen ist und es wissen muss.

Nach Brandt spricht Ströbele. Er beschreibt, mit welchen Tricks Gefängnisleitungen Verwandtenbesuche verunmöglichen oder dass Gefangene bei Missverhalten in der JVA Frankfurt-Preungesheim in den Bunker gesteckt werden, wo es nur alle drei Tage warmes Essen gebe. Daher seien viele Anti-Folter-Komitees nötig, die sich um derlei Missstände kümmern. Es ist eine Rede mit schlichten Bildern, einfacher Moral, eher sachlich, ohne agitatorischen Schwung.[41]

Wie Heinz Brandt sehen es in den 70er-Jahren eine Reihe von Intellektuellen. Hans Magnus Enzensberger veröffentlicht im Sommer 1973 das *Kursbuch* »Folter in der BRD – Zur Situation der Politischen Gefangenen« – ohne Fragezeichen. Jean Améry, Widerstandskämpfer gegen die Nazis, der die Folter der Gestapo überlebte, löst 1974 eine Empörungswelle aus, als er in der ARD-Sendung *Internationaler Frühschoppen* den RAF-Hungerstreikenden rät: »Nicht aufgeben!«

Die Anschläge der RAF im Mai 1972 sind für die Militanten ein Fiasko. Ihre Führung ist inhaftiert, auch politisch ist die Gruppe weitgehend isoliert. Im Frühjahr 1971 hatte bei einer Umfrage ein Viertel aller unter Dreißigjährigen Sympathien für die RAF bekundet, die offenbar als moderne Version von Robin Hood galt, die sich traute, dem Staat Kontra zu geben. Doch die Stimmung kippte, als der RAF-Terror begann und die Gruppe Polizisten tötete, Autos von Richtern in die Luft jagte, im Springer Verlag Hunderte Beschäftigte mit Bomben in Lebensgefahr brachte.

Die Anschläge im Mai 1972 sollten als Fanal wirken, das die zögerliche Neue Linke und Randgruppen endlich für den bewaffneten Kampf mobilisiert. In der Fantasiewelt der RAF bedarf es nur des leuchtenden Beispiels der zu allem entschlossenen Avantgarde, um die Revolution in Gang zu setzen. Doch das Gegenteil geschieht. Die Neue Linke geht auf Distanz. Der Soziologe und

Adorno-Schüler Oskar Negt markiert im Juni 1972 den Trennungsstrich:

> »Es gab und gibt mit den unpolitischen Aktionen, für die die Gruppe um Andreas Baader und Ulrike Meinhof die Verantwortung übernommen hat, nicht die geringste Gemeinsamkeit, die die politische Linke der Bundesrepublik zur Solidarität veranlassen könnte. Ohne die Möglichkeit der Beteiligung an der Diskussion über geplante Aktionen verliert Solidarität ihren materiellen Boden, sie wird zu erpresserischer Solidarität.«

Der Resonanzraum der RAF wird kleiner.

In diesem Moment konstruiert die RAF eine Falle, in die Staat, Justiz, Politiker, Intellektuelle und Anwälte rennen. Denn die RAF ist nicht als Täter, der Polizisten und GIs tötet, mächtig, sondern als Opfer. Die schärfsten Waffen der Mitglieder sind ihre leidenden Körper, gemarterte Zeichen des weißen, lautlosen Faschismus. Der »tote Trakt« in Ossendorf, schon der Begriff assoziiert eine Hinrichtungsstätte, ist Munition für die RAF. Meinhof, Spitze dieser Hysteriekampagne, schreibt 1973: »Meine Auschwitz-Fantasien da drin waren realistisch.« Die RAF stilisiert sich als Opfer des Staates, der im Gefängnis sein wahres Gesicht zeige – eine Fratze, die schlimmer als KZ und Stasi sei. Die RAF führt somit einen imaginären Widerstandskampf gegen Hitler. Es sind diese Fantasien, die der RAF Nachwuchs zutreiben – mehr als die kryptischen, aus marxistisch-leninistischem Wortgeröll verfassten Erklärungen.

Ströbele sieht das nicht. Er sieht 1973 Mandanten wie Andreas Baader, die im Durststreik mit aufgesprungenen Lippen kaum reden können. »Ich habe unter dem Hungerstreik fast so gelitten wie die Gefangenen«, sagt er im Rückblick.[42]

Der zweite Hungerstreik wird nach 52 Tagen am 29. Juni 1973 abgebrochen. Ohne dass bessere Haftbedingungen durchgesetzt wurden. Aber mit einem wesentlichen Erfolg für die RAF. In zehn Städten haben sich Anti-Folter-Komitees gebildet. Am 30. Juni 1973 analysiert die RAF-Spitze präzise die Lage: »Hungerstreik ist kein Selbstzweck.« Entscheidend sei vielmehr,

> »wie wir Isolation/Folter als politische Faktoren in politische Bewegung umsetzen. Der Hungerstreik war der erste Knopfdruck, um die der Lage entsprechendste Lösung in Gang zu setzen – die Komitees.«[43]

In den Komitees organisieren sich Angehörige der Gefangenen und junge Linke, die sich dort radikalisieren und aus denen sich die zweite Generation der RAF bilden wird.

Die RAF ist dabei, ihren eigenen Resonanzkörper zu kreieren. Sie schafft einen politischen Raum, in dem alles nur noch um sie selbst kreist. Zu dieser Strategie gehört, den eigenen Körper zur Waffe zu machen und die Inszenierung des eigenen Todes einzukalkulieren. Baader schreibt, dass beim dritten Hungerstreik »Typen dabei kaputtgehen. Der Zusammenbruch heißt dann nur, dass Typen als Fighter erledigt sind.«[44] Es wird der längste Hungerstreik, er dauert 145 Tage, von September 1974 bis Februar 1975. Am 9. November stirbt Holger Meins. Er war, sagt Ströbele, »kein Freund von mir, aber ein guter Bekannter«.

Ströbele kennt Meins seit 1969. Er war sein Anwalt, als der Student von der Filmschule dffb relegiert wurde. Im August 1970 wird Meins verhaftet, weil aus seinem Mercedes eine Rohrbombe auf einen Polizeiwagen geworfen wurde. Es entstand Sachschaden. Meins wohnte in der Kommune Grunewaldstraße 88, sein Autoschlüssel hing am Schlüsselbrett. Der Täter war, wie sich später herausstellte, Ralf Reinders. Für die Tatzeit hat Meins ein Alibi. Er stellt sich – und wird für vier Wochen in Isolationshaft genommen.

Beim Haftprüfungstermin wird Meins in Ketten wie ein Schwerverbrecher vorgeführt, bewacht von einem Dutzend bewaffneter

Polizisten. Ströbele ist fassungslos: »Seid ihr verrückt?«, fragt er die Polizisten. Er beschwert sich beim Haftrichter und droht, dass er unter diesen Umständen nicht verhandeln werde. Der Richter ist unbeeindruckt: Der Verdächtige sei gefährlich.

Nach vier Wochen wird Meins entlassen. Dieses Erlebnis, so Ströbele, hat »ihn radikalisiert. Das war nicht das Einzige, aber auch diese Haft hat ihn zur RAF gebracht. Ich habe das genau mitbekommen.« Meins gehörte schon vor 1970 zum militanten Flügel der Bewegung. Im Februar 1968, noch vor den Schüssen auf Dutschke, zeigte Meins im Audimax der TU einen Lehrfilm, wie man Molotowcocktails herstellt. Ströbele hält die rüde Art von Polizei und Gericht für das Wesentliche: »Wie die Justiz mit Meins umsprang, das war auch ein Schlüsselerlebnis für mich.« Anwalt und Mandant machen gewissermaßen synchrone Erfahrungen mit der »Klassenjustiz«. Das verbindet.

Bevor Meins 1970 abtaucht und sich der RAF anschließt, gibt er Ströbele das Mandat, ihn juristisch zu vertreten. 1971 trifft Ströbele den RAF-Kämpfer klandestin in einem Zug in Süddeutschland. Sie reden eine halbe Stunde lang, in Rastatt steigt Meins aus. Illegal sind solche Treffen für Anwälte mit Flüchtigen nicht. Und es ist auch nicht das einzige Treffen von Ströbele mit RAF-Terroristen im Untergrund. Sie lassen die Rund-um-die-Uhr-Überwachung, die der Berliner Verfassungsschutz dem Sozialistischen Anwaltskollektiv angedeihen lässt, einleuchtender erscheinen.

In den Rundbriefen und den Info-Mitteilungen wird Ströbele von den RAF-Gefangenen oft angepöbelt und verleumdet, aber nicht von Meins. Bei Treffen in Wittlich, so Ströbele in dem Holger-Meins-Buch von Gerd Conradt, »kann ich mich an kein böses Wort oder eine polemische Auseinandersetzung mit ihm erinnern, auch nicht mit Wärtern«. Meins ist kein Macho mit Chefallüren wie Baader. Sondern ein bedingungsloser »Fighter«.

Meins skizziert kurz vor seinem Hungertod, was für ihn die RAF bedeutet:

»Entweder Schwein oder Mensch
Entweder überleben um jeden
Preis oder Kampf bis zum Tod
Entweder Problem oder Lösung
Dazwischen gibt es nichts«

Kampf bis zum Tod. Dazwischen gibt es nichts. Diese Logik assoziiert finsterste deutsche Traditionen. Klang die SS im April 1945 anders?

Selbstporträt des künftigen Filmstudenten und späteren RAF-Kämpfers als junger Mann: Holger Meins

Ströbele besucht Meins ein paar Tage vor dessen Tod. Der Gefangene wird auf einer Trage in den Besucherraum geschoben. Er ist 1,83 Meter groß und wiegt 39 Kilogramm. Unter seinem Gürtel trägt er Klopapier, weil der Gürtel, so Ströbeles Erinnerung, »überall scheuerte. Er sah aus wie ein Wickelkind.« Ströbele legt sein Ohr an Meins Mund, um zu verstehen, was er sagt. Meins haucht immer wieder: »Macht was. Macht was!« Die Kalorienzufuhr bei der Zwangsernährung war, wie sich später zeigt, zu gering. Ströbele versucht die beschlossene Verlegung seines Mandanten in die JVA Stuttgart-Stammheim zu beschleunigen. Dort gibt es eine Intensivstation, die für künstliche Zwangsernährung besser geeignet ist, das ist Ströbeles Hoffnungsschimmer. »Meins wäre nicht gestorben, wenn er, wie lange geplant, rechtzeitig nach Stammheim verlegt worden wäre«, so Ströbele. Er telefoniert mit dem zuständigen Richter am Oberlandesgericht Stuttgart Theodor Prinzing, er redet mit der Bundesanwaltschaft – aber nichts geschieht. »Sie haben Holger einfach sterben lassen«, sagt Ströbele.

Ob Meins noch transportfähig war, ob er, der entschlossen war, den eigenen Tod in Kauf zu nehmen, in Stammheim gerettet worden wäre, ist spekulativ. Ströbele sagt über seinen letzten Besuch bei Meins: »Holger hat nicht gejammert.«

Klaglos, aufrecht, mannhaft in den Tod? Das ist ein fataler Satz, der eine Faszination für stählerne Gesinnung verrät. Ströbele, der Bürger, hat Antennen für die Suggestionen des existenziellen Heroismus, die die RAF verbreitet.

Als Ströbele in Berlin von Meins' Tod hört, ist er überzeugt, dass die Justiz, der Staat, den Gefangenen ermordet hat. In Wahrheit ist der Tod von Meins in erster Linie, ebenso wie die als Morde inszenierten Selbsttötungen von Meinhof, Baader, Ensslin und Raspe, so etwas wie eine Reinszenierung, die auf die Urszene der Militanz verweist: die Schüsse auf Benno Ohnesorg am 2. Juni 1967. Es ist eine Selbstopferung, die das System demaskieren und den Widerstand rechtfertigen soll. Ströbele sieht das anders, bis heute. Hen-

ning Spangenberg, damals sein Sozius, sagt: »Der Tod von Meins hat ihn getroffen. Sonst nichts, das sehr.«
Der tote Körper von Holger Meins, dessen Bild im *Stern* erscheint, wird das wirkungsvollste Propagandamittel der RAF. Die Gewaltspirale eskaliert. Am 10. November 1974 erschießen Terroristen der Bewegung 2. Juni den Richter und Berliner Kammergerichtspräsidenten Günter von Drenkmann, ein paar Monate später überfällt das RAF-Kommando »Holger Meins«, rekrutiert aus jungen Linksextremen, die der Tod von Meins radikalisiert hat, in Stockholm die deutsche Botschaft. Die RAF treibt ihren Opfergang zum Äußersten, der Staat begreift kaum, welches Spiel läuft. Bundeskanzler Helmut Schmidt erklärt nach Meins' Tod, dass die Terroristen »schon die Unbequemlichkeiten eines Gefängnisses auf sich nehmen« müssten. Keine Gnade. Solche martialischen Sätze sind Wasser auf die Mühlen der RAF.

Das schlechte Gewissen der Sympathisanten

»Christian – du spinnst.«
Ulrike Meinhof, 1974

Der Anwalt Klaus Croissant berichtet am 6. Februar 1974 Ulrike Meinhof über eine von fast tausend Leuten besuchte Veranstaltung zu Haftbedingungen der RAF:

> »Die Leute kapieren durch Deine exakte Beschreibung endlich, dass das Folter ist. Deine Aufklärung erzeugt Widerstand gegen die faschistischen Schweine. Das Volk hörte gespannt zu. Es war geschockt und wütend.«[45]

Das ist die RAF-Fantasiewelt: Die Folter beglaubigt den Terror der Faschisten gegen die Revolutionäre. Doch es gelingt, »das Volk« gegen Staat, Imperialismus, »Schweine« zu organisieren. Anwälte wie Croissant bekräftigen mit solchen triumphalen Berichten das Gefühl der Gefangenen, Opfer einer besonders grausamen Spielart imperialistischer Gewalt zu sein – und Spitze einer wachsenden, schlagkräftigen Widerstandsbewegung.

Von Ströbele gibt es solche in unterwürfigem Ton gehaltene Tatarenmeldungen nicht. Er fährt zu Treffen der RAF-Anwälte, schreibt Aufsätze, warum die »Forderungen der Gefangenen berechtigt und die Hungerstreiks somit gerecht und legitim« sind. Er bringt Süßigkeiten in den Knast (was verboten ist), er teilt Baader und Ensslin mit, was in der Sympathisantenszene passiert, widerspricht zaghaft, wenn die Paranoia der RAF kuriose Blüten treibt, und organisiert Hungerstreikkampagnen. Dabei bekommt er auch mal Unterstützung von unerwarteter Seite. 1975 bei einer Veranstaltung im Audimax der FU zu den Haftbedingungen ist Gustav Heinemann anwesend. Als der Altbundespräsident, der schon im Umgang mit den rebellierenden Studenten zu Selbstkritik mahnte, gehen will, fragt Ströbele ihn, ob Heinemann nicht noch etwas sagen wolle. Nein, erwidert Heinemann, es sei alles gesagt. Und: »Wir ziehen ja an einem Strang.«[46]

Im Prozess gegen Monika Berberich geißelt Ströbele in seinem Plädoyer die Isolationshaft als »Teil einer Strategie zur Ausschaltung des Widerstands und der Menschen, die ihn tragen«.[47] 1973 unterzeichnet Ströbele, unter dem Eindruck von Meinhofs und Prolls Haft in Ossendorf, einen im *Kursbuch* veröffentlichten Aufruf zur »Aufhebung der Isolationsfolter«. Er redet vor Gericht auch von Folter und Faschismus, aber nicht öfter als Otto Schily.

Die schwungvollsten Reden, in denen die RAF-Häftlinge zu antifaschistischen Moralheroen veredelt werden, hält nicht Ströbele, sondern Schily. 1976 zieht er in Stammheim eine Linie von einem Bombenanschlag auf das Reichssicherheitshauptamt, wo der Holocaust geplant und dirigiert wurde, zu dem RAF-Anschlag auf das Hauptquartier der US-Armee in Europa. Das ist legitim – es ist die Aufgabe des Anwalts, die Motive seiner Mandanten in günstiges Licht zu rücken. Aber damit ist Schily gleichzeitig wirksamer Teil des RAF-Agitprop, gerade weil er Distanz zur RAF wahrt.

Schily verwendet sich auch jenseits des Gerichtssaals für die RAF. Am 3. Oktober 1975 entwirft er in Amsterdam ein dramatisches Bild der Bundesrepublik, in der die RAF-Angeklagten »psychologischer Kriegsführung« ausgesetzt sind, die Kulissen des Rechtsstaates abgeräumt werden und die »nackte Klassenherrschaft« regiert. Klimax der Rede: »Gebot der Stunde ist, alarmiert zu sein und dass die europäischen Völker erkennen, dass es an der Zeit ist, härteren Widerstand gegen den Faschismus zu leisten, als es bisher der Fall war.«

Wenn in der Bundesrepublik »Faschismus« droht und »nackte Klassenherrschaft« regiert, muss man dann nicht alle Widerstandsformen ins Auge fassen? Heißt härter: militant? Wahrscheinlich nicht. Aber man kann Schily so verstehen.

Die Ehe eines Verteidigerkollegen im Sozialistischen Anwaltskollektiv zerbricht, weil RAF, Familie und der sonstige Job, den es auch noch gibt, zu viel sind. Ströbele hat ein robustes Gemüt. Er absolviert seine Rundreisen und erzählt im Büro in Berlin fröhlich, welche neuen Eisdielen er in Schwalmstadt oder Köln entdeckt hat. Er bringt seiner zur RAF gewechselten Exkollegin Monika Berberich Briefmarken in den Knast und überlegt 1972 mit Andreas Baader, den er Ändi nennt, ob es möglich wäre, einen Deal mit dem Staat zu machen.

Bereits im Sommer 1971, noch vor den Toten im Mai 1972, ventiliert die Bundesregierung die Chancen, den Kampf mit der RAF zu befrieden: Innenminister Genscher und Generalbundesanwalt Martin sollen über *Spiegel*-Chef Rudolf Augstein der RAF ein Angebot gemacht haben: keine Haft bis zum Prozess, Mindeststrafen oder Straffreiheit, sogar Geld, wenn die RAF ins Ausland geht. Baader lehnt 1971 ab: »Unser Standpunkt ist bewaffneter Kampf.«[48]

Ströbele ermutigt Baader, nun in U-Haft zu verhandeln – doch Baader beendet die Debatte. Ohnehin wäre der Spielraum 1972 nach den vier Toten der Mai-Offensive der RAF minimal gewesen. Die Bundesregierung hält nach der Verhaftung der RAF-Führung das »Problem Baader/Meinhof für erledigt«, wie Außenminister Walter Scheel 1972 ebenso selbstgewiss wie kurzsichtig feststellt.

Ströbele hat in der harten Sympathisantenszene den Ruf, solidarisch zu sein. Am 24. Dezember 1974 klingelt es in seiner Privatwohnung in Berlin. Vor der Tür stehen Karl-Heinz Dellwo, der ein paar Monate später als Teil des Kommandos »Holger Meins« die deutsche Botschaft in Stockholm überfällt, Susanne Albrecht, Stefan Wisniewski, Sigrid Sternebeck und andere – die halbe spätere zweite RAF-Generation. Die RAF-Sympathisanten wollen einen Weihnachtsgottesdienst von Heinrich Albertz stören, sehen aber so szenig aus, dass sie fürchten, nicht eingelassen zu werden. Ströbele versorgt sie mit Jacken und Mänteln aus seinem Kleiderschrank. »Er war sehr freundlich, ließ sich aber nicht in unsere Politik reinziehen«, so Dellwo.

Ströbele geht auch mal auf Distanz zur RAF-Gewalt: »Das, was Ihr wollt, halte ich jetzt und hier in der Bundesrepublik nicht für richtig«, schreibt er am 5. November 1973 an die Inhaftierten.[49] Er verhindert Schlimmeres. Im Mai 1973 wird in einem RAF-Rundbrief ein Text der *Roten Hilfe* verschickt, »Der Hungerstreik lügt«, der Baader & Co. bescheinigt, mit den Foltervorwürfen bloß Privilegien durchsetzen zu wollen, von denen normale Gefangene nur träumen könnten. Meinhof schreibt: »Die Schweine spalten die Gefangenen.« Ensslin beschwert sich, dass uns »so was überhaupt geschickt wird«.

Ströbele versucht am 12. Juli 1973 die Wogen zu glätten:

> »Inzwischen habe ich auch rausbekommen, von wem das Papier der RH Berlin stammt, das einheitlich als Bullen-Papier verworfen wurde. Es ist ein Jurist, der gerade Referendar geworden ist und eigentlich in Kampagnen der RH immer zuverlässige Arbeit geleistet hat. Den Namen kennt Ihr sowieso nicht.«[50]

Das ist eine vorausschauend diskrete Antwort. Ströbele weiß durchaus, was seine »lieben Genossen« von der RAF mit Verfassern von »Bullen-Papieren« anstellen.

Weil Ströbele einen Gutachter für akzeptabel hält, schreibt Meinhof an ihn am 7. Januar 1974: »Christian – du spinnst«. [51] Meinhofs Idee, gefoltert zu werden, nimmt Züge von Besessenheit an. Am 7. Januar 1974 versucht Meinhof in einem Brief an »Strö/Preuß, Croissant/Hannover« alle Zweifel an dem Foltervorwurf auszuräumen: Gerade dass draußen die Folter an den RAF-Inhaftierten »nicht nachvollziehbar« sei, »ist Teil der Methode«:

»Nicht dass wir gefoltert werden, ist das Unglaubliche, sondern umgekehrt: Wirklich sehr merkwürdig wäre es, wenn überall in der Welt, nur in Westdeutschland nicht, der Imperialismus die Gefangenen der Guerilla foltert.«[52]

Meinhof zählt Algerien unter französischer Besatzung, Vietnam, Chile nach dem Putsch, Südafrika unter dem Apartheidregime, Portugal unter der Salazar-Diktatur auf. Die Folter ist das Brandzeichen, das die Legitimität der RAF beglaubigt und sie in eine Reihe mit antikolonialen Bewegungen stellt. Sie zeigt an, dass die RAF kein Irrläufer der Geschichte ist, keine selbst ernannte Avantgarde ohne jede Rechtfertigung, sondern Teil des Krieges, den die algerische Nationale Befreiungsfront FLN gegen Frankreich oder der Vietcong gegen die US-Bomber ausfocht. Deshalb braucht Meinhof die Folterimagination. Sie beweist, was die RAF ist. Sie hilft, jeden Zweifel an der Freund-Feind-Situation, die die RAF selbst herbeigebombt hat, auszuräumen.
Ströbeles beharrliche Proteste wegen Meinhofs Haftbedingungen zeigen Ende 1973 Wirkung. Ulrike Meinhof darf zehn Stunden in der Woche mit Gudrun Ensslin verbringen. Doch als dies in Zeitungen berichtet wird, gerät Meinhof erst recht in Rage. Denn das hellt das finstere Bild vom Folteropfer auf – und das darf nicht sein. An ihre Anwälte schreibt sie am 26. Februar 1974 einen wütenden Brief: »Als Erstes – wirklich sofort! – macht 'ne Pressemeldung.« Inhalt: Dass Meinhof und Ensslin zu zweit sind, ändere nichts. In der Pressemitteilung müsse, so Meinhof, klar werden, »dass die Wirkung von Geräuschisolation, von Stille, Totenstille (aufgrund der Leere des Trakts) dieselbe ist wie von E-Schocks – dass absolute Geräuschisolation schon nach drei Tagen schwere Dauerschäden hervorruft«. Ossendorf sei eine »Vernichtungsanlage«. Auch zusammen mit Gudrun Ensslin, so Meinhof an Ströbele, gebe es »Folter als Geräuschisolation, der Zerreißwolf, die Hölle. Die E-Schocks finden statt. Natürlich gibt's einen Unterschied,

ob allein oder zu zweit, wie es einen zwischen 800 und 1000 E-Schocks gibt.«[53]
Ströbele fragt bei Meinhof leise zweifelnd an, ob es sinnvoll sei, »Folter im ›toten Trakt‹, wenn man zu zweit drinsitzt, als Geräuschisolation zu bezeichnen«. Folter zu zweit müsse man eben anders benennen. Meinhof vergleicht Ströbele daraufhin mit dem NRW-Innenminister Diether Posser, der für die Haftbedingungen politisch verantwortlich ist und in Meinhofs Vokabular nur als »Staatsschutzschwein« vorkommt.[54]
Kurzum: Jede auch noch so zaghafte Beschreibung von Hafterleichterungen ist Verrat an der RAF. Dieser rigiden Informationspolitik der RAF fügen sich die Anwälte. Wer die Folterimaginationen skeptisch sieht, wie Heinrich Hannover, dem entzieht Meinhof das Mandat.[55] Die RAF modelliert und kontrolliert, wie eine Werbeagentur, das Bild, das die Szene von ihr haben soll. Damit sorgt sie dafür, dass auch Stammheim in Sympathisantenkreisen als Folterhölle gilt. Christian Ströbele weiß, dass von Folter in Stammheim keine Rede sein kann. Denn die Justiz akzeptiert nach dem Tod von Meins, dass die RAF-Führung im Stammheimer Gefängnis ausgiebig Kontakt miteinander haben darf. Ströbele redet nicht von Isolationsfolter in Stammheim, aber er dementiert die von Meinhof in Stammheim unbeirrt weiter verfochtene Legende auch nicht.
Darf er das? Als Anwalt: ja. Die Menschenrechtsorganisation Amnesty International urteilt 1975 zutreffend, dass für Häftlinge, die über Bücher und Zeitschriften verfügen und von Verwandten und Anwälten besucht werden, Folter ein unpassender Begriff sei – kritisierte aber scharf die extrem lange U-Haft, die die Gesundheit der Gefangenen bedrohe. Ströbele ist nicht Amnesty International. Er ist Anwalt von Häftlingen, die von fast allen Medien und auch von der Bundesregierung noch vor dem ersten Verhandlungstag für schuldig gehalten werden, obwohl Untersuchungshäftlinge im Rechtsstaat als unschuldig gelten. Ströbeles Kerngeschäft als

Anwalt ist es, gegen Vorverurteilungen zu kämpfen und das Leben seiner Mandanten zu schützen. Das gilt auch angesichts von Meinhofs halluzinatorisch anmutenden Briefen, von Meins' Todestrip, es gilt auch, wenn nicht nur rigide, bedrohliche Haftbedingungen, sondern Autosuggestionen die Gesundheit der Mandanten ruinieren. Die Grenze zwischen objektiv feststellbaren schädlichen Haftbedingungen und der Rolle, die das subjektive Empfinden dabei spielt, ist auch mit den genauen Instrumenten empirischer Wissenschaft nicht klar zu bestimmen.[56] Im Zweifel muss der Anwalt, wenn es um die Gesundheit geht, radikal parteiisch die Interessen seines Klienten vertreten. Das entspricht dem Bild, das Hans Dahs zeichnet, Autor vom *Handbuch des Strafverteidigers*:

> »Verteidigung ist Kampf. Kampf um die Rechte des Beschuldigten im Widerstreit mit den Organen des Staates, die dem Auftrag zur Verfolgung von Straftaten zu genügen haben. Im Strafverfahren bringt der Staat gegen persönliche Freiheit und Vermögen des Einzelnen seine Machtmittel mit einer Gewalt zum Einsatz, wie das sonst allenfalls noch im Bereich der Wehrhoheit geschieht.«

Ströbele macht unermüdlich Eingaben und schreibt Strafanzeigen – und er hilft dabei, die Agitation der Szene und der Linksliberalen gegen die Isolationshaft zu organisieren. Er ist nicht nur Anwalt – er wird zur Mischung von Anwalt und Aktivist und bewegt sich damit in einem Graubereich. Als Aktivist hat er durchaus Verantwortung für die Wirkung seiner Schilderungen von den Schrecken der Isolationshaft auf die jungen Militanten – eine politische, moralische Verantwortung, keine juristische.

RAF-Verteidigung, so wie Ströbele sie praktiziert, ist mitunter ein Vollzeitjob. Bei einem Hungerstreik klingelt ihn nachts die Berliner Justizverwaltung aus dem Bett – ob Ströbele vermitteln könne.[57] *Bild* beschuldigt ihn 1973 als Terrorkomplize. Bei einer Geburtstagsparty demonstriert er den Gästen mal, dass es keine Fantasie sei, dass er observiert werde. Er steigt in sein VW-Cabrio und fährt ums Karree – ein Wagen folgt ihm. Ströbele fragt die beiden Verfassungsschützer, ob sie auch etwas Kuchen wollen. Allein mit Besuchen von RAF-Gefangenen in Westberlin, wo nicht das Gros sitzt, verbringt Ströbele 1973 und 1974 zusammen 320 Stunden – gut zwei Monate Arbeitszeit. Es gibt RAF-Häftlinge, die ihm jeden Tag schreiben und Antwort erwarten. Er besucht Katharina Hammerschmidt im Krankenhaus, eine Randfigur der RAF, die sich auf den Rat von Otto Schily hin gestellt hat. Weil sie keine Aussagen macht, bleibt sie in Untersuchungshaft. Dort erkrankt sie an Krebs, die Gefängnisleitung verweigert die rechtzeitige Verlegung ins Krankenhaus. Hammerschmidt stirbt 1975.

Als Ströbele Baader in Schwalmstadt besucht, muss er sich komplett ausziehen, die Wächter untersuchen auch den Intimbereich. Diese Übergriffigkeit ist eine der wenigen Situationen, die ihn, den stets Besonnenen, völlig aus der Fassung bringen.

Wehren muss er sich auch gegen seine RAF-Genossen, die äußerst kreativ sind, wenn es gilt, ihn zu beschimpfen. »Stroe, Du Sau sitzt auf Deinem Arsch und tust nichts und lamentierst nur über Deine Wäscheschau in Schwalmstadt«, schreibt Meinhof zu der Leibesvisitation.[58] Ensslin und Meinhof drohen ihm »ein paar in die Fresse« an. Ensslin nennt ihn am 2. März 1974 »Schwein, Intrigant, Bulle, armseliger Spekulant«. Ronald Augustin schreibt: »Spinnst Du? Was hast Du für Rotze unter Deiner Schädeldecke?« Baader hält ihn für »'ne alte sozialdemokratische Ratte«[59] und einen »Kretin«[60], Gerhard Müller für ein »ganz übles bourgeoises Schwein«.[61]

Solche Briefe, sagt Ströbele, hätte ich mir »von keinem anderen Mandanten gefallen lassen«. Diese Wutausbrüche, Schimpfkanonaden, Beleidigungen, Drohungen mit Mandatsentzug erklärt er sich »durch die Haftsituation der Gefangenen«. Das ist die halbe Wahrheit. Die andere ist, dass der RAF-Kern versucht, die Anwälte gezielt zu manipulieren und zu benutzen.

Es gibt in Westberlin Anfang der 70er-Jahre nicht allzu viele Rechtsanwälte, die Strafprozesse führen. Wer talentiert ist, kann ziemlich schnell ziemlich viel Geld verdienen und spannende Prozesse führen. Ströbele wird durch die Politverfahren bekannt. Er wird zu einer Marke. Aber sein Engagement geht weit über das Kalkül hinaus, sich einen Namen zu machen. Warum tut er sich das an? Warum engagiert er sich so verbissen für die RAF?
Andreas Baader, de facto Chef der RAF, beschreibt Ströbele im Juni 1974 auf eine verzerrte, aber vielsagende Art:

> »Strö ist ein liberaler Manager, der in diesen Prozessen nur ein Vehikel seiner Interessen sieht. Er will nur das Beste, einsichtige, muntere, gut verwaltete Gefangene, ein paar Jahre weniger, nicht die Tortur des HS [Hungerstreik]. Seine Parteilichkeit und seine Identifikation sind karitativ – so reaktionär wie das karitative Glück des Fürsorgers.«

Das ist suggestiv, hämisch, typisch für den instrumentellen Blick der RAF, aber nicht ganz falsch. Ströbele versucht im Kampf zwischen Staat und Staatsfeinden zu vermitteln, er will das Beste für seine Mandanten herausholen.
Was ihn antreibt, ist unter anderem Mitleid mit den geschundenen Genossen. In Ströbeles Diktion ist das Schlüsselwort nicht Karitas, sondern Solidarität. Dieses Wort ist in den 70ern der Universalschlüssel, der die Zugehörigkeit zur Szene signalisiert. Solidarität ist das Wort, in dem das ganze säkulare Versprechen der Neuen Linken leuchtet: die Idee, dass die Starken den Schwachen zur Seite stehen für die gemeinsame Sache. Und dieses Ziel verbindet Ströbele mit der RAF. »Wir hatten«, sagt er, »eine gemeinsame politische Grundhaltung.« Es ist die Zugehörigkeit zu dem mythisch überhöhten 68er-Kollektiv, der Kampf gegen den Vietnamkrieg, die Justiz, die Kurras freispricht, die Eliten mit Nazivergangenheit, den Polizeistaat.

Die RAF exekutiert 1972, was sich viele in der Apo schon 1967 wünschten: Anschläge auf die US-Armee, die in Vietnam einen falschen Krieg mit brutalen Mitteln führt, und auf den Springer Verlag, der gegen Minderheiten hetzt. Dafür setzen sie ihr Leben ein – das verhilft Baader und Meinhof in den Augen von vielen Linken zu einem Moralbonus. Die RAF tut, was ihre Sympathisanten, Professoren, Anwälte, Ärzte und Lehrer, tagträumen. Daher rührt in den frühen 70er-Jahren das notorisch schlechte Gewissen der Sympathisanten, die Verständnis für die Ziele der RAF aufbringen, ihre Methoden aber, wie Ströbele, ablehnen. Das schlechte Gewissen der Sympathisanten ist eines der wirkungsvollsten Mittel der RAF, ihre Interessen durchzusetzen. Die RAF-Gefangenen, so Klaus Eschen, »haben die Opferliebe der Neuen Linken« kalt ausgenutzt. Auch eineinhalb Jahre nach der Verhaftung von Meinhof grämt Ströbele sich, zu Beginn zu wenig gegen die Isolationshaft getan zu haben. Am 10. Dezember 1973 schreibt er an die RAF-Gefangenen:

> »Zu Astrids [Astrid Proll] Zeit im ›toten Trakt‹ fällt mir dauernd was Neues ein. Eure Vorwürfe lassen mich nicht ruhen, und ich suche nach einer Erklärung, warum wir die Wirkung des Trakts nicht richtig gedeutet haben. Das gilt für Meinhof mindestens ebenso.«[62]

Ströbele hat ein doppelt schlechtes Gewissen – das des wohlsituierten, linken Bürgers und das des Anwalts, den das Gefühl umtreibt, trotz allem zu wenig für seine Mandanten zu tun.
Das ist ein zentrales Motiv für den wohl größten Fehler, den er als RAF-Anwalt begeht. Einen Fehler, der ihn fast seinen Job und seine bürgerliche Existenz kostet: das »Info«.

Der Zauberlehrling der RAF: Das Info-System

»Hans-Christian Ströbele: Anwalt, sehr freundlich, solidarisch, verteidigt Linkskräfte aus Überzeugung.«

Bommi Baumann 1974 gegenüber der Stasi

Der 19. Juni 1973 ist kein guter Tag für Christian Ströbele. Passanten finden auf dem Bürgersteig vor der Vorbergstraße 6 in Berlin-Schöneberg Briefe von ihm an die RAF. Wie die Papiere dorthin gelangt sind, ob sie dem Anwalt aus der Aktentasche gefallen sind oder, so Ströbeles Version, ob sie von einem Windstoß vom Fensterbrett der Kommune-Wohnung Grunewaldstraße 88 erfasst wurden, wo sie eine allzu sorglose Referendarin des Anwaltskollektivs platziert hatte, das ist heute nicht mehr zu klären. Die Blätter landen umgehend auf dem Schreibtisch der Staatsschützer beim Bundeskriminalamt in Bonn. Ein Kollege des BKA-Kommissars Alfred Klaus kann es kaum fassen, dass »die das Ding einfach auf die Straße flattern lassen«. »Das Ding« ist Ströbeles Bericht an die RAF-Spitze über den zweiten Hungerstreik und die Ankündigung, dass es fortan »ein regelmäßiges Rundschreiben« geben werde. Die Sicherungsgruppe Bonn ist elektrisiert – es gibt offenbar ein als Verteidigerpost deklariertes Informationsnetz zwischen Anwälten und RAF. Besonders interessant finden die BKA-Beamten, dass Ströbele den Plan von Andreas Baader vom März 1973, »ein Info-System aufzubauen und sich zu organisieren«, energisch in die Hand nimmt. So schreibt er in einem Rundbrief vom 16. Juni:

> »Großes neues Projekt, das Arbeit für Monate und Jahre bringt: Info-Zentrale in HH [bei dem Anwalt Kurt Groene-

wold] und Erstellung von Analysen und Gruppenschulung. Nach einer ganzen Reihe gleichlautender Anregungen Plan mit Einzelheiten aus Schwalmstadt [also von Baader]. Dort soll noch genaues Schema erstellt werden.«[63]

BKA-Mann Klaus fährt mit Oberstaatsanwalt Peter Zeis nach Köln-Ossendorf und inspiziert dort die Zelle von Ulrike Meinhof. Sie entdecken Zellenzirkulare und Rundbriefe. Kurz darauf finden Razzien bei allen RAF-Gefangenen statt. Bei BGH-Ermittlungsrichter Georg Knoblich wird ein eineinhalb Meter dicker Stapel von Papieren angeliefert.
Ströbele steht seit Juni 1973 unter dem Verdacht, seinen Verteidigerjob für die RAF allzu freihändig zu interpretieren. Das Info-Projekt treibt er gleichwohl ungebremst weiter voran. Dem *Spiegel* erklärt er sonnig, das sei »alles Verteidigerpost. Da stand nichts Konspiratives drin.«
Am 28. Juni 1973 resümiert er in dem RAF-Rundbrief:

> »Müller, als Mann der Tat, hat begonnen, systematisch und sortiert Zeitungsausschnitte zu sammeln, und zwar nach folgender Einteilung: 1. Recht allg. BRD, 2. Verhältnisse und sonstiges, Imperialismus nach innen, 3. International-Revolution/Konterrevolution, BRD-Imperialismus, 4. Revolution/Linke/militante Linke/Guerilla BRD, 5. Konterrevolution/politisch/militärisch/polizeilich. Er hat *FR*, *Bild*, *FAZ*, *Kölner Stadtanzeiger*. Das Ganze ist der erste Schritt zur Info-Zentrale. Wer macht mit? Wo bleibt das Schema aus Schwalmstadt dazu?«[64]

»Wer macht mit?« So klingt kein entschlossener leninistischer Stratege, der »die gewaltpolitischen Ziele« (Berliner Staatsanwaltschaft 1975) der RAF durchsetzen will, so redet eher ein Realschullehrer, der seine Schutzbefohlenen irgendwie bei Laune halten will. »Wer macht mit?« erinnert auch an den aufgeräumten Tonfall, mit dem der 20-Jährige in Marl seine Freunde auf Unternehmungen eingestimmt hat: »Komm, lasst uns das machen!«

Das Info, so wie Ströbele es sich vorstellt, ist ein Beschäftigungsprogramm für seine ziemlich anstrengenden Mandanten – eine Art linksextreme Volkshochschule. Er überlegt, linke Professoren einzubeziehen, damit die Gefangenen nicht in ihrem hermetischen Tunnelblick verharren. Er versucht Kontakt zwischen dem FU-Politologen Johannes Agnoli und RAF-Inhaftierten herzustellen. Agnoli ist ein undogmatischer Linksradikaler, der Sympathien für Militanz hat, die RAF-Morde allerdings ablehnt. Das ist eine Variation von Ströbeles vertrauter Rolle: Er, der ideelle Gesamtlinke, versucht Kommunikationswege in der seit 1969 in Fraktionen zerbrochenen linken Familie zu öffnen.

Außerdem, da denkt Ströbele pragmatisch, ist das Info praktisch. Die RAF-Verteidigung ist ein logistisches Großprojekt: Mehr als zwei Dutzend Anwälte, die in acht Städten wohnen, vertreten drei Dutzend Angeklagte. Die Ermittlungsakten für den Stammheim-Prozess umfassen weit mehr als hundert Ordner. Das Info erscheint Ströbele als eine effektive Weiterentwicklung des RAF-Rundbriefs, den er braucht, um nichts doppelt schreiben zu müssen. Die RAF-Gefangenen verlangen nicht nur Aufmerksamkeit, sie wollen Bücher, Kopien, Zeitungen, Zeitschriften – von der *Allgemeinen Schweizerischen Militärzeitschrift* bis zu den Werken von Che Guevara. Und über das Büro von Kurt Groenewold, der über viel Geld und die teuersten wie leistungsstärksten Fotokopierer verfügt, lässt sich das reibungslos abwickeln.

Doch das Projekt nimmt eine etwas andere Richtung. Baader beklagt sich schnell, dass er »keine Lust hat, hier den ganzen Tag rumzuschnipseln«. Meinhof kritisiert im Juli 1973, das geplante Revolutionsarchiv werde »ein Zeitungsausschnittsfriedhof«. Meinhof will etwas anderes: »Verbreitung, Veröffentlichung unserer Ideen«. Und noch mehr.

Das Info ist ein Medium, mit dem die Gefangenen ihre kollektive Verteidigungsstrategie entwerfen – und zwar mithilfe von äußerst fragwürdigen Druckerzeugnissen wie *Deutsches Waffen-Journal*, *Der Sprengmeister*, *Neuzeitliche Sprengtechnik* sowie Artikeln über Flammenwerfer, Spähpanzer und Kriegführung in der Stadt.

Die Info-Zentrale, rechtfertigt sich Ströbele 1975, ist »nie als Instrument gedacht oder geplant oder praktiziert worden, um damit Informationen von Gefangenen an Leute draußen im Untergrund zu vermitteln«.[65] Das ist nicht richtig. Die RAF will das Info als Kontakt zu den Folterkomitees nutzen, den potenziellen Fightern. Im Juni 1973 skizziert Gudrun Ensslin ihre freudige Erwartung unter dem Stichwort »Zentrales Infobüro«:

> »Dieses Infobüro soll die Kontakt-/Schaltstelle zur Information für alle Gefangenen und zwischen allen Anwaltsbüros sein. In dieser Eigenschaft dann natürlich auch funktional für die Komitees. Es funktioniert nach einem Sammel- und Verteilersystem, nach Verteilerschlüsseln, sowohl was die Information von draußen nach drin wie von drin nach draußen und drin betrifft. Irre viel Arbeit, Energie, Identifizierung, Disziplin, Phantasie.«[66]

Kassiber, mit denen die RAF aus den Zellen heraus über Verteidigerpost Gesinnungsgenossen instruiert, sind illegal – Unterstützung einer kriminellen Vereinigung. Selbst wenn der Inhalt harmlos ist, gefährdet Ströbele damit seine Reputation und seinen Job.

Dass Kassiber keine bloße Angstfantasie hysterischer Staatsanwälte sind, hatte ein spektakulärer Fall 1972 gezeigt, noch bevor es das Info gab. Als Ulrike Meinhof am 15. Juni 1972 festgenommen wurde, trug sie einen Brief von Gudrun Ensslin in der Jackentasche. Ensslin war am 7. Juni 1972 in einer Modeboutique in Hamburg verhaftet worden und saß in Essen in U-Haft. Ensslin riet per Kassiber, welche konspirativen Wohnungen aufgelöst werden sollten, und schrieb über ihre Verhaftung: »Ich gepennt, sonst wäre jetzt eine Verkäuferin tot (Geisel).« Wie der Kassiber in sechs Tagen aus Ensslins Zelle zu der untergetauchten Meinhof kam, ist bis heute unklar. Zuerst fiel der Verdacht auf Otto Schily, der Ensslin als Einziger besucht hatte – doch der Kassiber hätte auch über Wärter oder Mitgefangene nach draußen gelangt sein können. BKA-Mann Alfred Klaus fiel auf, dass in dem abgetippten Schreiben bei Meinhof ein Tippfehler vorkam (»Intervieuw«), den Ströbele manchmal machte. Ein Beweis, dass Ströbele Teil der Schmuggelkette war, ist dies nicht. Es gibt einen Anwalt, der weiß, wie es war. Doch der schweigt.

Baader gelingt es Anfang 1974, mehrere Anweisungen aus seiner Zelle an die RAF-Kader nach draußen zu schmuggeln. Er verlangt Geiselnahmen, um ihn zu befreien, und fügt alternativ einen exakten Plan hinzu, wie die Gefängnismauer zu überwinden sei (»mit Sprengstoff – am besten schafft Ihr mir 4–5 Kilo rein«). Praktischerweise fügt er das Rezept hinzu, wie der Sprengstoff, mit dem die RAF im Mai 1972 das Hauptquartier der US-Armee angegriffen hatte, gemixt wird. »Ammoniumnitrat ist Granulat und muss zu Pulver zermahlen werden. Wenn Du keine professionelle Mühle auftreiben kannst, kauf ein Dutzend kleiner Kaffeemühlen.«[67] Zudem skizziert Baader die Strategie, wie sich die RAF-Kader im Untergrund die legale Sympathisantenszene zunutze machen könnten.

Das BKA findet Baaders Kassiber am 4. Februar 1974 in konspirativen Wohnungen in Frankfurt am Main und Hamburg bei der Verhaftung von sechs RAF-Verdächtigen samt Waffen, Sprengstoff und falschen Pässen. Wie Baaders Order nach draußen gelangte, ob über den Anwalt Eberhard Becker, der sich der RAF anschloss, oder ob das Info dabei eine Rolle gespielt hat, ist unklar.

Es gibt keinen Beweis, dass über Ströbeles Schreibtisch Kassiber gingen. Henning Spangenberg sagt vierzig Jahre danach: »Wir wussten, was in dem Info stand. Ströbele und ich haben es gelesen.« Aber das Info ist, schon angesichts der schieren Menge an Texten, ein Risiko. Ströbele jedenfalls gibt später freimütig zu, dass die Pakete »nach einer Weile so dick waren, dass ich die gar nicht mehr lesen konnte«.

Baader begreift schnell, was er an dem Info hat – auch intern. Das Info wird zum Machtmedium der RAF-Führung. Im Juli 1973 droht Andreas Baader Astrid Proll an, dass »sie aus dem Infosystem flippt«, wenn sie keine ordnungsgemäße »Selbstkritik bringt«. Proll, gesundheitlich extrem geschwächt, hatte sich nicht an dem Hungerstreik beteiligt. Ausschluss ist die wirksamste Drohung in jeder Sekte – die RAF ist eine Sekte mit Mitgliedern, die isoliert und süchtig nach Rundbriefen, Anwaltsbesuchen und dem Info sind.

Das Info spiegelt und verstärkt die hierarchische Ordnung der RAF. Es gibt ein Info für den inneren Zirkel, ein anderes mit weniger Wichtigem für den Rand. Wer was bekomme, schreibt Carl (Manfred Grashof) am 8. Juni 1973, könne »nicht den Anwälten überlassen werden. Minimalforderungen: Umtippen, geeignete Umschläge, am besten doppelt, fest verschließen (Uhu), ausreichend beschriften (Verteidigerpoststempel).«

Ströbele bekommt 1974 bei einer zu langjähriger Haft verurteilten RAF-Gefangenen hautnah mit, was passiert, wenn die RAF-Führung jemanden aussondert. Am 3. August 1974 trägt er eine Binde wegen einer Nierenerkrankung – die Gefangene vermutet, dass Ströbele mit einem Mikro verkabelt sei, um sie abzuhören.[68] Sie beschimpft ihn als Spion der RAF. Im Info wird der Abweichlerin bescheinigt, sie verstehe »die RAF als Mittel für ihre Emanzipation, nicht als Methode zur Eroberung der Macht«. Die RAF sei für sie »nur ein Individualbefreiungstrip«. Die Konsequenz sei klar: »Trennung«. Sie bekommt das Info nicht mehr – Zeichen für den Ausschluss. Als Ströbele ihr Zeitungen mitbringt, hält sie die für gefälscht. Den Anwalt beschuldigt sie, selbst ein Folterer zu sein. Die Suggestion, Folteropfer zu sein, verschwimmt zum Verfolgungswahn. »Insgesamt«, schreibt Ströbele am 9. August 1974 in einem Vermerk, »ist ihr Misstrauen wohl eher schlimmer geworden.« Ströbele ist Therapeut, Verteidiger, Genosse, alles in einem. Er bringt ihr Materialien des Infos, das sie von der RAF nicht mehr erhält, eigenhändig in die Zelle. Dass das Info eine Rolle bei den internen Machtkämpfen und Disziplinierungen spielt, kann Ströbele nicht übersehen.

Es ist nicht Ströbeles Aufgabe, die RAF zu verändern oder zur Vernunft zu bringen, wie es Medien und Politiker immer wieder in grober Überschätzung der Möglichkeiten der Anwälte fordern. Ströbele hat recht, als er 1974 sagt, es sei »einfach Schwachsinn zu glauben, dass irgendein Anwalt in der Lage ist, etwa durch Eloquenz zu überzeugen, dass die einen Hungerstreik machen sollen, oder sie davon abzubringen, wenn sie einen solchen beschlossen haben«. Aber es ist auch nicht seine Aufgabe, Baader und Ensslin ein Instrument in die Hand zu drücken, mit dem sie die RAF organisieren oder womöglich gar die Unterstützerszene draußen kontaktieren können. Ströbele sieht nicht, wie dünn dieses Eis ist.

Vielleicht ist der Windstoß, der am 19. Juni 1973 die RAF-Post zum BKA geweht hat, für Ströbele letztlich ein Glück. Denn er merkt, dass er unter konzentrierter Beobachtung steht. Seit Sommer 1973 wird gegen ihn wegen Unterstützung einer kriminellen Vereinigung ermittelt. Die Generalbundesanwaltschaft wirft ihm vor, dass seine Rundbriefe nicht der Verteidigung dienten, sondern »dem umfassenden Austausch von Mitteilungen und Instruktionen zur Fortsetzung des gewaltsamen Kampfes gegen die bestehende, grundgesetzlich geschützte Ordnung und der Aufrechterhaltung des organisatorischen Zusammenhaltes der Roten-Armee-Fraktion als einer kriminellen Vereinigung«. In Briefen an die RAF schreibt er im Herbst 1973 manchmal nicht mehr »liebe Genossen«, sondern halbironisch »liebe Mandanten«. Anfang 1974, kaum ein halbes Jahr nach der Erfindung des Infos, steigt Ströbele aus dem Info-Verteilersystem aus, welches das Büro Groenewold von Hamburg aus abwickelt. Es ist die Zeit, in der das BKA Baaders Kassiber mit den Anweisungen findet, wie man ihn befreien solle.

Der Ausschluss aus Stammheim

»Ströbele hat sich in die kriminelle Vereinigung RAF als Mitglied eingefügt.«

Bundesgerichtshof, Januar 1975

Die sozialliberale Regierung rüstet seit 1972 gegen die Gefahr von links auf – mit untauglichen Methoden, die das Spiel von Ausgrenzung und Selbstausgrenzung der Neuen Linken erst recht in Schwung bringen. Mit dem Radikalenerlass und dem obligatorischen Gesinnungs-TÜV für Lehrer und Postboten wird eine ganze Generation unter Verdacht gestellt. Gewiss muss sich eine liberale Demokratie gegen totalitäre Angriffe wehren können – doch die Berufsverbotspraxis ist maßlos. Alle, die in den Staatsdienst wollen, werden überprüft. Damit reanimiert ausgerechnet die sozialliberale Reformregierung ein trostloses Relikt aus obrigkeitsstaatlichen Zeiten, die in der Ära Willy Brandts doch abgeschafft werden sollten.

Wie stickig und eng die Atmosphäre ist, bekommt Juliana Ströbele-Gregor 1975 zu spüren. Ihre Schauspielkarriere hat sie nach einigen Auftritten im Berliner Grips-Theater an den Nagel gehängt. Sie arbeitet als Lehrerin für Deutsch und Gesellschaftskunde in Wilmersdorf. Der Berliner Verfassungsschutz teilt dem verantwortlichen CDU-Volksbildungsrat 1975 mit, dass die Lehrerin 1969 die *Rote Presse Korrespondenz* abonniert und im Prozess, den der Springer Verlag gegen Mahler angestrengt hatte, für den Linksanwalt ausgesagt habe. Und dass sie mit einem RAF-Anwalt verheiratet sei. Ströbele-Gregor wird entlassen. Erst nach Protesten gegen diese Sippenhaft und nachdem sie einen Prozess gewonnen hat, wird sie wieder angestellt.

Im November 1974 stehen um sechs Uhr morgens bei der Aktion »Winterreise« ein Bundesanwalt, Staatsschutz und Polizisten vor

der Tür des Anwaltskollektivs und durchwühlen sieben Stunden lang das Büro, nehmen Tonbänder, Akten und Briefe mit – ohne belastendes Material zu finden. Ein richterlicher Beschluss, nötig für solche Aktionen, fehlt – Bundesanwalt Klaus Holland erklärt, den brauche man nicht, es sei »Gefahr im Verzug«. Anwalt Spangenberg sagt zu einer Referendarin: »Wenn du in deiner Prüfung schreiben würdest, dass diese Aktion legal ist, fällst du durch.« Daraufhin tragen drei Polizisten Spangenberg aus dem Büro.
An einem Sonntag im März 1975 bekommt Ströbele Post per Eilboten an seine Privatadresse in Wilmersdorf zugestellt. In dem Brief befindet sich eine Patrone, die mit Tesafilm auf einem Flugblatt klebt.

> »Warnung! Da der Staat hilflos ist, werden wir ab sofort alle Aktionen der vereinigten Ultralinken durch Hinrichtungen beantworten.
> 1. Wahllos alle Links-Anwälte
> 2. Alle ultralinken Professoren & Spinner
> Aktion Rettet die Bundesrepublik, Todesschwadron Berlin, gegründet 7. März 1975.«

Ströbeles Gefühl, dass die bundesdeutsche Gesellschaft feindselig auf Dissidenten reagiere, ist nicht aus der Luft gegriffen.
Die Bundesregierung schränkt 1974 massiv die Rechte der Strafverteidiger ein. So wird die Blockverteidigung und damit die Möglichkeit, mehrere RAF-Mandanten im selben Prozess zu vertreten, abgeschafft. Ströbele wird in Stammheim nur Andreas Baader vertreten. Doch das Fiasko deutet ein BGH-Urteil im Januar 1975 an: Demnach war die Beschlagnahmung von Ströbeles Verteidigerpost rechtens, weil der Anwalt sich »in die kriminelle Vereinigung RAF als Mitglied eingefügt« habe.[69] Am 13. Mai 1975, ein paar Tage vor dem Beginn des RAF-Verfahrens, wird Ströbele vom Stammheim-Prozess ausgeschlossen, aus den bekannten Gründen: Er habe

die Hungerstreiks unterstützt, das Info entwickelt, sich der RAF unterworfen und lasse sich von den Mandanten Beleidigungen gefallen. Das Material ist durchweg seit einem Jahr bekannt.[70]

Ströbele ist erschüttert, wütend, verletzt. Kein Anwalt kennt das Zehntausende Aktenseiten umfassende Material, auf dem die Anklage fußt, besser als er. Er hat sich drei Jahre lang auf diesen Prozess vorbereitet, dafür so gut wie keine Mark bekommen. Er steht vor einem kratergroßen Loch. Und: Eine Woche vor Beginn des Prozesses, in dem die Verteidigung es mit einer hochmotivierten, bestens ausgerüsteten Anklage zu tun bekommt, hat Baader keinen Verteidiger. Das ist keine gute Voraussetzung für ein faires Verfahren. Und Stammheim wird auch kein fairer Prozess, sondern einer am Rand der Legalität. Der Richter wird zurücktreten, weil er mit der Revisionsinstanz kungelte, die Anwälte werden abgehört. Auch wenn es dafür plausible Sicherheitsinteressen gibt, ist dies ein grober, illegaler Verstoß gegen den Anspruch, dass zwischen Anklage und Verteidigung Waffengleichheit herrschen müsse. Ströbele hat alle seine Energien – mentale, finanzielle und intellektuelle – auf den Prozess in Stammheim fokussiert. All dies wird ohne ihn stattfinden.

Es kommt noch schlimmer.

1975: Die Verhaftung

»Das war keine schlechte Erfahrung.«
Christian Ströbele 2015 über seine U-Haft

Am 23. Juni 1975 verteidigt Ströbele in einem Prozess im Kriminalgericht Berlin-Moabit. Es geht um ein Tötungsdelikt und Raub. Ein normales Strafverfahren, ein normaler Arbeitstag. In der Mittagspause machen sich Verteidiger, Staatsanwälte und Richter auf in die Kantine – Ströbele nicht. Er geht in der Mittagspause oft im nahen Park spazieren oder fährt in die Kanzlei. Beim Mittagessen kann man als Verteidiger auch mal mit Richtern ins Gespräch kommen. Es kommt vor, dass in der Kantine Prozessdeals angebahnt werden. Doch Ströbele hat nicht nur feste Grundsätze, er hat auch feste Gewohnheiten. Ströbele plaudert vor dem Kriminalgericht noch kurz mit Staatsanwalt Hans-Jürgen Przytarski, den er aus dem Referendariat kennt. Small Talk unter Kollegen.
Am Abend zuvor hat Ströbele einen Text für ein Buch fertiggestellt, *Politische Prozesse ohne Verteidigung?*, das im Wagenbach Verlag erscheinen wird. Der Text ist eine schneidende Abrechnung mit den Vorwürfen gegen die RAF-Anwälte. Ihn empört, dass er in *Bild* als »Briefträger für Bombenleger und Polizistenmörder« verunglimpft wird, dass RAF-Verteidiger zum Feindbild geworden sind und vor allem dass ihm und seinen Kollegen vorgehalten wird, sich die Prozessstrategie von der RAF vorschreiben zu lassen. »Ja, von wem denn sonst? Genauso gut kann man einem Architekten vorwerfen, dass er sich bei Planung und Durchführung eines Hausbaus nach den Wünschen seines Auftraggebers richtet.« Er rechtfertigt das Engagement der Anwälte für die Hungerstreiks der RAF, dass er die RAF-Mandanten politisch verteidigt, so wie die es wollten,

und auch das Info, mit dem die Gefangenen mit allerlei Material versorgt werden. Wir sind, so Ströbele, »nicht der verlängerte Arm der RAF außerhalb der Haftanstalten«.

Um 12 Uhr 30 erfolgt der Zugriff. Zwei Kripobeamte in Zivil nehmen ihn in die Zange und sagen: »Sie sind verhaftet!« Przytarski tritt ein Schritt zurück und sagt: »Ja, das stimmt.« Der Staatsanwalt wusste, was geplant war. »Ich bin aus allen Wolken gefallen«, so Ströbele. Die Kripo bringt den Verdächtigen in die nahe gelegene Wache in der Invalidenstraße. Er kommt in eine Einzelzelle und wird am selben Tag in die Gothaer Straße verlegt. Dort erfährt er, was ihm vorgeworfen wird: Unterstützung einer kriminellen Vereinigung, der RAF. Paragraf 129. Die Hungerstreiks, so die Anklage, hätten keineswegs auf Hafterleichterungen gezielt, sondern auf Werbung für »die gewaltpolitischen Ziele« der RAF. Ströbele habe am Info-System der kriminellen Vereinigung mitgewirkt. Und – Klimax der Anklage – dass Ströbele die RAF als »Genossen« anrede, zeige, dass er sich »mit den Anschauungen der Anarchisten« identifiziere.

Die Begründung ist schütter, die Drohung real. Auf Unterstützung einer kriminellen Vereinigung stehen bis zu fünf Jahre Haft. Ein Berufsverbot droht. Das kann das Ende seiner Karriere als Anwalt bedeuten. Ströbele ist schockiert. Fassungslos macht ihn, dass der Richter in dem Mordprozess, den er führt, nicht benachrichtigt wird, dass er für den Nachmittag verhindert ist. »Richter und Staatsanwalt waren verständlicherweise sauer, weil sie nach der Mittagspause vergeblich auf mich gewartet haben«, so Ströbele recht preußisch.

Die Anwälte Henner Kraetsch, Alexandra Goy und Henning Spangenberg, die ebenfalls im Sozialistischen Anwaltskollektiv arbeiten, und Harald Remé verteidigen am 23. Juni im Saal 101 in Moabit. Als sie mitbekommen, was Ströbele widerfahren ist, sagt Kraetsch: »Das ist eine unglaubliche Provokation. Wir werden hier nicht weiterverhandeln, solange nicht klar ist, was passiert ist.« Die Anwälte verlassen den Prozess. Der Staatsanwalt tobt, doch der Richter bleibt gelassen. Anstatt diesen Abgang zu rügen und den Anwälten die Kosten für die Unterbrechung des Verfahrens aufzubrummen, kündigt er einen neuen Termin an. Die Klassenjustiz kann auch nett sein.

Klaus Eschen ist am 23. Juni 1975 in den Niederlanden im Urlaub. Als er die Nachricht im Radio hört, fürchtet er, auch verhaftet zu werden. Doch er fährt sofort nach Berlin. Das Büro in der Meierottostraße wurde durchsucht, ebenso seine Privatwohnung. 50 Polizisten und 46 Staatsschützer sind an der Aktion beteiligt, 15 Wohnungen und Büros werden auf den Kopf gestellt. Der Ertrag ist überschaubar. In Ströbeles Privatwohnung stellen Beamte fest, dass das Autoradio in Ströbeles VW-Cabrio auf Polizeifunk eingestellt ist: eine Ordnungswidrigkeit, immerhin. Harald Remé fährt in die Auguste-Viktoria-Straße, um Ströbeles Frau Juliana beizustehen. »Sie war sehr aufgeregt, hat aber versucht, das zu verbergen«, so Remé.

Ströbele lernt das deutsche Justizsystem nun aus anderer Perspektive kennen. In der Untersuchungshaft trifft er auf eine Reihe von früheren Mandanten. Der Anwalt macht sich nützlich und gibt kostenlose Rechtsberatung. »Das war keine schlechte Erfahrung«, sagt er vierzig Jahre später. Doch damals quält ihn die Ungewissheit, wann er wieder freikommt – in Tagen, Wochen, Monaten, Jahren? Gibt es neues Belastungsmaterial, eine Zeugenaussage, die er nicht kennt?

Der Fall erregt das öffentliche Interesse. Die Crème de la Crème der Anwälte verteidigt ihren Kollegen, nicht nur Otto Schily, auch der Sozialdemokrat Dietrich Scheid, der gute Kontakte zu *Bild* und *BZ* hat. Über mangelnden Besuch kann Ströbele sich nicht beklagen. Juliana kommt, auch seine Mutter. »In der ganzen Besuchsstunde«, so Ströbele, »hat sie nur drei Sätze mit mir gewechselt. Eigentlich hat sie nur auf den Justizvollzugsbeamten und den Kriminalbediensteten eingeredet, wie ungerecht es ist, dass ich verhaf-

tet wurde.« Wie damals im Gymnasium, als sie die Lehrer zur Rede gestellt hat, wenn Christian Unrecht geschehen war. Ströbele, 36 Jahre alt und auf dem besten Weg, zu einem ernsthaften Gegner der Bundesrepublik erklärt zu werden, ist die Szene etwas peinlich.
Zur Vernehmung wird Ströbele durch die Keller des Gerichts von sieben mit Maschinenpistolen bewaffneten Polizisten und zwei Wachtmeistern gebracht. Auch bei der Vernehmung haben Polizisten ihre MPi stets griffbereit. Die Verhaftung und diese Inszenierung sind grotesk überzogen. Das Belastungsmaterial gegen Ströbele ist seit zwei Jahren bekannt, wesentlich Neues nicht hinzugekommen. Ströbele wird verhaftet, weil ein junger Haftrichter, der die Urlaubsvertretung macht, sich einen Namen machen will. Und die Lage im Sommer 1975 ist angespannt. Im November 1974 wurde in Berlin der Richter und Kammergerichtspräsident Günter von Drenkmann ermordet, Ende Februar 1975 der CDU-Politiker Peter Lorenz entführt, im April gab es den blutigen Terroranschlag auf die deutsche Botschaft in Stockholm. Die Hoffnung, dass die RAF hinter Gittern entmachtet sei, war trügerisch.
Ströbele hält sich in der Zelle mit Sportübungen fit und liest Lenin. Vor dem Untersuchungsgefängnis demonstrieren KPD/AO und Rote Hilfe und fordern »Freiheit für die Anwälte der Arbeiterklasse«. Am 2. Juli bedankt er sich bei der maoistischen Roten Hilfe Westberlin. »Die Reden und die Kampfrufe« waren in der Zelle »gut zu hören«, schreibt er. Und teilt den Maoisten stolz mit, dass er Lenins *Was tun?* und *Ein Schritt vorwärts, zwei Schritte zurück* gelesen hat. »Lenins Abrechnung mit Ökonomismus, Opportunismus und Spontaneismus« findet Ströbele »zwingend, und das Ergebnis der Russischen Revolution hat bewiesen, dass er recht hatte.«
Das Ergebnis der Russischen Revolution ist 1975 das marmorne Breschnew-Regime, das die KPD/AO als sozialimperialistischen Feind bekämpft. Ströbeles Lenin-Exegese drucken die Maoisten nicht ab und kennzeichnen sie lieber mit Auslassungspunkten.

Während der U-Haft tritt Ströbele als Zeuge in einem Prozess gegen den Anwalt Henner Kraetsch auf, welcher der Falschaussage bezichtigt wird. Im Publikum ruft Dieter Kunzelmann seinem Exverteidiger aufmunternde Worte zu. Die Rollen scheinen vertauscht.
Nachdem der reguläre Haftrichter Ehlitt aus den Ferien zurückgekehrt ist, lässt er Ströbele frei. Das Kammergericht begründet die Freilassung nach fünf Wochen Haft am 18. Juli 1975 so:

> »Ströbele lebt mit seiner Ehefrau, die als Lehrerin in einer Gesamtschule tätig ist, in einer Eigentumswohnung. Diese Lebensführung deutet nicht auf eine besondere Anfälligkeit für anarchistische Verhaltensweisen hin.«

Linke Referendare wie Wolfgang Wieland, später Ströbeles Mitstreiter in der Alternativen Liste, witzeln, dass man, da es für eine Eigentumswohnung nicht reiche, eine Heirat anvisieren solle. Ströbele muss sich einmal in der Woche bei der Polizei melden. Er ist jetzt amtlich Opfer der repressiven Klassenjustiz. Das ist in der Szene eine Auszeichnung. »Genau wie mich hätte man auch Gandhi oder Émile Zola verurteilen müssen«, gibt er im Herbst 1975 in der *Frankfurter Rundschau* mit allzu dröhnendem Selbstbewusstsein bekannt.
Aber es ist noch nicht vorbei.

Kapitel 6

DER VERTEIDIGER AUF DER ANKLAGEBANK 1976 BIS 1982

Der Prozess gegen den RAF-Anwalt Ströbele

»Es muss aufhören, dass immer mehr junge Menschen in den bewaffneten Untergrund getrieben werden – der RAF und ihren Nachtretern in die Arme.«

Horst Mahler, 1978

Am 2. Dezember 1976 legt Staatsanwalt Henryk Filipiak die 485 Seiten dicke Anklageschrift gegen Christian Ströbele vor. Sie ist, merkt Ströbele an, »fast doppelt so dick wie die von Andreas Baader«. Die Anklage ist hypertroph, wie so vieles im Umgang von Justiz und Staat mit der RAF. So argumentiert der Staatsanwalt unter anderem, dass schon der Umstand, dass die RAF Ströbele als Anwalt nicht gefeuert habe, zeige, dass er Baader und Meinhof zu Diensten gewesen sei. Nach dieser Logik ist jeder RAF-Anwalt kriminell. RAF-Täter wären faktisch aus dem Rechtsstaat ausgebürgert, weil sie legal kein Recht auf einen Anwalt ihrer Wahl haben.

Die Anklageschrift stützt sich auf Ströbeles Briefwechsel mit Baader & Co. und skizziert seine sonstigen Aktivitäten. Sie malt das bekannte Bild, nur größer, detaillierter, mit mehr Material aus Infos und Rundbriefen. Die Vorwürfe lauten: Ströbele habe Prozesserklärungen mit verfasst, in denen Ziele der RAF proklamiert wurden, er habe Kampagnen für Hungerstreiks und gegen die Isolationshaft organisiert, um den Rechtsstaat zu diffamieren, er habe Rundbriefe an die »lieben Genossen« geschrieben, die Kommunikation zwischen den RAF-Angeklagten ermöglicht und das Info ins Laufen gebracht. Der Vorwurf ist in etwa der gleiche, den das Oberlandesgericht Stuttgart im Mai 1975 erhoben hatte, als es ihn aus dem Prozess in Stammheim ausschloss: Unterstützung der RAF.

Die Anklageschrift von 1976 erinnert in ihrem schieren Volumen an, um Isaac Deutscher zu zitieren, die Niagarafälle, die dazu verwandt werden, um ein Papierschiffchen anzutreiben. Die Schlüsselfrage bleibt: Hat Ströbele die RAF unterstützt? Oder hat er in einem ungewöhnlichen Prozess, in dem seine Mandanten kollektiv als kriminelle Vereinigung angeklagt sind, mit ungewöhnlichen Angeklagten zu ungewöhnlichen Maßnahmen gegriffen, die als engagierte Verteidigung gelten?
Im Prozess tritt Horst Mahler als Zeuge auf, der schon vor seiner Wandlung zum Hitler-Fan als die rätselhafteste Figur des deutschen Linksterrorismus gilt. Er ist der erste Anwalt, der in den Untergrund geht, er ist der erste Dissident der RAF, der freiwillig aussteigt. 1972 proklamiert Mahler als Erster die »Isolationsfolter« als Propagandamittel für die RAF, 1978 ist er der erste Exterrorist, der mit dem »Foltervorwurf – eine Propagandalüge«, so der Titel von Mahlers Text im *Spiegel,* abrechnet, die er selbst mit erfunden hatte:

> »Es muss aufhören, dass immer mehr junge Menschen in den bewaffneten Untergrund getrieben werden – der RAF und ihren Nachtretern in die Arme. Seit Sommer 1972 – nach der Verhaftung von Andreas Baader und Gudrun Ensslin – ging es bei fast allen Aktionen der RAF und ähnlicher Gruppen um die Befreiung der inhaftierten RAF-Mitglieder und um die Verbesserung ihrer Haftbedingungen. Ausgeführt wurden die Kommando-Unternehmen von noch sehr jungen, sehr idealistisch gesonnenen und zu jedem Opfer bereiten Menschen, die ausnahmslos die Empörung über die extremen Haftbedingungen zum äußersten trieb. […] Aber erst die Vorstellung, dass die gefangenen Guerilleros – wie sie es sahen – in den Gefängnissen langsam zu Tode gefoltert wurden, brachte sie dazu, sich den bewaffneten Gruppen anzuschließen. So entstand ein Teufelskreis, in dem wir noch heute gefangen sind. […]

> Die Linke in der Bundesrepublik hat nur erst sehr zaghaft begonnen, diesen Automatismus zu reflektieren; eine Haltung dazu hat sie noch nicht gewonnen […] Der Mythos der Guerilla bremst noch den Gedankenfluss, und die selbstgestrickten Legenden hüllen die Tatsachen in barmherzigen Nebel. Wie sich viele Linke die Wahrheit vom Leibe halten, weiß ich nur allzu gut […]«

Mahler ist immer der Erste und immer extrem – und damit das Gegenteil von Ströbele. Mahler ist immer vorn, Ströbele im Tross. Mahler will die Zuspitzung. Ströbele sucht den Kompromiss. Ströbele ist auch als selbsterklärter Revolutionär pragmatisch und hat zu Ideologien ein praktisches Verhältnis: Er nimmt, was gerade passt. Mahlers Leben scheint einem Zickzackkurs zu folgen, bei dem der radikale Bruch mit dem, was er gestern mit Verve vorgetragen hat, die einzige Kontinuitätslinie zu sein scheint. Ströbele verkörpert das entgegengesetzte biografische Prinzip: Was einmal als richtig erkannt wurde, wird bewahrt, geschützt und bis an die Grenze des Starrsinns verteidigt.

Mahlers Auftritt in Ströbeles Prozess im Herbst 1980 beeindruckt Springers *Berliner Morgenpost.* Der Exterrorist erscheint als »hochintelligenter, brillant, aber milde formulierender Mann«. Die Staatsanwaltschaft will den RAF-Propaganda-Kritiker Mahler als Belastungszeugen gegen Ströbele in Szene setzen – doch das misslingt. Mahler sagt zu Ströbeles Gunsten aus. Das Info (das Mahler 1974 nach seinem Bruch mit der RAF als »Dreck« bezeichnet hatte) sei eine Art Bildungs- und Beschäftigungsprogramm gewesen, das den Inhaftierten half, »die Haft psychisch zu überleben und nicht kaputtzugehen«. Anwälte halten zusammen.

Am 19. Januar 1981 verurteilt die Moabiter Staatsschutzkammer Ströbele zu 18 Monaten mit Bewährung wegen Unterstützung einer kriminellen Vereinigung. Es gab 38 Verhandlungstage, die Urteilsbegründung dauert drei Stunden. Ströbele wird wegen zwei Verge-

Der Anwalt vor der Tür des Kriminalgerichts Moabit auf dem Weg zu seinem eigenen Prozess – vorgeworfen wird ihm die Unterstützung der RAF. Am Ende wird er zu zehn Monaten Haft mit Bewährung verurteilt.

hen verurteilt. Er habe 1973 RAF-Prozesserklärungen an die Presse weitergeleitet (»die Rote Armee aufbauen, noch heute«), die das Gericht für kriminellen Agitprop hält. Und vor allem wegen des Infos, das kein Instrument der Verteidigung, sondern eines zur internen Kontrolle der RAF und zur praktischen Vorbereitung auf den Kampf draußen gewesen war. Ströbele habe indes nicht böswillig gehandelt. Schließlich hatte er es, so das Gericht, mit äußerst energischen, mit einem hermetischen Weltbild ausgerüsteten Mandanten zu tun gehabt, deren Ansprüche er tapfer, aber unzureichend abwehrte. Die Hungerstreiks hält das Gericht für unberechtigt, aber zulässig und ihre Unterstützung für legal. Die Prozesskosten von 40 000 DM trägt Ströbele.

Im Revisionsverfahren, das im Juli 1982 jenseits des öffentlichen Interesses stattfindet, ist von den auf 485 Seiten dargelegten Vorwürfen noch einer übrig – das Info. Dass Ströbele Prozesserklärungen mit RAF-Slogans an die Presse weitergab, ist, so hat es der

Bundesgerichtshof verfügt, für Anwälte nicht illegal. Das ist eine richtige Entscheidung – denn wenn Anwälten Gefängnis droht, wenn sie öffentlich verlesene Prozesserklärungen weitergeben, ist die freie Verteidigung von Willkür bedroht. Ströbele wird zu zehn Monaten Haft mit Bewährung verurteilt, weil das Info nicht der Verteidigung, sondern »der Fortsetzung des bewaffneten Kampfes der RAF« gedient habe. Damit endet der Prozess. Ströbele ist rechtskräftig verurteilt – und steht damit in illustrer Reihe mit Wirtschafts-, Innen- und Verkehrsministern wie Otto Graf Lambsdorff, Manfred Kanther und Matthias Wissmann und mit Ministerpräsidenten wie SPD-Mann Reinhard Klimmt.

Ist dieses Urteil ein Nachhall der RAF-Hysterie – oder eine nötige Grenzmarkierung?

Richter Ehlitt, der Ströbele im Juli 1975 auf freien Fuß gesetzt hatte, urteilte damals zutreffend, dass Ströbele

> »zu radikalen sozialistischen Vorstellungen neigt. Trotzdem hat er sich aber offensichtlich nicht in die kriminelle Vereinigung einfügen lassen, vielmehr trotz seiner unterstützenden Tätigkeit immer wieder eine Grenze aufgezeigt, über die zu gehen er nicht bereit ist.«

Dass Ströbele wusste, wo für Anwälte die Grenze zum Illegalen verläuft, zeigt eine Episode aus dem Jahr 1976. Eine Referendarin im Sozialistischen Anwaltskollektiv schmuggelte einen Kassiber für Fritz Teufel, zu dem sie sich offenbar nicht nur politisch hingezogen fühlte. Als Teufels Anwalt Spangenberg dies mitbekommt, entzieht er der Referendarin die Vollmacht, Teufel weiterhin zu besuchen. Ströbele feuert die angehende Anwältin.

Es fällt auf, dass die Urteile gegen RAF-Verteidiger, je länger Stammheim und der Deutsche Herbst entfernt sind, milder ausfallen. Es mag sein, dass Richter ein paar Jahre später auch das Info für gefährlich und fahrlässig gehalten hätten – aber nicht für die Unterstützung einer kriminellen Vereinigung. Denn es existiert kein Beweis, dass Ströbele Kassiber transportiert hat oder per Info RAF-Befehle nach draußen gelangt waren, auch wenn Ensslin genau darin einen Zweck des Infos sah.

Das Gericht hätte 1982 mehr in Rechnung stellen können, dass Ströbele sich 1973 in einer rechtlichen Grauzone bewegt hat. Klügere, vorsichtigere Anwälte wie Otto Schily setzten in dieses unbekannte Terrain wohlweislich keinen Fuß. Doch ein weitherziger Richter hätte strafmildernd einen Verbotsirrtum ins Auge fassen können – demnach wäre das Info ein Straftatbestand, weil es half, die RAF-Strukturen in den Gefängnissen aufrechtzuerhalten, aber keiner, den Ströbele 1973 hätte erkennen müssen. Denn Untersuchungshäftlinge wie die RAF-Gefangenen oder so etwas wie das Info gab es vorher nicht. Und immerhin hatte das Oberlandesgericht Hamburg am 21. November 1974 entschieden, dass RAFler in Untersuchungshaft Literatur über »Waffen, Polizeiorganisation und Polizeitaktik, innere Sicherheit, Bundeswehr, Bundesgrenzschutz, Kriegstechnik, Datenverwaltung und Elektronik (Fernzündung)«, die über das Info geliefert wurde, in ihren Zellen studieren durften. Womöglich sei das wichtig, um sich gegen die Gutachten der Bundesanwaltschaft zu wappnen.

Das Urteil gegen Ströbele »wegen Unterstützung einer kriminellen Vereinigung in einem besonders schweren Fall« ist kein Beleg für eine willkürliche, rachsüchtige Klassenjustiz – aber es ist auch nicht zwingend. Das Gericht hätte Ströbeles Beteiligung am Info auch als »untergeordnet« einschätzen können – und damit als straffrei.

Gerade in der Konfrontation mit seinen fanatischen politischen Feinden muss der Rechtsstaat dessen Anwälten alle möglichen Freiheiten lassen – sonst beschädigt er sich selbst. Dass Ströbele die Politpropaganda der RAF vor Gericht zur Sprache gebracht hat, war daher richtig. Es ist das Recht des Anwalts, die Motive der Angeklagten, auch wenn sie abseitig klingen, vorzutragen oder sie die Mandanten vortragen zu lassen. RAF-Prozesse, bei denen die Gründe der Täter nicht ausführlich zur Sprache gekommen wären, hätten RAF-Unterstützer erst recht in der Fantasie bestärkt, dass man sich gegen einen Staat, der Schauprozesse organisiere, nur mit der Waffe in der Hand behaupten könne.

Das ist die Habenseite. Auf der Sollseite steht, dass Ströbele sich in den Folter-Agitprop einspannen ließ, welcher der Fantasie der Unterstützer, im Faschismus zu leben, Nahrung gab. 1978 schrieb er, quasi als Antwort auf Mahler im *Spiegel*, trotzig: »Nicht weil diese [Folter-]Komitees Kaderschmieden der RAF waren, sondern weil sie erlebt haben, was den politischen Gefangenen in den Gefängnissen geschah und wie auf ihren Protest reagiert wurde, haben sie sich radikalisiert.«[71]

So war es nicht. Das Bild vom Folterstaat war eine gezielt eingesetzte Waffe der RAF. Und Ströbele wusste, wie eisern nicht nur Meinhof das Bild als Folteropfer verteidigte. Die interessante Frage ist keine juristische. Sie lautet: Warum hat Ströbele nicht erkannt, wie leichtsinnig die Etablierung des Infos war? Warum hat er nicht erkannt, wie bedenkenlos die RAF alle für ihren selbstmörderischen Trip einspannte?

Ströbele und die RAF – Ein Resümee

»Das ist ein Vorschlag von Baader.
Das ist kein Befehl von Baader.«

Christian Ströbele am 27. Juli 1976 als Zeuge in Stammheim

Klaus Eschen spielt mit Ströbele manchmal Volleyball – Ströbele schlägt den Ball meist direkt über das Netz, anstatt ihn besser Positionierten zuzuspielen. Auch im Büro hat Ströbele seinen eigenen Stil. »Wenn andere noch nachdenken, macht er schon. Er ist schnell, auch eigensinnig«, so Eschen.
Ströbele hat sich rasch und eindeutig für das Info entschieden. Selbstzweifel sind seine Sache nicht. Seine Begeisterung für das Info, der Mangel an Skepsis, hat neben Entscheidungsfreude einen speziellen Grund – Ströbeles Bild der RAF. Aufschlussreich ist ein Auftritt am 27. Juli 1976 in Stammheim. Ströbele sagt dort einen ganzen Tag lang als Zeuge aus.

> Oberstaatsanwalt Zeis: Herr Ströbele, haben Sie mal in Ihren Rundbriefen Befehle des Herrn Baader weitergeleitet an andere Gefangene?
> Ströbele: Nein.
> Zeis: Nicht? Dann möchte ich Ihnen Folgendes vorhalten, und zwar aus Anlage 15 eines Rundbriefes von Ihnen am 21. Juni 1973: »Zu Journalisten: Baader: Keiner spricht ein Wort mit denen oder empfängt auch nur. [...] Baader: Schweigen in Berlin und gegenüber Journalisten als Befehl.«
> Ströbele: Das ist kein Befehl, den ich von Baader weitergeleitet habe.
> Zeis: Ach, nichts weitergeleitet?

Ströbele: Nein.
Zeis: Nichts weitergeleitet?
Ströbele: Das ist kein Befehl.
Zeis: Hier heißt es doch »Schweigen in Berlin und gegenüber Journalisten«. Als was würden Sie das bezeichnen, Herr Rechtsanwalt?
Ströbele: Das ist ein Vorschlag von Baader. Das ist kein Befehl von Baader, den ich weitergeleitet habe, sondern das ist ein Vorschlag für eine verbindliche Regelung von Baader, der meiner Erinnerung nach aber nie zustande gekommen ist.
Zeis: Darf ich Ihre Antwort so verstehen, dass, wenn Herr Baader Vorschläge gemacht hat, dass er sie dann als Befehl ...?
Ströbele: Nein.
Zeis: Nicht. Haben Sie ...?
Ströbele: Sondern, dass Baader meint, das solle man als verbindliche Regelung, das versteht er unter Befehl.
Zeis: Ah, ja, ja.
Ströbele: ... als verbindliche Regelung solle man das beschließen oder ins Auge fassen. So ist das.[72]

Die RAF ist demnach eine Organisation, die irgendwie basisdemokratisch und konsensual funktioniert – in der »Vorschläge« diskutiert und dann »verbindliche Regelungen« gefunden werden. Die RAF erscheint bei Ströbele als eine Fortsetzung der Teach-ins und Happenings der Revolte, des lichten Traums der Aufklärung, dass nur das bessere Argument zählen soll. Wenn man es so sieht, dann spricht auch wenig dagegen, dieser von Staat und Justiz drangsalierten Gruppe bei der Beschaffung von Informationsmaterial etwas unter die Arme zu greifen.
Ströbele sieht Baader, Ensslin, Meinhof und Meins als Figuren aus dem bundesdeutschen Familienroman, Aufständische gegen die

verlogene Elterngeneration, die Exnazis zu Amt und Würden verholfen hat und nun die Verbrechen der USA achselzuckend hinnimmt. Die Pastorentochter Gudrun Ensslin steckte 1968 aus Protest gegen den Vietnamkrieg ein Kaufhaus an, weil sie erkannt hatte, dass Reden ohne Tun falsch ist. Haben nicht auch manche ihrer Gegner Ulrike Meinhof bescheinigt, Moralistin zu sein? Bei Holger Meins hat Ströbele mit eigenen Augen gesehen, wie der repressive Staat dessen Weg in den Untergrund wenn nicht verursacht, so doch beschleunigt hat.

Das ist richtig, aber längst nicht das ganze Bild. Ströbele übersieht, dass die RAF mehr ist als ein Figurenensemble der ödipalen Revolte gegen die Bigotterie der wiederaufgebauten Bundesrepublik, dass Ensslin und Meinhof mehr als gefallene Engel sind. Der Publizist Manès Sperber, in den 20er-Jahren Kommunist, später radikaler Antistalinist und erfahren mit totalitären Systemen, sagt 1974:

> »Die RAF hat Ziele. Das Malheur ist, dass das Ziel die Mittel heiligt. Die schändlichen Mittel haben das Ziel verschandelt und zerstört. Je mehr sie von diesen Mitteln verwenden, umso mehr entfernen sie sich vom Ziel. Das ist das typische Ereignis dieses Jahrhunderts.«

Die RAF ist eine Reinszenierung des Debakels des linken, instrumentellen Putschismus, der mit eiserner Mechanik in einen Strudel von Vernichtung und Selbstvernichtung führt. Ströbele kennt aus dem Berliner Ensemble Brecht – aber nur den Brecht des *Arturo Ui*, als Analytiker des Faschismus, nicht als den Autor von *Die Maßnahme*, in der Brecht kalt bis ins Herz die Logik des Stalinismus vorführt, in der das Kollektiv alles, das Individuum nichts ist.

> »Furchtbar ist es, zu töten.
> Aber nicht andere nur, auch uns töten wir, wenn es nottut
> Da doch nur mit Gewalt diese tötende

Welt zu ändern ist, wie
Jeder Lebende weiß.«

Gudrun Ensslin hatte diese Zeilen unterstrichen. Der moralische Grundimpuls der RAF-Akteure ist untrennbar mit dem Wahn, Avantgarde fiktiver proletarischer Massen zu sein, mit hybrider Selbstermächtigung und mit der für kleine militante Gruppen typischen Neigung zur Paranoia verknüpft. Schon 1970, kaum auf der Bühne, war ihr erster Impuls, in Jordanien ihren Genossen Peter Homann aus nichtigen Gründen zu ermorden – es wäre ein Verbrechen gleichermaßen in der Tradition rechtsradikaler Fememorde und kommunistischer Vernichtung von Dissidenten gewesen, die exemplarisch in *Die Maßnahme* beschrieben ist. Nach innen ist die RAF ein extrem autoritäres Gebilde, das Baader und Ensslin regieren und disziplinieren. »Ein Befehl«, schreibt Ensslin 1973 in einem Rundbrief, »resultiert aus dem Aufbau des Kollektivs aus dem Abbau jeder Hierarchie. Ein Befehl ist das, wovon einer überzeugt ist bzw. wird.« Es gibt also keine Hierarchie – aber wer Befehlen nicht gehorcht, dem droht umgehend das Aus: »Sanktion: Ausflippen aus der Kommunikation«, so Ensslin.[73] Gegen das RAF-Kollektiv, das alles, was nicht funktioniert, nicht richtig tickt, absondert, ausgrenzt, aus dem Info streicht, ist das ZK der SED eine gemütliche Plauderrunde. Ende Februar 1974 streitet Ströbele mit Ulrike Meinhof, ob es klug ist, den gemeinsamen Hofgang mit Gudrun Ensslin in Ossendorf zu verweigern. Meinhof will dies nur annehmen, wenn alle RAF-Gefangenen Hofgang haben dürfen. Ströbele plädiert dafür, Lockerungen in der Haft, für die man doch so vehement kämpfe, auch anzunehmen. Meinhof beschimpft ihn deswegen als »Schwein und Intrigant«. Ihr Brief endet mit einem Zitat von Lenin:

> »Wie die Bourgeoisie nicht sterben wird, solange sie nicht gestürzt ist, so wird auch die durch die Bourgeoisie genährte und unterstützte Strömung, die die Interessen der mit der

> Bourgeoisie verbündeten kleinen Gruppe von Intellektuellen und Aristokraten der Arbeiterklasse vertritt, nicht sterben, wenn man sie nicht ›totschlägt‹.«

Die »opportunistische Strömung«, die totgeschlagen werden muss, verkörpert für Meinhof hier niemand anderer als Ströbele, der mal wieder mit den Folterknechten des Imperialismus gemeinsame Sache macht und die Linien aufweicht. Ströbele verbucht solche Attacken wie alle anderen als Kollateralschaden der Isolationshaft – nicht als ernst zu nehmende Aggression, die dem totalitären Kern der RAF entspringt. Meinhof schreibt weiter: »Jeder von uns ist wir.« Keiner in der RAF, so Meinhof, ist ein Einzelner. Das ist die RAF-Version des Stalinismus. Alles Individuelle soll ausradiert werden. Der Kopf des RAF-Körpers ist Andreas Baader.

Ströbele ist taub für diese Botschaften und die Kaderlogik. Sein Denken dreht sich seit dem 2. Juni 1967 um die Kritik der Bundesrepublik. Ströbele glaubt an die Notwendigkeit einer Revolution – nicht jetzt, wie die RAF, aber irgendwann. Es gibt einen Vorrat an politischen Überzeugungen, den Ströbele und die RAF teilen. »Was uns mit den Gefangenen der RAF und des 2. Juni verband«, so Ströbeles damaliger Sozius Spangenberg, »war der Kampf gegen den US-Imperialismus und den deutschen Repressionsapparat. Das waren die Motive für ihre Taten.«

Die sozialistische Revolution ist die Sehnsucht, die die Neue Linke verklammert. Von Ströbele existiert indes kein einziger Satz oder Gedanke, wie eine Rätedemokratie funktionieren kann, was an die Stelle des Marktes treten soll und ob man die Macht mit Wahlen oder mit Gewehren zu erobern gedenkt. Auch zu der Frage, warum die Revolutionen in Russland, Kuba und China nach blutigem Schlachten bürokratisch erstarrt sind, findet sich in seinen Texten kein Halbsatz. Der linke Totalitarismus spielt in seinem politischen Bewusstsein keine Rolle. Deshalb hat er auch keine Antennen für die doktrinären Züge der RAF. Deshalb deutet er in Stammheim den

Befehl von Baader, kein Wort mit der Presse zu reden, gemütvoll in einen Vorschlag um. Das hat etwas Abgründiges, zumal Ströbele diese Order den Fußtruppen mitteilt. Dabei spielt auch eine Rolle, wie Ströbele Baader sieht. Henning Spangenberg, als Verteidiger wegen Terrornähe in einem windigen Prozess in den 70er-Jahren zu vierjährigem Berufsverbot verurteilt, meint: »Ströbele hat Baader sehr respektiert und als Tatmensch bewundert.«

Die RAF war eine leninistische Kadertruppe, die einen Bürgerkrieg entfesseln wollte. Hätte sie Erfolg gehabt, sie hätte die Demokratie und das Grundgesetz zerstört und ein Regime errichtet, in dem Isolationsfolter noch die freundlichste Behandlung für die mit Sicherheit zahlreichen Dissidenten gewesen wäre.

Henning Spangenberg war in Stammheim Verteidiger und wurde wie Ströbele dort ausgeschlossen. Im Januar 1976 attestierte er der RAF in einem Briefwechsel, mit Baader zu agieren wie »lauter Mao Tse-tungs ohne Bauern« und »eine Kaderpolitik zu betreiben, die alle Merkmale stalinistischer Parteipolitik trägt«. Dagegen müsse sich »jeder Linke, der die Durchsetzung freiheitlicher Politik erkämpfen will, bis aufs Letzte zur Wehr setzen«. Baaders Antwort an Spangenberg ist eindeutig: »Schieb Dir ›stalinistische Parteipolitik‹ in Deinen freiheitlichen Arsch.« Von Ströbele gibt es keine vergleichbaren kritischen Notizen, die die RAF-Praxis an politischen Ansprüchen messen.

Ströbele fehlt auch der Reflex, mit dem sein Sozius Klaus Eschen auf die Versuche der RAF reagiert, die Anwälte in den Strudel aus Vorwürfen, Beschimpfungen und moralischen Erpressungen zwingen zu wollen. Die Pöbeleien der RAF, so Eschen damals, seien jenseits seiner Ekelschwelle – »Ekelschwelle Eschen« ist fortan sein Spitzname bei den Gefangenen. Dass die Gefangenen von den Anwälten oft ultimativ verlangen, dutzendweise Prominente wie Heinrich Böll für die Anti-Folter-Kampagnen zu akquirieren, sieht Eschen mit Spott. Wenn es ihm zu bunt wird, sagt er: »Wir bringen euch demnächst UN-Generalsekretär Kurt Waldheim, die Schauspielerin Romy Schneider und den britischen Fußballstar Kevin Keegan als Hungerstreikunterstützer.«

Im Ensemble der RAF-Verteidiger nimmt Ströbele eine besondere Position ein. Schily ist wegen seiner blendenden Kontakte zum *Spiegel,* seiner schneidigen Professionalität, seinem Ruf als Linksliberaler unentbehrlich für die RAF. Er lässt alle Versuche, ihn direkt zu instrumentalisieren, an sich abperlen. In Stammheim rief Baader in der Verhandlung einmal gewohnt ruppig: »Ey, Schily!« Schily wandte sich daraufhin um, fixierte Baader mit durchdringendem Blick und sagte: »*Herr* Schily!«

Der Hamburger Millionenerbe Kurt Groenewold, der 1978 zu zwei Jahren Freiheitsstrafe mit Bewährung und zu 75 000 DM Geldbuße wegen des Infos verurteilt wird, scheint die RAF-Verteidigung als Spiel mit hohem Einsatz zu sehen. Klaus Croissant, der vom Stuttgarter Scheidungsanwalt und FDP-Wähler zum RAF-Fan und später Stasispitzel wird, ist der willige Helfer von Baader & Meinhof, der, etwa bei Anwaltstreffen, Direktiven von der RAF entgegennimmt.

Ströbele ist anders. Nicht so distanziert wie Schily, kein Spieler wie Groenewold, kein Befehlsempfänger wie Croissant. Er sieht in der RAF Mitglieder des 68er-Kollektivs. Die RAFler, so Ströbele 1997, waren keine »verrückten Desperados, das waren politische Menschen, das waren unsere Genossinnen und Genossen«. Ströbele verbindet mit ihnen, über die professionelle Anwalt-Mandant-Rolle hinaus, eine Beziehung, die man zu sehr anstrengenden Verwandten haben mag: strapaziös, aber unauflösbar. Egal was Baader und Meinhof tun, wie schwierig, ungehobelt und asozial sie sich aufführen, sie bleiben für ihn Teil der linken Großfamilie. Und seine Aufgabe ist es, sie zu retten und aus der Isolation, durch die Haft und die eigene enge Ideologie, zu befreien. Deshalb versucht Ströbele Kommunikationsfäden zwischen der RAF und linken Professoren zu spinnen – nicht um Teil der RAF-Logistik zu sein. Deshalb entwickelt er, blind für alle Gefahren, das Info.

Das ist der Überzeugungskern, der ihn antreibt. Deshalb macht er auch nach seinem Ausschluss in Stammheim weiter. Deshalb besucht er nach 1977 regelmäßig RAF-Gefangene. Das ist nicht karitativ, wie Baader meint. Ströbele verteidigt immer auch sich selbst, seine Version der Geschichte.

Ströbele scheitert nicht an der repressiven Justiz, die ihn von Prozessen ausschließt, nicht an übereifrigen Staatsanwälten und Haftrichtern, nicht an Springer-Zeitungen, die ihn beschimpfen. Er scheitert an seinen eigenen Irrtümern – an dem Glauben, dass die RAF durch ihre Abstammung aus der Studentenrevolte geadelt ist und einen natürlichen Anspruch auf Solidarität hat. Und er scheitert an der Illusion, dass man unter Genossen über alles reden kann. Der RAF-Kern kann aber keine offene Kommunikation zulassen. Schon der leise Hauch eines Zweifels kann ihr Wahnsystem, in dem sie die Spitze einer revolutionären, proletarischen Bewegung bildet, die die faschistische Bundesregierung herausfordert, kollabieren lassen. Die RAF denkt, wie ein stalinistisches ZK, nur in Freund-Feind-Kategorien. Würde sie das Fenster einen Spalt weit aufmachen, ihr ganzes Gebäude würde implodieren.

Zwanzig Jahre nach dem Deutschen Herbst 1997 sagt Ströbele bei einer Diskussion mit Exterroristen, dass sich die RAF-Spitze damals nur für eine Frage interessiert habe: »Wer ist für uns, und wer ist gegen uns?« Und er fügt als retrospektive Anklage hinzu: »Das war ein ganz wesentlicher Fehler.«

Es war mehr als ein Fehler. Es war die Geschäftsbedingung der RAF. Der Fehler war, dass Ströbele diese Bedingung akzeptiert hat.

Die RAF nach 1975

»Wir hatten den falschen Schwerpunkt.«
Henning Spangenberg über die RAF-Anwälte

Ströbele hilft auch nach seinem Ausschluss aus Stammheim bei Prozesserklärungen und versucht in Westeuropa die Öffentlichkeit gegen die, wie er es sieht, Hetze gegen die RAF zu mobilisieren. Das ist typisch für ihn – eine Mischung aus hartnäckiger Loyalität und politischer Kurzsichtigkeit.

Im Januar 1976 organisiert Ströbele ein Treffen von Anwälten – um für die RAF-Angeklagten fähige Verteidiger zu beschaffen. Die Verteidigung in Stammheim wirkt etwas desolat: Es kommt vor, dass ein unerfahrener Verteidiger buchstäblich verschläft, einen angekündigten Antrag zu stellen. Die Stammheim-Gefangenen vermuten, in typischer RAF-Paranoia, hinter dem Treffen in Berlin eine Intrige. Ströbele erläutert Baader in einem vierseitigen Brief, was er von der Lage in Stammheim hält. So ermahnt er Baader & Co., auf die Beschimpfungen des Gerichts doch besser zu verzichten. »Sau, Arsch, Schwein, Ratte sind abgenutzt, nichtssagend, und nur noch Emotion«, so Ströbele.

Der Brief ist aufschlussreich, weil Ströbele ihn nicht mehr als Anwalt verfasst, der Mandanten zu besonderer Loyalität verpflichtet ist.[75] Er schreibt frei – und auch eine Art Resümee. Der Zustand der Verteidigung von Stammheim sei, so Ströbele, »fast zum Verzweifeln«. Die Anwälte, unter anderem Otto Schily, hätten sich in »persönlich gefärbtem Gegeneinander« verhakt, anstatt eine Prozessstrategie zu entwerfen. Er warnt Baader vor neuen Anwälten, die bloß gutwillig seien oder von der Publicity, die Stammheim verspreche, angezogen würden. Ein Verteidiger »vor dem Stammheim-Tribunal« müsse vielmehr »die Prozessgeschichte kennen, den Kampf um die Haftbedingungen, sich mit den Sachakten vertraut gemacht haben und sich vor allem auch mit den Gefangenen und deren Vorstellungen eingehend auseinandergesetzt haben«. Und die neuen Anwälte müssten wissen, welchen »zeitlichen, arbeitsmäßigen und finanziellen Aufwand« der Prozess bedeute – vorher bräuchten sie gar nicht nach Stammheim zu reisen. Besser, so Ströbeles Rat, kein Anwalt als einer, der sich von »dem Gericht, den Bundesanwälten und sogar auch von den Zwangsverteidigern unterbuttern lässt«.

Ströbele skizziert in diesem Brief zwischen den Zeilen sich selbst. Professionell, aktenkundig, genau darüber informiert, was die Gefangenen wollen, idealistisch und nicht bloß auf Showeffekt und mediales Echo bedacht – ein erfahrener Jurist, loyaler Ratgeber, gelegentlich Pädagoge, der, die Vergeblichkeit schon einkalkulierend, die Verbalattacken der RAF gegen den Rest der Welt tadelt.

Im Übrigen sei Baaders Vorwurf, das Anwalttreffen sei eine Intrige, aus der Luft gegriffen. »Da kann einem wirklich die Lust vergehen«, schreibt Ströbele. Den Militanten begegnet er mit engelsgleicher Geduld.

Der Vorwurf Intrige ist ein typischer Versuch des harten RAF-Kerns, mit Doublebind-Situationen Anwälte und Sympathisanten zu disziplinieren. Tun die Anwälte nichts, sind sie Verräter. Engagieren sie sich, ist es Intrige – was nicht direkt vom RAF-Kern beauftragt und kontrolliert wird, kann nur Verrat sein.

Baaders Antwort auf Ströbeles Brief ist deutlich: Er wirft Ströbele vor, »ein einfaches Problem vom Tisch quatschen« zu wollen. Die Anwälte seien einfach »nicht fähig und interessiert, in Stammheim 'ne Verteidigung zu organisieren«.

Am 5. September 1977 entführt die RAF Hanns Martin Schleyer. Es ist der Beginn des Deutschen Herbstes und das Ende der ersten RAF-Generation. Die Gewalt explodiert.

Ströbele gibt an diesem 5. September mit Otto Schily in Rom eine

Pressekonferenz, um die italienische Öffentlichkeit für die skandalöse Behandlung der RAF-Mandanten zu sensibilisieren. Der Prozess in Stammheim sei »Rache des Staates«, die Haft ziele auf die »totale physische und psychische Vernichtung« der Gefangenen, so die Botschaft der beiden Anwälte. »Vielleicht«, sagt Ströbele in Rom, »gäbe es heute weniger Terroristen, wenn sich der Staat nicht auf diese Gewaltspirale eingelassen hätte.« Die zweite Generation der RAF rekrutiere sich aus den Anti-Folter-Komitees, die »frustriert über ihren Misserfolg sind«.[75]
Das ist richtig beobachtet, doch es fehlt jeder Anflug von Selbstkritik. Die Bildung der Anti-Folter-Komitees war ein Ziel, das Ströbele anstrebte. 1973 war noch nicht absehbar, dass diese Komitees Nachwuchscamps der RAF werden würden. Ströbele hat daran eine moralische, keine juristische Mitverantwortung. Er sagt heute:

> »Die Hungerstreiks waren kein Mittel der RAF-Gefangenen, um die Szene draußen zu organisieren. Das stimmt, zumindest am Anfang, nicht. Es kann sein, dass Baader später begriffen hat, dass Hungerstreiks zur Nachwuchsrekrutierung taugen. Aber in den ersten Jahren war es nicht so.«

Das ist ein bonbonfarbenes Bild. Schon beim ersten Hungerstreik zielt Baader auf die Mobilisierung der Unterstützerszene. Ströbele schaut heute auf die erste Generation der RAF noch immer ähnlich wie 1972, mit einer Mischung aus politischer Gutgläubigkeit und robustem Selbstbehauptungswillen. Und er rühmt sich, das Info erfunden zu haben.
Er sieht, wie fast alle RAF-Anwälte, wenig Grund zur Selbstreflexion. Kaum ein RAF-Verteidiger hat je die Ambivalenzen der eigenen Rolle ausgelotet. Das hat mit dem Druck von allen Seiten zu tun, unter dem sie damals standen, und mit dem Selbstverständnis als Anwalt, der eine Funktion im Strafprozess ausfüllt, aber kein

Pressekonferenz der RAF-Anwälte Kurt Groenewold, Klaus Croissant, Otto Schily und Christian Ströbele zum Tod von Holger Meins in Stuttgart am 10. November 1974

verantwortliches politisches Subjekt ist, das intellektuell rechenschaftspflichtig ist. Henning Spangenberg sagt rückblickend:

> »Wir haben uns von den Gefangenen dazu bringen lassen, die Hungerstreiks und die politischen Prozesserklärungen für wesentlich zu halten – anstatt die Gefangenen zu überzeugen, sich gegen die konkreten Tatvorwürfe zu verteidigen. Wir hatten den falschen Schwerpunkt.«

Solche Einsichten sind selten. Die meisten Verteidiger führen die anwaltliche Schweigepflicht ins Feld, um unangenehmen Fragen aus dem Weg zu gehen.

Ganz rigoros macht dies Otto Schily, der das Image des RAF-Anwalts in den 80er-Jahren rabiat abstreift. Die RAF, erklärt Schily

1985 gegenüber Antje Vollmer in einem *Spiegel*-Streitgespräch, habe »sich selber aus dem politischen Diskurs entfernt. Deshalb ist nicht zuletzt – das mag ja manchen Grünen, dich auch, erschrecken – die Härte des Staates gefordert.« Die RAF, der böse Geist der Neuen Linken, existiert weiter, weil der Staat zu sanft gegen den Terror vorgeht? Hat es an der Härte des Staates in Ossendorf gemangelt? Oder beim Gesetz für den Verteidigerausschluss, das eigens im Eilverfahren beschlossen worden war, um unter anderen Ströbele vom Stammheim-Prozess fernzuhalten? Sind die extrem lange U-Haft und die oft zweifelhaft begründeten Höchststrafen für RAF-Täter zu weich?

Zehn Jahre zuvor hatte Schily die europäischen Länder »zum härteren Kampf« gegen den Faschismus in der Bundesrepublik aufgerufen und 1977 in Rom die »totale physische und psychische Vernichtung« der RAF-Gefangenen durch den Staat angeprangert, dem es nun an Härte mangeln soll. Nicht die Republik hat sich von 1977 bis 1985 grundlegend verändert – Schily möchte seine karrierehinderliche Vergangenheit auslöschen und sich als Law-and-Order-Vertreter, der gern Grüne erschreckt, in Stellung bringen.

Ströbele hat mit solchen plakativen Kursschwenks nichts im Sinn. Er besucht auch nach 1977 häufig RAF-Gefangene, ohne viel Aufhebens davon zu machen. Er unterstützt Gnadengesuche, versucht die hysterischen öffentlichen Reaktionen zu dämpfen, wenn RAFler mit grauen Haaren und blassen Gesichtern nach mehr als einem Vierteljahrhundert entlassen werden. 1978 plädiert er (unter dem Pseudonym Rolf Bernstein) in einem *taz*-Magazin zur Buchmesse für eine Amnestie für die RAF. Die Begründung: Die RAF töte weiter, weil RAF-Mitglieder in Hochsicherheitsgefängnissen einsitzen. Ohne RAF-Gefangene gebe es keine RAF-Anschläge mehr. Ströbele fordert »die Freilassung der etwa ein Dutzend politischen Gefangenen, bei denen klar ist, dass sie nach ihrer Freilassung ein Sicherheitsrisiko nicht darstellen«. Das ist ein Versuch, die Mechanik der Eskalation zu durchbrechen, der indes bei Staat und RAF auf taube Ohren stößt. Die Justiz schafft nach dem Herbst 1977, in dem offenkundig wurde, dass Anwälte sogar Pistolen in das Gefängnis von Stammheim geschmuggelt haben, für die RAF rigide Haftbedingungen. Die Hochsicherheitstrakte werden noch perfekter – und mobilisieren die Sympathisantenszene. Für das RAF-Umfeld ist die Amnestieforderung ein hinterhältiger Anschlag, der mit »Abschwören gegen Freiheit« die politische Identität der RAF zertrümmern wolle.

Im Jahr 1993 ist Christian Ströbele Unterhändler in einem der zahlreichen Versuche, den blutigen Krieg der RAF zu beenden. Nach den Morden an Deutsche-Bank-Chef Alfred Herrhausen 1989 und dem Treuhand-Chef Detlev Rohwedder 1991 machen Wirtschaftsführer Druck auf Bundeskanzler Kohl, den Konflikt zu entspannen. Ströbele redet, nach Absprache mit dem seit 1975 inhaftierten RAF-Terroristen Karl-Heinz Dellwo, mit Daimler-Chef Edzard Reuter und Ignatz Bubis, dem Vorsitzenden des Zentralrats der Juden in Deutschland, und »Leuten, die der CDU nahestehen« (Ströbele). Der Plan passt in die Zeit. Der damalige FDP-Außenminister Klaus Kinkel will den fatalen Selbstlauf von Gewalt und Gegengewalt, der schon die dritte RAF-Generation produziert hat, unterbrechen. Das Ziel von Dellwos Initiative ist es, Chancen für einen Deal auszuloten: Gewaltverzicht gegen Entlassung von RAF-Mitgliedern, die schon sehr lange inhaftiert sind, Straffreiheit für noch aktive Kämpfer. Es ist eine Art Wiederholung dessen, was Ströbele 1972 mit Andreas Baader in dessen Zelle debattiert hatte: Verhandlungen, um die Eskalation zu stoppen. Das Experiment scheitert, so wie es auch 21 Jahre zuvor gescheitert war, noch bevor es beginnen kann – und zwar am Staat und der RAF. Kanzler Helmut Kohl schaltet auf stur, und RAF-Hardliner um Brigitte Mohnhaupt halten Dellwos und Ströbeles Initiative für Verrat. Die Initiative zeigt, dass die RAF gespalten ist und als monolithischer Block nicht mehr existiert. Im Endeffekt beschleunigt dies das Ende des Linksterrors. Die RAF löst sich 1998 auf. Sie tötete 34 Menschen.

Nachspiel: Die Ex-RAF-Terroristin Astrid Proll über Ströbele

»Alle anderen sind tot,
nur wir leben noch.«

Astrid Proll, 2015

Astrid Proll sitzt am 1. Mai 2015 in einem Café in Berlin-Kreuzberg und sagt: »Christian hat mir nach Ossendorf Marzipan mitgebracht. Er wusste, dass ich das gerne mag.« Sie ist 68 Jahre alt, und Ossendorf ist sehr, sehr lange her. »Ich war so ein junges Ding«, sagt sie. Ströbele war bei den RAF-Gefangenen beliebt, sagt Proll und nippt an der Limonade. »Er sah gut aus, hat sich um alles Mögliche gekümmert und war nie so ideologisch. Und er war freundlich, ausgeglichen. Er kam alle zwei Monate nach Köln, ungefähr alle zwei Wochen kam ein Rundschreiben.« Und beides habe ihr damals geholfen, nicht durchzudrehen. Proll war bei der Baader-Befreiung 1970 dabei.

> »Ströbele hatte Verbindungen zu allen, das war das Besondere bei ihm. Er konnte mit der Gruppe umgehen, organisieren, mit Baader, Ensslin, Meinhof und Mahler kommunizieren. Er wusste viel. Er hat sich gekümmert. Das war lebensnotwendig. Ich war doch erst 24.«

Proll hatte in Köln-Ossendorf Herzrasen, ihr Kreislauf spielte verrückt. »Ich habe gedacht: Ich bin zu schwach, das ist mein Versagen.« Bis Preuß und auch Ströbele die Erklärung lieferten, dass es an den Haftbedingungen, der Isolation liege. Es war entlastend für Proll – zu wissen, dass es nicht an ihr lag.

Ströbele hat an dem Antrag für ihre Haftentlassung mitgearbeitet. Seit 1973 saß Proll in Frankfurt-Preungesheim ein. Die Leiterin der dortigen JVA, Helga Einsele, war eine der vielen Linksliberalen, die von Medien und Konservativen verdächtigt wurden, zu weich zu sein, bestenfalls naiv gegenüber den Terroristen. Einsele ließ Proll 1974 frei. Sie hatte in Ossendorf 119 Tage in Isolationshaft verbracht und war körperlich und psychisch am Ende. Einsele setzte eine Haftunterbrechung wegen akuter Lebensgefahr gegen Widerstand anderer Justizbehörden durch. Proll tauchte unter, brach mit der RAF und arbeitete in London als Automechanikerin und Parkwächterin. Ende der 70er-Jahre wurde sie an die Bundesrepublik ausgeliefert. Ihr drohte lebenslange Haft, weil sie 1971 auf Polizisten geschossen haben soll.

In dem Prozess 1980 erteilte Innenminister Gerhart Baum Verfassungsschützern, die bei der Schießerei dabei waren, Aussagegenehmigungen. Das war in dieser Zeit ungewöhnlich. Nach den Befragungen der Verfassungsschützer 1980 im Proll-Prozess brach die Anklage wegen versuchten Mordes zusammen. Dass Proll 1971 geschossen haben sollte, war kein Irrtum, es war eine Fälschung der Fahnder gewesen. Proll kam frei. Sie arbeitete später als Fotoredakteurin. Vielleicht wäre die Geschichte des Linksterrorismus anders verlaufen, wenn in mehr Prozessen Verfassungsschutzmitarbeiter wie etwa der Waffenlieferant Peter Urbach hätten aussagen müssen.

Christian Ströbele fährt an diesem 1. Mai ein paar Kilometer entfernt mit dem Fahrrad. Er ist den ganzen Tag auf Achse, lässt Fotos mit sich machen, redet mit Kreuzberger Anwohnern, Demonstranten, auch mal mit Polizisten. Er macht das jedes Jahr am 1. Mai. Als es dunkel wird, beginnt die rituelle 1.-Mai-Randale. Ströbele radelt an diesem Abend friedlich und deeskalierend vor der revolutionären 1.-Mai-Demo her. Ihr Motto: »Für die soziale Revolution weltweit!« Es gibt später ein paar Verletzte und etwas Sachschaden. Es ist so friedlich wie seit 1987 nicht mehr.

Um die Verhafteten kümmert sich die Rote Hilfe e. V., eine Antirepressionsorganisation. Die Label erinnern an die 70er-Jahre, aber es ist alles anders. Der 1. Mai ist gewalttätiger Politkarneval, in dem die Militanz gewissen eingeübten Ritualen folgt. Die Straßengewalt, die oft eher von erlebnishungrigen Teenagern als von organisierten Autonomen angezettelt wird, ist ein sehr fernes Echo der bitteren, todessüchtigen Militanz der RAF-Zeit. Ein Berliner Boulevardblatt, das früher über die »Terror-Anwälte« herzog, nennt Ströbele am 1. Mai 2015 liebevoll den »Demo-Inspektor«. Auch die Klatschpresse sieht Ströbele als Teil der üblichen, etwas schrägen Berlin-Folklore.

Der Fall Astrid Proll ist ein Erfolg der viel kritisierten Linksliberalen – von Menschen wie Gerhart Baum, ohne den sie den größten Teil ihres Lebens wohl zu Unrecht in Haft gesessen hätte, von Helga Einsele, von energischen Anwälten wie Christian Ströbele und Ulrich K. Preuß.

Proll trifft Ströbele ein-, zweimal im Jahr in Berlin bei gemeinsamen Bekannten, zuletzt beim 60. Geburtstag eines *Spiegel*-Redakteurs. »Wenn ich Christian anschaue«, sagt sie, »denke ich: Alle anderen sind tot, nur wir leben noch. So empfinde ich das.«

Kapitel 7

VOM TERRORISMUS ÜBER DIE *TAZ* INS PARLAMENT 1978 BIS 1987

Die lange Rückkehr der Szene in die Gesellschaft

»Etwas Besseres als den Tod
findest du überall.«

»Die Bremer Stadtmusikanten«

Der Deutsche Herbst ist eine Zäsur für Ströbele. Der Kern der RAF, seine früheren Mandanten, sind tot. Die Entführung der Lufthansa-Maschine »Landshut« durch palästinensische Terroristen, der Genickschuss, mit dem Hanns Martin Schleyer exekutiert wird, markieren eine Kehrtwende für die Neue Linke. Das Moralkonto der RAF ist nach diesem Herbst geschrumpft. Es gibt noch die Soliveranstaltungen für Gefangene, es gibt Hungerstreiks und Kämpfe um die Haftbedingungen. Aber die Szene lässt sich nicht mehr so leicht in den Klammergriff nehmen. Die RAF hat exemplarisch gezeigt, dass der Tagtraum der 68er von der Revolution in einen albtraumhaften Kreislauf von Vernichtung und Selbstvernichtung führt. Der linkssozialistische Theologe Helmut Gollwitzer schreibt nach dem Herbst 1977 im *Info Extra* der TU und FU Berlin: »Distanzierung genügt nicht mehr. Es muss klargestellt werden: Die selbsternannten Guerilleros haben aufgehört, Genossen zu sein. Sie sind objektiv Werkzeuge der Reaktion geworden.«

Nach dem Schock des Deutschen Herbstes passiert etwas, das niemand erwartet hat. 1978 und 1979 bricht ein regelrechtes alternatives Gründungsfieber aus. Der Frankfurter Militante Joschka Fischer schreibt 1977 programmatisch: »Uns treibt nicht mehr der Hunger nach Essen, sondern nach Freiheit, Liebe, Zärtlichkeit, anderen Lebens- und Arbeitsformen.« Ein zentraler Schauplatz ist, wie schon 1967/68, Westberlin. Projekte werden aus dem Boden gestampft, Kollektive gegründet, Zeitungen konzipiert, Parteien, die auf keinen Fall Parteien sein wollen, ins Auge gefasst. 1978 gibt es in Westberlin 350 Alternativprojekte. Ströbele ist in diesem Prozess mittendrin. Als Anwalt, der bei Rechtsfragen hilft. Und direkt bei der *taz*, dem Netzwerk Selbsthilfe, der Alternativen Liste.

Der Tunix-Kongress im Januar 1978 ist das Wetterleuchten einer neuen Bewegung, die in ihrer radikalen Semantik in der Tradition der systemkritischen 68er-Bewegung zu stehen scheint – aber auf etwas anderes zielt. Auf der Tagesordnung steht das authentische, selbstbestimmte Leben und Arbeiten in alternativen Nischen, nicht mehr der reformistische Marsch durch die Institutionen, die Revolution oder das proletarische Kostümfest der ML-Gruppen. Die Idee zu der »Internationale der Ausgeflippten«, so das ARD-Magazin *Monitor* 1978, entsteht aus Frust. Eine Gruppe um den späteren Anwalt Stefan König versucht 1977 nach dem Deutschen Herbst einen Widerstandskongress zu initiieren – ohne jede Resonanz. Aus Trotz entwickeln die Organisatoren einen neuen Slogan: den Aufruf zur Reise nach Tunix, und: »Wir verlassen dieses Land«. Tunix ist der radikale Bruch mit den hypertrophen Avantgardeideen von RAF und ML. Das Konzept, so Stefan König im Rückblick, »lautete: Jeder, der will, darf«. Zu Beginn von Tunix liest jemand das Märchen von den »Bremer Stadtmusikanten« vor: »Etwas Besseres als den Tod findest du überall.«

Fast 20 000 Besucher strömen zu Tunix, Linksextreme, enttäuschte Maoisten, RAF-Sympathisanten, Landfreaks, Feministinnen, Ökos, Aktivisten der Irrenoffensive, Schwule und Lesben. Tunix ist auch Geburtsstunde des Christopher Street Day in der Bundesrepublik. Der Tunix-Organisator Diethard Küster verkündet auf dem Kongress: »Wir fangen wieder an, unser Leben in unsere eigenen Hände zu nehmen. Wir werden wieder den Mut haben, zu dem zu stehen, was wir eigentlich wollen. Wir scheißen auf das Modell Deutschland.«

Tunix ist eine Mischung von Erbauung und Systemkritik, eine Art alternativer Kirchentag – inklusive der obligatorischen Demo mit zerborstenen Scheiben am Ku'damm. Und es ist eine grandiose Selbsttäuschung: Tunix signalisiert keineswegs den Auszug der Szene aus der Republik, sondern das Gegenteil. Es ist der Wendepunkt. Die verlorenen Kinder des Bildungsbürgertums kehren in die Gesellschaft zurück. Nicht auf geradem Wege, sondern in einem kurvenreichen Slalom.

Ströbele bildet mit dem Buchhändler Max Thomas Mehr 1976 den Kern eines Debattierzirkels, der die Gründung einer Zeitung ventiliert. Einen Dämpfer bekommen die Überlegungen, als der *Spiegel*-Redakteur Jörg Mettke vorrechnet, dass als Startkapital zwei Millionen Mark benötigt würden. Auf der Buchmesse 1977 kristallisieren sich ein paar Gruppen heraus, die Interesse haben: die Berliner um Ströbele und Mehr, eine Frankfurter Gruppe, zu der Thomas Hartmann, Arno Widmann und der heutige *Lettre International*-Chefredakteur Frank Berberich gehören sowie eine Gruppe aus München rund um den Trikont Verlag. Dass es wirklich ernst werden könnte,

Der Name Tunix täuscht: Christian Ströbele peilt energisch das neue Zeitungsprojekt an. Max Thomas Mehr (rechts) findet es noch lustig.

zeigt sich auf dem Tunix-Kongress. Ströbele debattiert dort in dem zeittypischen Hysterie-Sound über die »Endlösung Stammheim«. Aber das sind Gefechte von gestern. Das spektakulär Neue ist die Veranstaltung mit Günter Wallraff, einem Redakteur von *Libération* aus Paris und Ströbele über eine »Linke Tageszeitung für die BRD« vor mehr als 2000 Zuhörern im Audimax der TU. Für Ute Scheub, *taz*-Mitbegründerin 1979, ist das Zeitungsprojekt eine direkte Folge des Herbstes 1977:

> »Selbst die linksliberalen Medien hatten 1977 Nachrichtensperre und Zensur akzeptiert. Ich hatte das Gefühl: Wir können nichts mehr sagen, ohne als Sympathisant zu gelten. Deswegen haben wir die *taz* gegründet.«

Das Projekt wird nach Tunix vorangetrieben. Neben der für Linksalternative kennzeichnenden Mixtur von ideologischen Richtungsdebatten und Fraktionierungen passiert auch Praktisches. Im April 1979 erscheint das 60-seitige *Prospekt: Tageszeitung*. Ströbele interviewt den Ostberliner Schriftsteller Klaus Schlesinger, mit dem er befreundet ist. Schlesinger wünscht sich von der neuen Zeitung kritischen Alltagsjournalismus über die DDR. Bei dem militanten Sponti Fritz Teufel, der wegen Terrorverdacht in U-Haft sitzt, fragt Ströbele, was der sich von der Zeitung erhoffe. Ströbele kennt Teufel, Begründer der militanten Gruppe Tupamaros München, von einem Prozess 1971. Der Fall ähnelte in vielem dem Kunzelmann-Prozess. Das Urteil war, angesichts einer vagen Beweislage, mit zwei Jahren ohne Bewährung entschieden zu hart. Teufel folgte 1967 mit dem legendären Kommentar »Wenn's der Wahrheitsfindung dient« der Anordnung des Gerichts, aufzustehen. Teufel verkörpert, was Ströbele 1968 sieht: subversiven Geist, die gekonnte antiautoritäre Geste. Teufel und Kunzelmann haben jene anarchische, literarische Ader, die Anwalt Ströbele fehlt. Teufels Text ist die beste Werbung für das Projekt. Er trifft das Tunix-Lebensgefühl: naiv, rotzig, verträumt und mit federleichtem Ton, der nach der stalinistischen RAF-Kaderprosa lyrisch anmutet.

> »Von einer neuen Tageszeitung erwarte ich viel zu viel. Eine neue Zeitung ist die Frau meiner Träume seit 67. Dass sie doch auftauchte und nicht gleich wieder verschwände. Die Frau meiner Träume macht alle glücklich. Sie fegt Mauern weg wie nix. Ghettomauern, Knastmauern und das Monstrum vom dreizehnten August. Sie enteignet Springer durch Abspenstigmachen der Leser. Sie wird von Frauen, Kindern, Türken, Indianern, Schülern, Studenten, Gefangenen und anderen Rentnern, von Lohn- und anderen Drogenabhängigen für ihresgleichen gemacht. Auch ohne mehrjähriges Studium der heiligen Schriften des Marxismus wird frau sie verstehen können. Sie wird 'nen Sportteil haben und 'nen Lokalteil für alle Regionen. Olle Gutenberg kann endlich aufhören, im Grabe zu rotieren, und anfangen sich zu freuen, dass er die schwarze Kunst erfunden hat. Karl Valentin wird eine Kolumne kriegen, und falls der schon tot sein sollte, vielleicht auch ich. Die Frau meiner Träume wird's nicht leicht haben. Ich wünsch ihr Glück. Herzlichen Gruß, Fritz«[76]

Die Zeitung soll die Fortführung von 1967 werden, des magischen Moments der Revolte. Auch der Einsturz des »antifaschistischen Schutzwalls« ist Teil der Vision.

Praktisch stellen sich zwei Schlüsselfragen: Wo und wie? In beidem setzt sich die Berliner Gruppe durch, zu deren Wortführern Ströbele zählt. Am 10. Dezember 1978 plädiert Ströbele beim nationalen Plenum der mittlerweile 25 *taz*-Initiativen vehement und mit Erfolg für Westberlin und gegen Frankfurt – mit dem praktischen Argument, dass man im hochsubventionierten Westberlin Geld akquirieren könne und weniger Steuern zahle. Damit ist der Weg vorgezeichnet: Denn Ströbele und der linksaktivistischen Berliner Gruppe schwebt ein komplett basisdemokratisches Modell vor, die Frankfurter Crew sieht die Aufhebung der Arbeitsteilung skeptisch und setzt mehr auf intellektuelle Reflexion als rastlosen Aktivismus. Die *taz* ist so heterogen wie die Bewegungen, die sie hervorbringen. Sie hat nur eine Linie – kein Linienblatt zu sein.

Die Entscheidung für Westberlin ist für die *taz* richtig. Die Halbstadt ist in den 80er-Jahren ein Laboratorium für die Alternativszene. Es gibt, nach 1945 und dem Exodus rund um den Mauerbau 1961, in Westberlin kein etabliertes, alteingesessenes Bürgertum so wie in München oder Hamburg. Dafür strömen aus der bundesdeutschen Provinz viele Jüngere nach Berlin, um der Bundeswehr oder der Enge daheim zu entkommen. Viel ist im Fluss. Weder Ströbele noch die *taz* wären anderswo, in Essen oder Hannover, so möglich gewesen. In keiner anderen Stadt gibt es eine so vitale Off-Kulturszene, nirgends etabliert sich eine so militante und große Hausbesetzerszene. Westberlin ist ein idealer Ort für schillernde Nischen. Und korrumpiert von den finanziellen Transfusionen des Bundes.

Die *taz* oder: Das Problem, wenn Träume wahr werden

»Ströbele war in der *taz* eine Mischung aus Rudi Dutschke, Papst Franziskus und Uli Hoeneß.«

Vera Gaserow, *taz*-Inlandsredakteurin 1979 bis 1991

Für die *Tageszeitung* (*taz*) müssen Redaktionsräume gemietet werden, das Geld der Vorausabonnenten muss seriös verwahrt werden. Es werden Nullnummern produziert, die nie rechtzeitig fertig werden. Ströbele treibt die Gründung des Vereins »Freunde der alternativen Tageszeitung« voran, ein notwendiger Pfeiler, der den frühen Zusammenbruch des Projekts zu verhindern hilft. Doch es fehlt an fast allem: vor allem Geld. Abonnenten sollen das Geld vorschießen – ein Akt des Crowdfunding, bevor es das Wort gab. Im Februar 1979 befinden sich auf dem von Ströbele verwalteten Konto erst 416 630 DM. Mit 20 000 Vorausabonnenten hatte man kalkuliert, doch es gibt im April nur 7000. Es mangelt auch an Know-how. Nur drei Redakteure haben Erfahrung mit Profijournalismus. Zu alledem gibt es auch noch Konkurrenz. Die linkssozialdemokratische *Neue* wirkt seriöser und verfügt über mehr Geld.

Am 1. April 1979 soll die erste Ausgabe erscheinen. Doch die Abläufe funktionieren nicht. Die *taz* scheint schon vor der Geburt an Mangelerscheinungen zugrunde zu gehen. Der Termin wird auf den 17. April verschoben. Ströbele strahlt im Frühjahr 1979 ungebrochenen Optimismus aus. Im Rückblick räumt er ein, dass er es damals schon für einen Erfolg gehalten hätte, wenn die *taz* sechs Wochen lang existiert hätte. Michael Sontheimer, *taz*-Gründer und Redakteur 1979, meint, dass es die *taz* nur gibt, weil »wir so völlig ahnungslos waren. Sonst hätten wir es gar nicht probiert.« Die *taz*

ist ein Ergebnis der typisch linksalternativen Selbstüberschätzung und, so Sontheimer, »der Arroganz der Adoleszenz«.
Ströbele ist mit abgewetzter Ledertasche, Jeans, Holzclogs habituell von den kiffenden Twentysomethings nicht zu unterscheiden. Er ist einer von ihnen, aber doch anders. Er ist kein Student in der Postpubertät. Er ist, exotisch für das Milieu der frühen *taz*, verheiratet, wohnt in einer Eigentumswohnung, nicht in einer WG, er fährt einen passablen Mittelklassewagen und ist ein erfolgreicher und keineswegs verarmter Anwalt.
Ströbele spielt mehrere Rollen: Er ist Spiritus Rector des Projekts, Mädchen für alles, Caterer, ruhender Pol, Justitiar der in Rechtsfragen ahnungslosen Redaktion, entschlossener Verfechter der Basisdemokratie und der Chronist, der oft bei nationalen Plenen als Protokollant Ergebnisse festhält. Er ist 15 Jahre älter als die meisten Redakteure. Er hat etwas Jungenhaftes an sich und auch nicht jene Machoallüren, die bei Szenehäuptlingen oft anzutreffen sind. Formal ist er, abgesehen von der Funktion als Vereinsvorstand, ein Außenstehender: Er ist nie Redakteur oder Angestellter der *taz*.
Er bringt, stets traditionsbewusst, den großen ovalen Tisch, den er 1969 für das Anwaltskollektiv gekauft hatte und der zwischenzeitlich in der Kommune 1 unterkam, in die Wattstraße. Die *taz* sei der »legitime Erbe des Tisches«, erklärt er. Wenn sich die Redaktion an diesem Tisch mal wieder wegen Bagatellen in endlosen Diskussionsschleifen verwirrt hat, bringt er selbst gebackenen Pflaumenkuchen vorbei. Micha Sontheimer meint:

> »Er war die gute Autorität, die nie auf uns heruntergeschaut hat. Seine Altersgenossen haben eher gesagt: Ach, die Spontis kommen doch nicht aus dem Bett. Was ja stimmte.«

In der *taz* gibt es in der Frühphase nicht nur kaum Journalisten – viele wollen dies auch nur nebenher sein. Sie kommen aus Basisgruppen, Spontizirkeln, K-Gruppen und Studentenparlamenten –

und denken auch so. Zeitung ist für viele Mittel zum politischen Zweck. Schnell entstehen, genauso wie bei den Grünen, für Außenstehende schwer durchschaubare informelle Hierarchien. Nicht auf den nationalen Plenen, sondern auf den Fluren in der Wattstraße werden oft nebenbei wichtige Entscheidungen getroffen. Das Problem der *taz* ist nicht nur, dass niemand weiß, wie man Zeitung macht. Man will überdies das Medium neu erfinden: Autorinnen und Autoren sowie Leserinnen und Leser sollen die Rollen wechseln können, das Ordnungssystem normaler Zeitungen mit Kommentar- und Sportseiten gilt auch nur bedingt. In der Produktion gibt es nicht nur keine Chefs – Hand- und Kopfarbeit sollen anfangs nicht getrennt werden. Die Zeitung soll, Lenin paraphrasierend, so beschaffen sein, dass auch die Köchin Chefredakteurin sein kann. Die *taz* hat 1979, wie Tunix, gewisse Ähnlichkeit mit einem Happening. Es ist ein in die raue Wirklichkeit gepflanztes Kunstprojekt. Jörg Magenau schreibt in dem Buch *Die taz. Eine Zeitung als Lebensform*:

> »Wie Joseph Beuys, für den jeder Mensch ein Künstler war, erklärte die *taz* jeden Menschen zum Journalisten – ohne zu ahnen, was es bedeutete, den ›unterschiedlichsten Leuten‹ Tür und Tor zu öffnen.«

Ströbele ist von 1979 bis 1982 oft in der Wattstraße, um nach dem Rechten zu sehen. Er bringt stets Bubu mit, seinen großen schwarzen, zotteligen Hund, der auf Demos stets als Erster das Weite sucht. Das *taz*-Gebäude, ein trostloser legoartiger Kastenbau, liegt nah an der Mauer, in einer auch für den Berliner Bezirk Wedding unwirtlichen Gegend, in der sogar Dönerbuden rar gesät sind. Der *taz*-Redakteur Gerd Nowakowski erinnert sich an regelmäßigen Mundraub in den Redaktionsräumen: »Man konnte keine Stulle eine Minute lang rumliegen lassen.« Ströbele bringt regelmäßig mit, was in der *taz* rar ist: juristischen Sachverstand und unerschütterlich gute Laune. Er verteidigt *taz*-Redakteure gratis, die vor Ge-

Auch dieser Tisch deckt sich nicht von allein ab. Als *taz*-Tisch wurde an ihm Mediengeschichte geschrieben – und nicht nur das: Das Relikt aus dem Sozialistischen Anwaltskollektiv, 1969 erworben, stand auch schon in der Kommune 1. Sein Ende fristete er als brennende Barrikade in Friedrichshain 1990.

richt stehen, weil sie Polizisten in *taz*-Artikeln als »Bullizisten« bezeichnet haben. Und er vermittelt, wenn mal wieder ein RAF- oder IRA-Soli-Komitee den sofortigen Abdruck einer in unlesbarem Kadersound verfassten, seitenlangen Erklärung mit der Drohung erpressen will, ansonsten die Redaktion zu besetzen. Beliebt ist bei der Redaktion vor allem das Frühstück, Joghurtpaletten, Goudakäse, Brötchen, das der Anwalt des Öfteren in seinem VW Passat anliefert. Der Österreich-Korrespondent, der im Sommer 1979 die Zentrale besichtigt, notiert:

»Im Hintergrund werkelt unauffällig als Putzmann der gute Geist des Unternehmens, der Rechtsanwalt Christian Ströbele. Immer ein Lächeln auf den entblößten Zähnen, ist er der Nothelfer in allen Lebenslagen. Während die anderen diskutieren, wischt er methodisch mit Wasser und Schwamm der Reihe nach den Boden, die Sessel und die Fenster. ›He, Christian, du verstößt gegen Arbeitsschutzbestimmungen‹, ruft plötzlich einer, als Ströbele halsbrecherisch bei einem Fenster herauskraxelt, um es von außen zu wischen.«

Auch Sonntagnachmittag kommt Ströbele in der Wattstraße vorbei, um einen dringend benötigten Scheck zu übergeben. Wenn die Redaktion rätselt, ob man dem Staatsschutz ein Bekennerschreiben einer militanten Gruppe übergeben müsse, weiß Ströbele Rat. »Müsst ihr nicht. Die Polizei hat nur Zugriff auf Redaktionsinterna, wenn ein Redaktionsmitglied tatverdächtig ist«, erklärt er.[77]
Die *taz* will nicht nur Gegenöffentlichkeit sein und die facettenreiche, widersprüchliche Post-68er-Szene von Feministinnen, Hausbesetzern, Militanten und Ökologen abbilden. Die *taz* soll, wie die Alternativbetriebe, befreites Gebiet sein, in dem die Individuen das Korsett formalisierter Beziehungen abstreifen. Es geht, wie Jean-Luc Godard für die Filmproduktion formulierte, nicht darum, eine politische Zeitung zu machen, sondern politisch Zeitung zu machen. Die *taz* ist selbst ein Labor der Alternativbewegung. Es gibt kein zweites Medium, das sich so offensiv selbst zum Thema macht und Interna zum Politikum erklärt. Man streitet um Geldsammlung für Befreiungsbewegungen, um Sexismus und Quote.
Der Grundimpuls lautet: Alle machen alles. Das wirkt äußerst unbürgerlich, ist aber ein Rückgriff auf die Blaupause bürgerlicher Demokratie: die attische Polis. Dort ging es, Frauen und Sklaven ausgeschlossen, basisdemokratisch zu. Die meist überaus anstrengende Vollversammlung war das höchste Beschlussorgan. Auch die

Idee, jede Spezialisierung, die zu Machtkonzentration führen könne, zu verhindern, ist nicht auf dem nationalen *taz*-Plenum 1979 oder einer Bundesdelegiertenkonferenz der Grünen erfunden worden, sondern 2500 Jahre zuvor. In Athen wurden die wichtigen Ämter, Richter, Ratsherr, Diplomat, per Los vergeben, um mit diesem Zufallsrotationsprinzip jeden Machtmissbrauch strukturell zu verhindern.
Die Vorstellung, dass alle alles machen sollen, und zwar zum gleichen Lohn von 800 DM, erweist sich als nur bedingt realitätstauglich. Das mit egalitären Ansprüchen überladene Projekt produziert enorme Reibungsverluste. Nach einem Jahr *taz*, am 17. April 1980, resümiert Ströbele:

> »Nicht menschlicher, freundlicher, schöpferischer ist die Atmosphäre in der Wattstraße, sondern der Stress ist fast schlimmer als in anderen Betrieben, die Atmosphäre ist lähmend, ein richtiger Frust. Der Ausdruck davon ist der Staub und Dreck in allen Ecken, die Unverbindlichkeit bei Terminen, Zeiten, bei der Erledigung von übernommenen Pflichten.«

Kurzum: Was fehlt, sind bürgerliche Werte: Sauberkeit, Disziplin, Verbindlichkeit. Ströbele zweifelt auch an der Selbstorganisation:

> »Es gibt den Redakteur, der nur kommt, wenn er Bock hat. Die Plena, auf denen wenig inhaltlich und ermüdend formal diskutiert wird und auf denen die notwendigen Entscheidungen immer wieder nur vertagt werden. (Christian, ick dachte, datt Wort hättst Du erfunden? Der Säzzer.) Sollte es also doch richtig sein, was die Väter uns immer schon gesagt haben: Ein großes Wirtschaftsunternehmen kann nicht demokratisch aufgebaut sein, muss arbeitsteilig organisiert sein, wenn es funktionieren soll. Die arbei-

tenden Menschen können, wollen das nicht anders haben, nicht anders als bei Krupp, BASF oder Siemens oder Springer? Noch hat die *taz* diesen resignierenden Schluss nicht gezogen. Noch erhalten alle denselben Lohn. Noch stehen viele (oft zu viele) aus allen Arbeitsgebieten um den Layouttisch, wenn nachmittags um 15 Uhr die Seite eins gemacht wird.«

Die *taz* ist für Ströbele mehr als eine Zeitung, in der die ausführliche und ihm äußerst gewogene Berichterstattung über den Prozess gegen ihn wegen RAF-Unterstützung garantiert ist. Die *taz* soll beweisen, dass die Logik der Väter, der Welt von BASF, die Ströbe-

Müllberge waren nur eines von vielen kleinen wie großen Problemen in der Startphase der alternativen Zeitung. Bis die Putzkolonne »Kollektiv Roter Besen« in der *taz*-Redaktion in der Wattstraße anrücken kann, muss die Mehrheit im Plenum zustimmen.

les Großvater mit aufbaute, überwunden werden kann. Die *taz* ist ein Miniaturbild der linken Gegenfamilie, die 1967 entstand und die Ströbeles Fixstern ist. Ströbele ist kein sprachgewaltiger Autor. Er ist meist der Anwalt, der Tatsachen darlegt. Die Texte zur *taz* 1980 haben einen anderen Ton, sie sind emotionaler, leidenschaftlicher. »Nach den RAF-Prozessen«, glaubt Ute Scheub, »war die *taz* für Ströbele eine persönliche Befreiung.«

Im Frühjahr 1980 wachsen die Berge unerledigter Post in der Wattstraße. Redakteure kündigen, weil sie den Stress nicht aushalten. Im Februar streiken Fahrer, weil sie »als *taz*-Mitarbeiter ernst genommen werden wollen«. Ströbele schreibt zur Lage:

> »Peter vom Computer ist frustriert, weil ihm keiner hilft bei Stumpfsinnsarbeiten wie Abonnenten eintippen, Ausländeretiketten kleben, Rechnungen eintüten usw. und weil andere auch Wochen, Monate wegbleiben wie M. und F. vom Inland, D. und P. vom Archiv und Th. vom Ausland, ohne dass einer was sagt. [...] Gudrun und Dieter im Büro wollen auch nur noch für halbe Tage kommen. Harald hat ein 34-Seiten-Papier gemacht, bevor er sich verabschiedet hat. Er zählt auf, was alles nicht klappt, dass keiner für etwas verantwortlich ist. So sieht es in fast allen Ressorts aus.«

So klingt ein besorgter, geduldiger Herbergsvater:

> »Alle haben Vorstellungen, Ansprüche, stellen Forderungen, sind empört, wenden sich an ... – wen eigentlich? Und kämpfen – gegen wen eigentlich? Wer ist der Adressat? ›Die Zentrale in der Wattstraße‹, schallt es aus Regionen und Initiativen. ›Die Redaktion‹, heißt es im Büro in der Wattstraße. ›Nein, das Projekt‹, einigten sich alle. Und wer ist das Projekt?«

Alexander, der die Kleinanzeigenseite namens Wiese macht und Seiten baut, wenn mal wieder sonst niemand da ist, fordert: »Ich bin dafür, einen Chef einzustellen. Ich bin für Stalinismus in der *taz*. Die, die ihre Arbeit nicht machen, müssen raus.«

Eine Chefredaktion hält Ströbele für Kapitulation, das Eingeständnis, dass sich die Vaterwelt nicht überwinden lässt. Er hat präzise Vorstellungen, wie man das auseinanderdriftende, immerhin schon hundert Köpfe starke *taz*-Kollektiv retten kann. Alle sollen, so Ströbele, »stupide, blöde Fummelarbeiten vom Putzen bis zum Dateneintippen übernehmen und Verbindlichkeiten in allen Bereichen einhalten«. Denn »Arbeit und sonstige Lebensgestaltung sind nicht zu trennen, sind eine Einheit«. Das Rezept lautet: Moral, Selbstdisziplin und die Bereitschaft, stets viel für das Kollektiv zu tun. Ströbele möchte, dass die *taz* so wird, wie er ist.

Die Alternativbewegung ist eine widersprüchliche Melange. Es gibt einen rigiden Kanon kollektiver Moralansprüche, deren Fluchtpunkt stets die Basis ist, von der sich allzu weit zu entfernen nicht ratsam ist. In diesem egalitären Traum sind alle Hierarchien abgeschafft, alles Wissen im Betrieb, das womöglich Herrschaft begründen könnte, ist in einem endlosen Rotationsverfahren demokratisiert. Journalist, Setzer, Layouter sind Rollen, die Mann und Frau wechseln sollen wie Latzhosen. In der *taz* wird der Versuch – die Journalisten als Setzer, Setzer als Journalisten – nach ein paar ernüchternden Erfahrungen betreffs der Qualität der Texte rasch wieder eingestellt. Der alternative Moralkodex hat auch etwas Stickiges, Enges – und er steht in Konflikt mit dem anderen zentralen Ideal der Szene. Das Subjekt soll die bürgerlichen, repressiven Normen abschütteln. Man will sich selbst verwirklichen.

Die Idee, dass die Arbeitsteilung auf dem Weg zur wahren Freiheit beseitigt werden müsse, speist sich keineswegs nur aus linken Quellen. Darin scheint auch eine konservative, vormoderne Sehnsucht nach dem Echten und unverfälschter Gemeinschaft durch. Für Ströbele, der digitaler Technologie mit wurschtiger Skepsis begegnet, ist die Mixtur von kommunistischer Utopie und konservativen Elementen typisch.

Die *taz* in den 80er-Jahren wird von dem Kampf zwischen Kollektivmoral und Subjektivität bewegt – in strapaziösen Verhandlungsprozessen. Genau deshalb ist die *taz* erfolgreich. Die Fokussierung auf das Innenleben der Wattstraße mutet oft narzisstisch an. Doch die *taz* spiegelt, auch in ihrer bizarren Selbstüberhöhung, mehr als die Selbstfindungsprobleme von ein paar Selfmadejournalisten. Die *taz* formuliert Ansprüche, die weit über die Westberliner Politszene hinausstrahlen.

Der Zeithistoriker Sven Reichardt, der den Alltag der Alternativbewegung erforscht hat, sagt:

> »Bemerkenswert ist, dass die Linksalternativen, trotz der schroffen Gegnerschaft zum Staat, anschlussfähig an den bundesrepublikanischen Mainstream waren. Denn die Bundesrepublik verwandelt sich in dieser Zeit von einer Industrie- in eine Dienstleistungs- und Wissensgesellschaft. Konsum und Medien werden wichtiger. Und die Selbstbilder verschieben sich. Autonomie, Selbstverantwortung und Selbstverwirklichung sind die neuen Werte, nicht mehr Pflicht oder Gehorsam. Nicht zu vergessen den Trend zur Selbstthematisierung. Das ist heute in Mainstream-Medien an der Tagesordnung und wurde in der Szene vorweggenommen. Das linksalternative Milieu versteht sich selbst zwar als Gegenentwurf zu der bürokratisierten, kalten Welt von Staat und entfremdeter Arbeit, ist aber zugleich Teil der bundesrepublikanischen Gesellschaft.«

Die Situation in Alternativbetrieben ähnelt in manchem derjenigen der Jobber in der IT-Branche, in der flache Hierarchien, Selbstoptimierung und Selbststeuerung, auch Selbstausbeutung typisch sind. Die *taz* nimmt, wie auch der Hedonismus der 68er, etwas vorweg, was später zum Mainstream wird. Allerdings sind die Alternativen der 80er-Jahre nur zum Teil Avantgarde der Individualisierung. Dazu meint Sven Reichardt:

> »Der Anspruch, dass alle alles machen, dass alles allen gehört, dass alle gleich viel verdienen und dass alles gemeinsam entschieden wird – das kennzeichnet Alternativbetriebe, aber nicht die Start-up-Unternehmen der 90er. Das Egalitäre und Kollektive war eine alternative Lebenspraxis. Das macht es schwierig, die Szene als Avantgarde der Individualisierung zu deuten. Es war eher die alternative Art von Vergemeinschaftung.«[78]

Doch die alternative Vergemeinschaftung ist nicht nur in der *taz* kompliziert. Bei einem nationalen Plenum kommt es zu tumultartigen Szenen. Ströbele beschreibt am 15. Juli 1980 der alternativen Leserschaft die chaotische Lage:

> »Der Null-Bock vieler Redakteure/Innen, Urlaub, Reisen führten dazu, dass an manchen Tagen die gesamte Arbeit im Ressort Inland (13 bezahlte Stellen) von einem halbbezahlten Urlaubsvertreter erledigt werden musste. [...] Bekanntlich konnte im letzten Jahr jeder einen Posten in der *taz* kriegen, indem er in der Wattstraße erschien, anfing zu arbeiten und irgendwann zu Kalle [Karl-Heinz Ruch] ging und Geld verlangte (Spontiprinzip).«

Um dies zu ändern, will Ströbele im Frühjahr 1980 eine geordnete Neugründung der Redaktion. Alle sollen entlassen werden, und am 1. Mai soll nur wieder angestellt werden, wer brauchbar ist. Empörte Basisjournalisten weisen diesen Plan erfolgreich als Säuberungsversuch zurück. Beim *taz*-Plenum 1980 gerät Ströbele, sonst stets als hilfreicher Mediator anerkannt, der die Zwistigkeit der heterogenen linken Familie aus Feministinnen, Reformisten, verkniffenen Staatsfeinden und hedonistischen Spontis glättet, unter Beschuss. Ein Redakteur erklärt:

> »Ich habe einen Artikel geschrieben über einen alternativen Geschäftsführer, der die Forderung nach Aufhebung der Arbeitsteilung und selbstbestimmter Arbeit vor sich herträgt, aber ein Anwaltsbüro betreibt mit Putzfrau und Sekretärin, die ihm noch die Protokolle und Papiere über alternatives Arbeiten tippt.«

Dabei, so Ströbele säuerlich, habe der *taz*ler »hämisch gegrinst«. Ströbele engagiert sich für die *taz*, er bekommt kein Geld dafür, im Gegenteil. Er nimmt kaum Einfluss auf die Redaktionsarbeit, er ist nicht intrigant und beglückt die Samstagsplenen überfraktionell mit großen Kuchenblechen. Klaus Hartung, *taz*-Redakteur seit 1980, erinnert sich, dass Ströbele »immer leicht erschöpft wirkte. Er hat sich aufgeopfert für seine Rolle. Viele haben sich Sorgen um seine Gesundheit gemacht.« Manchmal steht Ströbele auf dem Flohmarkt an der Straße des 17. Juni und verkauft, geduldig und ausdauernd, die *taz* höchstpersönlich. Kurzum: Diese Kritik ist undankbar. Doch Dankbarkeit gehört nicht zu den alternativen Moraltugenden.

Und die Kritik trifft etwas: Ströbele hält Kollektivideale hoch, ist aber nicht Teil dieses Kollektivs. Er ist ein Segen für die *taz* – aber er kann auch im Anwaltsbüro bleiben, wenn ihm danach ist. Er fordert Verbindlichkeit und hat, weil er nie Mitglied der *taz*-Redaktion ist, dem Projekt gegenüber die Freiheit des Unverbindlichen. Er lebt konventionell – und fordert von der *taz* das Unkonventionelle. Es gibt nicht nur bürgerliche, sondern auch alternative Doppelmoral.

Im Jahr 1979 zerbricht, zeitgleich mit der *taz*-Gründung, das Sozialistische Anwaltskollektiv. Klaus Eschen hat keine Lust mehr, den Laden fast allein zu organisieren. Und Ströbele kümmert sich mehr um die *taz* als um das Büro. Ausgerechnet in dem Moment, in dem Kollektive aus dem Boden sprießen, löst sich ein Urmodell des egalitären Arbeitens auf. Ströbele eröffnet mit Henning Spangenberg in Tiergarten eine normale Kanzlei. Als Anwalt führt er, nun auf eigene Rechnung, eine Reihe lukrativer Prozesse. Er hat einen Namen und den Ruf als Verteidiger, keine voreiligen Kompromisse mit der Staatsanwaltschaft zu schmieden. Dieses Image ist eine unverhoffte späte Rendite der finanziell eher ruinösen RAF-Verfahren.

Gisela Wülffing will im Dezember 1978 aus dem *taz*-Projekt aussteigen, um ihr Jurastudium zu beenden. Damals gibt es Streit, was die *taz* werden soll. Ströbele möchte, dass die Zeitung Sprachrohr der Alternativbewegungen wird, der Frankfurter Thomas Hartmann, dass die Redaktion entscheidet, was in der *taz* steht. Beide wollen, dass Wülffing als Vermittlerin zwischen den beiden Fraktionen bleibt, und bieten dafür an, beim Examensabschluss behilflich zu sein.

»Ströbeles Verbindlichkeit und Konzilianz war in den Kämpfen der frühen *taz*-Zeit wertvoll«, so Wülffing. Jüngeren Redakteurinnen erscheint das Duo Ströbele und Wülffing als verlässlicher ruhender Pol, gar als eine Art Elternpaar, das aufpasst, dass es die Redaktion in ihrer Selbstfindungsphase nicht zu wüst treibt. Als Wülffing fordert, dass die Redaktion nicht mehr putzen und sich lieber aufs Zeitungmachen konzentrieren solle, ist Ströbele anderer Ansicht. Wülffing sieht das kritisch: »In seiner Kanzlei hatte Ströbele eine Putzhilfe – aber in der *taz* sollte es keine geben?« Am Ende erzwingen wachsende Müllberge, überquellende Aschenbecher und Schimmel in der Wattstraße eine praktische Lösung: Die *taz* engagiert die Putzkolonne »Kollektiv Roter Besen«.

Ströbele ist in der *taz* nicht nur Gralshüter des alternativen Moralkanons. Er hat auch eine praktische, pragmatische Seite. Johann Legner ist Anfang der 80er-Jahre Redakteur im Berlinteil der *taz* und will schon früh weg von dem Image der linksradikalen, basisorientierten Zeitung. Im Zuge einer der üblichen *taz*-Krisen wird

Der Gründer, Putzmann und Kuchenbäcker der *taz* im März 1982 in der Zeitungsredaktion. Der PC als Schreibgerät hat bereits Einzug in den Arbeitsalltag erhalten.

das schmale Gehalt von 900 auf 800 DM gesenkt. Bei einer Redaktionssitzung kommt die Frage auf, wer noch ein Bafög-Darlehen zurückzahlen müsse. Es melden sich nur zwei: Johann Legner und Inlandsredakteurin Gitti Hentschel. Das Gros der Redaktion hat offenbar so wohlhabende Eltern, dass Bafög zu beziehen nicht in Betracht kam.

Ströbele macht Legner ein Angebot, das der nicht ablehnen kann. Er soll einmal in der Woche den Berliner Strafverteidiger Dietrich Scheid, einen konservativen Sozialdemokraten, besuchen. Legner geht fortan für das monatliche Honorar von ein paar hundert Mark zu den Scheids und erzählt ihnen, was politisch in der Republik so passiert. Am erstaunlichsten schien Legner, dass ausgerechnet er in den Genuss dieses Luxusjobs gekommen ist. »In den zentralen Fragen, die die *taz* damals bewegten, wie ›Waffen für El Salvador‹, war ich anderer Ansicht als Christian. Aber das spielte für ihn keine Rolle«, so Legner.

Im Konflikt alternatives Gleichheitsideal gegen Professionalisierung, der wie ein roter Faden die *taz*-Geschichte durchzieht, steht Ströbele stets aufseiten der Basisfraktion. Als die *taz* 1982 ein Parlamentsbüro in Bonn eröffnen will, ist Ströbele skeptisch: Was im Parlament passiere, sei für die *taz* nicht so wichtig. Als ein Redakteur vom Tagesdienst freigestellt wird, um für eine bessere Organisation zu sorgen, de facto ein Chefredakteur ohne Hausmacht, sperrt sich Ströbele. Eine Chefredaktion oder gar der Abschied vom Einheitslohn, der für den 40-jährigen Redakteur, den der *Spiegel* umwirbt, genauso wie für die 20-jährige Korrektorin gilt, hält er 1984 in der *taz* für »einen Ruck nach rechts, wenn links auch mit der Utopie der Selbstverwaltung zu tun hat«.

»Ströbele war in der *taz*«, so Vera Gaserow, »eine Mischung aus Rudi Dutschke, Papst Franziskus und Uli Hoeneß« – also politischer Agitator, moralische Instanz, die auf Einhaltung des *taz*-Kodex und des linken Profils pocht, und der Firmenpatriarch, der sich um den Clan kümmert. Doch mit dem Beharren auf dem Ursprungsmodell steht Ströbele auf verlorenem Posten. Nach jeder Krise wird die *taz* etwas professioneller, arbeitsteiliger, organisierter. Sie wird erzogen durch den Druck der Zahlen, der Konkurrenz, schlicht durch die Zwänge der Wirklichkeit.

Richtigen Schiffbruch erleidet Ströbeles Selbstverwaltungspurismus nicht in der *taz* – sondern im Netzwerk Selbsthilfe, einem Förderverbund für Alternativprojekte, der 1979 aus dem Geist von Tunix gegründet wird. Ströbele sitzt, mit Heinrich Albertz und Robert Jungk, im Beirat. 1982 soll die Netzbau GmbH entstehen, die als Trägergesellschaft für besetzte Häuser und als Puffer zwischen Besetzern und Senat agieren soll. Ströbele attackiert dies in einer rüden Polemik in der *taz* als Versuch, »mit der Macht des Geldes Einfluss zu nehmen auf die Politik der Szene«, und rückt Netzbau in die Nähe des gewerkschaftseigenen, von Korruptionsskandalen erschütterten Konzerns Neue Heimat. Ströbeles Intervention misslingt. Netzbau, später Stattbau, wird gegründet und leistet Nützliches für die Stadtsanierung. In einem Streitgespräch in der *taz* mit dem Netzbau-Unterstützer Klaus Werner muss Ströbele sich am 16. März 1982 einiges anhören:

> »Ströbele vertritt seit Jahren Basishuberei. Er spielt das schlechte Gewissen der Bewegung. Dabei geht es nicht um politische Inhalte, sondern um die Bewahrung eines bestimmten Demokratiebegriffs, Kontrollbegriffs. Er ist der Erzengel der Bewegung.«

Ströbele verteidigt als Anwalt militante Hausbesetzer. Im Dezember 1980 ist er bei der »Schlacht am Fraenkelufer« dabei, einer äußerst gewalttätigen Auseinandersetzung um ein besetztes Haus in Kreuzberg, die als Geburtsstunde der Autonomen und der Berliner Hausbesetzerbewegung in die Geschichte eingeht. Doch ansonsten hat er mit der Hausbesetzerszene nicht viel zu tun. Er ist selten bei den Treffen des Besetzerrates. Ohne die Street Credibility, über die er in der *taz* als Gründer, Putzmann und Kuchenbäcker verfügt, wirken seine Mahnungen vor den Verlockungen des Geldes und des Systems wie hochnäsige Belehrungen von außen.
Im Oktober 1991 kommt es in der *taz* zum Showdown zwischen Redaktion und Verlag. Die Mehrheit der Redaktion um Mehr, Hartung und Götz Aly will die *taz* zu einer GmbH umwandeln und einen Geldgeber anwerben. Ein verständliches Ziel: Bei der *taz* arbeiten eine Reihe befähigter Autoren, die auf Selbstausbeutung und endlose interne Debatten keine Lust mehr haben. Sie sehnen einen Investor herbei, die *taz* soll endlich erwachsen und zu einer normalen linksliberalen Zeitung werden. Ströbele hält bei dem entscheidenden Treffen die leidenschaftliche Gegenrede. Er warnt davor, wie immer, dass die *taz* ihre Ideale aufgebe und sich de facto einem Großanleger ausliefere. Geschäftsführer Kalle Ruch und Ströbele

schlagen ein Genossenschaftsmodell vor – die *taz*, mal wieder knapp vor dem Bankrott, soll an ihre Leserschaft verkauft werden. Die Investorenfraktion hält das für einen miesen Trick – eine getarnte Rettungskampagne für eine auf Dauer gestellte Infantilisierung der *taz*, die nicht erwachsen werden wolle.

Wäre die *taz* verkauft worden, hätte sie keine der folgenden Zeitungskrisen überlebt. Sie wäre, so wie *Wochenpost* und *Woche*, an mangelndem Enthusiasmus der Leserschaft und mangelndem Willen der Verleger, Geld nachzuschießen, eingegangen. Als normale Zeitung im Besitz eines Konzerns hätte die *taz* ihr größtes Kapital mit einem Schlag vernichtet: anders zu sein und über eine besonders enge Bindung zu ihrer Leserschaft zu verfügen. Das Genossenschaftsmodell ist keine linkskonservative Retro-Idee, sondern zentraler Baustein der Corporate Identity der *taz*. Das Genossenschaftsmodell ist, wie sich in den 25 Jahren nach 1991 zeigt, eine effektive Form, um sogar die digitale Revolution, die das Geschäftsmodell aller Tageszeitungen existenziell bedroht, zu meistern.

Ströbele liegt in dem entscheidenden Streit richtig. Manchmal lohnt es sich, stur wie ein Esel zu sein.

Waffen für El Salvador

»Wenn man nach Managua kam, wusste man immer, wo man schlafen konnte.«

Christian Ströbele, 1999

Im März 1980 wird in El Salvador Bischof Óscar Romero von einer rechtsextremen Todesschwadron ermordet. Ein blutiger Bürgerkrieg beginnt. Die USA unterstützen das Militärregime mit Waffen und Logistik, während sich in der nationalen Befreiungsfront FMLN verschiedene, vor allem marxistische Gruppen zu einer Guerilla zusammenschließen. Die Idee, die Guerilla in El Salvador handfest zu unterstützen, hat wohl als Erster der Mittelamerika-Korrespondent der *taz* Klaus-Dieter Tangermann. Ströbele ist sofort elektrisiert und setzt sich vehement für eine *taz*-Kampagne ein. Es ist das einzige Mal, dass er die Rolle des Moderators, der gelegentlich an die Gründungsmoral erinnert, ganz und gar abstreift.

Ströbele hat Erfahrung mit solchen Aktionen. Fünf Jahre zuvor hatte er mit der Spendenbüchse in der Hand für den Vietcong gesammelt. Im Oktober 1975 brachte er zusammen mit Otto Schily einen Scheck über 41 000 DM nach Ostberlin in die vietnamesische Botschaft.

Auch Juliana Ströbele-Gregor ist überzeugt von der El-Salvador-Aktion, mindestens so entschieden wie Christian Ströbele. Sie sattelt in den 80er-Jahren nach Schauspielerei und Lehrertätigkeit auf Altamerikanistik und Ethnologie um und betreibt ein Jahr Feldforschung in Bolivien. Sie spricht, anders als Christian, Spanisch und kennt die Situation in Lateinamerika. Bekannte halten sie in politischen Debatten für analytisch genauer – und schärfer.

In der *taz* sind keineswegs alle von der Aktion »Waffen für El Salvador« begeistert. Die Pazifisten, allerdings eine Minderheit, sind sowieso dagegen. Manche zweifeln, ob eine Zeitung, deren Profession Beobachtung sei, als Organisator einer Waffensammlung tauge. Und: Der naive, linke Internationalismus der Ho-Chi-Minh-Sprechchöre und Che-Guevara-Poster hat Risse bekommen. Der Vietcong, die 1968 zur Ikone veredelte Guerilla in Südvietnam, wurde rüde den Interessen der Nordvietnamesen untergeordnet. Wer nach dem Sieg und Fall von Saigon 1975 nicht auf Parteilinie war, musste mit dem Schlimmsten rechnen. Mehr als 1,5 Millionen Vietnamesen flohen nach 1975 vor den Repressionen der kommunistischen Sieger über das Meer: die Boatpeople. In Kambodscha errichteten die kommunistischen Roten Khmer ein Terrorregime, das in seiner entgrenzten Grausamkeit mit den stalinistischen Gewaltexzessen der 30er-Jahre und den Säuberungen in der chinesischen Kulturrevolution zu vergleichen ist. Die Debatte um totalitäre Aspekte der Befreiungsbewegungen, die in den exotischen Revolutionsträumen der Westlinken oft einfach ausgeblendet wurden, treibt Ende der 70er-Jahre die undogmatische Linke um. Ströbele nicht.

Am 3. November 1980 ist er am Ziel. Auf dem *taz*-Titel erscheint der Aufruf »Waffen für El Salvador«. Darin heißt es: »›Sieg oder Tod.‹ Diese Parole ist in El Salvador blutiger Ernst. Zum Sieg aber bedarf es der Waffen.« Und an die Skeptiker gerichtet:

> »Wer in Deutschland im Warmen sitzt und sagt: ›Wer gibt mir die Garantie, dass die salvadorianische Revolution nicht ebenso in bürokratischem Sozialismus oder in weiterem Blutvergießen endet wie andere zuvor?‹, muss sich den Vorwurf gefallen lassen, das Recht der Völker auf Selbstbestimmung zu missachten.«

Unterschrieben ist der Text von der »Mehrheit in der *Tageszeitung*«. Die Minderheit fürchtet, dass die *taz* sich damit zur Werbeagentur für eine Guerilla macht.

El Salvador, zuvor Terra incognita auch für die radikale Linke, ist ins Blickfeld gerückt, seit die Sandinisten 1979 im benachbarten Nicaragua nach einem jahrelangen Guerillakrieg das Regime des Diktators Somoza gestürzt haben. Die Sandinisten treten weniger als leninistische Avantgarde denn als linkspopulistische Sammlungsbewegung auf. Nicaragua wird für eine Weile das neue Traumland undogmatischer Linker.

Ströbele geht es mit der El-Salvador-Kampagne um Prinzipielles. Die Kampagne ist ein Statement der *taz* für das Recht auf Militanz. Der Feind ist eindeutig identifizierbar: Es sind autokratische reaktionäre Regime, die von den USA unterstützt werden. Ohne Gewalt könne es dort keine Befreiung geben. Das gehört in den 70er-Jahren zum linksliberalen Partytalk. Die El-Salvador-Kampagne erscheint als konsequente Verlängerung der Gewaltdebatten im Audimax der TU 1968. Auch die RAF-Gefangene Irmgard Möller, die als Einzige die Todesnacht von Stammheim 1977 überlebt hat, hört das Signal. »Waffen für El Salvador« zeige, »dass eine Guerilla eben bewaffnet kämpfen muss«.

1981 reist das Ehepaar Ströbele nach Guatemala. Dort tobt ein blutiger Bürgerkrieg zwischen linken Guerillagruppen und Paramilitärs. In einer Reportage für die *taz*, erschienen am 23. Oktober 1981, beschreiben sie den international kaum beachteten Krieg. Sie fahren in einem offenen Wagen mit schwer bewaffneten Polizisten in die Provinz Quiché, in der die Guerilla aktiv sein soll. Der Weg ist nicht ungefährlich. Ströbele schreibt:

> »Meine Augen bleiben immer wieder an den Gewehrmündungen hängen, die auf unsere Bauchgegend gerichtet sind. Wenn sich durch all das Gerüttel und Geschüttel ein Schuss löst? Zwischenrein kriege ich Horrorvisionen. Die Guerilla wirft oft Handgranaten auf Transporte mit Guardias oder Soldaten, hatten wir gehört. Wir hier an der Seite der Guardias in Guatemala durch die Guerilla getötet, eine

makabre Vorstellung. Ich erwische mich dabei, wie ich mich recke, den Kopf möglichst hoch halte, damit ich die Uniformmützen überrage, verdecke: »Hallo, hier sind Touristen auf dem Wagen, bitte nichts Böses werfen!«

In Quiché recherchieren sie, wer die Guerilla eigentlich ist. Der US-Botschafter hat ihnen mitgeteilt, dass vor allem weiße Marxisten und städtische Studenten die Revolte anfachen. Dass es sich anders verhält, erfahren sie von einem indigenen Untergrundkämpfer:

»Die Guerillero kommen aus den Bauernfamilien, sie werden von ihnen ernährt und getragen. Und die Regierung weiß das. Deshalb bombardiert sie die Indianeransiedlungen. Sie ermordet ganze Bauernfamilien, lässt alle jungen Leute im Alter von 18 bis 28 zusammentreiben, zwingt sie zur Armee oder ermordet sie. Wegen dieser Grausamkeiten gehen immer mehr zur Guerilla. Es sind inzwischen so viele, dass der Guerilla-Mann meint: ›Wir haben nicht genug Waffen für alle.‹«

Das Bild ist klar: Hier das indigene Volk, das die Jahrhunderte währende Fremdherrschaft abschütteln will, dort die von den USA gestützte Oligarchie. Was in Guatemala nottut, ist aus der Sicht von Ströbele auch für El Salvador richtig: Waffen.
Die El-Salvador-Spendenaktion wird, wider Erwarten, zu einem fulminanten Erfolg. Als sie 1992, nach dem Ende des Bürgerkriegs, beendet wird, sind 4 737 755,10 DM über das von Ströbele verwaltete Konto nach Mittelamerika geflossen. Die Aktion hat zu Beginn wenig von dem mitunter in der linken Community üblichen Ablasshandel, mit dem vormals linksradikale Architekten oder Zahnärzte ihr schlechtes Gewissen in Form von Überweisungen beruhigen. Die *taz*-Klientel ist bis Mitte der 80er-Jahre studentisch und keineswegs reich.

Ströbele holt des Öfteren Zehntausende von Dollar in der Berliner Volksbank ab und verpackt sie, aus Gründen der Tarnung, in Alditüten. Das Geld bringt meist *taz*-Redakteur Tangermann über Kuba nach Nicaragua. Ströbele ist zweimal in Managua bei der Geldübergabe dabei, die in konspirativen Wohnungen stattfindet. Das Prozedere ist kompliziert. Die FMLN besteht aus fünf Gruppen, die jeweils einen Abgesandten schicken, ihren Anteil in Empfang nehmen und den Empfang quittieren. Das Ganze hat einen gewissen klandestinen revolutionstouristischen Charme. »Wenn man nach Managua kam, wusste man immer, wo man schlafen konnte«, so Ströbele.[79]

Was mit dem Geld geschieht, ist ungewiss. Die Guerillaführer erklären schon bei der ersten Geldübergabe, dass man sich Waffen bei den Soldaten der salvadorianischen Armee besorgt und kein zusätzlicher Bedarf besteht. In der *taz* vermuten manche, dass die Guerilla – es ist die letzte Hochphase des Kalten Krieges – von der Sowjetunion Gratis-Waffen erhält. Ströbele glaubt nicht, dass mit den *taz*-Dollars Kalaschnikows gekauft werden. Für die *taz* rechnet sich die Kampagne. Sie akkumuliert damit symbolisches Kapital und macht als altruistisches und aktivistisches Organ bei ihrer Klientel Punkte.

Die Hoffnung der FMLN wie der Sandinisten, binnen Kurzem das verrottete Regime zu zerstören, erfüllt sich nicht. Die USA rüsten unter Reagan auf und verwandeln El Salvador fatalerweise in einen Nebenkriegsschauplatz des Kalten Krieges. Die deutsche Waffenfabrik Heckler & Koch liefert Ende der 70er-Jahre Gewehre an die salvadorianische Armee, auf deren Konto bei Massakern an Zivilisten Hunderte von Toten gehen. Auch das gehört zum Bild.

Die Illusion, dass die FMLN anders als andere Kader-Untergrundarmeen funktioniere, zerplatzt am 6. April 1983. Die 54-jährige Kommandantin Mélida Anaya Montes wird im Exil in Managua mit einem Eispickel getötet. Es soll so aussehen, dass Rechtsextreme die Tat begingen – für historisch Beschlagene liegt indes die Assoziation des Mordes an Trotzki durch einen Schergen Stalins nahe. Ana María, so ihr Nom de Guerre, gehörte zu der Fraktion, die eher auf Verhandlungen als auf Bürgerkrieg setzt. Der Mord ist Teil der Machtkämpfe in der FMLN. Für die *taz* recherchiert Klaus-Dieter Tangermann die Hintergründe der Tat, die indes weitgehend im Dunkeln bleiben. Der vermutliche Auftraggeber des Mordes Salvador Cayetano Carpio, der in 50er-Jahren in Moskau als Kader ausgebildet worden war, tötete sich eine Woche nach der Tat selbst. Der Fall Ana María zeigt, dass die Gewalt auch jene zerstört, die sie als Mittel zu Befreiung einsetzen. Ströbele ist blind für diese Dialektik. Ihn haben, so Klaus Hartung, »die Berichte, dass die Guerilla politische Morde verübt hat, nicht beeindruckt«. Zu den Skeptikern in der *taz* zählt auch Gisela Wülffing:

> »Ich fand es verantwortungslos, Geld zu sammeln, damit Jugendliche irgendwo anderswo die Waffe in die Hand nehmen, eventuell sterben, während man selbst außer Gefahr ist. Ich hatte einen pubertierenden Sohn. Da sieht man die Gefahren solcher Gewaltunterstützung schärfer.«

Die Aktion »Waffen für El Salvador« geht nach einer Pause weiter. Ströbele will mit der Kampagne eine Debatte provozieren und im bundesdeutschen Diskurs Gewalt diskutabel machen. Er denkt dabei durchaus wie ein PR-Mann: »Mullbinden für El Salvador« hätte nicht funktioniert. Was die FMLN dabei real war und wer was mit dem Geld tat, ist zweitrangig. Es geht um ein Symbol. Ströbele agiert wie ein Politiker, der Slogans erfindet und Themen besetzt. Klar ist für ihn, dass sich die Welt scharf konturiert in gut (militante Widerstandsbewegung) und böse (Regierung/USA) einteilen lässt. Nicht nur in Mittelamerika.

Der Bürgerkrieg endet 1992 – der Friedensschluss ist erst nach dem Ende des Kalten Krieges möglich. Der Bürgerkrieg kostete 70 000 Zivilisten das Leben, eine Million Menschen flohen vor der Gewalt vor allem in die USA. Nachfolger von Salvador Cayetano Carpio, dem vermuteten Auftraggeber des Mordes an Ana María als Chef der militanten Guerilla FPL, wird 1983 Salvador Sánchez Cerén, der einen flexibleren Kurs einschlägt und 1992 den Frieden mitverhandelt. 2014 wird er als Kandidat der FMLN zum Präsidenten von El Salvador gewählt.

Intermezzo: Der Anwalt und das Jüngste Gericht

»Bescheiß die Banken,
das ist okay.«

Horst Mahler,
Ende der 60er-Jahre

Christian Ströbele führt in den 80er-Jahren Prozesse, die in sein politisches Portfolio passen. So verteidigt er 1983 den *taz*-Redakteur Benny Härlin und den Journalisten Michael Klöckner – sein Kontrahent ist Oberstaatsanwalt Przytarski, der 1975 seine Verhaftung durch Small Talk unterstützt hatte und bei Durchsuchungen in der *taz* persönlich Hand anlegt. Das Autonomen-Blatt *radikal* hatte Aufrufe der Terrortruppe Revolutionäre Zellen veröffentlicht. Härlin und Klöckner waren weder Redakteure des Blattes noch hatten sie eigene staatsgefährdende Schriften publiziert, sondern waren als Mitherausgeber presserechtlich verantwortlich. Auch *taz* und *Spiegel* drucken Bekennerschreiben oder RAF-Texte. In *radikal* sollte das strafbar sein – auf Grundlage des eigens wegen der RAF geschaffenen Paragrafen 129a. Der 129a (»Bildung terroristischer Vereinigungen«) ist eine Erbe des Anti-RAF-Kampfes der Justiz. Das Kontaktsperregesetz, das im Deutschen Herbst im Schnellverfahren verabschiedet wurde, um Anwaltsbesuche bei RAF-Gefangenen zu unterbinden, wurde nach 1977 nie mehr angewandt – der 129a durchaus. Dieser Paragraf ist unverhältnismäßig und verwischt die Grenze zur Gesinnungsjustiz. Schon wer die Buchstaben »RAF« an einen Autobahnpfeiler pinselt, kann es wegen Werbung für eine terroristische Vereinigung mit missgünstigen Staatsanwälten zu tun bekommen.

Die Beweislage ist, trotz 81-seitiger Anklageschrift, dürftig. Der zuständige Staatsanwalt Przytarski gibt sogar freimütig zu, dass die Beziehung der Angeklagten zur Zeitschrift *radikal* eher lockerer Natur war. »Die Polizei konnte ansonsten niemanden präsentieren, gegen den die Beweise ausgereicht hätten. Ich hätte auch lieber Leute, die geschrieben und redigiert haben. Die habe ich aber nicht«, so Przytarski. Man nimmt halt, wen man bekommt.

Auch Sozialdemokraten und Liberale protestieren gegen den Versuch, ein Exempel gegen Autonome und Hausbesetzer zu statuieren und die Freiheit der Meinungsäußerung einzuschränken. Wie engherzig der Richter die Sache sieht, zeigt eine Randepisode. Der Sprecher der Berliner SPD Wilhelm Wiegreffe schickte dem in Untersuchungshaft einsitzenden Härlin, damals 26 Jahre alt, eine Karte

Hausdurchsuchung bei der *taz*: Staatsanwalt Przytarski stand schon bei Ströbeles Festnahme 1975 zu Diensten, auch am 19. Januar 1982 legt er selbst Hand an. Da ist es nur ausgleichende Gerechtigkeit, dass der Staatsanwalt Mitte der 90er wegen Falschaussage unter Eid auch mal auf der Anklagebank wird Platz nehmen müssen.

und wünschte, dass sich baldmöglichst »in Ihrem Fall das Recht gegen die Justiz« durchsetzen möge. Der Richter beschlagnahmte den justizkritischen Schrieb. Härlin, damals *taz*-Redakteur und vom Senat als Vermittler zur Hausbesetzerszene geschätzt, und Klöckner werden 1984 zu zweieinhalb Jahren Haft ohne Bewährung verurteilt.

Der *radikal*-Prozess ist ein Tiefpunkt der Berliner Justiz in den 80er-Jahren und knüpft an den Freispruch für Kurras im Ohnesorg-Prozess, die Verurteilung von Kunzelmann wegen des Anschlagversuchs auf den Juristenball und das maßlose Mahler-Urteil an. Die beiden Verurteilten werden 1984 für die Grünen ins Europaparlament gewählt und sind erst mal durch Immunität geschützt. Der Bundesgerichtshof hebt das Urteil 1991, nach acht Jahren, auf.

In Politprozessen ergibt sich mitunter die Chance, das juristische System subversiv zu unterlaufen. Mit den Regeln gegen die Regeln – es ist das Motto, das Ströbele während seiner Bundeswehrzeit angewandt hatte.

Im Berliner Kammergericht führt Ströbele in den frühen 80er-Jahren einen der unzähligen Prozesse wegen Landfriedensbruch. Es ist die Hochzeit der Hausbesetzer, in Berlin toben im Wochenrhythmus Straßenschlachten. Der Richter schaut in den Saal und sagt: »Wir können nicht beginnen, es ist kein Verteidiger anwesend. »Doch«, sagt Ströbele, »ich bin hier.« Der Richter befindet streng, er sehe keinen Verteidiger, der für eine Gerichtsverhandlung entsprechend gekleidet sei. Ströbele trägt eine Robe, aber keine Krawatte.

Horst Mahler trat 1968 demonstrativ ohne Robe vor Gericht auf, weil diese aus der Zeichen- und Machtsprache des Feudalismus stamme und den Anwalt, in den Augen des Delinquenten, schon optisch mit der Welt von Staatsanwalt und Richter assoziiere. Der Robenstreit wurde Ende der 60er-Jahre von beiden Seiten mit der damals üblichen Unerbittlichkeit ausgetragen. Otto Schily brachte der Zwist zwischen linker, aufklärerischer Erkenntnis und praktischer Vernunft im Gerichtssaal dazu, in einem Prozess ein paar Dutzend Male die Robe an- und auszuziehen, je nachdem, ob er das Wort hatte oder nicht. Christian Ströbele, der im Konkreten mitunter das Pragmatische dem Gesinnungsfesten vorzieht, beteiligte sich nicht am Robenstreit und trägt weiterhin, was gefordert ist. Und dazu, als Zeichen von Lässigkeit, Jeans und Holzclogs.

Der Richter unterbricht die Verhandlung wegen Krawattenmangel der Verteidigung. Falls nach der Pause ein ordnungsgemäß gekleideter Verteidiger im Saal sei, werde man fortfahren. Ströbele eilt flugs zum Arzt und kehrt mit einem Attest wieder, das schwarz auf weiß beweist, dass er an einer heftigen Halsinfektion leide, die durch das Tragen einer Krawatte in medizinisch unverantwortlicher Weise verschärft würde. Der Prozess wird schlipslos fortgesetzt.

Dass auch der säkularen Aufklärung verpflichtete Interventionen zwiespältig sein können, zeigt sich bei einem Prozess in Ingolstadt, wo Christian Ströbele Studenten wegen politisch motivierter Delikte verteidigt. Im Gerichtssaal hängt, im Freistaat Bayern nicht unüblich, ein Kruzifix. »Mein Mandant weigert sich, unter dem Zeichen der Folter zu verhandeln«, sagt Ströbele zu Prozessbeginn. Das Schöffengericht ist irritiert und unterbricht den Prozess. Die Beratung bringt das in Ingolstadt offenbar neue, rechtlich aber eindeutige Ergebnis. Der Gerichtssaal muss weltanschaulich neutral sein. Das Kreuz wird abgehängt. Allerdings: Weil das Kruzifix dort schon seit Jahrzehnten wenn auch rechtswidrig hing, verhandelt das Gericht nun unter dem deutlich sichtbaren Schattenriss des Kreuzes. Das war, so Ströbele, »die Strafe Gottes«.

In den 80er-Jahren kehrt in manchen Prozessen der komödiantische Sound der beginnenden Revolte von 1967 wieder. Und die Idee, den Gerichtssaal buchstäblich zur Bühne umzufunktionieren. 1981 wendet sich der Kabarettist Arnulf Rating an Ströbele. Er ist wegen »Beschimpfung religiöser oder weltanschaulicher Bekenntnisse oder der Kirche« angeklagt. Paragraf 166 ist ein Offizialdelikt, wie Mord oder Trunkenheit am Steuer. Rating hat mit dem Trio »Die

3 Tornados« einen Sketch geschrieben über Maria und Josef, der Zweifel an der jungfräulichen Empfängnis zum Ausdruck bringt. Anstoß erregt vor allem diese Passage:

Josef: Na, wollen wir jetzt mal zusammen?
Maria: Versteh ich nicht?
Josef: Ach, Maria, ich meine, wollen wir beide jetzt mal zusammen hier in diesem schönen Bett …
Maria: Ach, bumsen, was?! Ehrlich, Josef, ihr Männer wollt doch immer nur das eine. Du weißt ganz genau, dass ich das nicht will. Jedenfalls nicht bevor wir nicht ordentlich verheiratet sind.
Josef: Also, Maria, du benimmst dich wie 'ne Heilige! Na gut, dann warten wir eben bis zu dieser Scheißehe. Nacht.
Maria: Du, Josef?
Josef: Lass mich in Ruhe.
Maria: Du, Josef, ich weiß auch nicht, wie ich's dir sagen soll. Ich hab meine Tage nicht gekriegt.
Josef: Was?! Wie bitte?! Wer war das?!
Maria: Ich weiß auch nicht, wie das zugegangen ist. Von keinem Manne war es.
Josef: Wie heißt der Typ?! Manne?! Dem polier ich die Fresse!
Maria: Nein, Josef, das war ganz anders. Der Heilige Geist ist mir erschienen.
Josef: Och ja, der »Heilige Geist«! Das muss ja 'n schöner Heiliger Geist sein, der meine Verlobte hinter meinem Rücken von hinten bumst!
Maria: Nein, Josef, das war nicht so, wie du denkst, mit Sex und so. Der Heilige Geist ist zu mir gekommen, und der hat zu mir gesagt, irgendein Herr hätte mich ausgewählt, dieser Herr würde gerne mit mir sein und ich würde ein Kind kriegen, aber als Jungfrau.
Josef: Ach Maria, du hast 'ne Macke! Das ist doch die letzte Ausrede. Die Story kauft dir doch kein Schwein ab.
Maria: Doch Josef, die kaufen se uns ab. Da waren schon ein paar

Typen da, die wollen da ein Buch drüber schreiben – soll ein Bestseller werden.

Der Prozess findet in Köln statt – Ströbele will erst mal einen Antrag gegen den Richter stellen, der katholisch und damit befangen sei. Rating schwebt ein weiträumigerer Ansatz vor, um die Zuständigkeit des Gerichts zu bestreiten. Mit Ströbele entwirft er eine Version, die er, im Einklang mit der Strafprozessordnung, vorträgt. Rating stellt in Köln folgenden Antrag:

> »Die durch das Buch *Die Bibel* bekannten Personen Maria und Josef sind bereits länger verstorben und können daher vor dem Amtsgericht Köln nicht als Zeugen erscheinen. Von ihnen selbst verfasste schriftliche Aussagen, die ersatzweise beigebracht werden könnten, sind nicht bekannt. Allen hiesigen Gerichten sowie den religiösen Anhängern der Personen Maria und Josef liegt mit dem Buch *Die Bibel* lediglich die Darstellung Dritter vor, denen nach den heutigen wissenschaftlichen Erkenntnissen weder Josef noch Maria oder Jesus persönlich bekannt waren. Als gerichtliche Instanz, die die Möglichkeit hat, alle Betroffenen sowie die erforderlichen Zeugen zur Klärung der Vorwürfe zu hören, verweist der Antragsteller daher auf das Jüngste Gericht, das im Falle einer Verurteilung auch zahlreiche Sanktionen – wie Fegefeuer und ewige Verdammnis – kennt, die Verfehlung ordnungsgemäß zu bestrafen.«

Der Antrag ist formal korrekt. Das Gericht zieht sich übellaunig zur Beratung zurück. Als Gutachter ruft die Verteidigung Udo Lindenberg – als Experten für Jugendlichkeit – auf, der zwar nicht persönlich in Köln erscheint, aber einen Text beisteuert, dem zufolge es sich bei dem Sketch um eine jugendsprachlich angemessene Form der Bibelexegese handelt. Die katholische Theologin und Dissidentin Uta Ranke-Heinemann legt dar, dass die unbefleckte Empfängnis nicht zu den zentralen Dogmen des Katholizismus zählt. Zudem beantragt Ströbele, dass der inkriminierte Text im Beweiserhebungsverfahren nicht nur verlesen wird. Um dessen Wirkung zu verstehen, müsse die Szene aufgeführt werden. Die Kabarettisten tragen den Dialog also im Gerichtssaal vor – der Richter droht dem Publikum vorsorglich Ordnungsstrafen an, für den Fall, dass jemand durch Lachen das Verfahren stört.

Trotz, vielleicht auch wegen dieser kreativen Verteidigung werden die »Tornados« in erster Instanz zu 1800 DM Geldstrafe verurteilt. Arnulf Rating dringt nach diesem misslichen Prozessergebnis auf eine veränderte Taktik. Er will argumentieren, dass ihm der Erzengel Gabriel die Sketchfassung des Geschehens mitgeteilt habe, das »Tornado«-Publikum als Gläubige zu betrachten sei und man insofern eine eigene, mit der katholischen Kirche konkurrierende Glaubensgemeinschaft bilde. Ströbele hält es für aussichtsreicher, sich in den nächsten Instanzen auf Kunst- und Meinungsfreiheit zu fokussieren. Nach drei Instanzen werden die Kabarettisten freigesprochen.

Das Gros von Ströbeles Strafprozessen hat keinen politischen Hintergrund. Zwei sind aufsehenerregend. Der Fall Hans-Joachim R. geht in die bundesdeutsche Rechtsgeschichte ein. Im März 1988 kommt ein Mann in Ströbeles Kanzlei am Holsteinischen Ufer, der beteuert, fälschlich eines Mordes beschuldigt zu werden. Der 31-Jährige, der eine junge Frau vergewaltigt und ermordet haben soll, will sich der Polizei stellen. »Ich war«, so Ströbele, »auch deshalb überzeugt, dass er die Wahrheit sagt.« Doch im Prozess bricht die Strategie der Verteidigung mit Getöse zusammen: R. legt, ohne seinen Anwalt einzuweihen, ein umfassendes Geständnis ab. Ströbele ist fassungslos – auch weil ihn seine Menschenkenntnis derart im Stich ließ. Kriminologisch bedeutend ist der Fall, weil zum ersten Mal in der Bundesrepublik ein DNA-Test als Indiz zugelassen wird. Und der zeigt, dass das Sperma, das beim Opfer gefunden wurde, von dem Angeklagten stammte. Ströbele bekämpft den DNA-Beweis im Prozess mit Eifer als illegalen, unlauteren Eingriff in die Privatsphäre und Persönlichkeitsrechte der Bürger und versucht vergeblich mit Untersuchungen aus den USA zu zeigen, dass die Methode fehlerhaft sei. Auch damit erleidet er Schiffbruch: Der genetische Fingerabdruck wird als Indiz zugelassen und ist seit mehr als zwanzig Jahren ein bei Kapitalverbrechen übliches und, wie Ströbele später zugesteht, »kaum ersetzbares Fahndungs- und Überführungsmittel«.[80]

Einen anderen Sound hat der Prozess gegen den Betrüger Oskar Voigt, der 1979 mit Sinn fürs Theatralische in gestreifter Sträflingskleidung vor der 11. Großen Strafkammer des Berliner Landgerichts erscheint. Ossi, so sein Spitzname, ist seit den 50er-Jahren in Berlin ein stadtbekannter Krimineller. Voigt ist wegen seiner Knastausbrüche und seiner untadeligen Umgangsformen bekannt. »Er war immer gut gekleidet und hatte einen souveränen, vertraueneinflößenden Habitus. Er ist aufgetreten wie ein Bankdirektor. Das hätte er, wenn die Umstände anders gewesen wären, auch werden können«, erinnert sich Ströbele. Doch so war Voigt auf der Gegenseite aktiv. Schon Horst Mahler hatte ihm in den 60er-Jahren geraten: »Bescheiß die Banken, das ist okay.«[81]

1975 brach Voigt aus dem Gefängnis aus, tauchte unter und prellte 1978 eine Bank, die zu horrenden Zinsen Darlehen verlieh. Voigt vermittelte der Bank Kreditnehmer, die sich 10000 DM liehen. Die Kreditnehmer waren allesamt arme Schlucker ohne Job und mit haufenweise Schulden. Daher hübschte Voigt deren kreditabträgliche Lage auf, indem er Arbeitsbescheinigungen erfand und die problematischen Schufa-Einträge der Kreditnehmer frisieren ließ, was auch was kostete. Von den 10000 DM bekamen die realen Kreditnehmer 6000 DM, 1500 DM kostete die Schufa-Daten-Korrektur, ein paar Hundert wurden zur Begleichung der erste Raten zurückgelegt, damit das Ganze nicht sofort auffiel. Voigt verdiente 1000 DM an jedem Fall und erklärte vor Gericht: »Es war für alle Teile – ich betone alle – sehr nützlich. Alle verdienten gut.«

Ossi Voigt in Sträflingskleidung auf der Anklagebank des Kriminalgerichts Berlin-Moabit mit seinem Verteidiger

Noch viel besser lief dieses Geschäft als Simulation. So vermittelte Voigt der Bank mehr als dreihundert neue Kreditnehmer, die mehrere Millionen Mark liehen – ein glänzendes Geschäft für die Bank. Allerdings existierten diese Kunden nur auf dem Papier. Bilder für die gefälschten Personalausweise nahm Voigt aus Werbebroschüren. Als die Passbilder mal ausgingen, entdeckte Voigt auf dem Ku'damm in einem Geschäft ein Plakat: »Unsere zufriedensten Kunden« – mit 100 Passfotos. »Die machten einen traumhaft soliden Eindruck«, so Ossi vor Gericht. Die rund zwei Millionen Mark Beute aus dem Coup, den auch der Staatsanwalt elegant fand, blieben verschwunden.

Ströbele ist angetan von seinem Mandanten, der im Milieu den Spitznamen »der Gute« trägt. In der *taz* verfasst er unter Pseudonym eine Eloge auf Ossi, der auch klassenkämpferisch gesehen immer die Richtigen erleichtert hat. Es ist ja, variiert nach Brecht, besser, einen Kredithai zu betrügen, als einer zu sein. Außerdem pflegte

Ossi, wie Ströbele anerkennend vermerkt, seine Anwälte immer zu bezahlen, wenn er noch solvent und auf freiem Fuß war – und nicht erst, wenn er mittellos in U-Haft saß. »Leider war Ossi spielsüchtig. Noch aus dem Knast hat er seine Verlobte mit den todsicheren Zahlen in die Spielbank geschickt und das Haus seiner Eltern verjubelt«, so Ströbele.

Die AL: Die schwierige Annäherung an das Parlament

»Wir haben ihn damals für die Zukunft platziert.«
Wolfgang Wieland, 2015

Ströbeles politische Leidenschaft kreist um die Apo. Den Parlamentarismus hält er in den 70er-Jahren für eine Fassade, hinter der die wahren Mächtigen wie Banken, Konzerne, USA etc. ihre finsteren Geschäfte treiben. Allerdings hindert ihn das nicht, 1968 SPD-Mitglied zu werden und dort auch an der Basis aktiv zu sein. Bei SDS-Aktivisten wie Klaus Hartung hat er Ende der 60er-Jahre den Ruf, Sozialdemokrat zu sein. Im März 1975 wird er aus der SPD ausgeschlossen – weil er die RAF mit »liebe Genossen« angeschrieben hat. Damit, so das SPD-Schiedsgericht, habe er »erheblich gegen die Grundsätze und die Ordnung der SPD verstoßen«. Ströbele engagiert einen Anwalt, der vergeblich gegen den Ausschluss klagt. Die Rechtfertigung, dass sich alle in der Apo als Genosse anredeten und er Baader & Co. daher kenne, überzeugt die Schiedskommission nicht. »Personen, die nicht die Zielsetzung der SPD im Sinne des Godesberger Programms teilen, können von Sozialdemokraten nicht als ›Genossen‹ angeredet werden«, heißt es etwas kleinlich in der Ausschlussbegründung.[82] Ströbele will beides sein: scharfer Kritiker des Systems und anerkannter Teil der bundesdeutschen Mehrheitsgesellschaft und Mitglied der Regierungspartei SPD. Diese Doppelrolle spiegelt Ströbeles Haltung, die zwischen Fundi-Nein und handfestem Pragmatismus oszilliert.

Mitte der 70er-Jahre ist Ströbele auf der Suche nach Neuem, jenseits von RAF-Prozessen und Anwaltskollektiv. Er gehört zu einem informellen Kreis, der über die Gründung einer neuen linkssozialistischen Partei diskutiert. Ende 1975 und im Frühjahr 1976 nimmt das Pro-

jekt Formen an. 150 Interessierte treffen sich. Dabei sind neben Ströbele der Linkssozialist Manfred Scharrer, Rudi Dutschke, Otto Schily, der Soziologieprofessor Peter Brückner und ein paar abtrünnige SPD-Landtagsabgeordnete aus Niedersachsen. Es werden Papiere verfasst und Organisationsdebatten geführt. In *Spiegel* und *Stern* erscheinen wohlwollende Artikel. Doch die heimatlosen Linken wissen vor allem, was sie nicht wollen. Was fehlt, ist eine neue Idee.
1977 geht Ströbele zu einer Großveranstaltung der KPD/AO in der Neuen Welt an der Hasenheide in Berlin-Neukölln. Der frühere SDS-Intellektuelle Christian Semler ist dort Vorsitzender und berichtet von den Untaten der offiziell in Ungnade gefallenen Viererbande um die Maowitwe Jiang Qing. Die »Viererbande kritisieren heißt, Marxismus, Leninismus und Mao verteidigen«, so Semler. Semler berichtet, dass, Metapher für die Verruchtheit der Viererbande, Arbeiter Lastwagen am Palast der Maowitwe Jiang Qing vorbeischieben müssten, um die Herrscherin nicht durch Motorengeräusche zu stören. Der Saal applaudiert, Ströbele fragt sich: Spinnen die?
Gut eineinhalb Jahre später, am 5. Oktober 1978, ist Ströbele wieder in der Neuen Welt. Dreitausend Politinteressierte sind dort – auf dem Programm steht Historisches: Die »Alternative Liste für Demokratie und Umweltschutz« wird gegründet. Ströbele engagiert sich im Vorfeld intensiv für die neue linke Liste. Doch die Etablierung der AL verläuft für ihn enttäuschend. Denn auch Doppelmitgliedschaften in U-Gruppen und der AL sollen möglich sein. Zu Hause notiert Ströbele: »Die Geisteshaltung innerhalb der Liste ist teils konfus, politisch naiv, einsichtslos. Die K-Gruppen beherrschen die Szene.« Er tritt der AL nicht bei. Wie Otto Schily hält er die neue Partei für eine Mogelpackung, in der sich Gutwillige von der KPD/AO einspannen lassen.
Das ist ein Irrtum. Denn die maoistischen Kader sind ideologisch bankrott und lösen sich 1980 auf. Die letzte Zuckung der KPD/AO in der AL ist ein Beschluss, der Atomkraft verdammt – überall, nur

nicht in China. Nach Protesten wird der Beschluss kassiert. Fortan bilden einige frühere Maoisten das organisatorische Rückgrat der AL. Das ist nötig, denn die Alternativen neigen, wie die frühe *taz*, zu einer schwierigen Mischung aus Unverbindlichkeit und rigider Basisdemokratie. Nicht die KPD/AO übernimmt die AL – es ist umgekehrt.

Doch Ströbele bleibt auf Distanz. 1980 werden in Karlsruhe die Grünen gegründet – ohne ihn. Otto Schily hingegen, der 1978 gleich öffentlich gegen die AL als KPD-Tarnorganisation poltert, treibt seine Karriere dort voran. Er kandidiert 1981 in Westberlin bei der Wahl zum Abgeordnetenhaus für die AL und dockt für die Bundestagswahl 1983 bei den Grünen in Nordrhein-Westfalen an.

Ströbele engagiert sich nach wie vor in der *taz*. Doch die heroische, chaotische Anfangsphase, in der er eine glänzende Rolle gespielt hat, ist vorbei. Ströbele bewirbt sich im Dezember 1982 für das AL-Mandat für die Bundestagswahl 1983. Er will, wenn die Grünen erfolgreich sind, in den Bundestag einziehen. In seinem Bewerbungsschreiben fordert er allerlei: Das Kontaktsperregesetz soll abgeschafft werden, er will sich um Daten- und Umweltschutz kümmern, Licht in die Flick-Parteispendenaffäre bringen, in Bonn für »selbstbestimmtes Arbeiten im Kollektiv und selbstverwaltetes Wohnen« werben und die Aufstellung neuer Nato-Raketen aufhalten. Das wirkt wie eine Potpourri aktueller Politthemen, ein klares eigenes Profil ist es nicht. Und er fügt hinzu:

> »Unwohl fühle ich mich mit dieser Kandidatur, weil es meinem Verständnis widerspricht, mich aus den Diskussionsprozessen der AL jahrelang rauszuhalten und dann für einen Platz in dem von anderen mühsam erbauten Nest zu bewerben.«[83]

Die Zerknirschtheit ist echt. Ströbele sieht sich als Mann der Basis. Nun will er von außen an die Spitze. Die Idee, dass er kandidieren soll, kommt von Dieter Kunzelmann, 1983 die zentrale Figur in der AL für Innenpolitik. Kunzelmann arbeitet unbezahlt bis zu 70 Stunden in der Woche im Arbeitskreis »Demokratische Rechte« und ist Mitte der 80er-Jahre der kreative Kopf der AL in Sachen Innenpolitik.

Am 13. Januar 1983 wählen 700 Alternative in Neukölln die beiden Bundestagsabgeordneten in spe, Frontmann und Nachrücker. In der grünen Anti-Parteien-Partei dürfen die Abgeordneten nur zwei Jahre im Bundestag sitzen. Man will anders sein und durch diese Rotation den Sirenengesängen des Parlamentarismus entgehen.

Ströbele hat einen Malus: Er ist nicht in der AL. Bei der Kandidatenvorstellung versucht er mit der *taz*-»Waffen für El Salvador«-Kampagne zu punkten und verspricht, sich in Bonn für die Unterstützung von Befreiungsbewegungen und gegen die Nato-Nachrüstung starkzumachen. Und er versichert, sich an das imperative Mandat, das in der AL gilt, zu halten. Die *taz* notiert am 17. Januar 1983, dass viele die Performance »enttäuschend« fanden.

Nach ihm stellt sich ein Musiker und Taxifahrer zur Wahl, der gern Bundestagsabgeordneter werden möchte, weil ihm Berlin auf die Nerven falle und er Bonn so schön finde. Das Protokoll vermerkt an dieser Stelle: »starker Beifall«. Die Alternativen wissen noch nicht so genau, ob das Parlament ihre Zukunft ist oder ob sie dort den Pausenclown spielen wollen.

Gewählt wird Dirk Schneider, der 1968 zum radikalen Flügel der Studentenbewegung zählte, in der AL gut verdrahtet ist und den starken Kreuzberger Ortsverband hinter sich weiß. Ströbele hat in Kreuzberg bis Mitte der 90er-Jahre nichts zu melden. Schneider ist bekannt für DDR-nahe Positionen. Sein Spitzname in der grünen Bundestagsfraktion lautet später »Ständige Vertretung der DDR«, 1991 wird er als eifriger Stasispitzel (IM Ludwig) enttarnt.

Ströbele verliert erst gegen Schneider, dann auch die Kampfabstimmung um den Job des Nachrückers gegen Rebekka Schmidt mit 255 zu 291 Stimmen. Schmidt kommt aus dem KPD-Umfeld, das mit Schneider in Sachen DDR und Deutschlandpolitik komplett über Kreuz liegt. Die Exmaoisten unterstützen die Oppositionsbewegungen im Realsozialismus wie Solidarność, Schneider unterstützt die dortigen Regime. Die AL ist mehr noch als die Grünen eine Sammlungsbewegung, in der die unterschiedlichsten Strömungen und Milieus irgendwie koexistieren: Pazifisten und Militante, Linksextreme und Bürgerliche, Reformer und Revoluzzer. Ströbele, in der DDR-Frage in der Mitte zwischen Schneider und Schmidt angesiedelt, wäre ein Kompromisskandidat – eigentlich seine Lieblingsrolle in der untereinander verfeindeten linken Familie.

Doch er hat seinen Ruf überschätzt. Wolfgang Wieland, der für Ströbele wirbt, meint, dass zwei Drittel der AL-Basis ihn nicht kannten – auch nicht als Anwalt. »Unser Eindruck war nicht, dass er durchgefallen ist, sondern dass wir ihn für die Zukunft platziert haben«, so Wieland.

Doch Ströbele taugt nicht recht zum Parteipolitiker, der Intrigen spinnt, Versprechungen macht, Konkurrenten gegeneinander ausspielt. AL-Innenpolitikerin Renate Künast erinnert sich, dass Ströbele öfter betont habe, dass er ja nicht Mitglied in der AL sei – also Solitär, nicht Parteisoldat. 1983 tritt er in die AL ein.[84] Er geht gelegentlich auf AL-Vollversammlungen, engagiert sich im Arbeitskreis Demokratische Rechte und Delegiertenrat, gilt als Mann des linken Flügels und spielt keine entscheidende Rolle. Seine politische Karriere startet stotternd.

Doch 1985 eröffnen sich unverhoffte Aussichten. Die AL-Nachrückerin Rebekka Schmidt hat beruflich Besseres vor und verzichtet auf den Abgeordnetenposten in Bonn. Ströbeles Weg auf die nationale Bühne ist frei.

In Bonn

»Ein Drittel der grünen Abgeordneten ist einfach nie da, ein Drittel macht von Bonn aus grüne Bundespolitik, ohne sich um die parlamentarischen Aufgaben zu kümmern, und ein Drittel arbeitet.«

Christian Ströbele, *taz*, 8. Juli 1986

Helmut Kohl war am 9. Mai 1985 mit US-Präsident Ronald Reagan in Bitburg. Am 14. Mai gibt er im Bonner Parlament eine Regierungserklärung ab.

> »Welcher Ort hätte sich besser für den Besuch des amerikanischen Präsidenten geeignet? Nirgendwo sonst ist das freundschaftliche Zusammenleben von Deutschen und Amerikanern so spürbar. Nirgendwo sonst ist die gemeinsame Entschlossenheit zur Wahrung von Sicherheit und Freiheit im Rahmen des Bündnisses so sichtbar als gerade in dieser Stadt, in dieser Region und auf diesem amerikanischen Stützpunkt auf deutschem Boden.«

Der Abgeordnete Ströbele ruft dazwischen: »Und ein SS-Friedhof!« Die Unionsfraktion murrt. Kohl sagt unwirsch in Richtung Grüne: »Sie sind in dieses Haus mit dem Zeichen der Blume eingezogen und verlassen das Haus mit dem Zeichen des Hasses.« Ströbele ist ein paar Wochen in Bonn und wird schon vom Kanzler höchstpersönlich gerüffelt. Das ist ein Adelsschlag.

Bitburg symbolisiert, was die deutsche Linke 1985 bekämpft. Kohl verbündet sich mit Ronald Reagan, der mit Hochrüstung das im Kreml beheimatete »Reich des Bösen« besiegen will und von El Salvador über Libyen bis nach Afghanistan eine aggressive Außenpolitik betreibt. Diese finstere Koalition wird auf den Gräbern von US-Soldaten und Waffen-SS besiegelt. Das ist eine eindeutige Metapher: Kohl ist Bündnispartner für Reagans Kreuzzug, für diese Allianz wird die NS-Zeit gemeinsam entsorgt.

Bitburg und der Historikerstreit 1986 markieren, wie im Rückblick deutlich zu erkennen ist, exakt das Gegenteil dieser Befürchtung. Kohls und Reagans Bitburg-Auftritt empört in der Bundesrepublik die meinungsbildende Elite. In der Erinnerungspolitik gewinnen die Linksliberalen Mitte der 80er-Jahre die diskursive Hoheit, auch wenn diese keineswegs mit einer konkreten Zuwendung zu den Opfern des NS-Regimes verbunden ist.

Bonn ist für Ströbele der Sprung ins kalte Wasser. Alle anderen Nachrücker arbeiten schon seit 1983 bezahlt in der Fraktion. Ströbele hat kaum Zeit, sich einigermaßen vorzubereiten. Doch er akklimatisiert sich rasch. Er versteht es, anders als manche grüne MdBs, Gesetzestexte zu lesen, und kennt sich mit formalisierten Verfahren aus. Eigentlich möchte er lieber in den Auswärtigen Ausschuss, um sich für Befreiungsbewegungen einzusetzen. In der Fraktion sammelt er eigenhändig Spenden für »Waffen für El Salvador« und reist 1985 mit der grünen Abgeordneten Gaby Gottwald nach Guatemala. Doch er beugt sich, stets das Kollektivinteresse im Auge, der Einsicht, dass er im Innen- und Rechtsausschuss nützlicher ist. In der personell etwas blassen Fraktion der Nachrücker gilt er in Sachen Rechtsstaat und Bürgerechte schnell als Autorität.

Das Klima zwischen den Fraktionen von Grünen und Union ist giftig. Manche Christdemokraten empfinden es als Majestätsbeleidigung, dass sie es im Parlament nun mit langmähnigen Männern im Wollpullover und Feministinnen zu tun haben, die es, wie Waltraud Schoppe, auch noch wagen, unter dem Bundesadler über Sexualität zu reden. Kein grüner Abgeordneter wird von der Unionsfraktion so oft und heftig attackiert wie Ströbele – meist wegen der RAF-Verteidigung.

Am 25. April 1985 – es ist Ströbeles dritte Bundestagssitzung – redet er über den bevorstehenden Besuch von Reagan und Kohl in Bitburg und warnt vor einer Verharmlosung der Waffen-SS. Die Union reagiert aggressiv. Der CDU-Abgeordnete Rudolf Seiters brüllt: »Hatten Sie nicht zehn Monate? Weshalb haben Sie eigentlich gesessen?« Das wiederholt sich regelmäßig.

Ströbele keilt zurück. Er macht Dutzende von Zwischenrufen und stellt ohne Unterlass Zwischenfragen. Er importiert die Protestkultur ins Hohe Haus, wird ein halbes Dutzend Mal gerügt und geht der Union gehörig auf die Nerven. Es gibt kaum eine Sitzung, in der der Abgeordnete nicht lautstark die Konkurrenz kommentiert. Am 13. November 1986 versucht Wolfgang Schäuble, Chef des Kanzleramts, darzulegen, dass Kohls Vergleich des KPdSU-Chefs und Sowjet-Reformers Gorbatschow mit dem NS-Propagandisten Goebbels nur ein dummes Missverständnis sei. Der Kanzler hat dem Magazin *Newsweek* gegenüber diesen Vergleich gezogen, wollte es, angesichts internationaler Empörung und einer diplomatischen Krise zwischen Bonn und Moskau, dann doch nicht gesagt haben.

> Schäuble: Wir führen hier heute Vormittag nicht eine Debatte über die deutsch-sowjetischen Beziehungen, –
> Ströbele: Sondern über einen Lügner! –
> Schäuble: sondern ganz offensichtlich über die innenpolitischen Absichten der Opposition. –
> Ströbele: Ein Lügner ist das! –
> Schäuble: Der Sachverhalt, meine Damen und Herren, ist klar. –
> Ströbele: Der Kanzler ist ein Lügner, wenn Sie es hören wollen! –
> Hans Klein, CSU: Ströbele ist ein Gangster, wenn Sie es hören wollen! –
> Schäuble: Der Wortlaut dessen, was der Bundeskanzler … –
> Ströbele: Das wird man doch noch sagen dürfen! –

Anton Stark, CDU: Der Terrorist sagt: Der Kanzler ist ein Lügner!

»Lügner«, »Gangster«, »Terrorist«. Der Bundestag erinnert in manchem an einen Gerichtssaal. Es ist ein Spiel mit verteilten Rollen, fester Dramaturgie und ein Kampf, der mit harten rhetorischen Bandagen ausgetragen wird. Ströbele ist kein blendender Debattenredner, kein Joschka Fischer, der mit Rotzigkeiten (»Mit Verlaub, Herr Präsident, Sie sind ein Arschloch«) in die Annalen der Bundestagsgeschichte eingeht. Aber er gibt Kontra und kann frei reden, ohne sich zu verhaspeln – das ist nicht die Regel in der grünen Fraktion 1985.
Die Grünen sind eine kulturelle Frischluftzufuhr für den von verbeamteten Männern dominierten Bonner Politikbetrieb. Doch die Idee, dass die Grünen mit Rotation, alternativen Umgangsformen und öffentlichen Fraktionssitzungen auch nach innen einen neuen, vitalen Stil kreieren, scheitert so schnell und gründlich wie der Versuch der *taz*, mit Aufhebung der Arbeitsteilung die Zeitung neu zu erfinden. Die Regel, dass grüne Parlamentarier nach zwei Jahren im Bundestag Platz für Nachrücker machen müssen, wird schon 1986 wieder abgeschafft. Die Fraktion wird bis 1985 von persönlichen Fehden und dem beginnenden erbitterten Kampf zwischen Realos um Joschka Fischer, Hubert Kleinert und Otto Schily und Ökosozialisten und Fundis um Jürgen Reents bestimmt. Im April 1985, als Ströbele nach Bonn kommt, ist die heroische, neurotische Anfangszeit, als beim Kampf, wer im Bundestag reden darf, öfter Tränen flossen, vorbei.
Fundis und Realos trennen damals vor allem zwei Fragen. Die Realos streben rot-grüne Regierungen an, die Fundis halten das für Verrat. Die Realos wollen die Grünen in eine normale Partei verwandeln, in der die Fraktionen Machtzentren sind. Die Fundis halten das Parlament für eine Bühne, auf der die Grünen die Forderungen der sozialen Bewegungen vortragen sollen. Ströbele gehört

zum linken Flügel der Fraktion. Er wettert, wenig originell und weitblickend, gegen »das Koalitionsgequatsche, das Syndrom des Niedergangs ist«. Besonders missmutig stimmt ihn, dass der »Berliner Realo-Kampfplatz *taz*«, so Ströbele in der derselben Zeitung am 3. Juni 1985, Fischer und Schily »wacker hochjubelt«. So hatte Ströbele die *taz* 1979 wirklich nicht geplant. 1983 sperrte sich Ströbele allerdings noch gegen ein *taz*-Büro in Bonn – mit dem damals üblichen linksalternativen Argument, dass Parlamente und offizielle Politik doch nur Schauspiel seien. Nun rechnet der MdB Ströbele, wenn er im Bundestag gegen Volkszählung, den maschinenlesbaren Personalausweis und Verfassungsschutzpraktiken agitiert, auf die wohlmeinende Berichterstattung des Bonner *taz*-Büros. Es ist nicht leicht, ohne Selbstwidersprüche Promi von der Basis und Parlamentarier einer Anti-Parteien-Partei zu sein.

Im Mai 1985 hat Claudia Roth ein Bewerbungsgespräch in Bonn. Heinz Suhr, bis dato Pressesprecher der Fraktion, hat zwei Jahre lang »drei Dutzend Weltverbesserer mit Schwächen in der Kommasetzung« (Suhr) betreut und wechselt als Nachrücker für Joschka Fischer in die Fraktion. Der Posten ist vakant. Claudia Roth war bis 1985 Managerin der Anarchoband Ton Steine Scherben – doch die Band ist bankrottgegangen. Erfahrung mit Politik hat Roth nicht, dafür die Hoffnung, dass die Grünen erkennen, wer es mit den Scherben ausgehalten hat, wird auch in der grünen Fraktion die Nerven behalten. Roth ist gerade dabei, das Gespräch mit dem Fraktionsvorstand unfallfrei zu überstehen, als Ströbele hereinkommt. »Ich kannte ihn nicht persönlich«, so Roth. »Aber er war eine Ikone, jemand, den alle kannten.« Ströbele, der nicht zum Vorstand gehört, sagt: »Ich hätte übrigens gerne Gisela Wülffing als Pressesprecherin.« Wülffing hat einen Namen als *taz*-Journalistin. Roth sieht ihre Chancen schwinden.

Dieser gutsherrenhafte Auftritt illustriert zweierlei: Die informelle, saloppe, hierarchiefreie Art, in der Formalitäten als bloß hinderlich gelten, ist mitunter nichts als Unhöflichkeit. Und: Für Ströbele, der zwar irgendwie zum Fundiflügel gehört, zählen persönliche Verbindungen mehr als Links-Rechts-Anordnungen. Denn Wülffing, mit der Ströbele in der frühen *taz*-Zeit viel zu tun hatte, ist eine grüne Reala. Der eher linke grüne Fraktionsvorstand entscheidet sich für Claudia Roth mit linksradikalem Scherben-Kredit.

In dieses Bild passt auch, dass Ströbele aus Berlin Udo Knapp als Assistent mit nach Bonn bringt. Knapp war der letzte SDS-Vorsitzende und gehörte zum Kern der Studentenbewegung. Knapp gilt 1985 in Berlin als unberechenbar, unorthodox. In der AL-Szene löst Ströbeles Entscheidung Verwunderung aus. Knapp entwickelt sich in Bonn zum Lautsprecher des Realoflügels der Grünen – was die intensive Zusammenarbeit mit Ströbele nicht trübt. »Christian hat nie den Versuch gemacht, mich zu disziplinieren«, so Knapp. Axel Vogel, damals grüner Nachrücker und heute Fraktionschef der Grünen in Brandenburg, wundert sich über das ungleiche Paar. »Ströbele war umgänglich, Knapp bärbeißig. Und sie traten immer als harmonisches Duo auf.«

Der Alltag in Bonn ist recht uniform. Ströbele und Knapp sind von morgens bis spätabends im Bundeshaus. Frühstück gibt es in der Cafeteria des Bundestages, mittags und abends geht es in die Kantine. »Es war uns völlig egal, was wir essen. Man isst, damit man satt wird, und geht wieder arbeiten«, so Knapp. Die beiden leben in Bonn in einem Einzimmerapartment, das spartanisch zu nennen eine Untertreibung ist. Die Einrichtung besteht aus zwei Matratzen. »Ströbele hatte sein Fahrrad, seine Teekanne, Milch und einen Pullover. Mehr brauchte er nicht«, so Knapp.

Die einflussreichen Grünen, Fischer und Schily, gehen abends in eine Kneipe, die Provinz, wo die grünen Realos mit SPD-Mann Gerhard Schröder mal rot-grüne Kabinettslisten auf Bierdeckeln skizzieren. Ströbele und Knapp gehen nicht in die Provinz, auch nicht ins Kino oder ins Theater. Nach der Arbeit liegen sie auf ihren Matratzen und reden über die Volkszählungskampagne, grüne Migrationspolitik oder die Tagesordnung im Untersuchungsausschuss.

War dieses mönchische Dasein nicht klaustrophobisch, beengend? Udo Knapp schüttelt bestimmt den Kopf. »Das waren zwei Jahre intensives politisches Leben. Es war wie 1968, nur auf einer anderen Bühne. Wir wollten die Republik verändern. Der Rest war egal.«

Die Kontakte zur SPD gestalten sich etwas erfreulicher als die zur Union. Udo Knapp tüftelt 1986 mit einem Vertreter der Sinti und Roma in der Bundestagskantine an dem grünen Entschädigungsgesetz, als sich Egon Bahr, SPD-Außenpolitiker, an den Tisch setzt. Knapp ist irritiert und sagt: »Herr Bahr, wenn Sie da sitzen, hemmt mich das bei der Arbeit.« Bahr erwidert locker: »Das kenn ich von den Grünen – das ist ihre obrigkeitsstaatliche Gesinnung. Kommen Sie, ich helfe Ihnen bei dem Antrag.«[85]

Ströbele ist einer der führenden Köpfe der Bewegung gegen die Volkszählung, die von den Linksalternativen in zeittypischer Hysterie als Inbegriff des Orwell'schen Horrorstaates bekämpft wird. Er agitiert gegen das 1985 eingeführte Vermummungsverbot bei

Der Redner, den die Realos fürchten: Ströbele 1986 bei der Bundesdeligiertenkonferenz in Nürnberg

Demonstrationen, das Kontaktsperregesetz und versucht die SPD für die Abschaffung des fragwürdigen Paragrafen 129a zu mobilisieren. Er setzt sich für eine großzügigere Asylpolitik ein und entwickelt Grundzüge einer grünen Migrationspolitik. Er stellt eine arbeitsintensive Große Anfrage zu Antisemitismus in der Bundesrepublik (die erste in der Geschichte des Bundestages) und eine zu NS-Tätern in der bundesdeutschen Justiz. Und er sitzt für die grüne Fraktion im Tiedge-Untersuchungsausschuss, in dem geklärt werden soll, warum Hansjoachim Tiedge, der beim Verfassungsschutz für DDR-Spionage zuständig war, 1985 in die DDR überlief. Ströbele hält den Fall, laut *taz* vom 3. September 1985, an sich für wenig skandalös:

> »Da wir Grünen grundsätzlich dagegen sind, dass ein Staat Geheimnisse hat, haben wir eine gewisse Sympathie für Spione. Das gilt insbesondere, wenn sich Spione, wie offenbar geschehen, nur noch mit sich selbst beschäftigen, d. h. die Spione der einen Seite die Spione der anderen Seite auskundschaften.«

28 Jahre später wird ihm diese Sympathie für Verräter Schlagzeilen in der internationalen Presse bescheren, als er den Whistleblower Edward Snowden in Moskau besucht.
1985 versucht er mit gewissem Erfolg den Ausschuss in ein Tribunal gegen den Verfassungsschutz an sich zu verwandeln. Der Dienst schleuste immerhin schon mal eine Sekretärin in sein Anwaltsbüro ein und observierte ihn tagelang. Sein 40-seitiges Minderheitenvotum im Abschlussbericht ist eine Generalabrechnung mit der Behörde, die eine »Gefahr für die Demokratie, überflüssig wie ein Kropf« und »nicht mehr zu sanieren« sei. Als typisch brandmarkt er, dass der CSU-Staatssekretär im Innenministerium, Carl-Dieter Spranger, 1984 beim Verfassungsschutz ein Dossier beauftragt hatte, ob sich bei dem grünen Abgeordneten Otto Schily »eine Identifi-

kation mit Terrorismus belegen« lasse. Schily war gerade erfolgreich dabei, der Union im Flick-Ausschuss eine illegale Parteispendenpraxis nachzuweisen. Das sah nicht nur wie ein Revanchefoul aus. Der Verfassungsschutz, so Ströbele 1986, ist ein »kostenloser Selbstbedienungsladen der Union«. Im Ausschuss weigert er sich, Spranger die Hand zu geben.

Manches entspringt dem reflexhaften Antietatismus der Linksalternativen und der Idee, Opfer des postfaschistischen Staates zu sein, die am 2. Juni 1967 geboren wurde und zwanzig Jahre danach versteinert wirkt. Burkhard Hirsch, der den Bürgerrechtsflügel der FDP vertritt, hat recht, als er Ströbele am 15. November 1985 im Bundestag nach einer von dessen üblichen Brandreden gegen den Überwachungsstaat mahnt, dass »Sie nicht von irgendeinem totalitären Staat, sondern von der Bundesrepublik Deutschland sprechen«.

Allerdings ist das nicht alles. Wenn Ströbele die Praxis des Verfassungsschutzes kritisiert, so ist dies kein Nebenprodukt eines wetterfesten Antiimperialismus. Sein Ton ist oft überdreht, aber das grundsätzliche Anliegen ähnelt dem von Hirsch und Gerhart Baum. Es geht um den Schutz des Citoyen vor dem Staat. Ströbele erfindet sich Mitte der 80er-Jahre als linksliberaler Bürgerrechtspolitiker. Das ist die Grundlage seiner politischen Karriere, das Thema, das ihn erdet und bei dem er, mehr noch als sonst, rasch grundsätzlich wird. Nicht nur der Union gegenüber.

Grüne Frauen entwerfen 1986 ein Antidiskriminierungsgesetz. Die Quote ist eine Erfindung der *taz*-Frauen 1980. Die Idee, dass Politik nicht nur Männersache sei, ist in der Republik ziemlich neu, dass es einmal eine Bundeskanzlerin geben könnte, kaum vorstellbar. Im Bundestag sitzen 1986 mehr als 90 Prozent Männer. Bis 1977 brauchten Ehefrauen in der Republik noch die Erlaubnis ihres Gatten, wenn sie arbeiten wollten. Die Emanzipation und die Gleichstellungspolitik sind, neben der liberalen Kindererziehung, die wesentlichen gesellschaftlichen Fortschritte, die 68er- und Alternativbewegung auf ihrem Konto verbuchen können.

Ströbele sperrt sich vehement gegen dieses Antidiskriminierungsgesetz – denn das sieht auch vor, Vergewaltigung härter zu bestrafen. »Ich kann mich nicht überall gegen Gefängnisse und für niedrigere Strafen einsetzen und hier eine Verschärfung mittragen«, sagt er. Höhere Strafen, egal wofür, so Ströbele, seien falsch. Es sei unmöglich, über das Strafrecht Abschreckung oder gesellschaftliche Veränderung zu erreichen. Die Grünen, so Ströbele, dürften nie dafür sorgen, dass mehr Leute ins Gefängnis kommen.[86] Er denkt Rechtspolitik prinzipiell aus der Perspektive des Verteidigers. Und grundsätzlich wird Ströbele auch, wenn er sich anschaut, was seine grünen Fraktionskollegen im Bonner Betrieb treiben. Im August 1985 schreibt er ein Strategiepapier für die Klausur der Fraktion.

> »Wir können die Anonymisierung, die Bürokratisierung, den Zynismus und die Menschenfeindlichkeit des Politikmachens hier in Bonn nur dann glaubhaft kritisieren, wenn wir das mit unserem Auftreten im Plenum und im wilden Streit mit den Abgeordneten der Altparteien auch persönlich einlösen. Wenn wir uns schon auf diese seltsame Art von Demokratie einlassen, ist es unsere Aufgabe, den Parlamentarismus beim Wort zu nehmen. Dabei geht es beileibe nicht darum, diese pervertierte Variante von Demokratie zu akzeptieren. Die Altparteien haben das Parlament als den zentralen Ort demokratischer Willensbildung längst abgeschrieben. Sie begreifen das Parlament als bloßes Hilfsorgan der Exekutive und Karriereinstrument. Gerade wenn wir die Letzten sind, die die in der Verfassung verankerten Grundsätze ernst nehmen, dann werden wir gehört.«[87]

Und weil die grünen MdBs bei Bundestagsdebatten sich genauso rar machen wie andere Abgeordnete, verlangt Ströbele Anwesenheitspflicht für alle grünen Mandatsträger im Plenum. Und – in jedem deutschen Linken steckt ein Volksschullehrer: »Wer sich nicht an die Anwesenheitspflicht hält, wird durch Veröffentlichung in grünen Organen an die Basis verpfiffen.«

Dieser Appell, den die Fraktion mit wohlwollender Gleichgültigkeit zur Kenntnis nimmt, enthält die üblichen linksalternativen Stereotype: Man fremdelt mit den Institutionen der Republik, in denen man sich wie in Feindesland zu bewegen scheint. Der Parlamentarismus ist nur Fassade für Karrieristen. Die offizielle Politik in toto erscheint in der linksalternativen Sicht als Skandal, den zu erkennen nur Auserwählte in der Lage sind. Die Idee, dass die Fraktion stets geschlossen im Bundestag antritt, ist, an den Erfordernissen des parlamentarischen Alltags gemessen, weltfremd. Und doch hat dieser Aufruf eine eigensinnige Ernsthaftigkeit. Er verrät ein protestantisch anmutendes Pflichtethos, ein trotziges Beharren auf dem Prinzip. Ströbele verlangt, wie in der *taz* 1980, als er die egalitären Selbstverwaltungsideale zu retten versucht, Disziplin. Und er nimmt den Anspruch, dass die Bundestagsabgeordneten – nicht Kanzler und Minister – das Herzstück der Demokratie seien, wörtlich. Das erinnert an den Versuch der *taz*, die Arbeitsteilung aufzuheben und das egalitäre Grundprinzip der attischen Demokratie zu reinszenieren. Und es ist eine neue Variation von Ströbeles Spiel: mit den Regeln gegen die Regeln.

Die Sitzungen im Bonner Wasserwerk dauern oft bis 23 Uhr. Verhandelt werden nicht die drängendsten Themen. Es geht auch mal um einen Gesetzentwurf über die Untersuchung von Seeunfällen oder Fördermaßnahmen der EG »zur regionalen Entwicklung im Hinblick auf die Verbesserung der wirtschaftlichen und sozialen Lage der Grenzgebiete Irlands und Nordirlands«. Es ist Usus, dass jede Fraktion im Plenum vertreten ist – schon um eigene Redner ordnungsgemäß zu beklatschen. Für die grüne Fraktion müssen meist vier junge, wenig bekannte Abgeordnete die Stellung halten. Und es ist stets noch ein Grüner bis zum Ende dort. Freiwillig. Ströbele.

»Er ist«, sagt Claudia Roth, »der fleißigste Parlamentarier, den ich je erlebt habe.« Allerdings, so viel Starallüren müssen sein, kommt er bei jeder Pressekonferenz im Bonner Tulpenfeld immer einen Tick zu spät. Allerdings erscheint er immer noch viel früher als Otto Schily, der notorisch andere auf sich warten lässt, um die Machtverhältnisse zu markieren.

Das Verhältnis zwischen Schily und Ströbele ist nicht unkompliziert. An einem Freitagabend im Mai 1985 rauscht Neu-MdB Ströbele mit Otto Schily, dem Star im Flick-Untersuchungsausschuss, mit dem Fahrdienst des Bundestages zum Flughafen Köln-Bonn. Ströbele schreibt darüber am 3. Juni 1985 in der *taz*:

> »Kollege Otto muss mit der AL noch mal ernsthaft reden, wegen der Gewalt- und der Koalitionsfrage. Schließlich ist er Mitbegründer der AL und hat den Namen ›Alternative Liste für Demokratie und Umweltschutz‹ erfunden. Abends im Dienstwagen zum Flugzeug nach Berlin versichern wir uns über alle politischen Kontroversen hinweg unserer Freundschaft.«

Der Ton ist nett, jovial, aber das täuscht. Schily ist ein Alphatier, der außer Joschka Fischer in der Fraktion niemanden so recht ernst nimmt. Schily will die Grünen erziehen und fordert zusehends unduldsamer, dass die Partei sich endlich zu Rot-Grün im Bund bekennen solle. Dafür müssten, so doziert es Schily in der Fraktion ein ums andere Mal, die Grünen das staatliche Gewaltmonopol anerkennen. Ströbele will beides nicht. Wenn es auf Fraktionssitzungen um Fundamentales geht, schreit Schily, bekannt für cholerische Aufwallungen, oft in Richtung Ströbele, der sich nicht anmerken lässt, ob ihn die Attacken treffen. Er hat das, so Udo Knapp, »meist einfach weggelacht«. Auch die Union merkt, dass zwischen den beiden Ex-RAF-Anwälten Spannung herrscht, und attackiert Ströbele im Bundestag als »Schily in Schwundstufe, ein Mini-Schily«. Schily hat Ströbele, so Claudia Roth, aber »respektvoller behandelt als andere Linke wie Thomas Ebermann«.

Das Fremde und das Eigene: Die NS-Vergangenheit

»Den 8. Mai 1945 haben alle, ich auch, als schreckliche, ungerechte Niederlage empfunden.«

Christian Ströbele, 2015

Im Jahr 1984 entdeckt Ströbele in einer Ausstellung über die Geschichte des Krankenhauses Moabit in Berlin einen Namen, den er kennt: Heinrich Teitge. Der war in den 50er-Jahren Chefarzt der Marler Paracelsus-Klinik, die ein paar hundert Meter entfernt von dem Wohnhaus der Ströbeles liegt. Teitge hatte nach 1933 eine steile Karriere gemacht und war als Oberarzt und NS-Aktivist tatkräftig an der »Entjudung« des Krankenhaus Moabit beteiligt. Während des Krieges brachte er es zum SS-Brigadeführer und war Gesundheitsminister im Generalgouvernement, dem unterworfenen polnischen Kernland, in dem Hans Frank ein Terrorregime errichtet hatte. Von Gerüchten über die SS-Vergangenheit von Teitge hatte Ströbele schon in Marl gehört.

Ströbeles abrupte Wendung nach links 1967 hatte drei Motive: Empörung über die rüde Art, wie die Mehrheit in Westberlin mit der revoltierenden Minderheit umspringt, der Zerfall der USA als moralische Autorität durch den Vietnamkrieg und die Entdeckung, dass die Eliten der Bundesrepublik zum Gutteil bereits dem NS-Regime dienten. Ströbele und die 68er neigen zu extrem überzogener Kritik an der Bundesrepublik, bis an die Grenze der Hysterie. In Sachen Altnazis allerdings wirkt sogar die Agitation der Neuen Linken fast untertrieben. In der Ministerialbürokratie, Bundeswehr, Wirtschaft, Verwaltung und erst recht in den Geheimdiensten und in der Justiz machen Zehntausende unbehelligt Karriere, die bereits verlässliche, effektive Stützen des NS-Regimes waren.

Auch für Juliana Ströbele-Gregor ist die NS-Zeit kein abstraktes Thema. 1955 besucht die Diplomatentochter mit ihrer Schulfreundin Ute deren Vater. Er betreibt im bolivianischen Urwald ein Sägewerk. Sie wundert sich, dass Ute französische Lieder singt. Als Beate Klarsfeld 1971 die Identität des deutschen Sägewerkbesitzers lüftet, ist klar, woher Freundin Ute diese Lieder kennt: Ihr Vater ist Klaus Barbie, berüchtigter SS-Mann in Lyon und einer der am meisten gesuchten NS-Kriegsverbrecher.[88] Ströbele wartet in den 80ern in La Paz in einem Café, das Barbie gelegentlich besucht, auf den Altnazi, allerdings erfolglos.

Das NS-Thema berührt das Zentrum von Ströbeles politischer Haltung: Gerechtigkeit und Recht. 1983 besorgt er sich als *taz*-Journalist eine Akkreditierung für den Prozess gegen den DDR-Bürger Heinz Barth, der in Ostberlin stattfindet. Barth war als 20-jähriger SS-Mann an dem Massaker im französischen Oradour beteiligt, wo die SS 642 Zivilisten ermordete. Ströbele berichtet differenziert, vermeidet die übliche Dämonisierung des Täters, fragt, deutlich als Rechtsanwalt, kritisch nach dem Sinn des Prozesses – »Vergeltung, Rache, Abschreckung? Resozialisierung? Nach vierzig Jahren?« – und vermerkt skeptisch, dass der Richter den Angeklagten vor dem Urteilsspruch Mörder nennt. Barth, der eigenhändig den Mord an Dutzenden befehligte, ist der einzige Täter des Oradour-Massakers, der in Deutschland verurteilt wird. Ströbele verteidigt das Urteil »lebenslänglich«, bemängelt aber am 8. Juni 1983 in der *taz*, als Anhänger rechtsstaatlicher Prinzipien, dass das Verfahren etwas von einem »Schauprozess« gehabt habe.

Ströbeles bedeutendste Leistung im Bonner Parlament ist ein Gesetzentwurf zur Entschädigung von NS-Opfern, der drei Ziele verfolgt. Zum einen sollen auch bislang vernachlässigte Opfergruppen wie Sinti und Roma, Kommunisten und Homosexuelle, Zwangssterilisierte und Opfer medizinischer Versuche Anrecht auf Entschädigung erhalten, die Vergabe soll sich unbürokratisch nach der Bedürftigkeit der Betroffenen richten und zudem soll die Bundesregierung dafür sorgen, dass die bis 1945 ins Reich verschleppten Zwangsarbeiter etwas von dem Lohn bekommen, um den sie damals betrogen wurden. Im Bundestag sagt Ströbele am 16. Januar 1986:

»Ich bitte Sie – in anderem Zusammenhang würde ich Sie hier in diesem Hause nie um etwas bitten, aber heute hierzu tue ich es –: Unterstützen Sie unsere Anträge! Die Zeit drängt. Es gibt nur noch ganz wenige Überlebende der Verfolgung und der Zwangsarbeit. Wir sind in den Ausschüssen zu allen Kompromissen bereit, wenn sie nur dem Interesse der Verfolgten dienen.«

Der Zeitpunkt scheint günstig. Die SPD ist nicht abgeneigt, sich mit Zwangsarbeit zu befassen. Bundespräsident Richard von Weizsäcker hat am 8. Mai 1985 staatsoffiziell alle Gegner des Hitlerregimes nobilitiert. Mercedes-Benz lässt die Firmengeschichte von 1933 bis 1945 untersuchen, der Flick-Konzern bietet Zwangsarbeitern die lächerliche Summe von fünf Millionen Mark an. Doch das zeigt, dass die bundesdeutsche Wirtschaft begreift, dass sie unter Druck geraten könnte.

Was Ströbele tut, wird andernorts wahrgenommen. Der deutsche Jude Dennis Winston, wohnhaft in New York, überlebte Auschwitz und war Zwangsarbeiter in der bayerischen Niederlassung des Baukonzerns Polensky & Zöllner, auf dessen Baustellen Hunderte von Sklavenarbeitern starben. Winston verlangt von dem Unternehmen, dass alle überlebenden Zwangsverpflichteten den Lohn bekommen, den sie als normale Arbeiter erhalten hätten. Winston schreibt 1986 an Ströbele:

»Ich darf sagen, dass ich seit meiner Befreiung 1945 niemals so angestrengt war, dass ich Sitzungsprotokolle, die im Deutschen Bundestag zustande kamen, mit solcher Spannung gelesen habe, wie gerade Ihre Ausführungen

> im Bundestag. Ich darf Ihnen gratulieren für den Mut, sich für alle Verfolgten zu verwenden.«[89]

Bemerkenswert ist Ströbeles Initiative, weil sie die NS-Zeit aus dem innerdeutschen Beziehungsgeflecht und als Kampfplatz der ödipalen Revolte, des Aufstands der 68er gegen ihre Eltern, herauslöst und den Blick auf die Opfer des NS-Regimes fokussiert.
Doch Union und FDP schieben das Thema kalt beiseite. Der CSU-Abgeordnete Hermann Fellner kommentiert, »dass die Juden sich schnell zu Wort melden, wenn irgendwo in deutschen Kassen Geld klimpert«. Das ist mehr als hartherzig. Juden, die den Deutschen ihr sauer verdientes Geld aus der Tasche ziehen, ist ein antisemitisches Klischee, das direkt an NS-Propaganda anknüpft. Fellner entschuldigte sich widerwillig, nachdem liberale Medien Druck gemacht hatten. Laute Kritik aus der Union an Fellner gab es nicht.
Ströbeles Gesetzentwurf ist ein kleiner Anstoß, der mithilft, dass 1999, unterstützt durch Sammelklagen von Opfern vor US-Gerichten und die rot-grüne Bundesregierung in Berlin, Zwangsarbeiter endlich, wie unzureichend auch immer, entschädigt werden.
Ströbele ist heutzutage der Ansicht, dass er sich in seinem Leben in einer politischen Frage vollständig revidieren musste: der NS-Zeit.

> »Ich habe lange überhaupt nicht verstanden, was die Deutschen im Zweiten Weltkrieg getan haben. Den 8. Mai 1945 haben alle, ich auch, als schreckliche, ungerechte Niederlage empfunden. Wir haben uns als Opfer der Alliierten empfunden, die auch noch die Industrie demontiert haben.«

Dass in der Schule der Widerstandskämpfer des 20. Juli gedacht wurde, empfand Schüler Ströbele Ende der 50er-Jahre als Tribut, den man als Kriegsverlierer zähneknirschend zu erbringen hatte. Ströbele hat seine Familiengeschichte nicht öffentlich thematisiert. Otto Schily, geboren 1932, hat das 1997 im Bundestag in einer Debatte um die Wehrmachtsverbrechen getan.

> »Mein Onkel Fritz Schily, ein Mann von lauterem Charakter, war Oberst der Luftwaffe. Zum Ende des Krieges war er Kommandeur eines Fliegerhorstes in der Nähe von Ulm. Er suchte in Verzweiflung über die Verbrechen des Hitlerregimes bei einem Tieffliegerbeschuss den Tod. Mein ältester Bruder Peter Schily verweigerte sich der Mitgliedschaft in der Hitlerjugend und versuchte zunächst ins Ausland zu fliehen. Da ihm das nicht gelang, meldete er sich freiwillig an die Front. Er wurde nach kurzer Ausbildung als Pionier im Russlandfeldzug eingesetzt, erlitt schwere Verwundungen und verlor ein Auge sowie die Bewegungsfähigkeit eines Armes. Mein Vater, eine herausragende Unternehmerpersönlichkeit, dem ich unendlich viel für mein Leben verdanke, war ein erklärter Gegner des Naziregimes, empfand es aber als Reserveoffizier des Ersten Weltkrieges als tiefe Demütigung, dass er aufgrund seiner Mitgliedschaft in der von den Nazis verbotenen anthroposophischen Gesellschaft nicht zum Wehrdienst eingezogen wurde. Erst später hat er die Verrücktheit – ich verwende seine eigenen Worte – seiner damaligen Einstellung erkannt.
> Der Vater meiner Frau, Jindrich Chajmovic, ein ungewöhnlich mutiger und opferbereiter Mensch, hat als jüdischer Partisan in Russland gegen die deutsche Wehrmacht gekämpft. Nun sage ich einen Satz, der in seiner Härte und Klarheit von mir und uns allen angenommen werden muss: Der Einzige von allen vier genannten Personen – der Einzige! –, der für eine gerechte Sache sein Leben eingesetzt hat, war Jindrich Chajmovic. Denn er kämpfte gegen eine Armee, in deren Rücken sich die Gaskammern befanden, in denen seine Eltern und seine gesamte Familie ermordet wurden.«

Schilys Rede ist bedeutend, weil sie am neuralgischen Punkt der bundesdeutschen Gedächtniskultur operiert: zwischen familiärer und kollektiver Erinnerung. In den 80er- und 90er-Jahren erobern die Linksliberalen die Deutungshoheit über die NS-Zeit, was gewiss durch das langsame Verschwinden der Gründergeneration der Bundesrepublik, die die Nazizeit als Erwachsene erlebt hatten, begünstigt wurde. Fellner hätte zwanzig Jahre später, wie der Unionsabgeordnete Martin Hohmann 2003, auch in der Union mit Sanktionen, nicht bloß mit einem Achselzucken, rechnen müssen. Allerdings hat die bundesdeutsche Erinnerungskultur, die die Verbrechen sichtbar symbolisiert durch das Holocaust-Mahnmal in Berlin, in das eigene Selbstbild integriert, einen Preis: offizielle und familiäre Erinnerungen fallen auseinander. Plakativ formuliert: Wir erkennen die von Deutschen begangenen Verbrechen als Teil der eigenen Identität an – aber Opa war kein Nazi.

Ströbele hätte über seinen Vater reden können, NSDAP-Mitglied seit 1937, kurzzeitig Mitglied der Reiter-SS, der als Chemiker in den für den deutschen Angriffskrieg äußerst wichtigen Buna-Werken Karriere gemacht hat. Er hätte über seinen von ihm verehrten Onkel Herbert Zimmermann reden können, der sich Ende 1944 in einer selbstmörderisch anmutenden Aktion freiwillig an die Ostfront gemeldet und geholfen hatte, das Ende des Nazischreckens und Sterbens hinauszuzögern. Und der damit in den 50er-Jahren zu einer Heldenfigur in *Landser*-Heften wurde. Ströbele hätte darüber reden können, dass es unmöglich war, mit dem Vater über das, was war, zu sprechen, oder dem Onkel, der freimütig von seinen Kriegserlebnissen erzählte, anders denn als stummer Zuhörer zu begegnen.

Aber er tut es nicht.

USA – SA – SS?

»Wir sind nicht antiamerikanisch.
Denn wir mögen die Indianer in den USA.
Aber Yankee go home.«

Christian Ströbele, 1982

Im Jahr 1981 zieht Ronald Reagan ins Weiße Haus ein. Die US-Politik wird in den 80er-Jahren neoliberal, aggressiv antikommunistisch, in Mittelamerika neoimperial. Die von den USA forcierte atomare Hochrüstung mobilisiert in der Bundesrepublik die Friedensbewegung, die größte Protestbewegung in ihrer Geschichte. Unter dem Pseudonym »laevis« beschreibt Ströbele im September 1981 in der *taz*, was Deutschland nach einem mit US-Neutronenbomben geführten Krieg blühe:

> »Nach dem Endsieg unserer Verbündeten stehen unsere schönen Städte von Frankfurt bis Weimar unversehrt den Einwanderern aus aller Welt zur Verfügung. Die soliden deutschen Industriebetriebe stehen amerikanischem Unternehmungsgeist weit offen. Für die Reste des deutschen Volkes in den Reservaten der Mittelgebirge werden sicher großzügig Gelder zu Verfügung stehen. Ja, die Amis haben doch Erfahrung, wie aufgegebene Jagdgründe amerikanischer Zivilisation nutzbar, wie Überbleibsel ausgerotteter Völker wohlverstanden verwaltet werden können.«

In dieser Fantasie scheinen ältere Bilder hervor – US-Unternehmer, die deutsche Industrieunternehmen übernehmen, assoziieren die von Ströbele in den 50er-Jahren übel genommenen Demonta-

gen durch die Alliierten. Kann es sein, dass da ein abgelagertes Ressentiment des Kriegsverlierers hervorlugt? Die Deutschen sind in dieser apokalyptischen Vision eine unschuldige Opferherde, die wie ein Naturvolk von der pervertierten technischen Zivilisation in Form der USA ausgerottet werden. Wenn man bedenkt, dass die US-Armee die Ströbeles 1945 vor Schlimmerem bewahrt hatte, ist das eine bemerkenswerte Gedankenkette.
Unter dem Titel »Yankee go home« entwirft Ströbele im Mai 1982 eine Art umgedrehte Kollektivschuldthese.

> »Der hässliche Amerikaner ist für viele heute, was der hässliche Deutsche lange für die Welt gewesen ist. Genauso wie die Deutschen unter ihrem Naziführer Kriege angefangen und Verbrechen an ihren Nachbarvölkern begangen haben, genauso haben die Amerikaner die Kriege und Verbrechen der Nixon-, Johnson- und Reagan-Administration zu verantworten. Genauso wie die Deutschen zu Recht verantwortlich gemacht wurden für alles, was von Deutschland 1938 bis 1945 ausging, es sei denn, sie gehörten zu den verfolgten Minderheiten oder haben sich am Widerstand beteiligt, genauso müssen die Amis für das geradestehen, was ihre Regierung angezettelt hat und an Verbrechen begeht, es sei denn, sie gehören zu den unterdrückten Minderheiten im eigenen Land oder leisten Widerstand. Wir sind nicht antiamerikanisch. Denn wir mögen die Indianer in den USA, wir achten die Farbigen und die Puerto Ricaner aus den USA. Aber Yankee go home.«

Das ist kein Kommentar, der gegen die Reagan-Regierung argumentiert, deren Aufrüstungspolitik jede Kritik verdient hat. Es ist ein Wutausbruch. In Ströbeles Bild sind alle weißen US-Amerikaner kollektiv schuld an der nahenden atomaren Apokalypse, der Auslöschung der Deutschen, so wie sie schon schuld an der Aus-

rottung der indigenen Völker waren. Völker oder eine Bevölkerungsgruppe für die Untaten von Tyrannen oder Präsidenten in toto in Haftung zu nehmen, verrät einen von keiner Ratio mehr gebremsten Gerechtigkeitsfuror. Die Idee, Minderheiten automatisch mit Unschuld zu verknüpfen, ist linker Kitsch. Zudem wird der Holocaust stillschweigend mit dem US-Rassismus kurzgeschlossen, die US-Demokratie mit dem NS-Regime gleichgesetzt. Der Slogan »USA – SA –SS« ist nicht weit, auch nicht Horst Mahlers Rede vor Gericht 1973, in der die USA-Politik als Fortsetzung, ja Steigerung der Naziverbrechen erschien.
Ein schrilles Szenario entwirft Ströbele in einem Kommentar im Oktober 1983 über Reagans Hausarzt, der, so die Unterstellung, kürzlich ausgeplaudert habe, dass die US-Regierung in den nächsten zwei Jahren mit einem Krieg in Mitteleuropa rechne:

> »Klar sei doch auch, dass die meisten Deutschen diesen Krieg nicht überleben werden. Vor fünfzig Jahren hätten die deutschen Juden sich ähnlich unverständlich verhalten. Die Nazis hätten ihnen die Vernichtung offen angedroht, aber die deutschen Juden hätten dies einfach geleugnet oder eine Realisierung völlig ausgeschlossen. Der hat das tatsächlich gesagt!«

Diese aufgeladene Fiktion ist – Fiktion. Die Geschichte des Hausarztes ist falsch, eine Ente, der Ströbele aufgesessen ist, wie Antiatomkriegsaktivist Till Bastian in einer Replik zeigt. In der Friedensbewegung ist der drohende atomare Holocaust eine gängige und angesichts der maßlosen Bedrohung verständliche Metapher. In Ströbeles Kommentar geht es um etwas anderes: Die Deutschen rücken in dieser historischen Fiktion in die Rolle der Juden 1933, die US-Regierung wird als Hitler inszeniert. Die Opfer-Täter-Bilder verwirbeln bis zur Unkenntlichkeit. Diese Projektion verrät einen nur verschlüsselt aussprechbaren Entschuldungswunsch.[90]

Kapitel 8

DIE AL UND DIE »JAHRHUNDERTCHANCE« 1989 / 1990

Die Gewaltdebatte

»Es wird Zeit, dass die da oben ihr Verhältnis zur Gewalt überprüfen.«

Christian Ströbele 1986 zum Gewaltmonopol des Staates

Viele Grüne, die in der ersten Bundestagsfraktion Abgeordnete sind, hängen die Politik nach ihrer Amtszeit an den Nagel. Ströbele nicht. In Berlin kandidiert er für den Geschäftsführenden Ausschuss der Alternativen Liste, de facto ein siebenköpfiger Parteivorstand, allerdings ohne viel Macht. Das Bewerbungsschreiben 1987 fällt knapp aus. »Ich will mithelfen, die AL zu einer so starken Kraft zu machen, dass wesentliche Inhalte ihres Programms durchgesetzt werden können.« Er versäumt die Bewerbungsfrist – »zwischen meinen vielen VZ-[Volkszählungs-]Terminen hätte ich es fast vergessen«.[91] Ströbele kann sich solche Nachlässigkeiten leisten: Er verfügt in der AL über Einfluss. Am 23. Mai 1987 wird er mit dem besten Ergebnis gewählt.

Der Soziologe und Ex-SDSler Urs Müller-Plantenberg stellt sich mit dem Satz vor: »Ich bin schon sehr lange Sozialist, schon ziemlich lange allergisch gegen Dogmatiker, immer stärker gegen lange Sitzungen, noch mehr gegen ergebnislose Sitzungen.« Müller-Plantenberg bekommt dafür aus dem Stand das zweitbeste Ergebnis. Die AL ist sehr erschöpft von den Mühen der Basisdemokratie.

Als erste Amtshandlung will Ströbele eine Presseerklärung schreiben – der 2. Juni 1967 jährt sich zum zwanzigsten Mal. Inhalt: Die AL werde sich wieder auf ihre Wurzeln in der Apo 1967 besinnen und zudem das Gewaltmonopol des Staates nicht anerkennen. Müller-Plantenberg ist skeptisch. »Das mit 1967 können wir schreiben.

Aber das Gewaltmonopol des Staates ist eine zivilisatorische Errungenschaft«, sagt er. Ströbele gibt klein bei. »Das war die einzige Frage, in der wir unterschiedlicher Ansicht waren«, so Müller-Plantenberg.

Rückblende: Die Frage, wie es die AL mit der Gewalt der Autonomen hält, durchzieht die Geschichte der Alternativen in den 80er-Jahren. 1982 kommt Ronald Reagan nach Berlin. Es gibt zwei Demonstrationen. Am Vortag des Besuchs protestieren Zehntausende friedlich gegen die Nato-Nachrüstung. Für den 11. Juni haben AL und Autonome zu einer Demonstration aufgerufen, die verboten wurde. Ströbele hatte schon vier Wochen zuvor in einem *taz*-Kommentar scharf dafür plädiert, am 11. Juni zu demonstrieren und sich bloß keiner Sicherheitsräson zu unterwerfen:

> »Das darf doch nicht wahr sein. Wir sollen unseren obersten Kriegsherrn begrüßen, wenn er noch gar nicht da ist. Kleinkariert und übervorsichtig soll dem Präsidenten aus Furcht vor Vorfällen die Begegnung mit unseren Berlinern vorenthalten werden. Die Völker von El Salvador, Guatemala, Nicaragua, Kuba und Palästina werden es uns nicht verzeihen, wenn wir versäumen, dem Präsidenten von Angesicht zu Angesicht zu sagen und spüren zu lassen, was sie von seiner Friedenspolitik in Mittelamerika halten, von seinen Flugzeugen, Bomben, Militärberatern und Folterspezialisten.«[92]

In Westberlin gibt es seit 1980 regelmäßig Straßenschlachten zwischen militanten Hausbesetzern und der Polizei. Die Autonomenszene ist militanter als die Studentenbewegung in den 60ern. Sie rekrutiert sich, anders als die von Mittelschichtskindern geprägte Alternativbewegung, auch aus proletarischen Jugendlichen und Schulabbrechern, kann aber über die eigene überschaubare Szene hinaus auch mal 20 000 Demonstranten für die Freilassung von gefangenen *Streetfightern* mobilisieren. Die Musik der Szene ist Punk: hart, einfach, direkt, rebellisch und machohaft.

Seit 1981 ist der CDU-Hardliner Heinrich Lummer Innensenator, der den Konflikt zusätzlich anheizt. Nach einer Räumung wird 1981 Klaus-Jürgen Rattay, ein junger Hausbesetzer, auf der Flucht vor der Polizei von einem Bus erfasst und stirbt. Linksintellektuelle wie Helmut Gollwitzer warnen vor einer Gewaltspirale, die wie nach 1968 in terroristischen Formen enden könne. Allerdings hat die Bewegung, anders als die Apo, ein konkretes Ziel: Es geht nicht um die Weltrevolution, sondern um Wohnungsbaupolitik.

Die Bauwirtschaft ist extrem mit dem Senat verfilzt. Skandale wie um den Bauunternehmer Garski, dessen Bankrott das Land Berlin 115 Millionen Mark kostet, sind nicht untypisch für Westberlin. Auch städtische Wohnungsbaugesellschaften praktizieren brachiale Entmietungen, um Gründerzeithäuser abzureißen und durch hoch subventionierte, teure Neubauten zu ersetzen. Das Ergebnis ist nicht nur ästhetisch katastrophal. In Westberlin herrscht, obwohl aus der Bundesrepublik üppige Subventionen fließen, Wohnungsnot. 1980 suchen 80 000 Berliner eine Wohnung – derweil stehen rund 10 000 Wohnungen leer. Leerstehende Häuser zu besetzen ist eine Form praktischer Kritik an diesen mafiösen Verhältnissen. Die Besetzer retten zahlreiche Altbauten vor dem Abriss und beschleunigen die Abkehr von den brachialen städtebaulichen Doktrinen der 70er-Jahre, in denen Altbauten gesichtslosen Neubauten und breiten Straßen zu weichen hatten.

Die Besetzerszene ist gespalten in »Mollies« und »Müslis«: in junge Militante und Kompromissbereite, die die Häuser renovieren und legalisieren wollen. Die Schlachten zwischen Militanten und Polizei sind so gewalttätig, dass es nur zufällig nicht noch mehr Tote gibt. Gegen Besetzer und Autonome rollt eine regelrechte Prozesslawine wegen Hausfriedensbruch, Sachbeschädigung und Demonstrationsdelikten. Ströbele übernimmt regelmäßig Verteidigungen. Er ist bei Räumungen vor Ort, versucht auch mal Militante zu beruhigen. Doch öffentliche Kritik an der Gewalt der Szene übt er nicht – nicht nur, weil er damit bei den Autonomen sowieso auf taube Ohren stoßen würde. Ihm leuchtet ein, dass die Militanten mit ihren Aktionen mehr Aufmerksamkeit erregen als friedliche Demonstranten. In der Besetzerszene hat er einen guten Ruf als verlässlicher Anwalt.

Die Schlacht am 11. Juni 1982 am Nollendorfplatz im Zuge der verbotenen Anti-Reagan-Demo, wo die Polizei 4000 Autonome mit Stacheldraht einkesselt, ist auch für Westberlin extrem. Mannschaftswagen rasen durch die eingekesselte Menge. Militante stecken Polizeifahrzeuge und ein Möbelhaus in Brand und stoppen Feuerwehrlöschzüge. Ein Zivilbeamter zieht seine Pistole. Stundenlang steigen Rauchwolken auf. Geschäfte werden geplündert, Autos abgefackelt, am Ende des Tages gibt es 300 verletzte Polizisten und Demonstranten. Am Tag darauf wird das Büro der AL niedergebrannt.

Ströbele hielt den Verzicht auf diese Demonstration vorab für »kleinkariert und übervorsichtig«. Otto Schily und der moderate Flügel der AL publizieren nach der Nollendorfschlacht eine kluge Selbstkritik. Die AL, heißt es, dürfe »junge Menschen nicht in sinnlose Konfrontation mit der Polizei treiben. Der leichtfertige Umgang mit Militanz führt die AL in die Isolierung.«[93]

Ströbele sieht das anders. Er ist Coautor eines AL-Papiers zur Gewaltfrage, das Ende 1982 wortreich das Entscheidende offenlässt. Tenor:

> »Die unterdrückende Gewalt sitzt in allen Poren dieser Gesellschaft. Alle Menschen werden von Geburt an in ein unmenschliches System starrer sozialer Kategorien und genormter Abläufe gepresst – von der repressiven Kleinfamilienstruktur über Leistungsdruck in Schulen bis zu entfremdeter Arbeit und sinnentleertem Konsum.«

Und weiter:

> »Wir haben das grundlegende Interesse an einer friedlichen Veränderung. Die AL wird sich aber staatliche Gewalt nicht widerstandslos aufzwingen lassen, wenn dadurch Gesundheit, Freiheit oder Leben der Aktionsteilnehmer bedroht sind.[94]

Die AL ist nicht in der Lage, eine eindeutige Haltung zur Straßenmilitanz zu beziehen. Man lehnt die »Propagierung von Gewalt ab«, möchte die Militanten, die das etwas anders sehen, aber nicht ausgrenzen, sondern sich lieber mit ihnen »solidarisch auseinandersetzen«.

Harald Wolf saß 1988 in der AL mit Ströbele im Geschäftsführenden Ausschuss. 1990 wechselte Wolf zur PDS und war später neun Jahre lang Wirtschaftssenator im rot-roten Senat. »Ströbeles Position«, so Wolf, »war damals: Die AL ist gewaltfrei. Aber die Militanz von Besetzern ist verständlich und nachvollziehbar.«

»Er hat«, so der Ex-AL-Politiker Jürgen Wachsmuth, »in der Frage zum staatlichen Gewaltmonopol laviert, weil er den Kontakt zu der radikalen Hausbesetzerbewegung nicht abreißen lassen wollte.«

Wolfgang Wieland, AL-Politiker und Anwalt, sagt:

> »Ströbele war in der AL aufseiten derer, die Gewalt nicht ausschlossen. Aber er war kein Hardliner. Dirk Schneider hat von dem befreienden Erlebnis des Steinewerfens gesprochen, Ströbele nicht.«

Gewalt ist auf den Mitgliedervollversammlungen der AL, dem höchsten Gremium der Partei, ein immer wiederkehrendes Thema, das stets ergebnislos vertagt wird. Man kann sich nicht einigen – und knappe Abstimmungen sind verpönt, weil, so die realistische Befürchtung, dies die fragile Bündnisstruktur der AL zerreißen würde. Der Preis dafür ist politische Bewegungsstarre und eine für das Milieu typische Entscheidungsschwäche. Die Debatten über Militanz verlaufen in der AL mitunter chaotisch bis zum Handgemenge. Bernd Köppl sitzt in den 80ern für die AL im Abgeordnetenhaus. Er ist der führende Kopf der Realos, die auf Distanz zu den Militanten gehen und eine Koalition mit der SPD anstreben. Köppl erinnert sich an Ströbeles Auftritte:

> »Ströbele hat die sozialarbeiterische Haltung gegenüber den Militanten vertreten – und dafür gab es in der AL immer eine Mehrheit. Er hat argumentiert: Die Militanten haben im Kern recht, weil es sozialpolitische Missstände, weil es Wohnungsnot und Polizeiübergriffe gibt. Ströbele hat nie zu Gewalt aufgerufen. Er hat geredet wie ein Anwalt, der die Motive seiner Mandanten ins rechte Licht setzen will. Dass die Autonomen völlig inakzeptable Mittel angewandt haben, hat für ihn immer eine untergeordnete Rolle gespielt – das ist ja der Job des Staatsanwalts, nicht der des Anwalts. Ströbele hat die Hausbesetzer auch nie öffentlich kritisiert.«

Denn der Anwalt darf seine Mandanten nicht öffentlich kritisieren. Als RAF-Verteidiger tritt Ströbele über die Grenzen des rein Anwaltlichen hinaus wie ein Politiker auf, der Bündnisse mit Unterstützergruppen für bessere Haftbedingungen organisiert. Als AL-Politiker tritt er wie ein Verteidiger auf, der die Interessen der Bewegung zu wahren sucht. Und das tut er mit Erfolg. Spätestens seit er Abgeordneter in Bonn war, ist er in der AL eine Autorität. Harald Wolf sagt:

> »Er konnte, wenn er es darauf angelegt hat, in der Mitgliedervollversammlung Mehrheiten auf seine Seite bringen. Aber er war kein Strippenzieher, der solche Auftritte vorbereitete. Dafür war er zu sehr Individualist.«

Die Debatte um die Gewalt ist in den 80er-Jahren virulent – nicht nur wegen der 20-jährigen Jungmachos, die in Kreuzberg kaputte

Häuser besetzen und deren Randale sich nicht nur gegen den Staat, sondern auch gegen Besetzer richtet, die ihre Häuser legalisieren wollen. Der atomare Rüstungswettlauf und Tschernobyl rücken die zerstörerische Kraft von Staaten und Großorganisationen auf die Tagesordnung. Die Grünen, die Friedens- und die Ökologiebewegung sind in ihrem Kern gewaltfreie und reformistische Bewegungen, die sich von der marxistischen Teleologie gelöst haben, nach der die Zerstörung der bürgerlichen Klassenherrschaft nur revolutionär und gewaltsam zu denken ist. Die AL will beides – auf friedlichem, parlamentarischem Weg die Gesellschaft verändern und nebenher auf Bewegungsmilitanz setzen.

Otto Schily versucht Mitte der 80er-Jahre die Grünen dazu zu zwingen, das staatliche Gewaltmonopol anzuerkennen. Er hat in Debatten mit Antje Vollmer im *Spiegel*, wie geschildert, und mit Ulrich K. Preuß im *Freibeuter* dafür gute Argumente. Das Gewaltmonopol ist ein Fortschritt, der feudale Willkür abgelöst hat. Zudem ist auch in den 80er-Jahren, etwa im Libanon, zu erkennen, welche Zerstörungsenergien freigesetzt werden, wenn mit dem Staat das Gewaltmonopol zerfällt.

Der Philosoph Günther Anders entwickelt 1987 die provokante und irrlichternde These, dass angesichts der existenziellen atomaren Bedrohungen nur Gewalt hilft und zum Beispiel Attentate auf Betreiber von Atomkraftwerken legitim sind. Ströbele steuert dazu einen knappen, flugblatthaften Text zum staatlichen Gewaltmonopol bei. Er kritisiert aktuelle Gesetzesverschärfungen, etwa betreffs des Ansägens von Strommasten aus Protest gegen Atomkraftwerke. Wenn es um die Interessen der Großindustrie gehe, »die tonnenweise und vorsätzlich Gift in den Rhein und damit in unser Trinkwasser schütten«, werde das hingegen vom Staat nicht als Gewalt bestraft.

> »Für die Regierenden ist offensichtlich nicht Gewalt gleich Gewalt. Es kommt darauf an, wer in welchem Interesse

das staatliche Gewaltmonopol verletzt. Es wird Zeit, dass die da oben ihr Verhältnis zur Gewalt überprüfen.«[95]

Die Frage nach Staat, Recht und Gewalt berührt Ströbeles Praxis als Anwalt und Politiker im Kern. Doch er hat dazu nur ein schablonenhaftes Bild beizutragen: böse Bosse, willfähriger Staat, zu Unrecht kriminalisierter Widerstand.

In dieser Skizze erscheint die Gewalt von unten als tapferer Widerstand – staatliche Gewalt steht grundsätzlich unter dem Verdacht, illegitime Repression der Mächtigen gegen Ohnmächtige zu sein. Das verwechselt das Situative mit dem Prinzipiellen. Wenn das staatliche Gewaltmonopol an sich der Fehler ist – was ist die Alternative? Dazu findet sich in Ströbeles öffentlichen Äußerungen kein brauchbarer Satz. Der Text zu Günther Anders legt nahe, dass das staatliche Gewaltmonopol falsch angewandt wird. Wenn es selbst nicht der Fehler ist, sondern Fehler hat, dann spricht alles dafür, es prinzipiell anzuerkennen und dessen Praxis zu verändern.

Doch Ströbele vermag es nicht, eine konsequent linksliberale Haltung einzunehmen – nämlich harte Polizeieinsätze und Lummers Eskalationen zu attackieren, langfristig eine Polizeireform und einen liberalen oder womöglich grünen Polizeipräsidenten anzuvisieren. Doch das wäre eine Grundrenovierung seines Weltbildes. Denn im Zweifel denkt er Politik von der Bewegung, nicht von der Gesellschaft aus. Deshalb erscheint ihm die Diskussion um das Gewaltmonopol als Zumutung. Harald Wolf meint: »Ströbele hat die Debatte um das Gewaltmonopol des Staates als Bekenntniszwang empfunden. Und, angesichts der Gewalt von Polizisten und Häuserräumungen, als Unterwerfung.«

Auch im Alltag achtet Ströbele auf Distanz zu Polizei und Justiz. In der Kasse der AL fehlt Ende der 80er-Jahre ein beachtlicher Betrag, mehr als 10 000 DM. Müller-Plantenberg hat einen Verdächtigen im Geschäftsführenden Ausschuss im Blick. Ströbele weiß, was zu tun ist. Er geht mit dem vermeintlichen Dieb zur Bank, wo der das Geld vom AL-Konto abgehoben haben soll. Der Kassierer erkennt ihn wieder, der offenbar Wettsüchtige ist überführt. Man einigt sich darauf, die Angelegenheit ohne Polizei und mit Schuldscheinen zu regeln. Mit, was die Begleichung der Schulden betrifft, mäßigem Erfolg.

Welches Deutschland? Ströbele und die DDR

»Ströbele vertritt eine
antisozialistische Einstellung.«

Ministerium für Staatssicherheit,
Hauptabteilung XXII, 1980

Die Bundesrepublik Deutschland ist Mitte der 80er-Jahre auf dem Weg, sich selbst nicht mehr als Provisorium zu verstehen, sondern als ein neues, postnationales Gebilde. Die DDR ist seit dem Mauerbau 1961 fremder geworden. Eine Umfrage zeigt, dass 1986 ein Drittel der Westdeutschen und die Hälfte der unter Dreißigjährigen die DDR als Ausland ansehen.

Für den durchschnittlichen Linksalternativen ist schon die Frage nach der Einheit reaktionär, bestenfalls belanglos. Doch in der AL ist das anders. In Westberlin ist die Mauer ein schwer übersehbares Zeichen, dass es mit der glücklichen Ankunft im Postnationalen doch nicht so einfach ist. Von Beginn an haben zudem Exmaoisten Einfluss, denen die Sowjetunion als imperialistisch gilt, die DDR-kritisch eingestellt sind und die Oppositionsbewegungen in Osteuropa unterstützen. Im AL-Parteiprogramm 1981 findet sich die Forderung, dass die Alternativen »die Frage der deutschen Einheit aufwerfen müssen« – für die Grünen eine untypische Idee.

1984 debattiert die AL über eine Konföderation der beiden deutschen Staaten, die Nukleus einer neuen, blockübergreifenden Friedensordnung werden soll. Ströbele steuert dazu die Spontibemerkung bei, dass die Bundesrepublik und die DDR beide in so grässlichem Zustand seien, dass man sie keinem Land als Konföderationspartner zumuten könne. Der feine Unterschied zwischen Demokratie und Diktatur verschwindet dabei.

Ströbele teilt in Sachen DDR und Opposition im Realsozialismus in den frühen 80er-Jahren die Blickverengung der linken Antiimperialisten. Im Februar 1982 rät er in einem *taz*-Kommentar der polnischen Regierung, ihre Schulden im Westen doch einfach nicht zu begleichen. Zu der rüde unterdrückten Solidarność-Bewegung schreibt er:

> »Die wollen ein bisschen Schulden abbezahlen und enger ran an den Westen, um teilzuhaben an dem Glanz und Reichtum des Westens. Eines Reichtums, der auf Kosten und den Knochen des Restes der Erde besteht. Radikale Solidarität mit dem Freiheitskampf der Polen. Na klar. Aber mit welcher Freiheit? Freiheit ist zuerst und vor allem Freisein von wirtschaftlicher Ausbeutung. Darin unterscheidet sich meine Freiheit von der des Ronald Reagan.«[96]

In Polen herrscht seit Dezember 1981 das Kriegsrecht. Zwei Dutzend Demonstranten sterben bei Auseinandersetzungen mit Sicherheitskräften, 3000 Oppositionelle werden verhaftet, die Gewerkschaft Solidarność, die zehn Millionen Mitglieder hat, wird verboten. Ströbele bringt in der Bundesrepublik für militante linksextreme Oppositionelle jedes denkbare Verständnis auf – in Polen sind die elementarsten Bürgerrechte kaum der Rede wert. Dass Solidarność Demokratie wie im Westen und etwas anderes als die realsozialistische Mangelwirtschaft will, macht sie verdächtig. In Ströbeles antiimperialistischem Globalblick existieren nur die USA, das finstere Zentrum des Kapitalismus, und die ausgebeutete Peripherie. Alles andere wird als Nebenwiderspruch verbucht, der keiner Aufmerksamkeit bedarf. Die Scheuklappen westdeutscher Linker sind sehr eng angelegt, wenn sie nach Osten schauen. Die kurze Begeisterung für den Prager Frühling 1968 hat Ströbele offenbar verdrängt.

Die Ignoranz gegenüber den Menschenrechten im Osten ist die andere Seite der in den 80er-Jahren tief eingravierten Feindschaft gegenüber den USA. Die USA sind für Ströbele das Gleiche, was für Reagan die Sowjetunion ist: das »Reich des Bösen«.
Als Gorbatschow 1985 den Reformkurs in der Sowjetunion beginnt, bekommt auch das betonfeste linksalternative Weltbild zarte Risse. In der AL kommt es im Oktober 1987 zum Showdown zwischen Exmaoisten und der DDR-affinen Fraktion um Dirk Schneider. Die Exmaoisten um Wolfgang Schenk halten »die Wiedervereinigung für unverzichtbar«. Das ist im grünalternativen Milieu eine äußerst exotische Idee – auch Realos wie Schily und Fischer votieren glasklar für die Anerkennung der Zweistaatlichkeit. Von Wiedervereinigung reden nur unbelehrbare Reaktionäre, und, ein Vierteljahrhundert nach dem Mauerbau, auch das nur in Sonntagsreden. Schneider fordert hingegen, auf DDR-Linie, Westberlin möglichst von der Bundesrepublik zu lösen und die DDR vorbehaltlos anzuerkennen. In einem internen Papier klagt er, dass es bei den Alternativen gegenüber dem SED-Staat »geschürte Vorurteile, Gehässigkeiten und Hochmut« gebe.[97]
Ströbele vertritt die grüne Mainstream-Position irgendwo in der Mitte dazwischen: Anerkennung der DDR – doch DDR-Bürger sollen natürlich das Recht auf einen bundesdeutschen Pass haben. Normales Ausland soll die DDR dann doch nicht sein. Westberlin ohne hässliche in Bonn beschlossene Gesetze wie die Volkszählung erscheint Ströbele als hübsche Idee, allerdings fragt er pragmatisch, wo ohne Anbindung an Bonn das Geld herkommen solle. »Ströbele hat Dirk Schneider für verrückt gehalten«, so Müller-Plantenberg.
Übermäßige Sympathien hegt Ströbele für die DDR nicht. Wenn er mit *taz*lern Anfang der 80er-Jahre mit seinem Citroën über die Transitstrecke nach Westdeutschland fährt, kann das mitunter dauern. Die Bundesgrenzer haben den Terroristenanwalt auf dem Kieker. Ströbele wird in der Datei »BEFA 7 K« geführt, als eine von

rund tausend Personen, die mit RAF-Terroristen in Kontakt standen. Das macht die Passkontrolle-West langwierig. Auch die DDR-Grenzposten haben es nicht eilig. Micha Sontheimer erinnert sich: »Ströbele war bei den Kontrollen immer rotzfrech, im Osten und im Westen. Er hat sich nichts gefallen lassen und immer widersprochen.«

In den 80ern gelingt es Ströbele durch schiere Hartnäckigkeit, mal mit einem Anti-AKW-Aufkleber an seinem Auto nach Ostberlin zu fahren, obwohl der DDR-Grenzer bei dem gelben Sticker staatsfeindliche Propaganda vermutet.

Zur Zukunft der DDR hat der AL-Politiker Ströbele ganz konkrete Vorstellungen:

> »In Tausenden von Wohngemeinschaften werden Formen des Zusammenlebens praktiziert, die bewusst anders sind als die der bürgerlichen Kleinfamilie. Tausende von Kollektiven, alternativen sozialen Einrichtungen und Betrieben arbeiten und produzieren selbstverwaltet, weitgehend selbstbestimmt, unabhängig von Kapitalgebern, häufig ohne Profitorientierung und ohne die üblichen Hierarchien. Davon können Impulse für die Entwicklung einer menschlicheren Gesellschaft in der DDR ausgehen.«[98]

Die DDR als riesiger *taz*-Staat oder als Kneipenkollektiv? Der maroden DDR-Wirtschaft Alternativbetriebe, die oft nur mit Sozialbetrug, Fake-Anmeldungen beim Arbeitsamt und Selbstausbeutung über die Runden kommen, als Modell zu empfehlen, ist zumindest originell. Und Vorschein eines gewissen Unverständnisses für die reale DDR.

Zur Entscheidung kommt es am 21. Oktober 1987 in der AL wie immer nicht. Einige Exmaoisten um Wolfgang Schenk verlassen danach die Partei und werfen ihr vor, von Kommunisten unterwandert zu sein und Kaderpolitik zu betreiben. Ströbele findet das kurios: Er ist doch, sagt er der *Zeit*, zusammen mit Otto Schily 1978 wegen kommunistischer Kader wie Wolfgang Schenk nicht in die AL eingetreten. Es ist nicht das letzte Mal, dass ihn bei den Grünen geläuterte Exmaoisten unter Absingen schmutziger Lieder scheinbar rechts überholen. Bemerkenswert ist, dass er Schily als Beglaubigung für seine Position zitiert. Die Abneigung gegen die KPD/AO 1978 war wohl das letzte Mal, dass sich Ströbele und Schily politisch einig waren.

Ströbele und Müller-Plantenberg versuchen für die AL eine konstruktive Politik Richtung DDR zu verfolgen. Motto: Wir wollen mit der SED *und* der Opposition reden. 1988 schreibt Müller-Plantenberg, zwecks Verbesserung der Beziehungen, an die »sehr geehrten Damen und Herren« im Politbüro der SED. Die Anrede ist nicht ganz korrekt. Im SED-Politbüro gibt es seit dessen Gründung 1950 nicht eine Dame. Eine Antwort bekommt er nicht. Für die *taz* versucht Ströbele in den 80er-Jahren mehrmals einen Korrespondenten in Ostberlin zu akkreditieren. Im September 1987 schreibt er an Erich Honecker:

> »Wir können nicht verstehen, dass gerade für eine Zeitung, die vor mehr als acht Jahren von Leuten aus der linken und der alternativen Bewegung in der Bundesrepublik gegründet worden ist, die Grundwerte der Schlussakte von Helsinki keine Anwendung finden sollen.«[99]

Genau dies ist wohl der Grund für das Nein. Die *taz* und das Alternativmilieu gelten, so ein Vertreter des DDR-Außenministeriums, als »anarchisch und nicht so berechenbar wie etwa die *Frankfurter Allgemeine Zeitung*«.

Das MfS forscht *taz* und AL in den 80ern sorgsam über Spitzel aus. Neben Dirk Schneider spioniert der Exterrorist Till Meyer in der *taz* für die Stasi. Auch der Ex-RAF-Anwalt Klaus Croissant (der dafür insgesamt 70 000 DM bekommt) liefert Berichte nach Ostberlin über *taz* und AL. Das Misstrauen der DDR ist durchaus berechtigt – denn die Alternativen haben, anders als die SPD, reichhaltige Kontakte zu der gegenkulturell eingefärbten, kleinen Oppositionsszene in Ostberlin.

Ströbele taucht in Berichten von 14 inoffiziellen Mitarbeitern auf, sein Telefon wurde offenbar von 1982 bis 1989 vom MfS überwacht. Ströbele gilt der Stasi als gefährlich wegen »antisozialistischer Einstellung«. Allerdings sind die MfS-Einschätzungen nicht immer sattelfest. Dass er 1976 Sprecher »maoistischer Gruppierungen« gewesen sei oder 1980 gar »Besitzer der linken Tageszeitung *taz*«, verrät eher lückenhafte Kenntnisse über die linksalternative Szene.

Im Herbst 1987 ist Ströbele mit Müller-Plantenberg in der Ost-Oppositionsszene unterwegs. Sie hören den Liedermacher Stephan Krawczyk und treffen den späteren Mitbegründer der Ost-Sozialdemokratie (und Stasispitzel) Ibrahim Böhme, der von Gorbatschow schwärmt.

1987 versucht die Stasi die Gruppe um den Oppositionellen Wolfgang Rüddenklau auszuschalten. Der betreibt mit anderen die Umweltbibliothek im Keller der Zionskirche in Berlin-Prenzlauer Berg, ein Zentrum der kleinen basisdemokratischen, libertären Opposition. Ende November wird die Gruppe verhaftet, allerdings nach drei Tagen wegen heftiger Proteste aus der Kirche und dem Westen wieder freigelassen. Zudem misslingt der Stasiplan, Rüddenklau beim Druck der illegalen Zeitschrift *Grenzfall* zu stellen. Ströbele hat losen Kontakt zu der Gruppe und ist von ihr begeistert. »Die sehen nicht nur so aus wie wir 1968, die reden auch so wie wir damals«, sagt er AL-Kollegen.

Ströbele fährt am 28. November 1987 nach der Freilassung der drei Umweltbibliothek-Aktivisten nach Ostberlin. Er wohnt einer von 600 Ost-Oppositionellen besuchten Protestversammlung in der Eliaskirche bei. Die Stimmung ist, nach der Freilassung, euphorisch. Die Aktion macht die bis dato nur bei Insidern bekannte Umweltbibliothek mit einem Schlag berühmt. Und sie zeigt, dass die Stasiwillkür Grenzen hat. Ströbele ist abends in der Zionskirche und verspricht den Aktivisten praktische Unterstützung. Die AL will der Umweltbibliothek Computer und Drucker zukommen lassen und Ausgaben der Zeitschrift *Grenzfall* in Westberlin drucken und nach Ostberlin schicken. Das Treffen dauert bis ein Uhr nachts.

Doch aus beidem wird nichts. Die Aktivitäten bleiben dem MfS mit seinem feingesponnenen Netz von Spitzeln nicht verborgen. Als Ströbele am 4. Dezember 1987 sich mit Oppositionellen in der Zionskirche treffen will, wird er am Grenzübergang zurückgewiesen. Er hat Einreiseverbot in die DDR.

Ströbele engagiert sich im Westen weiter für die Ost-Alternativen. Roland Jahn, der 2011 Chef der Stasi-Unterlagen-Behörde wird, wird in den 80er-Jahren als Bürgerrechtler aus der DDR abgeschoben. Jahn versucht 1988 bei Firmen und Parteien vergeblich Unterstützung und Geld für die Ostberliner Bürgerrechtler zu mobilisieren. Eine Ausnahme: Jahn bekommt von der AL 2000 DM – dank Ströbele. So berichtet es Jahns Biograf Gerald Praschl.

Im Februar 1988 stehen drei Umweltbibliothek-Aktive in Ostberlin vor Gericht. Ströbele setzt sich, zusammen mit Müller-Plantenberg und gegen den Widerstand führender AL-Leute, für die drei Ost-Dissidenten ein. Er organisiert eine spärlich besuchte Solidaritätsdemo am 2. Februar in Westberlin und plädiert dort für die Unterstützung der DDR-Opposition. IM Taler, Klaus Croissant, meldet seinem Führungsoffizier die gehässige Einschätzung, dass Ströbele sich nur an der Demo beteilige, um bessere Chancen auf ein Bundestagsmandat 1991 zu haben.

Am 12. Juni 1989 passieren Ströbele und die AL-Politiker Albert Statz und Renate Künast in Ströbeles VW Passat den Grenzübergang Invalidenstraße. Sie werden ohne Zwangsumtausch und Kontrolle durchgewinkt. Denn das Trio hat einen Termin bei Gunter Rettner, dem Mann in der SED für Westkontakte. Sie fahren zu einer Villa in Pankow und sondieren mit SED-Funktionären die Lage. Ströbele und Künast wollen etwas erreichen – offizielle Kontakte

mit der SED, aber nur, wenn die Alternativen auch Dissidenten treffen dürfen und die Einreiseverbote aufhören.
Ströbele ist ein paar Tage zuvor 50 Jahre alt geworden. Er hat eine Dampferfahrt auf der Spree gemacht, Freunde haben ihm, wegen seiner Affinität zur lateinamerikanischen Befreiungsbewegung, drei Kisten mit Bananen aus Nicaragua geschenkt. Das Gespräch mit den DDR-Offiziellen verläuft schleppend. Abends bringt ein SED-Funktionär die Alternativen zu deren Auto. Ströbele fragt ihn: »Haben Sie Kinder?« Der antwortet ausweichend, Privatgespräche sind nicht vorgesehen. Ströbele öffnet die Heckklappe seines VW und drückt ihm eine große Tüte mit Bananen in die Hand, die der zögernd annimmt. Künast ist für einen Moment sprachlos. »Der gute Onkel aus dem Westen schenkt dem Ossi Bananen aus Nicaragua – das war alles gleichzeitig: lustig, absurd, peinlich«, sagt sie. Ströbele findet das nicht peinlich. Er denkt praktisch, Systemkonkurrenz hin, Wohlstandsgefälle her.
Im Oktober 1989 fährt Ströbele, ein Geburtstagsgeschenk der *taz*, für ein paar Tage nach Moskau, um sich Glasnost und Perestroika mal selbst anzuschauen. An die *taz* schreibt er:

> »Gerade für *taz*ler amüsant wäre es sicher gewesen, wenn Ihr hättet anhören können, wie ich den beiden Herren beim ZK der KP die sozialistischen Errungenschaften des Einheitslohnes bei *taz* und Grünen nahezubringen versuchte. Meine Bemühungen wurden von den Vertretern der Mutterpartei des Sozialismus etwas mitleidig damit abgetan, die Menschen seien eben unterschiedlich. Etwas mehr Verständnis habe ich für das alternativ-grüne Rotationsmodell gefunden. Man versucht jetzt so was Ähnliches im Obersten Sowjet.«[100]

Neben mangelnder Begeisterung für den Einheitslohn ist Moskau auch für den passionierten Eisesser eher enttäuschend:

»Das Schokoladeneis an der Ecke schmeckte wie Kakaopulver mit Schnee. Man bleibt am besten beim soliden, ziemlich sahnigen Moskauer Normaleis. Das gibt es leicht zu entdecken an vielen Straßenecken direkt aus dem Karton und ist schon okay.«

Rot-Grün am Horizont

»Ich bin meine eigene Strömung.«
Christian Ströbele, 1990

Dass Ströbele praktische Intelligenz ideologisch Korrektem vorzieht, zeigt sich auch in der AL. Zu den Mitgliedervollversammlungen kommen Ende der 80er-Jahre nicht mehr tausend Diskussionsfreudige, sondern oft kaum zweihundert. Die AL wandelt sich von einer Bewegungspartei in eine normale Organisation. Alltagspragmatismus verdrängt die basisdemokratischen Grundsätze. Die AL ist, elf Jahre nach ihrer Gründung, weniger studentisch. Die Lust auf diskursive Endlosschleifen und das Zeitbudget für Politaktionen sind geschrumpft. Die Architektin hat Kinder, der Lehrer noch Arbeit zu Hause. Die Mehrheiten bei den Vollversammlungen, nach wie vor höchstes Parteigremium, sind oft zufällig. Ströbele steuert in der Strukturdebatte einen mittleren Kurs an – im Prinzip fürs Alternative, aber machbar muss es sein. So schlägt er im Herbst 1988 erfolgreich vor, neben den Mitgliedervollversammlungen normale Parteitage einzuführen. Die Rotation, eine ideologisch hoch überfrachtete, systematische Vernichtung von politischem Know-how, wird zögerlich abgeschafft.

1988 wird die CDU/FDP-Regierung unter Eberhard Diepgen von einem Korruptionsskandal erschüttert. Der CDU-Abgeordnete Wolfgang Antes hatte sich von Bauunternehmern mit 600000 DM bestechen lassen, Senatoren mussten zurücktreten. Im Januar 1989 stehen Wahlen an. Doch der Wahlkampf der AL kommt nicht recht in Schwung.

Eher aus Verlegenheit unterstützt auch Ströbele im Januar 1989 einen improvisierten neuen Kurs: Die AL will jetzt doch mit der SPD.

So kommt es. SPD und Alternative gewinnen wider Erwarten eine Mehrheit. Rot-Grün-Gegner Ströbele empfindet das Ergebnis als »schöne Bescherung«[101] und misstraut der SPD. Beim ersten informellen Treffen mit den Sozialdemokraten droht er halb im Ernst den Einsatz einer Trillerpfeife an, um lautstark zu protestieren, falls die SPD nur zum Schein mit der AL rede. Walter Momper hatte im Wahlkampf die Devise ausgegeben: Nicht mit der AL.

Zur plakativen Spontistörung hatte Ströbele schon 1987 bei der Grundsteinlegung für das von Alternativen bekämpfte Deutsche Historische Museum gegriffen. Als Bundeskanzler Helmut Kohl vor 750 Festgästen sein Projekt lobte, ließ Ströbele zwei Lachsäcke hören, die ein Berliner CDU-Senator eigenhändig unschädlich machte. Doch die Politik mit Lachsäcken ist erst mal vorbei. Die SPD will mit der AL regieren, auch wenn die Koalition eher aus der Not denn aus Überzeugung geboren ist. Und Ströbele, seit 1987 Sprecher des Geschäftsführenden Ausschusses, also so etwas wie Parteivorsitzender, schwenkt rasch und überschwänglich um. Die Regierungsbeteiligung sei für die Alternativen »eine Jahrhundertchance«. Er wird kurzfristig sogar als möglicher Justizsenator ins Gespräch gebracht, winkt aber ab. Ströbele gehört zu der neunköpfigen AL-Gruppe, die mit der SPD verhandelt. Und die AL, grundmisstrauisch gegen jede Form von Macht, hat sich vorab darauf verständigt, dass keiner aus der Verhandlungsgruppe Senator werden dürfe – damit ja niemand faule Kompromisse schließe, um einen Posten zu bekommen. CDU-Mann Eberhard Diepgen reicht schon das Gerücht, um vorsorglich ein Volksbegehren anzukündigen, wenn Ströbele Senator würde. Immerhin: Er ist wichtig.

Ströbele ist auch mal bei der »Joghurt-Runde« dabei, der informellen Gruppe von SPD- und AL-Spitze, in der faktisch die Weichen gestellt werden. AL-Realo Bernd Köppl hat Ströbele bei den Verhandlungen in guter Erinnerung: »Er war geduldig, konstruktiv, ruhig und überlegt. Er war nicht der Elder Statesman, aber er konnte aufgeregte Situationen beruhigen.«

Auch der SPD-Rechte Erich Pätzold, der Innensenator wird, lobt Ströbeles besonnenen Verhandlungsstil. In der Arbeitsgruppe Innen und Recht trifft er auf SPD-Seite auf ein bekanntes Gesicht: Klaus Eschen, sein Exsozius, der sich als Chef des linksliberalen Republikanischen Anwaltsvereins einen Namen gemacht hat und seit 1982 SPD-Genosse ist. »Die West-Berliner Innenpolitik«, erklärt Ströbele etwas volltönend dem *Spiegel*, »hat das Sozialistische Anwaltskollektiv unter sich ausgehandelt.«

Ströbele hilft, die Koalition in der AL gegen die Skeptiker des linken Flügels durchzusetzen, etwa Dieter Kunzelmann, der das Bündnis im letzten Moment kippen will. Die trotzkistische Fraktion um Harald Wolf hält nur die Tolerierung einer SPD-Minderheitsregierung für machbar – Ströbele will keine halben Sachen. Im März stimmen auf einer AL-Mitgliederversammlung 80 Prozent für die rot-grüne Koalition. Viel wird improvisiert – die Entscheidung für die weithin unbekannte Michaele Schreyer als Umweltsenatorin fällt während einer AL-Versammlung in einer informellen Runde auf der Toilette.

Rot-Grün in Westberlin ist das Bündnis von zwei extrem verschiedenen Kulturen – von Ex-Tunix-Spontis und Arbeitern aus Spandau, von Hausbesetzerszene und muffiger Kleinbürgerlichkeit, von idealistischen Weltverbesserern und routinierten Politprofis, von entschieden antikommunistischen Sozialdemokraten und halbwegs geläuterten Linksradikalen. Manche Alternative sympathisieren 1989 noch immer mit militanten Hausbesetzern, träumen gar von einem eigenständigen Westberlin und verachten das Kriegsbündnis Nato.

Die SPD fordert nicht zufällig von der AL die Anerkennung von drei Essentials, bevor zusammen regiert wird. Die AL muss sich zum staatlichen Gewaltmonopol bekennen, zur Bindung Westberlins an Bonn und zur Nato-Mitgliedschaft der Bundesrepublik. Das schmerzt jeden Linksradikalen, ist aber für eine Regierungspartei recht vernünftig.

Ströbele ist ein Gegner der Anerkennung des staatlichen Gewaltmonopols, der Nato sowieso. Doch er akzeptiert die SPD-Bedingungen achselzuckend. Er hat das, so Köppl, nüchtern gesehen und gesagt: »Das kostet uns nicht viel.« Er agiert in Sachen Rot-Grün wie ein Anwalt. Erst trägt er im Prozess zornige Plädoyers gegen die Anklage vor, malt das Unrecht, das seinem Mandanten widerfährt, in leuchtenden Farben an die Wand. Und handelt, als sich die Chance bietet, mit dem Staatsanwalt kühl einen Deal aus.

Am 15. März 1989 unterzeichnet er mit Walter Momper den Koalitionsvertrag. So beginnt Ströbeles steile Karriere bei den Bundes-Grünen.

Historisches Bündnis oder ein Irrtum? Christian Ströbele, passend in Straßenkämpferkluft, und Walter Momper unterzeichnen am 15. März 1989 den rot-grünen Koalitionsvertrag.

1989/1990: Der Aufstieg vor dem Fall

»Reaktionärer Dreck«
Thomas Ebermann 1989 über die
Koalitionsvereinbarung von AL und SPD

Im Sommer 1988 liegt bei einer Umfrage zur Bundestagswahl die SPD erstmals seit 1973 vor der Union. Helmut Kohl wirkt angeschlagen. In der CDU formiert sich im Herbst sogar zaghafter Widerstand gegen den Kanzler. Für die Bundestagswahl 1990 rückt somit Rot-Grün in den Bereich des Möglichen. Die Grünen hatten sich 1980 auch gegen die autoritäre, zackige, aufs Ökonomische verkürzte SPD von Helmut Schmidt gegründet. Nun steigt in der SPD der Stern von Oskar Lafontaine, der eine renovierte Sozialdemokratie verkörpert, skeptisch gegenüber Atomenergie und zumindest offen für postmaterialistische Werte ist. Eine rot-grüne Bundesregierung 1990 wäre die Machtübernahme der Jüngeren, die die NS-Zeit nicht bewusst erlebt haben. Und ein Symbol für den Erfolg des von Rudi Dutschke 1967 skizzierten Marsches durch die Institutionen. Auf diesem Weg haben die Institutionen die 68er zivilisiert, umgekehrt haben die Exrevoluzzer und Alternativen Institutionen wie Schulen, Universitäten und das Justizwesen liberalisiert.

Für die rot-grünen Planspiele für den Bund ist im Frühjahr 1989 die neue Regierung in Westberlin ein zentraler Baustein. Wenn die Frontstadt-SPD und die im Grünen-Spektrum weit links angesiedelte AL regieren können, dann kann dies auch in Bonn gelingen. Das Gesicht der neuen, kühnen Möglichkeiten ist im Frühjahr 1989 ein Kritiker des »Koalitionsgequatsches« – Christian Ströbele. Gerade weil er zu den Skeptikern zählt, ist er die ideale Besetzung für diese Rolle.

Beim Parteitag in Duisburg im März 1989 hält er die rhetorisch beste politische Rede seiner Karriere – eine Erzählung im Dreischritt. Als Erstes schildert er in finsteren Farben, wie die Berliner SPD in den Koalitionsverhandlungen die AL auszutricksen versuchte. »Wir haben auch die Option, der SPD zu sagen: Irgendwo ist Schluss, dann gehen wir in die Opposition.«
Dann Teil zwei: Bedenke die Folgen. Wer da applaudiert habe, mache es sich zu einfach.

> »Wie erkläre ich das dem Flüchtling, der wartet, in einer Gewaltaktion in den Libanon oder nach Bangladesch abgeschoben zu werden, und der hofft, dass dies mit einem rot-grünen Senat nicht passiert? Oder wie erklären wir den 60 000 Wohnungssuchenden, dass nicht wie vereinbart 6000 neue Wohnungen gebaut werden? Wie sollen wir den Leuten, die uns gewählt haben, erklären, dass es in Berlin keinen Autobahnbaustopp gibt, dass es keine Umweltkarte für den öffentlichen Nahverkehr gibt? Wie den Frauen, dass es keine Antidiskriminierungsstelle gibt?«

Und daher, die Conclusio, müsse die AL die »Jahrhundertchance« ergreifen. Der umjubelte Schlusssatz lautet: »Deshalb sollten wir dafür kämpfen, dass sich bei den Wahlen im Herbst 1990 im Bund eine ähnliche Konstellation ergibt wie jetzt in Berlin.«[102]
Duisburg ist eine Etappe in der Verwandlung der Grünen von der Antipartei in eine Regierungspartei in spe. Jutta Ditfurth, charismatischer Kopf der Fundis, die eine verbitterte Abschiedsrede hält, Thomas Ebermann und Rainer Trampert, Köpfe der Ökosozialisten, sind dabei, die Partei zu verlassen. Ebermann nennt den von Ströbele mitverhandelten Koalitionsvertrag »reaktionären Dreck«. Der Ab- und Ausstieg von Ditfurth & Ebermann und Ströbeles Aufstieg zum Liebling der Partei sind zwei Seiten derselben Medaille. Die Grünen wollen weg vom General-Nein der Fundis, von

der schrillen, folgenlosen Empörungsrhetorik. Sie sind auch habituell anders als zehn Jahre zuvor eine alternativbürgerliche Mittelschichtspartei, die erschöpft von den Flügelkämpfen ist. Ströbele, der Linke, der die AL-Regierung stützt (aber selbst kein Amt anstrebt), der auf ebenso authentische wie raffinierte Weise scharfe Kritik an der SPD mit einem Ja zur Regierungsbeteiligung zu fusionieren weiß, passt ideal zu dieser Gemütslage. Als Ditfurth Ströbeles Rede demagogisch nennt, wird sie ausgepfiffen.

Die *Süddeutsche Zeitung* ernennt Ströbele vorschnell zum neuen »Übervater der Partei«. Ströbele passt zu den Grünen in dieser Umbruchphase, weil er biografisch oft drinnen und draußen war, Teil des Establishments und dessen Gegner. Er war der engagierte RAF-Anwalt und gleichzeitig SPD-Mitglied, er war der Kritiker der Klassenjustiz, der am liebsten Richter werden wollte, der verheiratete Rechtsanwalt mit gut gehender Kanzlei, der in der *taz* radikalen Egalitarismus forderte.

Ströbele feiert in Duisburg noch einen Triumph – über Otto Schily, Konkurrent, Freund, Gegner. Schily, sowieso entnervt von den Grünen, hatte der Berliner SPD in der *taz* geraten, gegen Ströbele hart zu bleiben, dem bei der Anerkennung des staatlichen Gewaltmonopols keineswegs zu trauen sei. Das ist, was Ströbeles Abneigung gegen staatliche Gewalt angeht, zutreffend – aber doppelt unangemessen. Dass die SPD gerade in dieser Frage der AL nachgibt, ist abwegig. Und dass der Grüne Schily mitten in komplizierten Koalitionsverhandlungen die Konkurrenz berät, wie sie die AL zur Räson bringt, ist unfein. Auch Realos halten das Ganze für Schilys persönliche Rache. Jahrelang hat Schily der AL die Vorzüge von Rot-Grün gepredigt – jetzt gibt es Rot-Grün ohne ihn. Und ausgerechnet Ströbele sammelt Lorbeerkränze ein. In Duisburg wollen Grüne Schily deshalb aus der grünen Bundestagsfraktion ausschließen. Ströbele sagt dem Parteitag, ein Rauswurf von Otto Schily »gehört nicht zu unserem Stil«. Der Antrag ist vom Tisch.

Das ist eine Machtdemonstration, wirksam, gerade weil sie lässig daherkommt. Was ist, für Schily, demütigender, als verschont zu werden?

Doch das Versprechen, Pragmatismus und Prinzipientreue zu versöhnen, das Ströbele in Duisburg zum neuen Star macht, erweist sich im Alltag als überaus komplizierte Operation zwischen den Fronten. Kaum ist die Tinte unter dem Koalitionsvertrag trocken, werden im März 1989 in Berlin-Kreuzberg Häuser besetzt, die der SPD-Innensenator ebenso schnell räumen lässt. Die AL murrt, aber nur in Zimmerlautstärke. Denn ein Teil der Häuser befindet sich bereits im Sanierungsprogramm des Senats. Die Besetzungen sind auch Provokationen in Richtung AL. Die Autonomen (Motto: »Keine lila Pause für Rot-Grün«) wollen den Verrat der Alternati-

Er sah aus unmittelbarer Entfernung, wie die Kugel seinen Freund Georg von Rauch direkt zwischen die Augen traf. Danach entsagte er dem Straßenterror und flüchtete durch die halbe Welt. Bommi Baumann und Ströbele kennen sich bereits aus der Zeit des Sozialistischen Anwaltskollektivs in der Meierottostraße – hier bei der Beerdigung von Klaus Schlesinger 2001.

ven bestrafen. Bommi Baumann, Mitbegründer der terroristischen Bewegung 2. Juni, arbeitet 1989 in einem von Linksradikalen frequentierten Kneipenkollektiv in Kreuzberg und beschreibt die Stimmung nach Räumung und Randale:

> »Hätte hier ein AL-Laden gestanden, den hätten sie auch plattgemacht. Die Devise war wirklich: AL und SPD angreifen. Also hier in den Straßenzügen sollte man besser nicht sagen: Ich bin für Rot-Grün. Was dabei rausgekommen ist, ist: Bonzen sind Bonzen, ob die sich nun Ströbele nennen oder Lummer, es ist der gleiche Abwasch.«[103]

Ströbele ist bis Juni 1989 de facto AL-Parteichef. Er ist ein Gesicht von Rot-Grün, will aber auch seine Rolle als Draht zu Militanten nicht abreißen lassen. Als weitere Häuser besetzt werden, ist Ströbele – auch mal als einziger ALer – vor Ort, protestiert gegen die Räumung und versichert sogleich, dass Rot-Grün damit nicht bedroht sei. Er scheint das Scharnier zu sein zwischen Fundamentalopposition und Regierung, Militanz und Ministersessel, Kiezperspektive und Weltpolitik.

Im April 1989 erklärt Ströbele, US-Präsident George Bush sei in Berlin »nicht willkommen«. Gegen solche Präsidenten-Besuche demonstriert Ströbele schon seit 1968. Doch nun hagelt es Kritik, nicht nur von der Union. Denn Bush kommt als Vertreter einer der alliierten Schutzmächte nach Westberlin, Ströbele ist de facto Sprecher einer Regierungspartei.

Die 1.-Mai-Demonstration 1989 nutzen die Militanten, um die AL in die Bredouille zu bringen. SPD-Innensenator Pätzold und die Polizei praktizieren, wie noch nie, Deeskalation – doch das nutzt nichts. Die Gewalt geht, wie auch Ströbele feststellt, eindeutig von den Autonomen aus. Autos brennen, Geschäfte, auch kleine, gehen zu Bruch. Ströbele hält Militanz im Grunde für Gegengewalt, die nicht legal, aber von Ausnahmen abgesehen politisch legitim ist.

Seine Erklärung, warum die Szene die defensive Polizeitaktik 1989 nicht würdigt, lautet:

> »Die Ursachen liegen viel weiter zurück. Wenn über Jahre die Polizei aufgerüstet wird, sie eskaliert, dann hat sie bei den Leuten in Kreuzberg ein Image, das nicht von einem Monat auf den anderen beiseitegewischt werden kann. Mir ist es in diesem Zusammenhang völlig unverständlich, wieso man die Umweltkarte erst im Oktober einführt. Wir müssen einfach lernen: Die Leute, vor allem in Kreuzberg oder Moabit, wollen schnell sehen, dass sich politisch tatsächlich etwas ändert.«[104]

Ströbele hofft auf Lernprozesse bei den Militanten. Der Staat müsse weiterhin »durch einseitige Maßnahmen Vertrauen gewinnen«. Mit dem BVG-Umweltticket gegen Randale – das mag nicht sonderlich überzeugend klingen. Aber es ist dennoch aussichtsreicher, als weiter auf die Schlagstöcke der Polizei zu setzen, die oft aus Unbeteiligten erst Sympathisanten der Militanten machen.

Doch Ströbele geht es nicht nur um das undankbare, zähe Geschäft der Entspannung und um zivile Einhegung von Gewalt. Er hält die Autonomen für politische Player. Bei einer AL-Veranstaltung am 5. Mai erklärt er, dass AL und Autonome »konträre Politik-Konzepte« verträten. »Die glauben, dass der Staat durch nichts zu reformieren ist. Wir haben im Augenblick eine andere Strategie.«

Im Augenblick?

Schon zwei Monate nachdem Ströbele den Koalitionsvertrag unterschrieben hat, beginnen in der AL Debatten, ob man die Regierung nicht besser wieder verlassen solle. Im Frühjahr 1989 hat Momper mit der DDR einen weiteren großen Grenzübergang zwischen Ost- und Westberlin vereinbart. Teile der AL protestieren. Denn dafür sollen Kleingärten weichen, eine Bürgerinitiative demonstriert gegen die Zerstörung von Grünflächen durch einen Autobahnzubringer. Bei einem Termin vor Ort sind auch die AL-Senatorin Sybille Volkholz und Ströbele dabei. »Wieso müssen wir deswegen unsere Zeit vertrödeln?«, fragt Volkholz missmutig. Ströbele sieht das auch so.

Beim nächsten Konflikt geht es um eine neue Stromtrasse in Spandau, die bereits vom vorherigen Senat beschlossen wurde. Die Alternativen sind gegen Atomstrom und neue Trassen. Ströbele versucht erfolglos das Thema zu vertagen, die AL-Vollversammlung beschließt, dass die drei AL-Senatorinnen gegen die Trasse stimmen müssen. Die entscheidende Sitzung im Schöneberger Rathaus zieht sich hin bis in die Nacht. Sybille Volkholz weigert sich, auf die Basis zu hören. »Wenn wir anfangen, im Senat gegen die SPD zu stimmen, dann ist die Koalition bald vorbei« – und stimmt der Trasse zu. Ströbele sagt zu ihr: »Das war schon richtig. Die Koalition soll nicht platzen.«

Auf AL-Meetings skandieren Aktivisten: »Wer hat uns verraten – Sozialdemokraten – wer verrät uns schneller – die ALer.« Ströbele erkennt das Problem, dass die AL zu durchlässig für vehement formulierte Partialinteressen ist. Wir bringen es, sagt er, »einfach nicht fertig, einer Initiative zu sagen, ›für euren Teilbereich mögt ihr vielleicht recht haben, aber insgesamt nicht‹«.

Ströbele funktioniert als Sprecher des Geschäftsführenden Ausschusses und ausgewiesener Linker wie ein Puffer, der die Kollision zwischen Bewegung und Regierung abdämpft. Wenn der Fundiflügel die AL-Fraktion und die drei Senatorinnen bei Parteiversammlungen beschimpft, dann versteht Ströbele dieses Misstrauen, warnt aber vor Funktionärsbashing und lobt die Erfolge der AL wie Tempo 100 auf der Avus oder die Umweltkarte. Wenn Kunzelmann die Unterwerfung der AL unter die SPD beklagt, glättet Ströbele die Wogen. Er beteuert in Interviews und öffentlichen Statements, dass Rot-Grün keineswegs tot sei, um dann scharf die SPD anzugreifen. Er wirkt wie ein Jongleur, der einen Ball zu viel in der Luft hat.

Auch im Spätsommer 1989 verteidigt Ströbele die Bildung der Koalition noch:

> Die SPD konnte uns ganz offensichtlich nicht viel mehr zugestehen. Der Hinweis auf die Alliierten im Bereich innere Sicherheit, auf den Druck der IHK, auf die Akzeptanz in der SPD-Mitgliedschaft waren nicht Theater, sondern täglich wahrnehmbare Realitäten. Eine Koalitionsvereinbarung mit sehr viel mehr AL-Gehalt war im Frühjahr 1989 gegen Springer-Presse, Alliierte und Unternehmer und Bundesregierung nicht durchzusetzen. [...] Das Wort von der ›Jahrhundertchance‹ nehme ich nicht zurück.«[105]

Es gibt durchaus Erfolge für die AL. Asylbewerber bekommen Bargeld ausbezahlt, die berüchtigte Freiwillige Polizeireserve, ein paramilitärischer Verband, der einst als Reaktion auf die DDR-Betriebskampfgruppen gegründet worden war und in den 80ern gegen Hausbesetzer eingesetzt wurde, soll aufgelöst werden. Gleiches gilt für die politischen Abteilungen der Staatsanwaltschaften, in denen sich rechtskonservative, vom Kalten Krieg geprägte Juristen sammeln. Es gibt mehr Geld für Frauenhäuser, ein Referat für gleichgeschlechtliche Lebensweisen und eine von der CDU heftig bekämpfte liberale Praxis gegenüber Flüchtlingen aus Bangladesch und dem Libanon, die über den Ostberliner Flughafen Schönefeld kommen. Diese wird von der Union und der Springer-Presse als »Einladung für Kriminelle« bekämpft. Besonders angefeindet wird Tempo 100 auf der Stadtautobahn Avus, einer ein paar Kilometer langen schnurgeraden Autobahn (auf der es 1988 54 Verletzte gab), und die Busspur auf dem Ku'damm. Schon diese zaghaften Versuche moderner, metropolengerechter Verkehrspolitik empfinden manche Berliner als gulaghafte Freiheitsberaubung.

Doch die kleinen Reformschritte lassen sich auch für Ströbele immer weniger zu der großen Erzählung von der »Jahrhundertchance«

zusammenfügen. Im Juni tritt er nicht mehr für den AL-Parteivorstand an.
Die AL versucht den besonders skandalanfälligen Berliner Verfassungsschutz durchzulüften, der auf bis heute ungeklärte Weise via Peter Urbach in die Bewaffnung der militanten Linken und den Fememord an dem Militanten Ulrich Schmücker verstrickt gewesen ist, zudem Unmengen an Geld verschwendet und auch *taz* und AL akribisch beobachtet hat. Die Verfassungsschutzreform hat ein zwiespältiges Ergebnis. Das Recht auf Akteneinsicht für Bürger, für das Ströbele sich engagiert, ist in eigener Sache jedenfalls eine Enttäuschung. Als er 1994 seine Verfassungsschutzakten einsieht, findet er eine Handvoll Ordner, die zu 90 Prozent aus Zeitungsartikeln bestehen, in denen auch noch in Fleißarbeit Namen geschwärzt sind. Diese Art von Transparenz, schreibt Ströbele 1994 an den Verfassungsschutzchef, ist »ein schlechter Witz«.
Ströbeles Unterstützung für die Koalition zerrinnt im Herbst 1989, als die SPD beim kommunalen Wahlrecht für Ausländer, das sie selbst in ihrem Parteiprogramm fordert, kalte Füße bekommt. Momper, eher ein SPD-Linker, nimmt Rücksicht auf den rechten Flügel. Ströbele empört diese defensive Haltung verständlicherweise, zumal die SPD dabei auf die Wahlerfolge der Republikaner verweist. In der *taz* am 16. September 1989 argumentiert er:

> »Hinzu kommt, dass das Bundesverfassungsgericht voraussichtlich im kommenden Jahr eine Grundsatzentscheidung zu diesem Thema treffen wird, bezüglich der ich nicht besonders optimistisch bin.«

Das Bundesverfassungsgericht kassiert das kommunale Ausländerwahlrecht Ende Oktober 1990. Walter Momper sagt im Rückblick: »Wir wollten das Ausländerwahlrecht auch, aber es ging eben nicht. Wir konnten keine Gesetze machen, die uns so weit von der Bundesrepublik entfernten.«

Dass Ströbele dieses Thema zum Bruchpunkt erklärt, verrät eher Prinzipientreue als politische Analysefähigkeit. Denn Rot-Grün kann in Westberlin Entscheidungen des Bundesverfassungsgerichts nicht ignorieren.
Die AL braucht jemanden, der den linken Flügel integriert, die überschaubaren Erfolge der AL ins Schaufenster stellt und die Krisen, die sich häufen, managt. Das tut Ströbele ein gutes halbes Jahr, doch dann fehlen strategischer Weitblick und auch der Wille, sich verbindlich ins machtpolitische Alltagsgeschäft zu stürzen. Die Abneigung gegen die Mühen der Parteipolitik teilt er mit Schily. AL-Abgeordneter war er nie. So spielt er bei der AL wieder mal eine bekannte Rolle – der unverbindlich Verbindliche. Die Idee, dass eine Elf-Prozent-Partei die Stadt grundlegend verändern kann, ist eine Chimäre.
Dann geschieht etwas, das das Ringen um Busspuren, Kleingärten und den Status von Flüchtlingen auf AL-Versammlungen nebensächlich wirken lässt.
Die Mauer geht auf.

Der 9. November 1989 und die ratlose Linke

»Wir waren in Sachen
Einheit ein Totalausfall.«

Bernd Köppl, 2015

Um 19 Uhr, am 9. November 1989, schaut der SED-Mann Günter Schabowski bei einer Pressekonferenz verwirrt auf einen Zettel und teilt der Presse mit, dass die neue Reiseregelung für DDR-Bürger »nach meiner Kenntnis … sofort, unverzüglich« gelte. So geht en passant eine Ära zu Ende – der Kalte Krieg. Osteuropa befreit sich von der sowjetischen Herrschaft, die deutsche und die europäische Teilung sind vorbei.

Um 21 Uhr sammeln sich auf Ostberliner Seite am Grenzübergang Bornholmer Straße ein paar hundert DDR-Bürger, die die neue Freiheit testen wollen. Um halb zehn passieren die ersten Ostberliner die Grenze. Egon Krenz, der neue starke Mann der DDR, grämt sich nach Ende der ZK-Sitzung, dass seine Personalvorschläge nicht akzeptiert würden. Zu dem, was an der Mauer geschieht, erteilt er keine klare Order. Die SED verliert die Kontrolle. Christian Ströbele steht um kurz vor zehn Uhr vor dem Brandenburger Tor. Er lächelt und sagt:

> »Revolutionen lohnen sich. Die haben es geschafft, die haben es uns vorgemacht. Das ist ganz toll. Ich hoffe, dass man bald wieder durch das Brandenburger Tor gehen kann – und fahren. Aber am besten mit dem Fahrrad.«

In diesem Augenblick an Fahrradwege zu denken bezeugt verkehrspolitischen Weitblick und Entfernung zu nationalem Überschwang.

Den beginnenden Zusammenbruch der DDR als Blaupause für kommende Revolutionen im Westen zu sehen, ist mehr als gewagt.
In Saarbrücken oder Paderborn kann man den 9. November als ein fernes Ereignis bestaunen, das den Alltag kaum tangiert. In Berlin nicht. Von einem Moment auf den anderen ist alles anders – auch für die rot-grüne Regierung. Sechs Tage nach dem Mauerfall gibt Ströbele in der *taz* die Devise aus: Neustart der Regierung, der Koalitionsvertrag sei Schnee von gestern.

> »Wenn es damals vielleicht etwas vorschnell war, so ist es jetzt doch an der Zeit, von dieser ›Jahrhundertchance‹ zu reden. Wir haben jetzt zum ersten Mal die Chance, ganz neue Politik zu machen, die tatsächliche ökologische Politik ist, auch im Wirtschafts- und Sozialbereich. Zum Beispiel eine Verkehrsgestaltung in einer Weltstadt Berlin, aus der die Autos weitgehend verschwinden. Gerade durch die Trabis wird das Thema ›autofreie Stadt‹ wieder aktuell. Und man kann jetzt auch ganz neu denken, weil in der DDR noch nichts vorgegeben ist an alter Politik. Wir können hier wirklich innovativ tätig werden.«

Nach dem 9. November sprießen viele Illusionen. Ostintellektuelle und die Bürgerbewegung träumen von einer renovierten, eigenständigen DDR, die endlich das bessere Deutschland werden könne. Ströbele glaubt, dass die DDR weißes Papier sei, das die bundesdeutsche Ökobewegung neu beschreiben könne. Aber Millionen Ostbürgern, die seit Jahren auf einen Trabi gewartet haben, Verzicht aufs Auto zu predigen ist wenig aussichtsreich.
Das Kernproblem der Grünen sind nicht solche überschießenden Ideen, die sich im Alltag produktiv abschleifen. Die Grünen sind, was Wähler und Mitglieder angeht, die jüngste Partei. Sie neigen dazu, die Debatte um die Einheit als Zumutung zu empfinden, als bestenfalls lästige Rückkehr eines mühsam und nur halb überwun-

denen Nationalismus. Der Weg zu der Einsicht, dass das DDR-Volk die schnelle Einheit will und dass es keinen Grund gibt, deren gerade erkämpftes Recht auf Selbstbestimmung infrage zu stellen, ist für die AL ziemlich weit. Die AL-Klientel hat kaum Erinnerungen an das Berlin vor 1961. Viele sind als Studenten nach Westberlin gekommen – und sie sind nicht trotz, sondern wegen der Mauer und der Polit- und Kulturszene gekommen, die in deren Schatten wuchs. Das historische Gedächtnis der SPD in Westberlin reicht weiter zurück als das der AL. Ströbele, der 1961 noch als Fluchthelfer aktiv war, macht keine Ausnahme. Am 15. Dezember 1989 schreibt er in der *taz* zur Lage der Nation:

> »Wiedervereinigung ist schneller als gedacht zum Thema geworden, ob es uns passt oder nicht. Nicht nur Kohl und die Rechten in der BRD haben Pläne für die Wiedervereinigung auf die Tagesordnung gesetzt, auch ein großer Teil des Volkes der DDR fordert immer lauter ›ein Volk‹ und ›Wiedervereinigung‹. Auf diesem Hintergrund bestimmt die AL ihre Positionen: Die AL spricht sich dagegen aus, die Wiedervereinigung jetzt auf die Tagesordnung zu setzen. Wir sehen, viele in der DDR erhoffen von der Wiedervereinigung die schnelle Lösung ihrer dringendsten Probleme. Es mag auch sein, dass die Wiedervereinigung in der DDR rasch zu gefüllten Läden, besseren Autos, mehr Konsum und Reisemöglichkeiten, zu reizvolleren Freizeitangeboten und effektiverer Produktion führen würde. Aber die Niederlage der bürokratischen Planwirtschaft, die Ineffizienz und Unfähigkeit dieses Wirtschaftssystems zur Befriedigung der materiellen Bedürfnisse der Menschen sind kein Grund, sich nun gleich der kapitalistischen Marktwirtschaft mit der Zweidrittel-Gesellschaft in der BRD in die Arme zu werfen. Nach der Revolution in der DDR kann Rot-Grün in der BRD einen ganz neuen Sinn bekom-

men. Im derzeitigen bundesdeutschen Parteienspektrum kommt nur ein Regierungsbündnis von Grün-Alternativ mit den ökologisch orientierten Linken in der SPD in Betracht, um die Menschen in der DDR und den neuen politischen Gruppen dort eine eigenständige, selbstbestimmte, nicht-kapitalistische Entwicklung zu ermöglichen. Die AL fordert von der SPD unzweideutige Entscheidungen und Aussagen gegen nationalen Taumel und die Pläne von Kohl und Lambsdorff, die auf Anschluss und Unterwerfung der DDR hinauslaufen. Die AL erwartet vom SPD-Parteitag eine Aussage mit einer Option für zwei deutsche Staaten in der derzeitigen Situation.«

Ströbele vertritt die Grundhaltung der 68er-Linken – Skepsis der eigenen Nation gegenüber, Misstrauen in das Volk. Joschka Fischer, intellektueller Kopf der Grünen, prophezeit eine Woche nach Mauerfall, dass eine Wiedervereinigung die europäische Einigung zerstören würde.

Die Post-68er-Linke, die sich in den 80er-Jahren als Motor gesellschaftlicher Liberalisierung, als Avantgarde des Postnationalismus und des Postmaterialismus fühlen konnte, vollzieht politisch zwischen dem 9. November und der Vereinigung am 3. Oktober 1990 stets nur missmutig nach, was nicht mehr zu leugnen ist. Ströbele & Co. kommen über ein hastiges »Ja, aber« nie hinaus. Dass die AL vor dem 9. November 1989 weit intensivere Kontakte zur DDR-Opposition unterhielt als SPD und CDU zusammen, nutzt auch nicht viel. Im Gegenteil: Die Bürgerbewegung wird von der Revolution, die sie selbst in Gang gesetzt hat, bei den Wahlen in der DDR im März 1990 hinweggefegt. Auch viele Bürgerbewegte opponieren gegen die schnelle Einheit – und verstärken so regressive Neigungen bei AL und Westgrünen.

Eine prägnante Metapher für den Blick der Toskana-Linken auf die DDR erfindet Otto Schily. Nach der März-Wahl in der DDR, die mit einem Triumph für die Konservativen und einem miserablen Ergebnis für die SPD endet, hält er als Wahlkommentar stumm eine Banane in die Kamera. Dieses Bild assoziiert die DDR-Plebejer, die die schnelle D-Mark wollen, mit Affen. Es ist ein Bild für die Arroganz, mit der die etablierten Linksliberalen auf die DDR hinunterschauen. Man findet die Verwandten aus dem Osten mit ihren ausgeblichenen Nietenhosen, dem naiven Glauben an die Marktwirtschaft und den stinkenden Trabis mindestens peinlich. Im Januar 1990 schreibt Ströbele an seinen Freund, den Ostberliner Schriftsteller Klaus Schlesinger, der seit 1980 in Ost- und Westberlin lebt:

> »Wir würden eigentlich gerne mal mit Dir über das reden, was sich DDR-mäßig so tut. Meine Begeisterung ist dabei, abzuebben und einer immer drängenderen Besorgnis Platz zu machen über das, was aus Leipzig so auf uns zurollt. Also lass uns mal telefonieren und uns zu einem köstlichen Apfelsaft verabreden. Mit sozialistischen Grüßen, Christian«[106]

Erst Ende März 1990 entscheidet sich die AL mit knapper Mehrheit dafür, dass man »die Einheit konstruktiv begleiten« will und nicht mehr auf zwei deutsche Staaten setzt. Die AL, Regierungspartei im zusammenwachsenden Berlin, ist damit die letzte Partei, die die Fakten anerkennt – noch nach der SED/PDS. »Es gab in der AL die Hoffnung, dass die DDR als irgendwie sozialistischer Staat bleibt«, so Bernd Köppl.

Rot-Grün kriselt nach dem Mauerfall noch mehr als zuvor. »Wir regieren formal, faktisch tolerieren wir die SPD und praktisch opponieren wir gegen den Senat«, so ein AL-Mann Ende 1989. Momper regiert mit ein paar Vertrauten seines Küchenkabinetts und ohne sich um die AL-Befindlichkeiten zu kümmern – er führe sich auf wie der »König von Berlin«, kritisieren die ALer. So winkt die

SPD die Pläne für Kohls Deutsches Historisches Museum und die Stromtrasse durch, sitzt einen Kitastreik aus, lässt einen von der AL bekämpften Forschungsreaktor weiterlaufen, verkauft im Sommer 1990 den Potsdamer Platz für einen Dumpingpreis an Mercedes-Benz und nimmt Lockerungen in der Asylpolitik wieder zurück. Jeden Monat aufs Neue fragt sich die AL, ob sie die Koalition nicht besser verlassen solle – und verschiebt die Entscheidung immer wieder. Ströbele will Mitte Dezember 1989 »einen geordneten Rückzug« der AL aus dem Senat. Doch auch dazu fehlt die Entschlossenheit – denn was kommt danach?

Im Sommer 1990 votiert Ströbele für das Ende der Koalition. Bei einer AL-Vollversammlung im Juni plädiert er dafür, dass, wenn der rot-grüne Berliner Senat im Bundesrat Kohls Einheitsvertrag zustimme, Schluss sein solle mit der »Jahrhundertchance«. Das ist Symbolpolitik: Die Mehrheit für den Einheitsvertrag steht. Ströbeles Kritik am Einheitsvertrag ist zum Teil plausibel – vor allem an der korruptionsanfälligen Treuhand, die das DDR-Staatseigentum verwalten soll. Aber ausgerechnet Westberlin, das dabei ist, mit Ostberlin zu verschmelzen, soll sich enthalten? Ströbele scheitert – die AL bleibt in der Regierung.

Das Büro von Walter Momper liegt ein paar hundert Meter von der *taz* und dem Springer Verlag entfernt, ungefähr dort, wo 1989 der Mauerstreifen verlief. »Die AL hat damals keine Resolution zur Einheit mitgetragen«, sagt er heute. Wenn es um Deutschland ging, stimmt die CDU-Opposition mit der SPD. Am Ende gab es 32 Punkte, bei denen SPD und AL Streit hatten. Momper installiert im Juni 1990 den Magi-Senat, eine Art Regierungskoordination für West- und Ostberlin. Die AL sperrt sich dagegen. »Wenn wir die Koalition im Sommer 1990 aufgekündigt hätten, wäre ich vielleicht Regierender Bürgermeister geblieben«, sagt Momper 25 Jahre später.

Rot-Grün geht am 17. November 1990 unter, zwei Wochen vor der ersten Gesamtberliner Wahl, die zeitgleich mit der ersten Bundestagswahl im vereinigten Deutschland stattfindet. In Ostberlin haben Autonome Häuser in der Mainzer Straße besetzt. Der SPD-Innensenator lässt die Häuser räumen. Das ist ein vergeblicher Versuch der SPD, kurz vor der Wahl Härte zu zeigen und rechts Stimmen zu gewinnen – auf Kosten der AL. Renate Künast, AL-Fraktionschefin, müht sich erfolglos um Vermittlung. Die SPD-Spitze nimmt demonstrativ keine Rücksichten mehr. Bei der entscheidenden AL-Sitzung ist auch Ströbele dabei. Doch ausschlaggebend ist, dass in der AL-Fraktion kaum noch jemand die Koalition will. Bis heute streiten Ex-ALer und SPD, ob die SPD die Räumung der besetzten Häuser im Senat damals angekündigt hatte. Szenen einer Ehe.

Letztlich geht Rot-Grün nicht an dem Dissens über Hausbesetzungen oder Museen zugrunde, an mangelnder Regierungserfahrung, allzu gegensätzlichen sozialen Milieus oder der schwergängigen AL-Basisdemokratie. Der Mauerfall lässt die SPD-AL-Koalition implodieren. Nach dem 9. November zeigt sich das Kleingärtnertum der Linksalternativen. Sie führen stets das Globale und die Revolution im Mund – und sind fast sprachlos in dem Moment, in dem Weltgeschichte vor ihrer Haustür passiert. »Wir waren in Sachen Einheit ein Totalausfall«, sagt Bernd Köppl selbstkritisch.

Ströbele entwickelt am Anfang und am Ende von Rot-Grün volltönende Losungen. Vielleicht brauchte die AL im März 1989 die Illusion, dass sich auf Landesebene historische Projekte verwirklichen lassen, um überhaupt mit dem Risiko Rot-Grün beginnen zu können. Und sie brauchte jemanden wie Ströbele, der zu garantieren schien, dass man regieren könne, ohne sich aufgeben zu müssen. Das Wort »Jahrhundertchance« erzeugte indes einen Höhenrausch, auf den der gefühlte Absturz folgen musste.

Im November 1990 ist Ströbele überzeugt, dass der Ausstieg aus der Regierung der AL bei der Wahl am 2. Dezember helfen wird. Und auch den Grünen bei der Bundestagswahl. »Jetzt sind wir einfach glaubwürdiger«, so seine Hoffnung. Das ist eine Selbsttäuschung. Im Dezember 1989 ist er sicher, dass »wir nach dem Rückzug aus der Regierung wieder unsere zwölf Prozent bekommen«.

Ströbele verwechselt die Stimmung unter den von Mompers Führungsstil entnervten AL-Funktionären mit denen der Wählerschaft. Der Zeitpunkt für das Aus ist miserabel für SPD und AL, es ist ein letzter gemeinsamer, autodestruktiver Akt. Schulsenatorin Volkholz war gegen die Auflösung von Rot-Grün: »Zwei Wochen vor der Wahl die Koalition zu beenden und dann im Wahlkampf zu behaupten, dass die AL Rot-Grün will, war ein grober Fehler.«

Die AL verliert bei der Wahl am 2. Dezember 1990 die Hälfte ihrer Wählerschaft, die CDU regiert das nächste Jahrzehnt in Berlin. Ströbeles rot-grünes Jahrhundert ist nach 21 Monaten zu Ende.

Walter Momper ist überzeugt, dass Ströbele die treibende Kraft war, die Rot-Grün ruiniert hat. Ströbele habe die drei Senatorinnen gezwungen, die Regierung wider eigenen Willen zu verlassen. Doch so groß war sein Einfluss in der AL nicht.

Rot-Grün in Berlin hält immerhin ein halbes Jahr länger als die erste rot-grüne Landesregierung in Hessen, in der Joschka Fischer 1985 der erste grüne Minister der Republik war. Ohne Mauerfall hätte die Berliner Koalition, wenn auch im Krisenmodus, vier Jahre überdauern können. Die politische Bilanz dieser Regierung ist besser als ihr, von ihrem kläglichen Ende überschatteter, Ruf. Mit der AL regierte eine Partei, die nicht Teil des Westberliner Patronagesystems war. Die seit dem 2. Juni 1967 verhärtete Frontstellung zwischen Mehrheitsgesellschaft und linker Minderheit in der Stadt brach 1989/90 sichtbar auf. In der Verkehrspolitik gab es Ansätze ökologisch verträglicher Mobilität, die Flüchtlingspolitik wurde erst merklich liberalisiert, dann unter Druck der Union wieder repressiver. Die Polizei wendete Deeskalationskonzepte an, die politische Justiz wurde abgerüstet.

Doch für Ströbele ist das Glas spätestens seit dem Sommer 1990 halb leer. Im Zweifel zieht er Prinzipientreue und Basisnähe dem Pragmatischen vor.

Kapitel 9

DER UNTERGANG 1990 BIS 1997

Parteimanager der Grünen

»Mit dieser SPD kann es kein Bündnis
und keine Koalition geben«.

Christian Ströbele beim Parteitag
der Grünen 1990 in Bayreuth

Ströbele strebt auf die große, nationale Bühne. Beim Parteitag in Dortmund im Juni 1990 bietet sich die Chance. Ströbele gewinnt die Abstimmung gegen Ralf Fücks, der zur Aufbruch-Gruppe um Antje Vollmer, Udo Knapp und Bernd Ulrich gehört. Der Aufbruch bildet den kleinen rechten, intellektuell beweglichen Flügel und will die Grünen in eine bündnisfähige ökologische Bürgerrechtspartei verwandeln, die alle sozialistische Rhetorik abstreift. Ströbeles Sieg ist ein Erfolg des linken Flügels. Allerdings signalisiert der einflussreiche Realo Hubert Kleinert, dass man mit Ströbele leben kann: Auf dessen Konto steht, dass er als Architekt von Rot-Grün in Berlin gilt. Er bildet nun mit Renate Damus und Heide Rühle das neue Führungstrio der Partei, gilt als »ohne Zweifel überragender Kopf« (so das *Handelsblatt)* und schnell als faktischer Parteichef. Allerdings ist dies angesichts der rasanten Rotation an der Parteispitze flüchtiger Ruhm.

Im Sommer 1990 steht Historisches an: Am 1. Juli wird die D-Mark in der DDR eingeführt, mit üblen Folgen für die ohnehin marode Wirtschaft im Osten. Am 3. Oktober tritt die DDR offiziell der Bundesrepublik bei. Im Dezember stehen die ersten gesamtdeutschen Wahlen an.

Ströbele ist fortan oft in Bonn in der Parteizentrale in der Colmantstraße. Der Job bietet etwas Neues: Er muss eine Großorganisation mit mehr als 40 000 Mitgliedern managen. Schatzmeister Axel

Vogel knüpft Hoffnungen an die neue Parteispitze, die intern als gemäßigt links gilt. Zuvor führten drei Strömungsvertreter die Partei: Ralf Fücks für den Aufbruch, Verena Krieger für die Linke, Ruth Hammerbacher für die Realos. »Die drei lagen ständig im Streit«, so Vogel, der angesichts des Dauerdissens intern mit Rücktritt droht. Bei einer Pressekonferenz zum zehnjährigen Parteijubiläum im Januar 1989 warf Krieger ihrer Partei Verrat vor, Hammerbacher giftete ihre Co-Chefin an, doch gefälligst auszutreten. Eine Parteispitze, die sich vor der Hauptstadtpresse gegenseitig ausschließen will – das ist auch für streiterprobte Grüne zu viel. Mit Ströbele verbessert sich die Stimmung. »Man konnte mit ihm gut und unideologisch zusammenarbeiten«, so Vogel.

Ströbele setzt sich für eine moderate Renovierung der Basisdemokratie ein: Er will die Rotation weitgehend abschaffen, mehr auf profilierte Personen setzen, grüne Gremien wie Bundesvorstand verkleinern und professionalisieren und den Bundeshauptausschuss abschaffen. Allerdings pocht er beharrlich auf die Trennung von Amt und Mandat. Das soll Machtkonzentrationen verhindern, führt aber den Kollateralschaden herbei, dass an der Parteispitze ein reges Kommen und Gehen herrscht. Denn wer die Partei führt, darf kein Parlamentarier sein. Ströbele bleibt da stur – bis heute.

Als kompliziert erweisen sich die Verhandlungen mit den DDR-Bürgerbewegungen und Ostgrünen in Bezug auf die Wahl im Dezember 1990. Die im Flügelkampf gestählten westgrünen Politprofis und die Bürgerbewegungsaktivisten vom »Neuen Forum« und »Demokratie Jetzt«, »Initiative Frieden und Menschenrechte« und »Vereinigte Linke« sind sich fremd. Ströbele und die Westgrünen entnervt, dass die Ostler intern zerstritten sind. Manche ostgrüne Landesverbände wollen schnell mit den Westgrünen fusionieren, andere nicht. Manche Bürgerrechtler sind strikt gegen die PDS und stören sich am linksgrünen Gerede von Utopie. Andere finden die Westgrünen zu angepasst und kritisieren die deutsche Vereinigung schärfer als die PDS. Die Bürgerrechtlerin Bärbel Bohley findet

Parteien sowieso nicht so wichtig. Ströbele ist bei fast allen Treffen dabei:

> »Es gab unzählige, oft nächtelange Verhandlungen im Koordinierungsrat. Es gab Verhandlungsabbrüche, Auszüge einzelner Vertreterinnen aus Protest, Intrigen, Sekt, Tränen der Wut. Allein über den Namen ›Bündnis 90‹ oder ›Bündnis 91‹ oder ›BürgerInnenbewegung‹ oder ›Neues Forum BürgerInnenbewegung‹ wurde nächtelang und immer wieder aufs Neue diskutiert.«[107]

Man darf bezweifeln, dass »Neues Forum BürgerInnenbewegung« ein Erfolg verheißender Name gewesen wäre. Einig sind sich die Ostler nur in der Befürchtung, dass sie bei der Vereinigung mit den Westgrünen unter die Räder zu kommen drohen. Jens Reich, ein Kopf des Neuen Forum, stellt im September 1990 fest: »Wir passen eigentlich überhaupt nicht zusammen.« Doch die Wahl zwingt zusammen, was sich nicht zusammengehörig fühlt.

Die grüne Vereinigung muss auf Augenhöhe erfolgen. Keinesfalls darf der Eindruck entstehen, dass die Westgrünen die Revolutionshelden einfach anschließen so wie Kohl die DDR. Zudem darf es in der Ex-DDR keine Konkurrenzkandidaturen unter den verschiedenen Gruppen geben. Und es gilt, die wenigen bekannten Gesichter der Herbstrevolution nicht an die SPD zu verlieren. All dies gelingt. Auch Realos attestieren Ströbele, dass er die zähen Verhandlungen umsichtig führt. Das Entscheidende allerdings geht schief. Das Wahlgesetz der Kohl-Regierung sieht vor, dass im Dezember 1990 die Fünfprozenthürde gesamtdeutsch gilt. Das würde bedeuten: Bürgerbewegungen und Ostgrüne müssen mit den Westgrünen gemeinsam antreten, um eine Chance zu haben. Doch das wollen die Bürgerbewegten nicht: Sie wollen aus eigener Kraft ins Parlament einziehen und sich erst am Tag nach der Wahl mit den Grünen vereinen. Die PDS, die es faktisch nur im Osten gibt, müsste dort mehr als 25 Prozent der Stimmen erhalten, um in den Bundestag zu kommen. Ströbele reicht, ebenso wie die PDS und das Neue Forum, in Karlsruhe Klage ein – mit Erfolg. Das Bundesverfassungsgericht verfügt, dass es aus Gründen der Chancengleichheit reicht, in der Ex-DDR- oder in der Ex-BRD mehr als fünf Prozent der Stimmen zu bekommen, um in den Bundestag einzuziehen. Im Herbst 1990 ahnt niemand, dass dieses Urteil für die Grünen zum existenzbedrohlichen Bumerang wird. Denn die Westgrünen erhalten am 2. Dezember 1990 nur 4, 8 Prozent, Bündnis 90 und Ostgrünen aber in der Ex-DDR 6,1 Prozent der abgegebenen Stimmen. Mit gesamtdeutscher, einheitlicher Fünfprozenthürde wären die Grünen mit 5,0 Prozent bundesweit in den Bundestag eingezogen – so schaffen es nur eine Handvoll Bürgerbewegte ins Parlament.

Joschka Fischer hat Ströbeles Gang vor das Verfassungsgericht später zu reiner Torheit erklärt. Doch das ist billig. Die Klage in Karlsruhe, eingereicht von PDS und Neuem Forum, gab es ohnehin. Zudem bestanden Ostgrüne und Bürgerrechtler auf der für die Wahlgebiete getrennten Fünfprozenthürde. Ein Parteichef der Westgrünen, der gegen die Ostler Kohls Wahlgesetz durchgesetzt hätte, hätte maßlos arrogant gewirkt.

Es hätte allerdings eine simple Möglichkeit gegeben, dieses Desaster im letzten Moment zu verhindern. West- und Ostgrüne hätten sich *vor* und nicht erst *nach* der Wahl am 2. Dezember formal vereinigen können – dann wären beide in den Bundestag eingezogen. Ströbele versucht dies kurz vor der Wahl, es ist nur eine Formalität. Aber das Neue Forum sperrt sich. Es will nicht auf einer Liste der Grünen antreten.

Doch der Grund für die Wahlniederlage der Grünen 1990 sind nicht Wahlformalien und der Eigensinn der Bürgerbewegung. Es ist ein hausgemachtes Debakel – und Ströbele hat daran seinen Anteil. Die Grünen ziehen mit dem noch von Fücks entwickelten Slogan in den Wahlkampf: »Alle reden über Deutschland. Wir reden über das Wetter.« Der kommt nicht als visionärer Ökoslogan an – son-

dern als Ausdruck jener Besserwisserei, mit der die westdeutsche Linke auf die Vereinigung reagiert.
Am 17. November 1990 zeichnet die *taz*, die mit den Realos sympathisiert, ein freundliches Bild von Ströbeles flexibler Wahlkampflinie:

> »Wenn er über den Gewinn der Partei durch die DDR-Bürgerbewegungen spricht, könnte dies auch von Aufbruch-Sprecherin Antje Vollmer stammen. Und die Bemerkungen zur Eigeninitiative in der Marktwirtschaft können hartgesottene Realos ebenso befriedigen wie die Selbstverständlichkeit, mit der er auch einer Ampelkoalition mit der FDP keine generelle Absage erteilt. Es ist bemerkenswert, wie er seinen radikalen Gestus, der so sehr der Gemütslage der Partei entspricht, immer wieder bricht und jene schroffe Endgültigkeit einer Position vermeidet, die Gespräche abbrechen lässt. Diese Fähigkeit hat ihm politischen Spielraum verschafft.«

Doch der Spielraum ist eng. In der zentralen Frage – der Einheit – ist die grüne Klientel gespalten. Auf dem linken Flügel beginnt die Abwanderung Richtung PDS – Ströbele antwortet darauf mit harten Attacken gegen die Gysi-Truppe, als nur scheinbar gewendeter, autoritärer Partei. »Wir wollten vor allem die Partei zusammenhalten«, so Exschatzmeister Axel Vogel. Ströbele stabilisiert das schlingernde Schiff. Aber am Ende läuft es trotzdem auf das Riff auf.
Ströbele setzt innenpolitisch auf jene Rhetorik, die im März 1989 seinen Aufstieg zum Bundespolitiker ermöglichte: beißende Kritik an der SPD, kombiniert mit Angeboten zur Zusammenarbeit. Beim grünen Parteitag in Bayreuth im Herbst 1990 nennt er den Einheitsvertrag »die größte Landnahme der deutschen Industrie seit den Kolonialkriegen, sieht man von der Nazizeit ab«. Das gequälte Ja der SPD zum Einheitsvertrag vergleicht er mit der Ur-

sünde der Sozialdemokratie, der Zustimmung zu den Kriegskrediten 1914, und verkündet: »Mit dieser SPD kann es kein Bündnis und keine Koalition geben.«

Solche Katastrophenbilder kommen bei rot-grünen Wechselwählern nicht an, das kategorische Nein zu Rot-Grün erst recht nicht. Als Ströbele bemerkt, dass die Medien diese Passage aus seiner Rede als Schlüsselbotschaft des grünen Parteitags in Bayreuth melden, eilt er zum Pult, um zu beteuern, dass es nicht so gemeint gewesen sei.

Als Ströbele die verfilzte Regierungspartei SPD 1989 in Westberlin attackierte, um mit ihr zu regieren, war dies für den Moment eine erfolgreiche Strategie. Doch bei Oskar Lafontaine, dem ersten SPD-Kanzlerkandidaten, der offen für Rot-Grün eintritt, funktioniert diese Taktik nicht. Zudem sieht Lafontaine die Vereinigung ähnlich skeptisch wie die Grünen. Die Rolle der Kassandra ist schon besetzt. Die Lafontaine-SPD mit den Kriegskrediten 1914 und massenmörderischen Schlachten zu assoziieren ist in dem Moment, in dem die Rote Armee abzieht und in Mitteleuropa die umfangreichste friedliche Abrüstung der Geschichte ansteht, aus der Zeit gefallen. Erfolgreicher als Ströbele agiert derweil Jürgen Trittin in Hannover. Im Sommer 1990 bilden SPD und Grüne in Niedersachsen mit Ministerpräsident Gerhard Schröder an der Spitze recht geräuschlos eine rot-grüne Landesregierung.

Ströbele schreibt ein paar Tage vor der Wahl 1990 im *Spiegel* einen etwas übellaunigen Text über den SPD-Kanzlerkandidaten, dem er mangelhaftes Engagement in der Bewegung bescheinigt, die für ihn die biografische Urszene ist:

> »Studentenbewegung und Apo sind an Oskar Lafontaine weitgehend spurlos vorbeigegangen, obwohl er behauptet, die politischen Reformbestrebungen hätten auch sein Denken geprägt. Er hat an keinem Sit-in teilgenommen. Diese Gleichgültigkeit gegenüber den Bewegungen, die

Hochschulen und Gesellschaft in Unruhe versetzten, ist mir völlig unbegreiflich.«

Doch 1968 ist lange her. Und 1989 ist die Zäsur, die viele 68er sprachlos macht.

Die Grünen haben im Dezember 1990 nicht nur den falschen Wahlkampfslogan. Ströbeles Analyse der Vereinigung ist falsch. 1989 kehren nicht die Gespenster der deutschen Geschichte wieder. Die Bundesrepublik ist, auch von den 68ern, gründlich liberalisiert und in ein weltoffenes Land verwandelt worden. Der antinationale Alarmismus, von dem sich die Grünen 1990 nur mühsam lösen, verfängt nicht. Die deutsche Vereinigung steht auch keineswegs der europäischen Verständigung im Weg – im Gegenteil. Kohl verhandelt in Moskau, Paris und London und sorgt, abgesehen von seinem schändlichen Zögern bei der Anerkennung der polnischen Westgrenze, für internationale Einbettung. Der Einheitsvertrag ist in manchem extrem kritikwürdig – die Regel Rückgabe vor Entschädigung und die Etablierung der Treuhand als Monopolist der Abwicklung der Ostindustrie sind Fehler. Doch die historische Dimension der Vereinigung sehen die Älteren, Helmut Kohl und Willy Brandt, Erhard Eppler und bei den Grünen Einzelne wie Wilhelm Knabe, präziser als Lafontaine und Ströbele, die für die Nation nur ein Achselzucken übrighaben. Regressiv ist 1990 nicht die bundesdeutsche Realpolitik. Regressiv wirken deren Kritiker, die auf den rasanten Zerfall des Kalten Krieges reagieren wie Ritter im späten Mittelalter auf die Perfektionierung der Handfeuerwaffen. Die legten sich immer dickere Panzerungen zu – und wurden immer unbeweglicher.

Drei Wochen vor der Bundestagswahl zeigen Umfragen für die Grünen steil nach unten. Der Slogan Klima versus Einheit funktioniert nicht. Ströbele stellt eilig ein Zehn-Punkte-Programm zusammen, das indes nur bekannte Grünen-Forderungen auflistet. Die einzig brauchbare Idee haben die Realos Joschka Fischer und Hubert Kleinert: Alarm schlagen. Vor der Presse malen sie den drohenden Untergang der Grünen an die Wand – gewissermaßen das Pendant zur *taz*-Rettungskampagne: Helft uns, wir gehen unter! Ströbele präsentiert der Presse am selben Tag wie Fischer und Kleinert sein Zehn-Punkte-Programm. Der Effekt ist, dass keine der beiden Botschaften so recht wahrgenommen wird. Das Schiff sinkt. Die Mannschaft rudert unverdrossen in verschiedene Richtungen.

Am Abend des 2. Dezember will Ströbele in das TV-Wahlstudio gehen, um dort mit Kohl, Lambsdorff, Lafontaine und Gysi über den Wahlausgang zu streiten. Ein ARD-Redakteur hält ihn zurück: »Sie nehmen nicht teil, Herr Ströbele!« Die Westgrünen liegen unter fünf Prozent. 600 000 frühere Grünen-Wähler machten ihr Kreuz 1990 bei Lafontaine. Ströbele ist mitverantwortlich für diese Niederlage.

Ein inszenierter Schnappschuss. Weil die Grünen den Einzug in den Bundestag 1990 knapp verpassen, wird Ströbele im ZDF aus der »Bonner Runde« ausgeschlossen und zurück in die Schminkkabine geschickt.

Danach muss er sich gegen wütende Rücktrittsforderungen der Realos wehren, die den Bundesvorstand für den Schuldigen halten. Ströbele hingegen führt das Debakel auf einen Mangel an Fortune zurück, nicht auf seinen zu scharfen Anti-SPD-Kurs. »Es nutzt nichts darüber zu richten, ob wir mit einem Schmusekurs gegenüber Oskar Lafontaine besser gefahren wären«, schreibt er kurz nach der Wahl. Wenn, dann lag der Fehler woanders: »Vielen WählerInnen erschien es so, als ob die Grünen sich immer mehr auch inhaltlich an herrschendes Gedankengut anpassten (Nato, Paragraf 218, Weltmacht Deutschland).«[108]

Diese Analyse setzt das Wunschdenken vor der Wahl fort. Bloß kein selbstkritischer Rückblick. Da tickt Ströbele wie die meisten Politiker.

Israel und Broder: Die kurze Reise in den Porzellanladen

»Die irakischen Raketenangriffe sind die logische, ja zwingende Konsequenz der Politik Israels den arabischen Staaten gegenüber, auch dem Irak gegenüber.«

Christian Ströbele, 1991

Das Regime des irakischen Diktators Saddam Hussein besetzt im August 1990 Kuwait. Die Okkupation ist eindeutig ein Angriffskrieg. Die USA schmieden eine mit UN-Mandat ausgestattete Koalition, um Kuwait zu befreien – unter anderem mit Syrien, Ägypten und Saudi-Arabien, die Saddams Expansionsdrang fürchten. Am 16. Januar 1991 beginnt der von den USA dirigierte Krieg gegen die militärisch weit unterlegene irakische Armee.

Israel gehört nicht zu der Kriegskoalition. Trotzdem lässt Saddam am 18. Januar Scud-Raketen auf Israel abfeuern, die ihre Ziele weitgehend verfehlen. Die Scuds auf Israel sind der vergebliche Versuch, einen Keil zwischen die arabischen Verbündeten und die USA zu treiben. In Israel richten die Scuds bis zum Kriegsende im März 1991 weniger Schaden an als befürchtet. Zwei Zivilisten fallen irakischen Raketen direkt zum Opfer. Vier ersticken in Gasmasken, 68 erleiden einen Herzinfarkt bei Evakuierungen. Der Scud-Beschuss aktualisiert in Israel historische Traumata. In dem Land herrscht im Januar 1990 die Angst, dass Saddam womöglich mit Giftgas bestückte Raketen abfeuert. Diese Befürchtung bewahrheitet sich nicht, aber sie ist realistisch. Saddam Hussein hatte im Krieg gegen den Iran und gegen kurdische Zivilisten 1988 Giftgas eingesetzt. Auch deutsche Firmen hatten dem Irak in den 80er-Jahren bei der Produktion chemischer Waffen geholfen. Deutsches Giftgas, das Juden tötet – diese Vorstellung löst in Israel Entsetzen aus.

Deutschland spielt im Golfkrieg 1991 eine Nebenrolle. Die Bundesrepublik unterstützt den Krieg gegen Saddam mit 17 Milliarden Mark, aber nicht mit Militär. Doch kaum ein Konflikt führt in der bundesdeutschen Linken zu tieferen Zerwürfnissen. Die Friedensbewegung demonstriert, präsent wie in keinem anderen westlichen Land, gegen »Blut für Öl« – (ex-)linke Leitfiguren wie Wolf Biermann und Hans Magnus Enzensberger unterstützen den von geostrategischen Eigeninteressen bestimmten US-Krieg.

Am 16. Februar 1991 bekommt Ströbele in seiner Bürowohnung in Moabit Besuch. Die Journalisten Henryk M. Broder und Igal Avidan wollen mit ihm über seine bevorstehende Reise nach Israel reden. Das Gespräch dauert eineinhalb Stunden. Die Atmosphäre ist locker. Man duzt sich. Es war, so Ströbele, »eher ein Streitgespräch als ein Interview«. Broder ist bekannt als ätzender Kritiker der Linken. Anfang Januar 1991 attestiert er dem golfkriegskritischen Teil der deutschen Linken in der *taz*, dass sie damit »die zweite Endlösung der Judenfrage nicht unbedingt wünscht, aber billigend in Kauf nimmt«. Was die Naziväter nicht geschafft hätten, vollenden die bundesrepublikanischen Kinder, so die schrille These.

Ströbele will im Februar 1991 mit einer Grünen-Delegation nach Israel und Jordanien reisen. Er war zuvor noch nie in Israel oder Palästina. 1982 hat er unter seinem Pseudonym laevis »El Salvador, Guatemala, Nicaragua, Kuba und Palästina« als Opfer der USA in einem Atemzug erwähnt. Die antisemitischen Ausfälle seiner Mandanten und Genossen Kunzelmann (gegen »die zionistische Klassenjustiz« in Westberlin) und Mahler hat er unkommentiert hingenommen. Ulrike Meinhof hat den Terroranschlag auf israelische Sportler 1972 bei den Olympischen Spielen in München als »gleichzeitig antiimperialistisch, antifaschistisch und internationalistisch«

bejubelt. Ströbele bezieht dazu keine Stellung – auch retrospektiv nicht.

Ströbele, der in Berlin palästinensische Flüchtlinge verteidigt hat, schaut auf Israel wie das Gros der Neuen Linken – durch eine etwas trübe antiimperialistische Brille, die Israel mit den USA assoziiert. Im Bundestag hat er sich mit allem Möglichen befasst, mit einem Schuldenerlass für Bolivien, Kulturpolitik, Bürgerrechten, aber nie mit dem Nahostkonflikt. Er hat sich auch nicht an den seit dem Juni 1967 immer wieder aufflackernden Debatten um den Antizionismus der Neuen Linken beteiligt. Abstoßend erscheint ihm zu Recht die israelische Außenpolitik, die keine Scheu hat, mit Diktaturen in Lateinamerika und dem Apartheidregime in Südafrika zu kooperieren.

Sein Verhältnis zu Israel ist, um es so genau wie möglich zu sagen, irgendwie diffus.

Im grünen Bundesvorstand erläutert Mitte Februar 1991 eine israelische Peace-Now-Aktivistin, dass die israelische Friedensbewegung die Lieferungen von Patriot-Raketen an Israel unterstützt, einen Waffenstillstand mit dem Irak keineswegs. Ströbele will genau das Gegenteil: Deutschland soll Israel keine Patriot-Raketen liefern, mit denen Scuds abgefangen werden können. Denn Patriots könnten auch als Angriffswaffen dienen. Und er unterstützt die Forderung nach einem sofortigen Waffenstillstand. Der grüne Außenpolitiker Helmut Lippelt rät von der Reise ab. Doch Ströbele beeindruckt das wenig. Denn er hat einen Plan. Der ganze Nahe Osten, inklusive Israel, soll abrüsten. Nur so könnten ja Kriege dauerhaft und prinzipiell verhindert werden.

Dass Israel mit qualitativ besseren Patriots aus den USA versorgt wird, spielt in der Debatte der deutschen Linken eine bezeichnend randständige Rolle. Denn die ist vor allem eine Selbstverständigungsdiskussion: Die deutsche Linke teilt sich in Bellizisten, die entschlossen den US-Krieg unterstützen, und Pazifisten, die die Angst vor einem Dritten Weltkrieg auf die Straße treibt – ausgerechnet in dem Moment, in dem die Gefahr eines Atomkriegs zwischen den Blöcken gebannt ist. In der Post-68er-Linken, die sich stets viel auf ihre analytischen Fähigkeiten einbildete, herrscht 1991 intellektueller Ausnahmezustand. Typisch dafür ist Enzensbergers damals als wegweisend empfundener Aufsatz im *Spiegel*, der Saddam als »Hitlers Wiedergänger« identifiziert. Saddam sei demnach die Verkörperung eines irrationalen, überhistorischen Bösen, von dem die Welt immer mal wieder heimgesucht werde. Die konkrete Lage in der Region – das Saddam-Regime als in Hybris scheiternder arabischer Nationalismus, die zwiespältige Rolle der USA, die barbarische Gewalt des Krieges zwischen Iran und Irak – kommt bei Enzensberger nicht vor.

In dieser von Glaubenseifer beherrschten Atmosphäre fährt Ströbele am 19. Februar 1991 nach Israel. Seine Reise in den Nahen Osten ist nicht die erste grüne Mission in die Region. 1984 fuhren Jürgen Reents und ein paar linke Grüne dorthin. Ihre Abschlusserklärung, in der Israels Aggression verurteilt wurde, hatten sie schon in Deutschland verfasst. Der Trip endete im Eklat. Der spätere ZDF-Journalist und damalige Grünen-Mitarbeiter Ulrich Tilgner, der die Reise organisiert hatte, schrieb selbstkritisch: »Guter Wille und subjektiv antifaschistisches Bewusstsein reichen eben nicht aus, wenn im Zentrum einer solchen Reise die Kritik an der Außenpolitik des Staates Israel steht.«[109]

1987 reisten Schily und Waltraud Schoppe nach Israel, auch um die Reents-Reise zu konterkarieren. Schily traf auch rechtsextreme jüdische Siedler und zweifelte indirekt die Legitimität eines palästinensischen Staates an. In Bonn stand die grüne Fraktion, die die Schily-Reise missbilligte, deshalb fast vor der Spaltung. Die Grünen haben eine fragwürdige Neigung, den Nahen Osten als Terrain zu benutzen, um eigene Zwistigkeiten auszutragen. All das kann Ströbele im Februar 1990 wissen.

Doch Ströbele treibt die Israelreise mit jener hemdsärmeligen Leichtfertigkeit voran, mit der er 1973 das RAF-Info auf den Weg brachte,

Bedenken anderer Anwälte beiseiteschob und alle Alarmsignale übersah. Er ist überzeugt, dass alles diskursiv auflösbar und verhandelbar ist – warum nicht auch der Nahostkonflikt? Man muss es einfach probieren. Was nicht verboten ist, ist erlaubt. Er verfasst einen Brief an die israelische Friedensbewegung, aus dem Äquidistanz zu Israel und dem Irak spricht. Beide seien verantwortlich für die missliche Lage: »Schon die bisherigen Raketen auf Israel waren eine Konsequenz des israelischen Setzens auf eine kriegerische Lösung.«

Er ist nicht parteiisch – oder eben nur für den Frieden. Pro bono, contra malum. Er will auch in Jordanien aufklären, dass die Forderung der deutschen Friedensbewegung nach einem Waffenstillstand keineswegs mit einer Parteinahme für Saddam Hussein zu verwechseln sei. Er fährt nach Israel im Bewusstsein, jenes bessere Deutschland zu verkörpern, das die laxe Verfolgung von NS-Tätern bekämpft und sich für die Entschädigung von Zwangsarbeitern einsetzt. Er fühlt sich den bigotten bundesdeutschen Politikern überlegen, die in Yad Vaschem Kränze niederlegen und in Bonn Waffenlieferungen an Saudi-Arabien genehmigen. Allerdings sind moralische Erhabenheitsgefühle für Deutsche, die Israel den Weg zum Frieden leuchten wollen, eine schwierige mentale Grundausstattung.

Was Ströbele sich nicht fragt, ist, ob es klug ist, das Patentrezept der deutschen Friedensbewegung, die an der Nahtstelle des Kalten Krieges entstand, auf den Nahen Osten zu projizieren – nämlich dass nur allgemeine Abrüstung helfe. Es spricht viel dafür, dass Israel nur dann Frieden mit einem unabhängigen Palästina schließen kann, wenn es sich militärisch stark und gegen alle Angriffe geschützt fühlt.

Ströbeles Argument, dass Israel nur mit Waffen nie Sicherheit herstellen wird, ist richtig – aber es gibt für alles den falschen Zeitpunkt. Und der Moment, in dem Tausende in Bunkern Schutz vor Scud-Raketen und womöglich Giftgas aus deutscher Produktion suchen, ist kein günstiger Zeitpunkt, um als Sohn eines NSDAP-Mitglieds und Buna-Chemikers die Botschaft zu verbreiten, dass Israel sich doch bitte friedlich gebärden solle. Außerdem tut die israelische Regierung in diesem Krieg klugerweise und gegen sonstige Gewohnheiten genau dies: Die israelische Armee schießt nicht zurück. Leichtfertig ist auch, mit Broder keine verbindliche Autorisierung des Interviews zu vereinbaren.

Als die grünen Friedenskämpfer im Taxi nach Jerusalem fahren, heulen Sirenen – Scud-Alarm. Es ist der 15. Raketenangriff auf Israel. Vor ihrem Hotel demonstriert eine Handvoll aufgebrachter Israelis, die Ströbele verprügeln wollen. Es gibt anonyme Morddrohungen gegen ihn. Die offiziellen Termine mit linken Oppositionspolitikern in der Knesset und die Treffen mit der israelischen Friedensbewegung sind allesamt abgesagt. Broder hat in der *Jerusalem Post* eine Zusammenfassung des Interviews lanciert, die sich liest, als würde Ströbele die Scud-Angriffe persönlich gutheißen. In dem Interview mit Broder sagte Ströbele zu Saddams Vorschlag, Kuwait zu räumen, wenn Israel die Westbank räumt:

> Ströbele: »Ich sag mal, dass Israel leider durch seine Politik Saddam Hussein einen Vorwand liefert. […] Israel war 1967 einem Krieg ausgesetzt, hat die Gebiete erobert und dann behalten. Trotzdem ist das Unrecht, in den Gebieten zu bleiben und dort eine Besatzungspolitik zu machen, vom Grundsatz her ein ähnliches Unrecht wie die Besetzung Kuwaits. Wir dürfen auch nicht vergessen, dass Israel seit Jahren eine Politik betreibt, die wir nicht gutheißen können. Die irakischen Raketenangriffe sind die logische, ja zwingende Konsequenz der Politik Israels den arabischen Staaten gegenüber, auch dem Irak gegenüber.«
>
> Broder: »Sie finden es also richtig, dass Israel jetzt beschossen wird?«

Ströbele: »Nein, nicht jede Konsequenz muss von mir gebilligt werden.«[110]

In Israel versucht Ströbele alles zu einem Missverständnis zu erklären, eine bösartige Verkürzung durch Broder. Doch auch nach Lektüre der längeren Fassung des Interviews gibt es in der Grünen-Spitze in Bonn niemanden, auch nicht aus dem linken Flügel, der ihn verteidigt. Ein grüner Parteichef darf Israel in dieser Situation nicht so drastisch die Mitverantwortung, wenn nicht Mitschuld an dem Scud-Beschuss geben. Ströbele bricht die Reise vorzeitig ab und tritt von seinem Posten zurück. Zwei Wochen später schreibt er:

> »Es war falsch, vor der Reise ein Interview zu geben. Wenn überhaupt Interviews, dann hätte lediglich knapp der Zweck der Reise benannt werden dürfen, nämlich die andere Art der Solidarität mit der israelischen Bevölkerung, Bereitschaft zum Zuhören und Lernen hinsichtlich der Position von Peace Now.«

Er hat im Sprengstoffdepot Streichhölzer angezündet, um mal zu schauen, wie es dort aussieht.
Es tobt ein kurzer, heftiger Sturm der Entrüstung, der auch Ventilfunktion hat. Die deutsche Linke ist von der Vereinigung ohnehin in ihren Grundfesten verunsichert. 1991 schwanken viele zwischen Kriegsangst, Solidarität mit Israel und berechtigter Skepsis gegenüber der neu etablierten imperialen US-Ordnung. In dieser neuen Unübersichtlichkeit ist schwer zu erkennen, was richtig ist. Die Ströbele-Affäre zeigt wenigstens, was falsch ist.
Joschka Fischer erklärt Ströbele »zum Büttel Saddam Husseins« – also zum Laufburschen, der seine Anweisungen aus Bagdad bekommt. Broder beschimpft ihn per Fax als Antisemiten. In der *taz* schreibt Götz Aly, ein Exgenosse von der Roten Hilfe, dass Strö-

beles »Ablehnung der Patriot-Raketen für Israel nicht aus tief-pazifistischer Überzeugung herrührt, sondern aus einem untergründigen, in normalen Zeiten offensichtlich nur knapp verkniffenen Antisemitismus«.
Ströbele ist Anfeindungen gewohnt und hat kein Glaskinn. Aber Antisemit, Handlanger eines Diktators? Genauso gut könnte man ihn bezichtigen, zu Hause kleine Katzen zu grillen oder ein nordkoreanischer Agent zu sein. Nichts, nicht die Verhaftung 1975, der Ausschluss aus dem Prozess in Stammheim, die Morddrohung, hat ihn so getroffen wie dieses Desaster. In Berlin verfasst er zwei längere Erklärungen »Mein Verhältnis zu Israel und zum Golfkrieg – ohne Missverständnisse« und »Die gescheiterte Israel-Reise«.

> »Ich war der Meinung, auch während des Krieges ließe sich beides vereinbaren, unsere Verantwortung für Israels Sicherheit und die Position gegen Waffenlieferungen und für Waffenstillstand. Gerade nach dem von uns geforderten Schweigen der Waffen schien mir die Sicherheit Israels auch vor Raketenüberfällen tatsächlich gesichert.«[111]

Ist Ströbele in dieser Affäre ein Opfer? Ja, aber nicht das von Broder, der vergröbert und zuspitzt, aber nicht fälscht. Ströbele ist das Opfer mangelnder Selbstreflexion über seine Rolle als Deutscher in Israel. Er ist forsch und belehrend, wo Behutsamkeit vonnöten wäre. Und er ist, Broder gegenüber, Opfer einer sehr speziellen Naivität.
Ströbele ist keineswegs unbedarft im Umgang mit Medien. Er hat die *taz* mitbegründet. Und er hat als RAF-Anwalt erfahren, welche Wunden Medien schlagen können. Claudia Roth warnte Ströbele vor Broder. »Den schaffst du nicht«, sagt sie zu ihrem Parteifreund. Doch Ströbele wusste es besser. Warum diese Sorglosigkeit?
Ströbele spielt seit 1970 die Rolle des ideellen Gesamtlinken, des Hausvaters, der am 2. Juni 1967 entstandenen linken Familie, des

gegen Mehrheitsgesellschaft und Staat entstandenen Kollektivs. Dieses Kollektiv schließt in seiner Perspektive viele ein: militante Hausbesetzer und AL-Senatorinnen, unverwüstliche Linksradikale und ehrgeizige Realos, Andreas Baader und Henryk M. Broder. Dieses Wir und Die, von dem Ströbele selbstverständlich ausgeht, ist 1991 eine Luftspiegelung. Es ist nicht so, dass die Grenzen zerfließen – es gibt die Grenze nicht mehr. Zwischen 1989 und 1991 implodiert die 68er-Linke. Mit dem Ende der provisorischen Bundesrepublik, der Nachkriegszeit und des Kalten Krieges zerbricht das Koordinatensystem, in dem die Neue Linke ihre Rolle spielte. Jan Philipp Reemtsma hat die mentalen Verflechtungen zwischen Mehrheitsgesellschaft und linker Minderheit über die Stationen 1945/1968/1991 versucht zu entwirren:

> »Der Westorientierung der BRD entsprach nach und nach eine politische, dann auch kulturell recht weitgehende Identifizierung mit den USA. Dies ist leicht zu erklären, wenn man sie als auf autoritärer Grundlage erfolgt erklärt. Man identifizierte sich mit dem stärksten Sieger. Dieser ist zugleich der, der das Recht, oder besser die Macht, zu strafen hätte. Diese Strafe ist nach 1945 unterblieben. Hieraus folgt ein erstes Ambivalenzverhältnis im Seelenhaushalt der BRDeutschen: man liebt die Macht, die zu strafen das Recht/die Macht hatte und die man darum fürchtet.«

Die Neue Linke übernimmt in diesem symbolischen Spiel die Rolle des Konterparts, der stets das Gegenteil der herrschenden Meinung repräsentiert.

> »Die offizielle BRD war pro-, die Linke antiamerikanisch. Die Linke klagte die unterbliebene Aufarbeitung des Nationalsozialismus ein und forderte damit zumindest symbolisch die 1945 unterbliebene Bestrafung. Sie nannte sich

> nicht von ungefähr anti-autoritär. Sie kritisierte damit die nicht bearbeitete deutsche Vergangenheit zugleich mit der USA-bezogenen Neu-Orientierung der BRD.«[112]

Doch mit Einheit und faktischem Friedensvertrag ist das vorbei – »die Strafe ist endgültig nicht vollzogen«, so Reemtsma. Prekär war die Rolle der Neuen Linken als Gegenspieler der offiziellen Politik in Sachen Israel. Die Mehrheitsgesellschaft war seit dem Sechstagekrieg im Juni 1967 proisraelisch. Die Springer-Presse feierte den israelischen Verteidigungsminister Mosche Dajan wie einen neuen Rommel. Es war kein Zufall, dass viele Linke 1967, genau in dem Moment, in dem die Konservativen ihr Herz für Israel entdeckten, von schwärmerischen Prozionisten zu oft verbissenen Antizionisten wurden. Ströbele schreibt 1991 in seiner Erklärung: »Die deutsche Regierung unterstützt die israelische Regierungspolitik. Uns bleibt dann der Part, die Kritik an dem Umgang mit den Palästinensern zu artikulieren.«[113]

Doch das Rollenspiel der bundesrepublikanischen Generationen zwischen Mehrheit und 68ern hat, wenn man Reemtsmas sozialpsychologischer Skizze folgt, nach der Vereinigung keine Bühne mehr. Ziele und Gegner der Linken sind fraglich geworden. Die Nachkriegszeit ist zu Ende. Auch die Friedensbewegung läuft nach dem Ende des Kalten Krieges ins Leere. Der Antikapitalismus wirkt 1991 im Moment des Triumphes des globalen Kapitalismus verstaubt. Auf den Zerfall des Ostblocks und die beginnenden ethnischen Kriege in Jugoslawien in den Ruinen des Realsozialismus schaut die postnationale Linke mit Ratlosigkeit. Und die Idee eines demokratischen, libertären Sozialismus ist ein vager Traum, der nicht mehr klammert, was auseinanderstrebt. 1968, Ströbeles biografischer und politischer Fixstern, ist erloschen. Nicht für ihn. Aber für viele andere. Ströbeles Missverständnis bezüglich Broder ist ein Symbol für die Auflösung der linken Familie.

Ströbele prozessiert in Berlin gegen Broder. Das Gericht kommt zu dem Urteil, dass der Satz »Die irakischen Raketenangriffe sind die logische, ja zwingende Konsequenz der Politik Israels« so gefallen ist. Broders Verteidiger ist Otto Schily, der bei der Beerdigung von Ströbeles politischer Karriere auch einen Sargnagel einschlagen will.

Im Rückblick, 25 Jahre danach, fühlt Ströbele sich betreffs Israelreise 1991 noch immer missverstanden.

> »Ich bin noch immer der Auffassung, dass ich nichts Bösartiges oder Falsches gesagt habe. Ich wusste, dass Broder ursprünglich ein linker Aktivist war. Er hat so getan, als wäre er mein bester Kumpel. Er wollte mich verletzen. Ich wollte ihm nur meine Meinung sagen. Das war Hybris.«

Später hat Ströbele Henryk M. Broder immer mal wieder in TV-Talkshows gesehen. »Broder trifft ja manchmal mit seinen Formulierungen etwas«, sagt er. Christian Ströbele ist auf eine erstaunliche Weise unfähig, verbittert zu sein.

Die 90er-Jahre: Die Neuerfindung

»Ein Esel erreicht immer sein Ziel.
Man muss mit der Klugheit und
Sturheit eines Esels Politik machen.«

Christian Ströbele, 1994

Im Jahr 1991 hat Ströbele mit Nachwehen der Stasi zu tun. Dirk Schneider wird als IM enttarnt. Auf den Fluren der *taz* kursiert kurz das falsche Gerücht, auch Ströbele sei Stasizuträger gewesen. Ströbele engagiert sich für seinen Freund, den Ostberliner Schriftsteller Klaus Schlesinger. Schlesinger lebt in den 80er-Jahren im Westteil der Stadt in einem besetzten Haus in der Potsdamer Straße. Er ist ein Unikum – der arrivierte Ältere in der Szene. So ähnlich wie Ströbele in der *taz*. Beide verbindet ein Faible für das Unbürgerliche, ein impulsiver Begriff von Gerechtigkeit. Beide sind altmodisch links und hegen eine – sehr deutsche – Abneigung gegen Deutschland.

In der Besetzerszene, der Schlesinger vergeblich etwas Sauberkeit und Ordnung beizubringen versucht, fasziniert ihn »die leibhaftige Antithese zur Welt der Leistung und des Geldes«. Schlesinger geht mit fast 50 Jahren mit Lederjacke auf oft militante Hausbesetzer-Demonstrationen. Schriftstellerkollegen belächeln ihn. Ströbele kennt diesen Gestus – das Lächeln dem gegenüber, der an den Parolen von gestern festhält.

Im Herbst 1991 macht in Literatenkreisen die Information die Runde, dass Schlesinger Stasispitzel gewesen sei. Die Schriftstellerin Helga M. Novak, früher Schlesingers Lebensgefährtin, streut dieses Gerücht, aus Rache. Ströbele, Schlesingers Anwalt, stellt eilends die Anträge bei der Gauck-Behörde, versucht aufs Tempo zu drücken und, so sein Brief an die Behörde, »glaubhaft zu machen, dass die beantragte Auskunft zur Abwehr einer gegenwärtigen und drohenden Verletzung des Persönlichkeitsrechts des Herrn Schlesinger unerlässlich und unaufschiebbar ist«.[114] Der Schriftsteller wird geächtet, Aufträge für Texte werden storniert, Interviews abgesagt. Freunde wenden sich ab. Als Stasispitzel verdächtigt zu werden ist so etwas, wie als Antisemit zu gelten – nah am sozialen Exitus. Es dauert fast vier Monate, ehe die Aktenauskunft eintrifft. Im Januar 1992 ist klar: Es war zuvor Teil der Zersetzungsstrategie der Stasi, Schlesinger als MfS-Zuträger zu denunzieren.

Im Februar 1991 ist für Ströbele eigentlich alles schiefgelaufen. Rot-Grün in Berlin, als dessen Architekt er gerühmt wurde, ist im denkbar miserabelsten Moment gescheitert – und er, Vorsitzender der Bundes-Grünen, hat dieses Scheitern auch noch als politischen Geländegewinn gedeutet. Die Grünen haben mit ihm an der Spitze das größte Fiasko ihrer Geschichte erlebt. In der *taz*, der Zeitung, die er mitgergründet und für die er in deren Anfangszeit so viel geleistet hat, ist er als Antisemit beschimpft worden. Etwas bleibt immer hängen. Viele, auch politische Gegner wie der Grüne Helmut Lippelt, nehmen ihn vor Alys maßlosem Vorwurf in Schutz. Ströbele ist nicht der Letzte, den Aly, ein äußerst rauflustiger Historiker, wegen missliebiger Ansichten als Antisemit brandmarkt.

Ströbele war seit dem Frühjahr 1989 die Hoffnung der linken Grünen. Keine zwei Jahre später, im Februar 1991, ist er politisch erledigt, schlimmer noch: moralisch angeschlagen. 1991 sagt er zu Wolfgang Wieland: »Ich weiß nicht, ob ich noch in der richtigen Partei bin.« Aber diese Zweifel währen nur kurz. Was ist die Alternative? Er kann nicht, wie Jürgen Reents und Harald Wolf, das libertäre Alternativmilieu gegen die graustichige Welt der PDS-Kader tauschen. Er will nicht den ewigen Ankläger des Verrats der Grünen spielen, so wie Jutta Ditfurth. Er will nicht Kommentator sein, er will auf das Spielfeld. So tut Ströbele, was er immer tut, wenn es schwierig wird. Er macht einfach weiter.

1991 fängt er dort wieder an, wo er bei der AL 1983 begonnen hatte. An der Basis. Jürgen Trittin ist 1991 Minister in Niedersachsen, Joschka Fischer in Wiesbaden. Ströbele wird Fraktionsvorsitzender der AL in der Bezirksverordnetenversammlung (BVV) Tiergarten, befasst sich mit Gewerbemieten und Schulrenovierungen. Eine Reporterin der *taz* notiert begeistert, dass Ströbele, der Exvorsitzende an der Basis, in der BVV »so packend reden kann, dass man ganz vergisst, sich zu fragen, was er eigentlich sagt«. 1992 kandidiert er dort als Bezirksbürgermeister und hat schon Pläne, was zu ändern sei. Auf den Fensterbänken des Rathausfoyers ist das Sitzen verboten. »Das ist preußische Kultur, die abgeschafft gehört«, erklärt er. Ströbele bekommt 1992 in der BVV 9 Stimmen, der SPD-Bürgermeister 27.

Als Rechtsanwalt übernimmt er in dieser Zeit spektakuläre Prozesse. So verteidigt er im La-Belle-Prozess den Hauptangeklagten Yasser Chraidi, der 1986 eine tödliche Bombe in einer von US-Soldaten besuchten Berliner Diskothek deponierte – im Auftrag des libyschen Geheimdienstes.

Noch mehr im Rampenlicht steht er 1992 als Nebenkläger im Mölln-Prozess. In der norddeutschen Kleinstadt haben zwei junge Rechtsextreme eine Brandbombe in ein Wohnhaus geworfen. Aus Hass gegen Asylanten. Drei Türkinnen, zwei Kinder und eine Frau, starben. Ströbele vertritt Faruk Arslan, der Mutter und Tochter verlor. Ströbele versucht den Prozess zu politisieren, will Ex-CDU-Generalsekretär Volker Rühe vorladen, um zu zeigen, dass die Kampagne gegen Asylmissbrauch ein Hintergrund der Tat gewesen sei – erfolglos. Generalbundesanwalt Klaus Pflieger wirft ihm vor, nur sein »politisches Süppchen« kochen zu wollen.

So ist es nicht. Ströbele veranstaltet kein abstraktes Tribunal gegen die Politik der Kohl-Regierung. Er zeigt, dass die Täter das Gefühl hatten, dass die Polizei lässig mit rechten Terrorattacken umging. Sie hatten bereits zuvor mehrmals versucht, mit Molotowcocktails und Schlagstöcken Flüchtlingswohnheime anzugreifen. Die Polizei hatte die Heime geschützt – und die Täter laufen lassen. Im TV sahen die jungen Rechten, wie in Rostock-Lichtenhagen der Mob ein Heim angezündet hatte. Sie hatten, so Ströbele im Plädoyer, »den Eindruck, dass die Sicherheitskräfte nicht verhindern wollten oder konnten, dass das Heim in Brand gesteckt wird«. CSU-Mann Edmund Stoiber hatte vor »der durchmischten und durchrassten Gesellschaft« gewarnt. Ließ sich das nicht als Signal missverstehen, dass etwas getan werden müsse?

Interessant ist, dass Ströbele im Mölln-Prozess für die resolute Anwendung des staatlichen Gewaltmonopols streitet – das er drei Jahre zuvor nur missmutig als Diktat der SPD in Berlin akzeptiert hatte. Aber grüblerische Reflexion eigener Widersprüche ist nicht seine Stärke. In Mölln probt er eine neue Rolle – als Ankläger, im Zwischenraum von Recht und Politik. Es wird später im Bundestag seine Paraderolle.

Ströbele arbeitet zäh an seinem Wiederaufstieg. 1995 wird er Parteisprecher der Berliner Grünen, entwirft ein detailliertes Wahlprogramm, das kompatibel mit der SPD ist. Man habe aus der gescheiterten Koalition gelernt, nicht mehr so hoch zu stapeln, erklärt er. Ströbele kämpft wie die Mehrheit der Berliner Grünen gegen alles, was in den 90ern in der Hauptstadt geplant und gebaut wird – den Tiergartentunnel, den neuen Hauptbahnhof, das Kanzleramt. Alles, was teuer und repräsentativ ist, missfällt. Ströbele rät, man solle sich lieber die bescheidene Architektur von Bonn zum Vorbild nehmen. Die alte Bundesrepublik färbt sich auch im Rückblick ihrer Gegner in manchem rosa. Die Neuauflage von Rot-Grün in Berlin scheitert – die SPD verliert zu viele Stimmen. Ströbele hat keine Ambitionen in der Landespolitik. Er braucht die nationale Bühne, das Parlament, grüne Bundesparteitage.

Er engagiert sich in den 90er-Jahren gelegentlich beim linken Flügel der Grünen, dem Linken Forum und dem Babelsberg Kreis. Er gilt dort als eher unsicherer Kantonist. Ludger Volmer, damals Organisator der linken Grünen, sagt:

»Ströbele hat bei keinem Flügel systematisch mitgearbeitet. Er war bei den linken Grünen akzeptiert, aber niemand, mit dem man strategisch planen konnte. Er war der Libero.«

1994 will er in den Bundestag – scheitert aber an der doppelten Mann-Frau-/Ost-West-Quotierung, die ihm keine Chance auf einen aussichtsreichen Listenplatz lässt. Aus der Not macht er eine Tugend: Er will das Direktmandat in Kreuzberg-Schöneberg. Ein kühner

Die Mühen der Ebene um das Direktmandat in Kreuzberg-Schöneberg lassen sich im Wahlkampf 1994 am besten mit einem Esel bewerkstelligen, denn der erreicht immer sein Ziel, so Ströbele.

Plan. Mit Kreuzberg hatte er bis dato nicht viel zu tun. Aber die Aussichten sind nicht so schlecht. Er agitiert für die Legalisierung von Haschisch, trägt eine schlabberige Hanf-Jeans, lobt Hanfmehl und zieht mit einem Esel, den er sich beim Kinderbauernhof im Görlitzer Park ausgeliehen hat, mit unendlicher Ausdauer durch Türkenmärkte und Straßencafés. Realos, die es im Wahlkampf 1994 und 1998 nach Berlin verschlägt, staunen nicht schlecht. Denn Ströbele inszeniert, alternativ-szenig, eine komplett auf ihn zugeschnittene, fast US-amerikanisch anmutende Performance. Auf Plakaten prangt 1998 sein Warhol-artig verfremdetes Antlitz. Die Botschaft ist – Ströbele. Der sagt: »Ein Esel erreicht immer sein Ziel. Man muss mit der Klugheit und Sturheit eines Esels Politik machen.« Der Esel ist eine Spende der örtlichen SPD an den Kinderbauernhof. Bascha Mika schreibt in der *taz* über Ströbeles Wahlkampf 1994:

> »Eitel genug ist er, um das Bad in der Menge zu genießen. Und er verkauft sich nicht schlecht: Herzlichkeit in angenehmen Dosen, der Blick gebührend offen und freundlich. Das Ganze wirkt auch noch echt – und ist es wohl auch. Bei jeder Aufmunterung, bei jedem Schulterklopfen grinst er wie ein kleiner Junge. Überhaupt kommen seine unmittelbaren Gefühlsäußerungen oft kindlich daher: Trotzig und störrisch wird er, wenn er sich ärgert, spontan und heftig in seiner Begeisterung, lausbubenhaft, manchmal albern, wenn er sich freut.«

Bei der Bundestagswahl 1994 bekommt er 28 Prozent der abgegebenen Stimmen. Vier Prozentpunkte weniger als der SPD-Kandidat. Es reicht nicht. Aber er hat seine Rolle gefunden: der Promi von der Basis.

Doch es dauert noch, bis er auch in der grünen Partei und über Berlin hinaus wieder eine wahrnehmbare Rolle spielen wird. Bis zum März 1998.

Kapitel 10

ROT-GRÜN AN DER MACHT
1998 BIS 2005

Vom Kosovo nach Kabul

»Ich gehöre zu den wenigen,
die nichts werden wollen.«

Christian Ströbele nach dem
Wahlsieg von Rot-Grün 1998

Die Grünen sind Anfang 1998 nicht mehr die Partei, die Ströbele 1990 kurz führte. Die Grünen sind älter, gesetzter, bürgerlicher geworden. Den Streit, ob sie regieren wollen, haben die Realos für sich entschieden. Grüne Landesminister sind nichts Besonderes mehr. 1997 ist der erste grüne Polizeipräsident im Amt. Die Partei versteht sich auch nicht mehr als Arm der sozialen Bewegungen im Parlament. Die Bewegungen, so ein Bonmot des Soziologen Ulrich Beck, kommen und gehen, vor allem gehen sie. Eine Partei braucht verlässliche Organisationsformen, um zu überleben.

Die Grünen sind eine linksliberale Milieupartei geworden. Jüngere, ehrgeizige Nachwuchspolitiker wie Cem Özdemir und Matthias Berninger sind habituell von Mitgliedern der Jungen Union kaum zu unterscheiden. Die Grünen, deren Klientel zu dem oberen Drittel der Gesellschaft zählt, wollen an die Macht. Gerade die 68er, die schon das Rentenalter im Blick haben.

Im Berliner Landesverband gibt es 1998 Realos, die verhindern wollen, dass Ströbele in den Bundestag kommt. Doch Kritiker, die ihm seine Israelreise 1991 vorhalten, werden bei der Kandidatenkür ausgebuht. 1998 gelingt Ströbele, was 1994 misslang: Er bekommt einen sicheren Listenplatz.

Auf dem Weg zur grünen Regierungsbeteiligung gibt es eine zentrale Hürde: Krieg und Frieden. Pazifistisch waren die Grünen nie: Für die Abschaffung der Bundeswehr votierte auch auf Parteitagen in den 80er-Jahren nie mehr als ein Drittel. Doch ein Bundeswehreinsatz *out of area* oder ein Ja zu einem Kriegseinsatz kollidiert mit dem auf Frieden gepolten Gründungskonsens. Ein Wendepunkt in der Debatte ist das Massaker in Srebrenica 1995, wo serbische Milizen mehr als 8000 bosnische Zivilisten ermorden. Seitdem versucht Joschka Fischer, informelle Führungsfigur der Grünen (und, so zutreffender Parteispott, der einzige Parteichef in Deutschland, den man nicht abwählen kann), die Partei auf einen neuen Kurs zu bringen. Einige linke, militärkritische Grüne wie Kerstin Müller fahren nach Bosnien und kehren verunsichert mit der Frage zurück, ob das generelle Nein zu Militäreinsätzen noch haltbar ist.

Ströbele fährt nicht nach Bosnien. Er streitet lieber zu Hause gegen Kriegseinsätze. 1995 erklärt er beim grünen Länderrat, dass die Grünen »auch nach Srebrenica nie den Nato-Krieg in Bosnien rechtfertigen« dürften. Die moderaten Linken, angeführt von Jürgen Trittin und Ludger Volmer, tüfteln in der zweiten Hälfte der 90er-Jahre bei Parteitagen ausreichend wolkige Formeln aus, die grüne Friedensprinzipien nicht ruinieren und trotzdem Bundeswehr-Einsätze nicht resolut ausschließen. Die Bundeswehr ist in den 90er-Jahren in Somalia, Kambodscha und in der Adria an UN-Aktionen beteiligt. 1998 schickt das Parlament, mit den Stimmen der Grünen, die Bundeswehr zum SFOR-Einsatz nach Bosnien, um dort mit UN-Mandat den brüchigen Frieden zu schützen. Beim Parteitag in Magdeburg im März 1998 sollen die Grünen einen Formelkompromiss – Nein zu Bundeswehreinsätze, aber Ja zu SFOR – durchwinken. Das soll signalisieren, dass Rot-Grün außenpolitisch funktionieren kann.

Dieser Kompromiss ist Teil eines Tauschgeschäfts: Die linken Grünen bekommen die – PR-mäßig problematische – Forderung durch, dass per Ökosteuer der Liter Benzin fünf Mark kosten kann, dafür sagt der Parteitag nicht Nein zum Bundeswehreinsatz in Bosnien.

Doch es kommt anders. Kurz nach 23 Uhr kippen Ströbele und der Hamburger Pazifist Ulrich Cremer den Bosnien-Beschluss – mit 275 zu 274 Stimmen. Es ist ein Triumph für Ströbele – und eine typische Spontiaktion. Dies ist kein Ergebnis ausgefeilter Taktik und raffinierter Intrigen. Ströbele hat die Stimmung genutzt. Außerdem waren ein paar siegesgewisse Realos schon Pizza essen gegangen. Für Fischer ist das »der grüne Super-GAU«. Nach dem Votum sagt er bissig zu Ströbele: »Mit deinen Ideen sind wir ja immer gut gefahren« – wie 1990. Er versucht vergeblich, Ströbele nachts in Magdeburg zu überzeugen, diesen Unfall sofort rückgängig zu machen. Magdeburg sieht aus wie ein Sieg der Anti-Bundeswehr-Fraktion. Aber es ist nur ein Coup. Und das letzte Mal, dass Ströbele sich in einer Schlüsselfrage gegen Fischer durchsetzen kann.

Am 27. September 1998 ist Kohl abgewählt, Rot-Grün am Ziel, Ströbele im Bundestag. Gleich am Tag eins der neuen Ära macht er klar, welche Rolle er spielen wird: *Lonesome Rider*. Der SPD erklärt er per Interview, dass der Transrapid, damals ein Lieblingsprojekt von Gerhard Schröder mit allerdings nebelhafter Finanzierung, nicht gebaut werde. So etwas wird in Koalitionsverhandlungen geregelt, Ströbele ist nicht Teil der grünen Verhandlungskommission, Verkehrsexperte ist er auch nicht. Die Realos sind sauer auf das »Störpotenzial« Ströbele, so Fraktionschef Rezzo Schlauch. Ströbele kontert die Kritik mit dem Hinweis: »Ich gehöre zu den wenigen, die nichts werden wollen.« Er ist Robin Hood, die anderen sind bloß Karrieristen. Das ist sein Image: Antipolitiker in der Politik.

Joschka Fischer trägt teure, schicke Anzüge. Ströbele steigt mit verschiedenfarbigen Socken auf ein Fahrrad, das kein Licht hat. Im Bundestag trägt er manchmal Socken und Sandalen, dazu ein Jackett, das ihm etwas zu groß ist. Fischer demonstriert mit Zweireiher und adrett gebundener Krawatte der Öffentlichkeit seinen doppelten Erfolg: den sozialen Aufstieg des Metzgersohns ohne Abitur in die Elite und die Ankunft der Exalternativen in der Mitte der Republik. Ströbele demonstriert das Gegenteil: kein Aufstieg, kein Ankommen, keine Anpassung, sondern das Gleiche. Er ist immer Ströbele, ob auf der 1.-Mai-Demo in Kreuzberg oder im Bundestag in Bonn. Fischer verkörpert, mal dünn und asketisch, mal

Ströbele mit dem amtierenden Bundesaußenminister und Vizekanzler auf dem Bundesparteitag der Grünen 2001 in Stuttgart. Joschka Fischer, der gern im Zweireiher auftritt, nannte seinen Parteikollegen auch mal einen »Büttel Saddam Husseins«.

füllig, buchstäblich das Prinzip des Wandels, des Subjekts, das sich neu erfindet, anpasst, umformt, Ströbele ist das konservative Gegenprinzip. Wer sich so anzieht wie er, will nicht im Trend liegen. Er bedeutet damit, dass er nicht weiß, was das heißt, und auch nichts davon erfahren möchte. Das Männermagazin *Men's Health* wählt ihn 2001 zum am schlechtesten angezogenen Politiker des Jahres: »Wahllose Kleidung, wie aus der Altkleidersammlung«.

Die Israel-Affäre 1991 hat nur beschleunigt, was ohnehin passiert wäre. Die Rolle des Parteivorsitzenden oder Strategen, der Koalitionen mit der SPD schmiedet, steht ihm nicht. Im Zweifel hat er lieber recht als Erfolg. In der Bundespartei wird er jetzt, was er zum Teil immer schon war, bereits damals in der Bundeswehrkaserne 1960: Einzelkämpfer. Auf der Planstelle des verlässlichen, ausreichend biegsamen Linksgrünen mit Aussichten auf einen Posten als Staatssekretär ist Ludger Volmer die geeignetere Besetzung.

Allerdings möchte auch Ströbele etwas werden. Er will in das Parlamentarische Kontrollgremium (PKG), um Geheimdiensten, Verfassungsschutz, BND und MAD auf die Finger zu schauen. Das ist eine hübsche Pointe: Jetzt beobachtet Ströbele den Verfassungsschutz, der in den 70er-Jahren Dossiers über ihn anlegte und ihn auch mal rund um die Uhr überwachte. Dass Ströbele Verfassungsschutzkontrolleur wird, ist ein Symbol für die republikanische Tugend, Feindschaften beenden zu können.

Das sieht die Union 1999 anders. CDU-Mann Erwin Marschewski poltert: »Ströbele zum Geheimdienstkontrolleur machen zu wollen, ist doch, wie den Teufel zum Papst zu küren.« Ein Exchef des MAD raunt, dass die Geheimdienste wegen Ströbele fortan die Kontrolle durch das Parlament wohl boykottieren würden.

Die grüne Fraktion kann bestimmen, wer sie im PKG vertritt. Der Bundestag bestätigt die Auswahl – eine Formalität. Doch Ströbele bekommt im Bundestag sechs Stimmen zu wenig. Das ist ein Novum in der Parlamentsgeschichte. Erst bei einer Wiederholung der Wahl reicht es für ihn. Im Jahr 2016 ist Ströbele so lange Geheimdienstkontrolleur wie kein zweiter Parlamentarier. Die PKG-Kontrolleure dürfen nichts von dem, was sie von Geheimdienstbeamten erfahren, veröffentlichen. Die Konservativen verdächtigten Ströbele 1999 als mögliches Informationsleck. Zu Unrecht. Er kann schweigen.

Schily, Ströbele und die Bürgerrechte

»Was die Nachrichtendienste nach dem 11. September 2001 bekommen haben, war nötig. Ströbele fällt es gewiss schwer, das zu sagen. Aber er hat es mitgetragen.«

Wolfgang Wieland 2015 über die rot-grünen Antiterrorgesetze

Rot-Grün ist ein Generationsprojekt. Die demokratisch geläuterten 68er, der Ex-Jusochef Gerhard Schröder, der Ex-RAF-Anwalt Otto Schily und der Exmilitante Joschka Fischer, übernehmen die Staatsgeschäfte. 1998 bedeutet für Otto Schily, Horst Mahler und Christian Ströbele einen biografischen Einschnitt. Schily geriert sich als Innenminister noch autoritärer als zuvor. Horst Mahler, aus Prinzip extrem, outet sich kurz vor der Machtübernahme seiner Exgenossen als Rechtsradikaler. Die Rechtswende ist seine allerletzte Wandlung, nachdem er Leninist, DDR-Sympathisant, RAF-Gründer, Maoist, RAF-Dissident und FDP-Sympathisant war. Ströbele beschert der Wahlsieg von Rot-Grün 1998 eine ungewohnte, neue Rolle. Er ist als Mitglied einer Regierungsfraktion an der Gesetzgebung beteiligt. Der ewige Opponent ist Teil der politischen Elite.

Ströbeles Hoffnung, dass Rot-Grün die Gesetze, die 1975 und 1977 eilig gegen die RAF verabschiedet wurden, rückgängig macht, verfliegt rasch. Schily hatte 1997 genau dies gefordert – als Minister will er davon nichts mehr wissen. Schily ist der Exlinke, der auf dem Weg an die Macht so geworden ist wie das, was er einst bekämpft hat. Ströbele ist scheinbar das Gegenteil.

Neben dem Atomausstieg ist das Staatsangehörigkeitsrecht das zentrale Reformprojekt der Grünen. Das antiquierte, völkische Abstammungsrecht soll abgeschafft und durch das Territorialrecht ersetzt werden. Die Republik soll endlich anerkennen, was in Großstädten der Blick aus dem Fenster zeigt: Deutschland ist ein Einwanderungsland. Das Anrecht auf den deutschen Pass soll nun nicht mehr vom Blut abhängen, sondern davon, wer in Deutschland lebt. Ströbele hatte sich dafür schon in den 80er-Jahren starkgemacht.

Rot-Grün setzt durch, dass Migrantenkinder einen deutschen Pass bekommen, vorausgesetzt ein Elternteil lebt seit mindestens acht Jahren legal in Deutschland. Zudem sollen doppelte Staatsangehörigkeiten möglich sein, um die Integration zu erleichtern. Doch Rot-Grün fehlt nach der verlorenen Hessen-Wahl 1999 die Mehrheit im Bundesrat. Schily handelt mit der FDP einen Kompromiss aus – der Doppelpass gilt nur, bis die Betroffenen 23 Jahre alt sind. Danach müssen sie sich für eine Nation entscheiden. Ströbele ist an dem Deal nur am Rande beteiligt. Im März 1999 winkt er den Kompromiss durch und sagt: »Nur weil Grün-Pur nicht durchkommt, dagegen zu stimmen, das würde keiner mehr verstehen.«

Ströbele agiert in seinem Kernbereich, der Rechtspolitik, pragmatisch. Beim Haushalt stimmt er gegen die Erhöhung des Etats des Verfassungsschutzes und kritisiert, dass der Geheimdienst weiterhin die PDS beobachtet. Doch den offenen Kampf mit Schily will er nicht. Er geht gezielt in den Rechtsausschuss des Bundestages, nicht in den Innenausschuss, um Konfrontationen mit dem Innenminister zu meiden.

Ströbele fährt Ende Juli 2001 nach Genua. Ein junger italienischer Autonomer wurde bei den Protesten gegen den G8-Gipfel erschossen. Ströbele kümmert sich um deutsche Demonstranten, die von der italienischen Polizei festgenommen, verprügelt und inhaftiert wurden. Genua ist der brutalste Polizeieinsatz in Westeuropa seit Jahren. Eine entfesselte Polizei, fragwürdige Einreiseverbote für deutsche Demonstranten, ein Rechtsstaat im Ausnahmezustand – es ist ein Szenario wie in Berlin 1968. In den jugendlichen Globalisierungskritikern von Attac erkennt Ströbele eine Spiegelung eigener Erfahrungen: »Die sind wie wir, als wir gegen den Vietnamkrieg demonstrierten. Genauso ernst und heftig. Sie kämpfen den gleichen Kampf gegen die wenigen, die vom Elend der anderen profitieren.«

Innenminister Schily sieht keine hoffnungsvolle Bewegung, die Opfer staatlicher Repression sei. Im Gegenteil. Er macht sich gemeinsam mit dem italienischen Innenminister, der Berlusconis rechtspopulistischer Forza Italia angehört und für den Genua-Einsatz verantwortlich ist, für eine Anti-Krawall-Polizei und für eine EU-weite Demonstranten-Datei stark. Mehr Überwachung, mehr Polizei. Beides scheitert am Widerstand der EU-Staaten, denen das zu viel Law and Order ist. Daniel Cohn-Bendit, Alt-68er und grüner Realo, attestiert Schily »Altersamnesie« und mahnt, dass »wir als Herrschende nicht so blöd daherreden sollten wie die damaligen Herrschenden«.

Obwohl Genua wie eine Reinszenierung von 1968 wirkt, klingt Ströbeles Kritik am Innenminister erstaunlich verhalten. »Anstatt über eine Anti-Krawall-Polizei nachzudenken, sollte lieber für die Freilassung der Inhaftierten gesorgt werden«, sagt er. Er greift Schily nicht persönlich an. Er erwähnt ihn noch nicht einmal.

Am 11. September 2001 hat Ströbele einen Termin mit Claus Henning Schapper, Staatssekretär in Schilys Bundesinnenministerium. Es gibt den Verdacht, dass deutsche Polizisten undercover als Autonome getarnt in Genua im Einsatz gewesen seien und sich als Agents Provocateurs betätigt hätten. Nach dem Treffen mit Schapper schaut Ströbele fassungslos auf einen Fernsehbildschirm, der Passagierflugzeuge zeigt, die in die Twin Towers in New York fliegen. Dieser Angriff verändert auch die rot-grüne Innenpolitik grundlegend – Richtung mehr Staat und Sicherheit, weg von Freiheit und Bürgerrechten. Mehr Schily, weniger Ströbele. Oder nur Schily und gar kein Ströbele?

Schily bringt zwei Sicherheitspakete – die beiden »Otto«-Kataloge – im Eiltempo durch den Bundestag. Das Ganze wirkt wie eine

Wiederaufführung der staatlichen Aufrüstung gegen die RAF in den 70er-Jahren. Sicherheitsbehörden wie BKA und Verfassungsschutz bekommen mehr Befugnisse und mehr Geld – 2001 sind es drei Milliarden Mark. Der von Ströbele und vielen Linksliberalen als Gesinnungsparagraf bekämpfte 129a (Bildung terroristischer Vereinigungen) wird um den Paragrafen 129b erweitert, der auch Gruppen im Ausland erfasst. Pässe und Personalausweise sollen mittels biometrischer Daten fälschungssicher werden. Für terrorverdächtige Ausländer gilt Abschiebeschutz nur noch beschränkt. Das Motto ist das gleiche wie Mitte der 70er-Jahre: Viel hilft viel. Sogar die Rasterfahndung, die BKA-Chef Horst Herold gegen die RAF in großem Stil eingesetzt hatte, wird wiederbelebt – ohne jeden Erfolg gegen Terrorverdächtige.

Der FDP-Politiker Burkhard Hirsch hält die »Otto«-Kataloge für den »Abschied vom Grundgesetz«. Bürgerrechtler kritisieren, dass sich der Rechtsstaat unter Schily in einen Präventionsstaat verwandle, der die Bürger unter Generalverdacht stelle und mit maßloser Überwachung unter die Lupe nehme. Ströbele stimmt den Gesetzespaketen zu. Warum? Fällt ihm, dem doch die 60er-und 70er-Jahre mitunter fast näher als die Gegenwart zu sein scheinen, die Analogie zu den RAF-Gesetzen nicht auf? Warum läutete er nicht die Alarmglocke?

Sicherheitsgesetze sind komplexe Themen, eher etwas für Fachleute, weniger für zündende Parteitagsreden. Zudem ist nicht nur Ströbele skeptisch – auch die grüne Fraktion und die SPD-Justizministerin Herta Däubler-Gmelin sehen die »Otto«-Kataloge ähnlich. Ein enger Mitarbeiter Ströbeles sagt: »Wir konnten in der rot-grünen Zeit nicht immer Nein sagen. Wir waren sowieso die Bösen.« Es geht nicht um große Gesten, sondern darum, Bündnisse zu schmieden, um Einfluss zu nehmen.

Den Grünen gelingt es, einige gravierende Eingriffe wirksam zu entschärfen. So will Schily ursprünglich, dass das BKA und der Verfassungsschutz bei Banken, Telefongesellschaften und Luftlinien

unkontrolliert und ohne konkreten Verdacht Daten sammeln können. Das wäre der erste große Schritt der Verwandlung des BKA in eine Superbehörde, in ein deutsches FBI, in dem die grundgesetzlich verankerte Trennung zwischen Nachrichtendiensten und Polizei aufgelöst wäre. Ströbele beteiligt sich am Partisanenkampf beim Kleingedruckten. Die Grünen drängen auf eine Reihe von bürokratischen Hürden und Kontrollen, sodass die Sicherheitsbehörden die neuen Möglichkeiten nach 2001 nur im Ausnahmefall nutzen können. Auch bei der Antiterrordatei gelingt es den Grünen zu verhindern, dass Polizei und Nachrichtendienste unbegrenzten Zugriff erhalten. Ströbele urteilt retrospektiv: »Da war viel Zumutung drin, auch die Einschränkung von Grundrechten. Aber wir haben Sicherungen eingebaut, damit in deren Anwendung nur ganz wenig damit angerichtet werden konnte.«
Das steht auf dem Habenkonto der Grünen. Es gibt dafür keine Schlagzeilen, eher lobende Texte in Fachzeitschriften. Doch der Zwang zum Pragmatismus ist nicht das Schlechteste, nicht für Ströbele, nicht für Rot-Grün. Schily, der wie ein preußischer Polizeiminister wirkt, schützt die Regierung gegen Angriffe der Union. Und die Grünen punkten damit, den rechtsstaatlichen Flurschaden begrenzt zu haben. Wolfgang Wieland meint im Rückblick:

> »Was die Nachrichtendienste nach dem 11. September 2001 bekommen haben, war nötig. Ströbele fällt es gewiss schwer, das zu sagen. Aber er hat es mitgetragen.«

Die Situation ist, von 1977 aus betrachtet, nicht ohne Ironie. Damals polemisierten Schily und Ströbele, dass unter der sozialliberalen Regierung die »nackte Klassenherrschaft« den Rechtsstaat abgelöst hätte, und prangerten nicht nur in Plädoyers vor Gericht den drohenden Faschismus in der Bundesrepublik an. 2001 fordert Schily Gesetze, die individuelle Freiheitsrechte noch mehr beschneiden als die RAF-Gesetze in den 70er-Jahren. Die Ironie liegt weniger in diesem Positionswechsel als in dem Rollenspiel, das die Ex-RAF-Anwälte 2001 inszenieren: Schily als Law-and-Order-Mann, Ströbele als Bremser. Es ist die gleiche Aufgabenverteilung, die Union und FDP eineinhalb Jahrzehnte lang in der Regierung vorexerziert haben.

Ströbele gibt in der Innen- und Rechtspolitik den Taktiker im Hintergrund. Aber er kann auch anders.

Rot-Grün im Krieg

»Ströbele! Immer wieder Ströbele!
Dieser Meister grüner Selbstzerstörung.«

Joschka Fischer, 2007

Am Abend des 24. März 1999 bombardieren Bundeswehr-Tornados zusammen mit anderen Nato-Jets Ziele in Serbien. Die rotgrüne Bundesregierung führt Krieg, mit zivilen Toten und fehlgeleiteten Bomben, die die chinesische Botschaft in Belgrad in Schutt und Asche legen. Der serbische Diktator Milošević soll dazu gezwungen werden, die ethnischen Säuberungen gegen die Kosovaren zu beenden. CDU-Kanzler Helmut Kohl hatte noch 1991 einen Einsatz von deutschen Soldaten in Jugoslawien für »nicht vorstellbar« erklärt. Regionen, in denen die Wehrmacht wütete, seien für die Bundeswehr tabu. Doch die Tabus der Generation Kohl gelten für die 68er-Generation, für Schröder und Fischer, nicht mehr.
Am 25. März 1999 um neun Uhr morgens eröffnet der SPD-Politiker Wolfgang Thierse routiniert die 30. Sitzung des Bundestages. »Der Deutsche Bundestag«, sagt Thierse, »steht zu den Soldaten, die im Einsatz sind – in einem Einsatz, der durch unser Grundgesetz und durch Beschlüsse unseres Parlaments gedeckt ist.« Dann will er zur Tagesordnung übergehen. Das Parlament soll sich dem Entwurf zur Änderung des Bundesausbildungsförderungsgesetzes widmen.
Christian Ströbele rutscht, nervös und zitternd vor Wut, auf seinem Sitz hin und her. Er hat wenig geschlafen, vor Empörung, dass ausgerechnet Rot-Grün den ersten Kriegseinsatz der Bundeswehr verantwortet. Er will einen Geschäftsordnungsantrag stellen – Debatte über den Kosovo, sofort. Die Bundeswehr bombardiert, der

Bundestag tut, als sei nichts geschehen. Thierse nimmt den Abgeordneten Ströbele erst mal nicht wahr.
Auch Gregor Gysi plädiert für eine Aktuelle Stunde – aber was die PDS will, wird automatisch von allen anderen Fraktionen abgelehnt. So geht der Parlamentarische Geschäftsführer der SPD-Fraktion Wilhelm Schmidt zum Rednerpult und sagt: »Im Namen aller übrigen Fraktionen des Hauses widerspreche ich dem Antrag der PDS.«
Ströbele ruft dazwischen: »In meinem nicht!«
Schmidt möchte lieber erst später, vielleicht morgen, über den Einsatz reden. Man müsse Gipfelbeschlüsse abwarten, außerdem befinde man sich »mitten in einem operativen Einsatz«. Ströbele ruft: »Im Krieg befinden wir uns, im Angriffskrieg!« Dann tritt er, gekleidet in einem zu großen Sakko, an das Pult und redet, trotz Ermahnung von Thierse, nur zur Geschäftsordnung zu sprechen, über den Kosovokrieg:

> »Es ist unwürdig für dieses Haus, dass Deutschland nach 54 Jahren seit gestern Abend wieder Krieg führt und dass sich dieser Bundestag weigert, darüber zu reden und auch nur seine Meinung zu äußern. Das ist ungeheuerlich. Ich verstehe meine Fraktion nicht, die für mehr Frieden in der Welt angetreten ist, die eine Friedenspolitik machen will. Sie setzt sich hierhin und ist damit einverstanden, dass, wenn von deutschem Boden nach 54 Jahren wieder Krieg ausgeht, darüber hier nicht einmal geredet wird. Fragen Sie sich einmal, was es für einen Eindruck macht, wenn wir uns jetzt mit der Veränderung des Sachenrechts oder des DNA-Identitätsfeststellungsgesetzes beschäftigen, während deutsche Soldaten im Kosovo, in Belgrad, in Montenegro Bomben abwerfen. Ich appelliere an Sie: Lassen Sie uns darüber sprechen! Unser Land beschäftigt sich heute mit diesem Krieg, und der Deutsche Bundestag schweigt dazu und beschäftigt sich mit der Änderung des Sachenrechts. Ich

schäme mich für mein Land, das jetzt wieder im Kosovo Krieg führt und das wieder Bomben auf Belgrad wirft.«

Es ist eine elektrisierende Rede. Die grüne Partei hat verschämt Einsätzen zur robusten Friedenssicherung mit UN-Mandat zugestimmt. Dass die Grünen Kampfeinsätze der Bundeswehr verantworten würden, war kaum vorstellbar. Und jetzt fallen Bomben der Bundeswehr ohne UN-Mandat. Außerdem hat den Kosovoeinsatz nicht dieses Parlament mit rot-grüner Mehrheit beschlossen, sondern noch das alte – als Kanzler Kohl schon abgewählt, aber der neue Bundestag noch nicht zusammengetreten war. Das macht die Bundestagsroutine an diesem 25. März noch absurder. Ströbele hat Erfolg – Verteidigungsminister Rudolf Scharping tritt ans Pult, eine kurze Debatte beginnt.

Kerstin Müller, Fraktionschefin der Grünen, ist von Ströbeles Auftritt hin- und hergerissen. »Er hatte inhaltlich recht: Wir mussten sofort darüber reden.« Aber was, so ihre Befürchtung, wenn die Öffentlichkeit Ströbele für die Stimme der Grünen hält? Staatsminister Volmer findet den Auftritt bloß »hysterisch. Fischer und ich, wir fassten uns an den Kopf.« Der Realo Matthias Berninger hat schon konkrete Ideen, was der »Apo-Opa«, so Junggrüne über Ströbele, tun soll. Es zwinge ihn niemand, in der grünen Fraktion zu bleiben. Ströbele lässt Berninger per Presse ausrichten, dass er die Grünen mitbegründet habe (was nur so ungefähr stimmt) und »der Letzte sein wird, der Fraktion und Partei verlässt«. Es ist die typische Jetzt-erst-recht-Reaktion.

In der Fraktion ist Ströbele nun Anführer der kleinen Gruppe der Gegner des Kosovokrieges: 6 von 47. Die Rolle des Aufrechten, Unbestechlichen, Trotzigen, der sich auch, ja gerade gegen die Mehrheit in Szene setzt, passt ihm. Berninger, der es zum Staatssekretär im Verbraucherministerium bringt, wechselt nach dem Ende von Rot-Grün als Lobbyist zu einem US-Süßwarenkonzern.

Der Kosovokrieg ist doppelbödig. Die Hoffnung, dass Milošević sofort die Waffen streckt, trügt. Der Krieg dauert bis Juni 1999. Dass es kein UN-Mandat gibt, ist kein Schönheitsfehler. Die Selbstermächtigung der Nato zur Weltpolizei ist ein fataler Schaden, der das Völkerrecht entwertet. Und die Lage vor Ort ist zwiespältig. Die Serben unterdrücken die Kosovaren seit 1990. Schon vor dem Nato-Einsatz sind 200 000 Zivilisten vor der Gewalt und Repression der Serben geflohen. Der kosovarische Politiker Ibrahim Rugova setzt lange auf passiven, friedlichen Widerstand der kosovarischen Mehrheit gegen die von Belgrad unterstützte serbische Minderheit. Weil Rugova damit keinen Erfolg hat und im Westen auf taube Ohren stößt, ändert sich das 1997. Die UÇK, die mit der Mafia vernetzt ist, inszeniert einen Guerillakrieg, ermordet serbische Polizisten, schafft autonome Gebiete und setzt damit eine verschärfte Gewaltspirale in Gang. Die militärisch überlegene serbische Soldateska schlägt brutal zurück. Seit dem 24. März 1999 ist die Nato de facto die Luftwaffe der UÇK. Allerdings ist die Befürchtung, dass serbische Milizen in diesem Bürgerkrieg Massaker wie in Srebrenica anrichten könnten, nicht unbegründet.

Ströbele verfasst den Aufruf »den Nato Angriffskrieg gegen Jugoslawien sofort beenden«, den 500 Grünen-Funktionäre unterschreiben. Der Krieg, sagt er, sei nur ein »Probelauf für die Nato, um das Gewaltmonopol der UN außer Kraft zu setzen«. Das Argument, dass dies eine Art übergesetzliche Notwehraktion sei, hält er für fadenscheinig: »Die humanitäre Katastrophe ist eingetreten nach den Bombenangriffen, wurde auch unmittelbar und mittelbar durch sie hervorgerufen.« Dass nach den Nato-Bomben immer mehr vor dem Krieg aus dem Kosovo fliehen, ist richtig. Aber Ströbeles These, dass der Nato-Krieg erst das Problem schaffe, das er zu lösen vorgebe, ist Propaganda. Ströbele hält den Kosovoeinsatz für einen imperialen Angriffskrieg. Es ist viel komplizierter. Das Bild ist nicht schwarz oder weiß, sondern grau.

Die Rhetorik von Joschka Fischer und Verteidigungsminister Rudolf Scharping ist allerdings ähnlich grobschlächtig. Fischer assozi-

iert den Kosovokrieg mit Auschwitz, Scharping redet davon, dass serbische Milizen Kosovaren selektierten, wie in Auschwitz. Das sind keine sachlichen Argumente, sondern Versuche, einen zweifelhaften Einsatz mit einem moralischen Sperrgürtel zu versehen.
Ströbele fordert einen Sonderparteitag – in der Hoffnung, dass die Partei, anders als die Fraktion, Fischers Kurs widerspricht. Er redet wie ein Agitator, wie Karl Liebknecht, der gegen den Verrat der Sozialdemokratie wettert, einsam und standhaft. Bei den Ostermärschen 1999 glaubt er, »den Beginn einer Friedensbewegung zu erkennen, die eine ähnliche Wirkung haben wird wie die Anti-Vietnamkriegs-Bewegung«. Das ist eine Täuschung. Denn anders als beim Golfkrieg 1991, an dem die Bundesrepublik nur logistisch teilnahm, treibt der Kosovokrieg nicht die Massen auf die Straße.
Ströbele wird am 7. Juni 1999 60 Jahre alt. Er feiert nicht oft, manchen Parteifreunden erscheint er geradezu mönchisch. Aber er feiert immer seinen Geburtstag. Seinen 60. lässt er ausfallen – wegen des Krieges.
In der grünen Partei gärt es. Ströbele will den Machtkampf auf dem Parteitag in Bielefeld, um den Selbstverrat der Grünen zu beenden. Doch scharfe Antikriegsrhetorik ist das eine – das nüchterne Abwägen von Vor- und Nachteilen das andere. Denn Ströbeles Devise lautet auch: »Joschka Fischer muss Außenminister bleiben.« Fischer versucht Russland im Boot zu halten und eine diplomatische Lösung zu finden, wohingegen die USA und die Briten auf mehr Bomben setzen. Und kann Ströbele verantworten, die rot-grüne Regierung nach ein paar Monaten zu beenden? Er will den Showdown. Aber er will nicht gewinnen, wenn der Preis zu hoch ist. Und das wäre so, wenn Fischer zurückträte und Rot-Grün unterginge. Er sitzt am kürzeren Hebel.
Für den Parteitag in Bielefeld im Mai 1999 hat Ströbele mit Claudia Roth einen geschickten Antrag formuliert. Die Kernthese lautet: Stopp der Bombardierung und Lob für Fischers Friedensplan. »Niemand, der in dieser Situation die Militärintervention als letz-

tes Mittel erachtet, ist damit schon ein Kriegstreiber«, steht in dem Text. Ströbele und Roth fordern einen Bombenstopp, um eine diplomatische Lösung zu ermöglichen – das lässt die Tür offen, dass die Bombardierungen wieder beginnen könnten, falls es keine Lösung gibt. Also Spielraum. Aber zu wenig für Fischer.

»Ich werde das nicht umsetzen«, verkündet Fischer in Bielefeld. Das ist eine sibyllinische Drohung – ob er als Außenminister grüne Beschlüsse ignorieren oder als Außenminister zurücktreten werde, bleibt offen. Ströbeles Antrag verliert mit 318 zu 444 Stimmen. Ludger Volmer hat den Eindruck, dass Ströbeles Rede für seinen Antrag die letzte Verve gefehlt habe.

Nach Bielefeld arbeitet er weiter daran, eine Bewegung gegen den Krieg auf die Beine zu stellen. Im Juni ist er bei einem Treffen von 750 linken Grünen, Friedensbewegten und Ex-Grünen. Er ist überzeugt, dass man von außen Druck auf die Partei ausüben muss. Doch als das linksalternative Netzwerk die »Kriegspartei Grüne« für nicht wählbar erklärt, geht er auf Distanz. Er will auf beiden Seiten aktiv sein, inner- und außerhalb der Grünen. Er will Teil der politischen Klasse sein – und ihr Kritiker. Aber er will die Brücke benutzen, nicht sprengen.

1994 hat Ströbele zu Protokoll gegeben, wie er die Welt sieht: »Ich mache heute noch Politik aus einer grundsätzlichen Anti-Haltung gegen die Gesellschaft, gegen diesen Staat. Wir wollten ihn revolutionieren – und ich will das auch eigentlich immer noch.«[115]

Das ist sein Image. Der ewige Revoluzzer, der ewige Dissident, der ewige 68er (der er nur am Rande war). Es gibt in diesen vor Bedeutung klirrenden Sätzen zwei unscheinbare Worte, die entscheidend sind: »auch eigentlich«. Diese Revolution, was immer das sein mag, ist nichts, das zielstrebig, womöglich skrupellos in die Tat umgesetzt werden soll. Diese Revolution ist kein Konzept, für das Verbündete benutzt werden, kein Ziel, das strategisch anvisiert wird. Sie ist eher eine Geste des Trotzes. Und eine biografische Ressource, die auf dem politischen Markt in Wählerstimmen umgesetzt wird.

In der Öffentlichkeit zirkulieren nach Bielefeld die üblichen Bilder von Ströbele. Der aufrechte Moralist, der unbelehrbare Fundi, je nachdem. Doch diese Bilder sind unscharf. Oder vielmehr zu scharf konturiert. Er ist etwas dazwischen: der loyale Dissident. Als der Bundestag im Juni über die Beteiligung der Bundeswehr am KFOR-Einsatz abstimmt, der den Frieden bewahren soll, enthält Ströbele sich. Aber was, wenn er sich zwischen Loyalität und Dissidenz entscheiden muss?

Der Afghanistankrieg: Vier Tage Psychoterror

»Ströbele ist ein Kosmos für sich.«
Claudia Roth, 2015

Am 11. September 2001 steuern al-Qaida-Terroristen Passagierflugzeuge in die Zwillingstürme des World Trade Center in New York. 3000 Zivilisten sterben. Der Krieg gegen den Terror beginnt. Zum ersten Mal in der Geschichte der Nato wird der Bündnisfall ausgerufen. Bundeskanzler Gerhard Schröder verkündet am 12. September »uneingeschränkte Solidarität« mit den USA. Der linke Flügel der Grünen ist alarmiert. Ströbele trifft sich abends in der Parlamentarischen Gesellschaft mit der Regierungslinken, Renate Künast, Jürgen Trittin, Ludger Volmer. Die grünen Minister folgen Schröders Einschätzung. Wenn dies ein militärischer Angriff war, ist es ein Nato-Bündnisfall. Die Bundeswehr wird, wenn es Krieg gegen Afghanistan gibt, das al-Qaida Unterschlupf gewährt, dabei sein. Ströbele sieht das anders. Ein Krieg gegen die Taliban sei »die absurdeste Reaktion auf die Anschläge des 11. September«, sagt er. Er steht damit, mehr noch als im Fall Kosovo, allein da. Nur zwei grüne Parlamentarier votieren mit ihm gegen die erste Erklärung der grünen Fraktion.

Völkerrechtlich spricht, anders als im Fall Kosovo, nichts gegen einen Militäreinsatz. Die USA wurden angegriffen, sie dürfen sich laut UN angemessen verteidigen. Anfang Oktober beginnen USA und Großbritannien den Krieg gegen die Taliban.

Als der SPD-Militärexperte Egon Bahr in einer Talkshow Zweifel an der Verhältnismäßigkeit der Hightech-Angriffe der USA vorträgt und vor dem Risiko eines lang andauernden Krieges warnt, weist Schily Bahr rüde zurecht: »Wir haben unsere amerikanischen Freunde nicht zu kritisieren.« Genauso klang 1968 der Regierende Bürgermeister von Berlin Klaus Schütz, der dem SDS am liebsten Anti-Vietnamkriegs-Proteste verboten hätte. Schily hat damals gegen Schütz demonstriert. Dabei hatte Schütz, angesichts der Tatsache, dass Westberlin auf den Schutz der USA angewiesen war, für solche Verdikte noch bessere Gründe als Schily 2001.

Im November 2001 bombardieren die USA weiter in Afghanistan. Sie wollen nicht nur Osama bin Laden stellen, sie wollen einen Regimewechsel in Kabul. Am 6. November verkünden Schröder und Fischer, dass die Bundeswehr die Operation Enduring Freedom mit knapp 4000 Soldaten unterstützen wird. Fischer sieht es realpolitisch. Nur wenn Deutschland sich militärisch beteiligt, so die vage Hoffnung, habe es mäßigenden Einfluss auf den Krieg von George W. Bush.

Damit beginnt in Berlin ein Psychodrama, das an das Misstrauensvotum gegen Willy Brandt 1972 oder an den Sturz von Helmut Schmidt 1982 erinnert. Winfried Nachtwei, grüner Militärexperte und von Linken und Realos geschätzt, schlägt in der grünen Fraktion Anfang November Alarm. »Die Luftangriffe sind nicht mehr verhältnismäßig«, erklärt er, Fischers Kurs sei falsch. Auch Antje Vollmer, auf die Fischer sonst zählen kann, votiert gegen den Bundeswehreinsatz. Fischer greift auf das erprobte, wirksame Mittel zurück: Druck. Wenn die Grünen auf einem Bombenstopp beharrten, werde er zurücktreten. Nachtwei denkt damals daran, sein Mandat zurückzugeben: »Ich hatte Angst, dass Afghanistan unser Vietnam wird.« 70 Prozent der Bundesbürger sind dafür, die USA mit militärischer Logistik zu unterstützen, 70 Prozent sind gegen einen Bundeswehreinsatz in Afghanistan. In der SPD-Fraktion soll es zwei Dutzend Dissidenten geben. Es wird hektisch.

In Krisensitzungen der Grünen-Fraktion greift Fischer Ströbele an – hart und persönlich. Als Ströbele am 6. November kritisiert, dass deutsche Panzer zum Einsatz kommen sollen, fährt der Außenminister ihn an: »Wo stünden wir denn auf dem Balkan, wenn wir dir gefolgt wären? Milošević wäre noch immer da.« Ströbele nimmt solche Angriffe, zum Erstaunen seiner Kollegen, gelassen. Claudia Roth sagt: »Fischer konnte ihn auch mit Häme und Polemik nicht treffen. Andere hat Fischer damit kleingekriegt. Ströbele nicht. Der ist ein Kosmos für sich.«

Ströbele ist Druck gewohnt. Er macht ihn stärker, nicht immer, aber oft. Er verfügt über ein robustes Selbstbewusstsein, in dem sich die selbstverständliche Erfahrung des Elternhauses spiegelt, zur Bildungselite zu gehören. Und er versteht Politik als Rollenspiel. Die Fraktion mag ihm wie ein Gerichtssaal erscheinen. Vor Gericht ist es töricht, ein gepfeffertes Plädoyer der Staatsanwaltschaft persönlich zu nehmen.

Ströbele und sieben andere grüne Abgeordnete veröffentlichen am 10. November in der *Frankfurter Allgemeinen Sonntagszeitung* ein Manifest gegen den Bundeswehreinsatz: »Der Krieg in Afghanistan dient nach unserer Ansicht nicht der zielgerichteten Bekämpfung terroristischer Strukturen und trifft in besonderem Maße die Zivilbevölkerung.«

Die acht Abgeordneten kündigen an, gegen den Einsatz zu stimmen – damit hätte Rot-Grün keine eigene Mehrheit. Die Antwort kommt umgehend. Kanzler Schröder verknüpft den Bundeswehreinsatz mit der Vertrauensfrage. Die Ansage lautet: Wer gegen den Einsatz stimmt, zerstört Rot-Grün.

Neben Ströbele gehören Annelie Buntenbach, Winfried Hermann, Steffi Lemke, Irmingard Schewe-Gerigk, Christian Simmert, Sylvia Voß und Monika Knoche zu den Neinsagern. Auf die acht wird enormer Druck ausgeübt. Bundestagspräsident Wolfgang Thierse, ein ansonsten umsichtiger Sozialdemokrat, ruft von seinem Büro aus Abweichler an, um sie zu einem Ja zu überreden. Als Bundestagspräsident hat er die Rechte der Parlamentarier zu verteidigen, die laut Grundgesetz »nicht gebunden und nur ihrem Gewissen unterworfen« sind. Abgeordnete in einer Gewissensfrage für die Regierungspolitik zu mobilisieren ist nicht seine Aufgabe.

Kanzler Schröder empfiehlt grünen Abweichlern, doch ihr Mandat zurückzugeben, wenn sie ein Ja partout nicht mit ihrem Gewissen vereinbaren könnten. Katrin Göring-Eckardt soll geweint haben, um eine Abweichlerin auf Linie zu bringen. »In den Medien waren wir sowieso nur die politikunfähigen Friedensfuzzis«, so eine der Gegnerinnen des Bundeswehreinsatzes.

In den vier Tagen vor der Abstimmung am 16. November herrscht Ausnahmezustand. Die acht beraten allabendlich im Restaurant Freßco in Kreuzberg, wie es weitergehen soll. Sie haben die Wahl zwischen Pest und Cholera. Die Abstimmung ist so konstruiert, dass sie mit einem Nein nur Rot-Grün beerdigen können – den Bundeswehreinsatz verhindern können sie mit ihren Stimmen nicht. Die Abweichler ventilieren die Möglichkeit, in Karlsruhe eine einstweilige Anordnung gegen die verfassungsrechtlich fragwürdige Vertrauensfrage zu erwirken. Ströbele hält das für riskant, weil es eine scharfe Provokation gegen Schröder wäre. Und selbst wenn Karlsruhe, was unwahrscheinlich ist, die Abstimmung kippte – es wäre wohl auch das Ende von Rot-Grün. Die SPD-Spitze droht unüberhörbar, mit der FDP zu regieren, wenn Schröder mit Rot-Grün keine Mehrheit erhalte.

Die Abweichler stehen unter dem Druck, entweder das Ende von Rot-Grün auf dem Kerbholz zu haben oder gegen die eigene Überzeugung zu stimmen. Die Idee, die Stimmen zu splitten, um ein Signal zu setzen, ohne Rot-Grün zu stürzen, entsteht bei einem der ratlosen Treffen im Freßco. Ströbele unterstützt den Plan und will mit Nein stimmen. Die Dissidenten suchen fiebrig nach Auswegen. Sie fassen Entschlüsse und verwerfen sie wieder. »Außer duschen«, so eine der Abweichlerinnen, »haben wir in diesen vier Tagen alles zusammen gemacht.«

Fraktionschefin Kerstin Müller versucht die acht in Einzelgesprächen umzustimmen. Nur ein Parteitag, so ihr Mantra, dürfe entscheiden, ob Rot-Grün weiter regieren soll, nicht einzelne Abgeordnete. Das klingt edel und demokratisch – aber Politik läuft anders.

Wenn die grüne Fraktion Schröders Machtwort akzeptiert, alle Minister froh über die Rettung der Regierung sind, dann wird die Partei folgen. So funktionieren Regierungsparteien. Zwei, Voß und Schewe-Gerigk, ziehen ihr Nein am Tag vor dem Showdown zurück. Es gibt nur noch sechs Neinsager. Das sind noch immer zwei zu viel, wenn Rot-Grün sicher überleben soll.

Und es steht mehr als die Regierung auf dem Spiel. Es gibt Gerüchte, dass Realos die Grünen verlassen werden. Oder dass Fischer das Handtuch wirft. Was Drohung ist, um die Dissidenten auf Linie zu bekommen, was ernst gemeint, ist kaum zu erkennen. Aber zerrissene, deprimierte Grüne – und dann Neuwahlen: Wer kann das verantworten?

Ströbele geht am Donnerstag, dem Tag vor der Abstimmung, ins Auswärtige Amt und will zusammen mit Monika Knoche und Steffi Lemke bei Joschka Fischer im letzten Augenblick einen Kompromiss erreichen. Wenigstens ein bisschen Kritik an den US-Angriffen, dann gebe es von den Abweichlern wohl genug Stimmen für Schröder. Der Außenminister bleibt hart. Kein Deal. Fischer weiß, dass er am längeren Hebel sitzt.

»Es war eine Woche fast ohne Schlaf«, sagt Monika Knoche. Die Erinnerungen an diese vier Tage klingen bei manchen wie verzerrt, überformt, fast so, wie sich das Gedächtnis nach Traumata verhält. Christian Simmert, damals 29 Jahre alt und seit drei Jahren im Bundestag, hat 2002 in dem Buch *Die Lobby regiert das Land* tagebuchhaft diese vier Tage festgehalten. Am Abend vor der Abstimmung debattieren die Abweichler wieder im Freßco: »Wollten wir, dass die rot-grüne Bundesregierung scheitert? Eigentlich wollte es immer noch niemand. Die Entscheidung war unendlich schwer, und wir kamen auch an diesem Abend nicht zu einer Strategie.« Simmert erlitt im Dezember einen Hörsturz und stieg aus der Politik aus.

Ströbele, Annelie Buntenbach, Winfried Hermann und Christian Simmert stimmen am 16. November mit Nein. Nur vier. Rot-Grün ist gerettet. Ströbele ruft am Tag der Entscheidung eine Vertraute an, die Berliner Grünen-Politikerin Heidi Kosche, und sagt: »Wenn ich hätte dafür stimmen müssen, wäre ich zurückgetreten und hätte mein Mandat abgegeben.« Zeitungen sagt er: »Ich bin in der schizophrenen Situation, dass ich mit Nein gestimmt habe, aber mit der Abstimmung zufrieden bin.«

Danach regnet es Häme auf die Abweichler. Ludger Volmer, Staatsminister im Auswärtigen Amt, kolportiert bis heute die Legende, dass die acht gelost hätten, wer mit Ja stimmen dürfe.[116] Das ist eine Mär, die schon 2001 in Zeitungen zu lesen war, um die Dissidenten zu diskreditieren. Wer sein Gewissen verlost, dem ist es nichts wert.

Fraktionschefin Kerstin Müller hält Ströbele für »kaltschnäuzig. Er hat sofort gesehen, dass er sich zur Legende stilisieren konnte, zum tapferen Gesicht des linken Flügels.« Also nicht Gewissensnot, sondern Imagepflege? Regierungslinke reden auch mehr als zehn Jahre danach grimmig über die Abweichler, vor allem über Ströbele. Kerstin Müller behauptet, dass Ströbele ihr damals gesagt habe, dass er beim Nein bleibe, weil »seine Stimme wichtiger als die der anderen ist«. Mag sein, dass in der Verachtung der Regierungslinken für Ströbele Selbstverachtung durchschimmert. Die Gründe der Neinsager 2002 waren nicht so verschieden von denen, die Regierungslinke ein paar Wochen zuvor selbst noch vorgebracht hatten.

Auch Monika Knoche, die mit Ja stimmte und später zur Linkspartei wechselte, schaut unversöhnlich auf Ströbele. »Wir waren in einer unauflösbaren Zwangslage – zumal Ströbele doch keine Verfassungsklage erhoben hat. Er wollte die Regierung fortsetzen, behielt sich vor, mit Nein zu stimmen, egal was daraus für alles andere folgte. Sein Image, nicht die Kriegsfrage war für ihn entscheidend.«

Es ist bemerkenswert, dass sich die grüne Fraktionsspitze und die Abweichler, die sich zu einem Ja zwangen, in einem einig sind – dem Groll auf Ströbele. Es herrschte offenbar eine Situation wie

in einem Kessel, der zu bersten schien. Und die Animosität gegen Ströbele, den Unbeirrbaren, diente als Ventil.
Joschka Fischer schreibt retrospektiv: »Ströbele erwies sich bei allem grünen Dogmatismus, der ihm zu eigen ist, immer dann, wenn es um die Machtfrage und damit die Koalition ging, als durchaus pragmatisch, ja hochflexibel und immer verlässlich, selbst bei schwierigsten Absprachen.«[117] Das ist ein vergiftetes Lob – hochflexibel klingt in den Ohren von Ströbeles Anhängern wie Opportunismus. Die *Frankfurter Allgemeine* schrieb 2002, dass Ströbele »in tagelangen Verhandlungen durchgesetzt hat, dass vier Grüne auf ihr Nein verzichteten«[118]. Hat er die vier, die mit Ja stimmten, überzeugt, etwas zu tun, was die nicht wollten? War er das U-Boot von Joschka Fischer?
Das sind Legenden. Ströbele ist das prominenteste Gesicht der Kritiker. Er ist unempfindlich gegen das Trommelfeuer von Vorwürfen, Ratschlägen, Drohungen. Wer Wutausbrüche von Ulrike Meinhof, Hausdurchsuchungen der Bundesanwaltschaft, vier Wochen U-Haft, Beschimpfungen als Antisemit und eine Art Freundschaft mit Otto Schily übersteht, den schrecken böse Blicke von Rezzo Schlauch und Kerstin Müller nur in Maßen. Ströbele verbindet Loyalität und Dissidenz. Der machtkalte Profiteur, der nur an sein Image denkt, ist er nicht.
Seit dem 16. November 2001 sind die Grünen keine pazifistische Partei mehr. Der Kosovokrieg ließ sich noch irgendwie als Notwehr für Zivilisten rechtfertigen. Für den Bundeswehreinsatz in Afghanistan stimmen die Grünen, um an der Macht zu bleiben. Sie votieren für Fischers Realpolitik, dafür, international Einfluss zu behalten, oder für die Illusion, dass dies möglich sei. Beim Parteitag in Rostock triumphiert Fischer. Die grüne Partei bekennt sich zum Afghanistaneinsatz. Hinter Ströbele stehen noch etwa 20 Prozent. Er bringt ein paar kritische Sätze über die US-Kriegsführung im Leitantrag unter. Das ist Schminke, mehr nicht. Im grünen Programm werden 2002 die pazifistischen Säulen geschleift.

In Afghanistan waren im Laufe von 15 Jahren mehr als hunderttausend Bundeswehrsoldaten stationiert. Etliche kehrten mit posttraumatischen Stresssymptomen heim. 54 deutsche Soldaten starben dort. Bundeswehroffiziere befehligten, wie in Kundus 2009, Einsätze, die Zivilisten das Leben kosteten. Der Krieg gegen die Taliban scheint auch nach 15 Jahren nicht gewinnbar zu sein.

Ströbele und die sieben anderen Dissidenten verdienen keine Häme. Es ist ihr Verdienst, dass der Abschied der Grünen von ihren Idealen nicht passiv, stumm, geräuschlos, sondern wenigstens unter Schmerzen geschah, als lautes, wirres Drama.

Die Realos sehen das anders. Fischers Adlaten beschimpfen Ströbele im November 2001 in der Fraktion, weil er behauptet, über die Militärpolitik sei, trotz Rostock, das letzte Wort noch nicht gesprochen. »Hör auf mit dem Scheiß!«, fährt ihn Matthias Berninger an. Die Realos wollen Ströbele endlich loswerden.

Die Vollendung: Der Einzelkämpfer

»Wenn er den Raum betritt,
dann tut er das so, dass jeder
merkt: Christian Ströbele ist da.«

Renate Künast, 2015

Die Realos dominieren die Grünen nach 1998. Der linke Flügel der Partei ist längst gestutzt. Die Fundis der 80er-Jahre, Jutta Ditfurth, Thomas Ebermann, Rainer Trampert sind ausgetreten. Ströbele nimmt es ihnen noch lange »persönlich übel, dass sie uns alleingelassen haben«. Die moderaten Linken sind seit der Regierungsübernahme von den Realos mitunter kaum noch zu unterscheiden. Es gibt nicht viele, die noch Kontra geben. Ströbele ist einer davon.

Seit Magdeburg 1998 wissen die Realos, dass Ströbeles Parteitagsreden unkalkulierbar sind. Auf dem Parteitag in Karlsruhe 2000 will Fischer mal wieder einen grünen Grundsatz schleifen: die Trennung von Amt und Mandat. Dieser Kampf tobt schon seit Jahren und hat etwas von einem Fetisch. Für die Parteilinke ist die Trennung von Partei und Parlament ein Symbol, dass die Grünen immer noch anders sind und Machtkonzentrationen meiden. Für die Realos ist sie ein lästiges Relikt, das Effektivität lähmt. Fischer will 2000 vor allem, dass sein Vertrauter Fritz Kuhn grüner Fraktionschef in Stuttgart bleiben kann und Parteichef wird. Doch Ströbele hält in Karlsruhe eine flammende Rede für die Beibehaltung der alten Regel und verhindert die Zweidrittelmehrheit, die zur Abschaffung der Trennung nötig war. Am Ende der Rede reckt er die Faust in die Luft, wie Che Guevara in Havanna. Dabei ist es nur die Schwarzwaldhalle in Karlsruhe. Es ist ein Sieg gegen Fischer,

aber nur auf einem Nebenkriegsschauplatz. Dieser Auftritt zeigt, dass Ströbele die grüne Basis in Schwingung versetzen und zumindest eine Minderheit mobilisieren kann, um die Metamorphose der Grünen in Richtung normaler Partei abzubremsen.
Auch in Personalfragen hat er mitunter Einfluss. Anfang 2001 trifft sich die grüne Bundestagsfraktion in Wörlitz zur Klausur. Es herrscht Krisenstimmung. Andrea Fischer, grüne Landwirtschaftsministerin, ist zwei Tage zuvor wegen BSE zurückgetreten, Parteichefin Renate Künast wird ihre Nachfolgerin. Doch wer rückt nun an Künasts Stelle?
Es geht um die Tektonik der grünen Partei und die Stabilität von Rot-Grün. Abends beratschlagen die Köpfe des linken Flügels im Zimmer von Jürgen Trittin, damals Umweltminister. Ströbele kommt hinzu, wie oft etwas später. Er sagt zu Claudia Roth: »Du musst das machen.« Roth zögert. Sie ist erst seit Kurzem Parlamentarierin, und auch weil Ströbele in Karlsruhe die Beibehaltung der Trennung von Amt und Mandat durchsetzte, müsste sie ihr Büro im Bundestag räumen, um mit Fritz Kuhn auf dem Schleudersitz der Parteivorsitzenden Platz zu nehmen. Auch Joschka Fischer, gegen den bei den Grünen wenig geht, ist mit Roth einverstanden. »Aber ausschlaggebend«, so Claudia Roth, »war Ströbeles Intervention.«
Manche Medien stilisieren Ströbele zum ebenbürtigen Gegenspieler von Fischer, zum zweiten inoffiziellen Vorsitzenden der Partei, zum sinistren linken Strippenzieher. So ist es nicht. Ströbele ist nicht Organisator eines Flügels. Bei Treffen der linken Grünen ist er eher Gast als Gastgeber.
Doch mit all dem, dem Parlament, dem Einfluss bei den Grünen, scheint es am 20. Januar 2002 vorbei zu sein. Minutenlang sitzt Ströbele wie erstarrt in einer alten Werkshalle in Berlin-Wedding. Die Basis der Berliner Grünen hat sich gegen ihn gewandt. Er hat gegen Werner Schulz verloren, den Bürgerrechtler aus dem Osten, mit 398 zu 300 Stimmen. Er ist als Favorit gescheitert. Das ist noch nie passiert. »Meine friedenspolitischen Positionen sind von einer Mehr-

heit im Landesverband nicht mehr gewünscht«, sagt er nach der Niederlage. Und: »Ich werde mich nicht ändern.«
Vor dem Showdown sind junge Realos in den Berliner Landesverband eingetreten, um gegen ihn zu stimmen. Am 20. Januar gibt es ein paar Grüne, die im Auswärtigen Amt arbeiten und mit Diplomatenausweis abstimmen. Aber Ströbele ist nicht Opfer einer Intrige der Realos, noch nicht mal das. Er hat die Reala Andrea Fischer für seine Hauptkonkurrentin gehalten. Das war falsch. Am Ende entscheiden die Berliner Grünen weniger entlang der Links-Rechts- denn an der Ost-West-Linie. Es ist Ironie: Ströbele, der die plebiszitäre Basisdemokratie meist eisern verteidigt, scheitert an einem plebiszitären Basisvotum. Ströbeles Leidenschaft gilt der Sache, er sagt nicht oft ich, von Gefühlen redet er ungern. Nach der Niederlage sagt er: »Ich bin heftig enttäuscht.«
Auch die anderen Afghanistan-Abweichler haben Anfang 2002 kaum Chancen, wieder für die Grünen in den Bundestag einzuziehen. Das ist die Strafe für die Dissidenz. Für Ströbele, den letzten echten linken Grünen, gibt es vage Angebote aus Nordrhein-Westfalen und Rheinland-Pfalz, um über die dortigen Listen doch wieder in den Bundestag zu kommen. Ströbele war es schon 1982 peinlich, für die AL in den Bundestag zu wollen, ohne vorher ordentliche Basisarbeit absolviert zu haben. Was soll er auf Weinfesten in Rheinland-Pfalz? Damit würde er sein Image des Ehrlichen, Authentischen ruinieren, er würde wie ein x-beliebiger Karrierist ein neues Sprungbrett suchen, das am Ende auch noch brechen kann.
Er könne auch in das Häuschen im Odenwald ziehen, sagt Ströbele manchmal, Esel züchten. Er kann wieder als Anwalt arbeiten. Er ist finanziell unabhängig. Aber er ist abhängig von der Öffentlichkeit, den Interviews, dem Einsatz für die Sache. Und er hat das bohrende Gefühl, dass ihm Unrecht geschehen ist. Ströbele entschließt sich, für ein Direktmandat in Kreuzberg zu kandidieren, zum dritten Mal. Kreuzberg und Ströbele passen imagemäßig zusammen: unangepasst, alternativ, links, so wie die Grünen früher waren.

In Szenekneipen und Cafés legt er im Sommer 2002 eher vorsichtig als zielstrebig ein Faltblatt auf den Tisch und sagt: »Hallo, ich bin Christian Ströbele, Ihr Direktkandidat für die Bundestagswahl«, jeden Tag, wochenlang. 50 000 Wähler glaubt er damit persönlich zu erreichen, jeden vierten in dem Wahlkreis. Missmutig und knapp, in der finsteren Erwartung eines bettelnden Romakindes oder eines Zeitungsverkäufers, schauen die Leute auf das Gedruckte. Dann heben sie den Kopf und lächeln. Dieses Lächeln sagt: Hey, vor mir steht jemand aus dem Fernsehen. Dieses TV-Wiedererkennungslächeln ist die Basis seines Wahlkampfes.

Die SPD hat mehr Geld, Ströbele hat mehr freiwillige Helfer, fast hundert Aktive. Es gibt Spenden von Privatleuten, von ein paar tausend bis zu zehntausend Euro. Die SPD-Genossen Anwalt Klaus Eschen und Politikprofessor Richard Stöss machen Wahlkampf für ihn. Die SPD droht Ströbele-Unterstützern mit SPD-Parteibuch Ausschlussverfahren an. Das macht die Aktion erst recht publik. Ströbeles Kampagne ist originell, clever – und witzig, was nicht zu seinen hervorstechenden Eigenschaften zählt. Der Autor und Comiczeichner Gerhard Seyfried entwirft ein Plakat, das die Regeln, wie Wahlwerbung auszusehen hat, lässig ignoriert: keine Botschaft, die auf den ersten Blick verständlich ist, kein Foto, sondern ein Seyfried-typisches Wimmelbild, in dem Ströbele wie die Verkörperung des Willens eines wuseligen Alternativkollektivs aus Demonstranten, Hausbesetzern, Radfahrern, *taz*-Lesern erscheint und das Spekulanten und Banker ordnungsgemäß in die Flucht schlägt. Das Poster wird nicht abgerissen, wie Wahlwerbung oft. Dafür schmückt es, ordnungsgemäß im Wahlkreisbüro für fünf Mark erworben, WG-Küchen. Zeitungen drucken es nach. Kommerzielle Werbung arbeitet mitunter mit Kunst, Pop-Art-Zitaten und Ironie. In der Politwerbung der Bundesrepublik hat das bis 2002 niemand gewagt. Ströbeles Kampagne hat insofern etwas Avantgardistisches. Seyfrieds Plakat ist, wie die Marke Ströbele, ein Identitätsversprechen. Es erreicht all jene, die in den 70er- und 80er-Jahren den *Roten Ka-*

lender mit einem Seyfried-Comic auf dem Cover hatten. Und noch mehr. Das Plakat ist bunt, witzig, spöttisch. Es appelliert an die Intelligenz und Aufmerksamkeit des Publikums. »Ströbele wählen heißt Fischer quälen«, steht irgendwo klein auf dem Plakat.

Ströbeles Wahlkampflogistik scheint in den Karton mit Flyern zu passen, den er auf seinem Rad transportiert, unermüdlich – selbst bei Regen, Sturm und Hitze. Ströbeles Kampagne sieht einfach aus, doch das täuscht. Politisch ist die Differenz zwischen Ströbele und den SPD-Kandidaten Andreas Matthae und der PDS-Frau Bärbel Grygier minimal. Und was Lokalkompetenz angeht, ist Ströbele der Konkurrenz unterlegen. Grygier ist Exbürgermeisterin des Bezirks Friedrichshain-Kreuzberg, Matthae lebt in Kreuzberg. Ströbele nicht. Aber es geht um Branding, die Inszenierung der Marke Ströbele. Und die funktioniert. Ströbele gleich Kreuzberg.

Doch in Kreuzberg wohnt nur ein gutes Drittel der Wählerschaft. Das Gros lebt in Friedrichshain und Pankow, wo man sich für Seyfried, die Legalisierung von Haschisch und Ökoautos nicht so recht begeistern kann. Der Wahlkreis, die einzige Ost-West-Fusion, ist 2002 neu zugeschnitten. Und das trübt Ströbeles Chancen: 1998 gab es in diesem Areal 36 Prozent Erststimmen für die SPD, 25 für die PDS, 17 für die Grünen. Wer in den Plattenbauten im Osten nicht ankommt, verliert. Dort bekommen die Grünen, die Partei des westdeutschen Alternativbürgertums, um die 3 Prozent.

Ströbele ist so westdeutsch wie Nutella, Thomas Gottschalk und »Atomkraft? Nein danke«-Aufkleber. Er ist kein Wossi, kein Westler, der sich nach 1990 im Osten akklimatisiert hat. Sein politisches Bewusstsein, sein Habitus, seine Sprache, sein Fremdeln mit der Nation sind westdeutsch. Aber sein Team achtet auf die richtige Ansprache im Osten. Die innergrünen Erbstreitigkeiten um den Pazifismus der 80er-Jahre interessieren dort weniger – aber der Slogan »Dem Frieden verpflichtet«, der in der SED und der evangelischen Kirche verwandt wurde, kommt gut an. Von der *taz* bis zur *FAZ* erscheinen wohlmeinende Artikel über Ströbele. Dass er gewinnt, glaubt keiner. Das wiederum mobilisiert erst recht jene Tugend, auf die es in Wahlkämpfen ankommt: unbeirrbares Selbstbewusstsein.

Am Freitagmorgen vor der Wahl greift ihn an einem S-Bahnhof ein Neonazi an. Er schlägt ihm von hinten mit einer Stahlrute auf den Kopf. Ströbele sagt der *taz* kurz nach der Wahl:

> »Der Schlag hat einen Blitz in meinem Kopf ausgelöst. Ich wusste erst ja gar nicht, was das ist. Als ich von der Person dann auch noch verbal attackiert wurde, dämmerte mir, was passiert war, und ich bin richtig ausgehakt. Was mich so getroffen hat, war dieses ›von hinten‹. Ich bin dem Mann hinterhergelaufen und habe dabei immer wieder gerufen: Feige, von hinten! Das fand ich so gemein, dass ich alle Vorsicht vergessen habe, der ist ja doppelt so breit wie ich, und ihm in Straßen gefolgt bin, wo außer uns keiner war.«

Er hat Kopfschmerzen, Schwindelgefühle, Übelkeit und sagt alle Termine ab. Am Samstagmorgen bringen ihm seine engsten Mitarbeiter Milch, Schokolade und Zeitungen in seine Wohnung am Holsteiner Ufer. Er wirkt, so Heidi Kosche, noch immer »wie ein Häufchen Elend«. Der *Berliner Kurier*, ein Boulevardblatt, das vor allem im Osten der Stadt gelesen wird, titelt: »Mordanschlag auf Politiker«. Auch die *Berliner Zeitung*, das Ostpendant zum *Tagesspiegel*, berichtet ausführlich über den Überfall. Und im Osten wird die Wahl entschieden. Ströbele schaut auf die Zeitungen und sagt: »So viel Werbung hätten wir nie bezahlen können.«

Sein Team überredet ihn, noch mal ins Krankenhaus zu gehen. Er nutzt den Fahrdienst des Bundestages, um in die Charité zu kommen. Auf den Fahrdienst, ein Gratis-Taxi, verzichtet kaum ein Abgeordneter – Ströbele hingegen fährt lieber Rad oder S-Bahn. Diesmal nimmt er den Fahrdienst. Der Befund: Die rechte Seite des Hinterkopfes ist angeschwollen. Das BKA lässt nach dem Neonazi-

Überfall schusssichere Scheiben in sein Anwaltsbüro einbauen. Leibwächter lehnt Ströbele strikt ab. Ein Mitarbeiter sorgt hinter seinem Rücken dafür, dass BKA-Beamte ein Weile in seiner Nähe sind – wegen der Gefahr durch Nachahmungstäter.

Am Sonntagabend ist er der erste direkt gewählte grüne Bundestagsabgeordnete in der Geschichte der Bundesrepublik Deutschland. Er hat mehr als 31 Prozent der Erststimmen bekommen, 8 Prozentpunkte mehr, als die Grünen an Zweitstimmen erhielten. In Friedrichshain haben ihn in Plattenbau-Gegenden, wo die Grünen generell kein Bein auf den Boden bekommen, mehr als 25 Prozent gewählt. Er geht spätabends, um elf Uhr, auf wackeligen Knien zu der grünen Wahlparty im Tempodrom und lässt sich feiern. Rot-Grün regiert weiter – eine Sensation, mit der kaum jemand gerechnet hatte. Und noch weniger hatten an ihn geglaubt. »Ich bin wie bisher ein schwieriger Partner«, sagt Ströbele auf der Bühne. »Nein zum Krieg, Nein zu Korruption und Ja zu sozialer Gerechtigkeit«, ruft er. Der Saal tobt. Fraktionschefin Kerstin Müller lacht angestrengt.

Ströbele hat jetzt ein Mandat direkt von seinen Wählern. Er ist nicht mehr abhängig von der Partei, die ihn nicht mehr wollte. Jetzt ist er sichtbar für alle, was er schon immer war: der freie Radikale.

Nach diesem Erfolg wird er 2002 in der grünen Fraktion Leiter des Arbeitskreises Innen- und Rechtspolitik und stellvertretender Fraktionschef. Die Realos befürchten das Schlimmste – ein Fundi in der Fraktionsspitze. Aber es kommt anders. Ströbele ist niemand, der in seinem Revier alle auf seine Linie bringen will. Er ist, anders als Fischer, kein Machtpolitiker, der loyales Personal um sich versammelt. Das war schon so, als er Udo Knapp 1985 mit nach Bonn brachte. Er ist der Solist, der auch anderen Raum lässt.

Ströbele engagiert sich verstärkt in der Außenpolitik und ist zeitweise für die Grünen im Auswärtigen Ausschuss tätig. Bis 2009 bekleidet er den Posten des Vize-Fraktionschefs der Grünen – und kann sich, mit dem Direktmandat im Rücken, gleichwohl Dissidenz leisten. Bei den alljährlichen Abstimmungen im Parlament über die Bundeswehreinsätze von Afghanistan über Somalia bis Libanon stimmen die Grünen meist zu. Ströbele votiert hingegen verlässlich mit Nein, an der Seite von PDS/Linkspartei. Sein Widerstand gegen westliche Militärinterventionen speist sich aus einer Mischung aus mitunter verwittert wirkendem Antiimperialismus und nüchterner Skepsis, was die Effekte der Militäreinsätze angeht.

Sein Widerstand gegen Militärisches ist nicht prinzipiell. Er ist kein Pazifist und pflegt ein inniges Verhältnis zu Befreiungsbewegungen. Mit seiner Frau Juliana reist er regelmäßig nach Lateinamerika, vor allem nach Mexiko, Nicaragua, Bolivien und Kuba. Ende 1999 trifft er im mexikanischen Chiapas den »roten« Bischof Samuel Ruiz García, einen entschlossenen Vertreter der Befreiungstheologie. In Berlin schwärmt er grünen Fraktionskollegen von Ruiz García und auch von den Zapatisten in Chiapas vor, die sich militant für die Rechte der Indigenen einsetzen. Joschka Fischer kommentiert damals ironisch, dass die Fraktion Ströbele ja »zum guerillapolitischen Sprecher machen« könne.

Auch bei den Bundeswehreinsätzen im Ausland, die Ströbele so verlässlich ablehnt, gibt es Differenzierungen. 2006 reist er in den von Bürgerkriegen zerfurchten Kongo. Im Parlament votiert er danach zwar gegen einen Bundeswehreinsatz zwecks Absicherung der Wahlen im Kongo – allerdings mit einer bemerkenswerten Begründung. Um effektiv zu sein, müssten Bundeswehr und EU-Truppen länger im Kongo bleiben und einen größeren Aktionsradius haben.

Kapitel 11

DER AUFKLÄRER: »MIT ODER OHNE KOFFER?« 2000 BIS 2014

Im Untersuchungsausschuss: Die CDU-Spendenaffäre

»Wir müssen uns von niemandem den Rechtsstaat erklären lassen. Schon gar nicht von Herrn Ströbele. Der soll wirklich besser schweigen.«

Angela Merkel,
CDU-Vorsitzende, April 2000

Wer im Bundestag wann wozu reden darf, ist Ergebnis einer strengen Dramaturgie, die die Machtverhältnisse in den Fraktionen spiegelt. Wer wichtig ist, redet zuerst und zu entscheidenden Themen, später dürfen Hinterbänkler vor dem meist leeren Plenum auftreten. Der Zwischenrufer hingegen muss keine Hierarchien beachten. Ob er wichtig oder Außenseiter ist, spielt keine wesentliche Rolle. Der Zwischenrufer attackiert oft stellvertretend für seine Fraktion, doch im Prinzip ist er frei. Es kommt, in diesem Moment, nur auf seine Reaktionsschnelligkeit an. Ströbele ist ein eifriger Zwischenrufer. Der Einwurf von der Seitenlinie entspricht seinem Verständnis von Demokratie. Er schätzt das Spontane, Direkte, Konfrontative – Staat und Institutionen sieht er mit dem in der Studentenrevolte gewachsenen Misstrauen.

Am 2. Dezember 1999 debattiert der Bundestag über die Einsetzung eines Untersuchungsausschusses über die schwarzen Kassen der CDU in der Ära Kohl. Wolfgang Schäuble, damals Fraktions- und Parteichef und Kohls Nachfolger, steht unter Druck. Er muss zeigen, dass er nicht Teil des Systems Kohl war. Dagegen spricht allerdings manches. So gibt Schäuble an diesem Nachmittag zu, dass er den Waffenlobbyisten Karlheinz Schreiber getroffen habe, eine der Hauptfiguren des Skandals. Das, so Schäuble, geschah bei einem harmlosen Gesprächsabend 1994, bei dem es um Spenden für den Wahlkampf der Union ging.

> Schäuble sagt: »Auf der damaligen Veranstaltung bin ich Herrn Schreiber begegnet. Das war es.«
> Zwischenruf Ströbele: »Mit oder ohne Koffer?«
> Schäuble: »Ohne Koffer.«

Koffer ist das Synonym für Geldübergabe. Und Schäubles Aussage ist falsch, eine Lüge im Bundestag. Wenig später gibt der CDU-Chef zu, dass er am Tag nach diesem Gesprächsabend von Schreiber in bar 100 000 DM erhielt, die nie als offizielle Spende bei der CDU verbucht wurden. Das ist erst mal das Ende von Wolfgang Schäubles politischer Karriere – und der Beginn des Aufstiegs von Angela Merkel, die ihn als CDU-Vorsitzende beerbt. Ströbeles geistesgegenwärtiger Einwurf »Mit oder ohne Koffer?« ist der wohl folgenreichste Zwischenruf in der Geschichte des Deutschen Bundestages.

Im Kohl-Untersuchungsausschuss ist Ströbele eine prägende Figur. Er ist juristisch beschlagen, ein akribischer Aktenleser und hartnäckiger Rechercheur. Der Grüne Wolfgang Wieland, ebenfalls Anwalt, sagt: »Oft satteln Anwälte nach einer guten Befragung noch etwas drauf, mit dem Ergebnis, dass die Zeugen unsicher werden und eher etwas zurücknehmen. Als Anwalt muss man wissen, wann man aufhören muss. Ströbele weiß das.«

Und er kann das Puzzle aus Akten und Aussagen zusammensetzen. Ströbele gegen die Mächtigen und deren Machenschaften – es ist seine Lieblingsrolle. Hier passt sie.

Die schwarzen Kassen, die Kohl klandestin zur Absicherung seiner Macht in der CDU genutzt hat, sprechen jedem Verständnis von Rechtsstaatlichkeit Hohn. Kohl, der bei Vereidigungen zum Bundeskanzler fünf Mal geschworen hatte, »das Grundgesetz und die Gesetze des Bundes zu wahren und zu verteidigen«, hat diese

Gesetze wissentlich gebrochen. Anstatt eine Spur Unrechtsbewusstsein zu zeigen, behandelt er die Parlamentarier, die Licht ins Dunkel bringen sollen, wie lästige Querulanten.

Der Skandal zieht Kreise. So kommt heraus, dass die hessische CDU erfundene jüdische Konten in der Schweiz nutzte, um illegale Parteispenden zu verschleiern. Zudem drängt sich der Verdacht auf, dass die CDU nicht nur das Parteienfinanzierungsgesetz brach. Sicher ist, dass der CSU-Staatssekretär im Verteidigungsministerium Ludwig-Holger Pfahls Millionen von Schreiber bekam, um den Verkauf von Panzern nach Saudi-Arabien zu ermöglichen. Die Spenden dienten dazu, die Kohl-Regierung für den Rüstungsdeal des Thyssen-Konzerns mit Riad und für ein Rüstungsprojekt in Kanada gewogen zu stimmen. Auch im Fall des Verkaufs des Leuna-Werks und der Minol-Tankstellen an den französischen Mineralölkonzern Elf Aquitaine floss Geld. Die einschlägigen Akten verschwanden auf wundersame Weise aus dem Archiv des Bundeskanzleramts.

Die PDS-Abgeordnete Evelyn Kenzler, eine unscheinbare Juristin aus der DDR, stellt in dem im Jahr 2000 installierten Untersuchungsausschuss mitunter die gescheiteren Fragen als Ströbele. Doch der Grüne versteht sich besser auf das griffige, sendefähige Statement. Ströbele kann vor der Tür des Ausschusses in dem Dschungel aus Mikrofonen und Kameras neue Erkenntnisse in klare, harte Worten fassen, ohne etwas Falsches zu sagen. Und das ist fast ebenso wichtig, wie den Stoff zu beherrschen. Denn die Details, um die es geht, sind fast nur für Eingeweihte verständlich. Und das öffentliche Interesse, der nötige Resonanzraum für jeden Untersuchungsausschuss, ist ein flüchtiges Gut.

Auch deshalb ist Ströbele der Mann, den die Union zu hassen liebt. CSU-Mann Hans-Peter Friedrich sagt über ihn: »Schlimm genug, dass so eine Figur dem Bundestag angehört.« Ex-Postminister Wolfgang Bötsch beschimpft ihn im Bundestag als »Drecksau«.

Bei Ströbele mobilisieren solche Anfeindungen Trotz. »Immer wenn es im Ausschuss kniffelig wird, gehen sie auf die persönliche Schiene«, erklärt er fröhlich. Viel Feind, viel Ehr. In der Spendenaffäre sieht er die Bestätigung dessen, was er schon immer über die kapitalistische Demokratie der Bundesrepublik wusste. Die politische Klasse und die Konzerne arbeiten Hand in Hand. »Im Augenblick wird der Beweis erbracht, dass sich alles erfüllt, was Marx über Politik und Wirtschaft vorhergesagt hat.« Das ist eine vordergründige Dramatisierung. Ströbele weiß aus Reisen nach Lateinamerika, wie Korruption das zivilgesellschaftliche Geflecht zersetzen kann. Die Bundesrepublik ist trotz des abgründigen Systems Kohl von solchen Zuständen weit entfernt. Aber um ideologische Generaleinschätzungen geht es nur in zweiter Linie. Gefragt ist Aufklärung. Im Zentrum des Skandals steht Helmut Kohl, der Kanzler der Einheit. Im Dezember 1999 erklärt er, rund zwei Millionen Mark von Spendern bekommen zu haben, deren Namen er nicht preisgeben will. Denn, so seine Begründung, er gab den noblen Spendern, die selbstverständlich keine Gegenleistung von ihm verlangt hätten, sein Ehrenwort zu schweigen. Und Kohls Ehrenwort steht über dem Gesetz.

Der CDU-Spendenskandal ist eine Affäre der alten Bundesrepublik. Die Front verläuft entlang der politischen Leidenschaften und Generationskonflikte der 70er- und 80er-Jahre in Westdeutschland. Die Union, die sich von linken Feinden umlagert wähnt, führt sich auf wie eine Staatspartei im Kalten Krieg, glaubt sich, stillschweigend und mit frappierender Selbstverständlichkeit, mehr erlauben zu dürfen als andere. Auf der Gegenseite formiert sich die linksliberale Opposition, die sich schon lange über den rüden, feudalen Stil der Kohl-Union moralisch entrüstet. Kohl reagiert in dem Ausschuss auf Fragen, als wären sie eine Majestätsbeleidigung. Besonders aggressiv geht er Ströbele an, den er schon mal als »letzte Kolonne der Weltrevolution« verhöhnt hatte.

Am 6. Juli 2000 versucht Ströbele im Untersuchungsausschuss dem Zeugen Kohl zu entlocken, wie die Übergabe des Geldes der Spender konkret stattfand.

Ströbele: Wurden die Spenden 1992 bis 1998 direkt in Kuverts überreicht?
Kohl: Bei den anonymen Spenden gibt es nur die direkte Verbindung zwischen denen, die die Spende gemacht haben, und mir, sonst niemand.
Ströbele: Also in die Hand gegeben?
Kohl: Mir in die Hand gegeben, ja. Das war nicht in einem Koffer. Das war in einem Kuvert.
Ströbele: Haben Sie denn nachgezählt?
Kohl: Ich habe gesagt, was zu sagen ist, und zwar, dass kein Weiterer dazwischen war. Alles andere ist eine Sache des Verfahrens in Bonn.
Ströbele: Wie muss ich mir das denn vorstellen, Herr Dr. Kohl? Wurde Ihnen das innerhalb eines Gespräches überreicht? Oder wurde Ihnen das einfach so übergeben, ohne Quittung, »wie immer« – oder wie?
Kohl: Herr Abgeordneter, ich kann Ihnen nicht helfen, Ihre schlaflosen Nächte zu beseitigen. Wir werden das mit der Bonner Staatsanwaltschaft besprechen, nicht mit Ihnen. Punkt.
Ströbele: Haben Sie das Geld in einem Tresor deponiert?
Kohl: Nein, ich habe nie einen Tresor in meinem Arbeitszimmer gehabt.
Ströbele: Sondern?
Kohl: Ich habe ganz normale verschließbare Schubfächer gehabt. Ich habe da jedes Vertrauen zu meinen Mitarbeitern gehabt, dass bei mir niemand einbricht.
Ströbele: Wie lang lag das denn da drin?
Kohl: Das hat doch keinen Sinn, was Sie da versuchen. Lassen Sie es doch sein. Wir sind doch hier nicht bei einer Veranstaltung der Grünen, wo Sie die Leute umreden können. Das können Sie bei sich machen, aber nicht bei uns.

> Ströbele: Herr Dr. Kohl, haben Sie den Leuten, die Ihnen das Geld überbracht haben, eine Quittung gegeben?
> Kohl: Sie kriegen zu diesem Punkt von mir keine andere Antwort als die, dass wir das in Bonn im Ermittlungsverfahren austragen. Punkt.

Am Ende der Befragung geht Kohl noch mal in die Offensive: »Herr Ströbele, Sie können bei den Grünen Ihren Psychoterror – so sind Sie ja ins Amt gekommen – üben. Aber nicht hier in diesem Ausschuss. Sie sind völlig disqualifiziert, um hier Psychoterror ausüben zu können.«[119]

Das Strafverfahren in Bonn wird später gegen Zahlung von 300 000 Mark, ohne Urteil und ohne Vorstrafe für Kohl eingestellt. In der Begründung des Gerichts heißt es, dass die harte öffentliche Kritik an dem Exkanzler zu berücksichtigten sei. Manche sind gleicher vor dem Gesetz.

Dieser Disput zwischen Ströbele und dem verstockten Exkanzler ist erhellend. Warum mauert Kohl? Weil er die Namen der Spender nicht nennen will?

Wolfgang Schäuble ließ 2015 in einem ARD-Interview die Bemerkung fallen, dass es womöglich keine Spender gab. Diese Erkenntnis war nur für eine vergessliche Öffentlichkeit neu. Im Juni 2002 erschien der von Ströbele mitverfasste 900-seitige Bericht des Ausschusses, der damals wenig Beachtung fand. Das öffentliche Interesse an dem undurchsichtigen Fall war weitgehend erlahmt. In der von Ströbele und den SPD-Politikern Joachim Stünker und Gabriele Fograscher verfassten Bewertung heißt es, dass Kohl sein Ehrenwort und die rätselhaften Spender wahrscheinlich »frei erfunden hat«. Dafür wird eine Reihe von einleuchtenden Indizien angeführt. So sei in Aufzeichnungen von Kohls Vertrautem Uwe Lüthje von einem »Spezialfinanzierungssystem« des Kanzlers die Rede, das schon vor 1993, als die ominösen Spender aufgetreten sein sollen, existiert habe. Wenn dieses System publik werde, warnte Lüthje 1999, stehe »eine

Katastrophe mit unabsehbaren Folgen« bevor. Kohls Ehrenwort-Legende, so der Bericht, habe dazu gedient, »Öffentlichkeit und Ausschuss über das ganze Ausmaß des illegalen Finanzierungssystems irrezuführen, insbesondere die wahren Geldquellen zu verschleiern«.[120]

Woher die 2,17 Millionen Mark stammten, die Kohl für die CDU verwandte, konnten auch Ströbele & Co. nicht zweifelsfrei klären. Allerdings deckte der Ausschuss auf, dass die CDU von 1989 bis 1992 mindestens zehn Millionen Mark unbekannter Herkunft auf Schattenkonten in der Schweiz und einer Stiftung »Norfolk« in Liechtenstein verbucht hatte. Wahrscheinlich stammten diese Gelder aus dem ersten CDU-Spendenskandal in den 80er-Jahren, als der Flick-Konzern in großem Stil illegal Parteien finanziert hatte.

Vielleicht erklärt das Kohls mangelhafte Auskunftsfreude, als Ströbele von ihm Details über die Geldübergabe hören möchte. Die Spender, die ein Kuvert auf den Schreibtisch des Kanzlers gelegt haben sollen, gab es nicht. Sie waren Nebelkerzen, um den größeren Skandal zu vertuschen: Der Kanzler hat sich wahrscheinlich seit 1982 aus schwarzen Kassen in Liechtenstein und der Schweiz bedient. Der Untersuchungsausschuss hat die Ehrenwort-Legende zumindest nachhaltig erschüttert. Dass Kohl seine Legende gleichwohl als glaubhafte Version etablieren konnte, zeigt: Was als wahr gilt, ist oft eine Frage des Zeitpunkts.

Für den hat Ströbele mitunter das richtige Gespür.

Teelicht im Keller: Das Parlamentarische Kontrollgremium und der Fall der BND-Agenten

»Christian Ströbele kann nur linker Verteidiger.
Aber das kann er gut.«

Wolfgang Wieland

Am 20. März 2003 feuert die US-Armee vierzig Marschflugkörper ab, die in Bagdad einschlagen. Damit beginnt der Zweite Irakkrieg. George W. Bush führt einen Angriffskrieg ohne völkerrechtliche Legitimation, den das Weiße Haus mit gefälschten Dokumenten rechtfertigt, die beweisen sollen, dass Saddam Hussein Massenvernichtungswaffen horte. Bushs Feldzug entfacht in der Region einen bis heute währenden Bürgerkrieg und verwandelt den Irak in einen Albtraum aus Gewalt und religiösem Fanatismus. Die Schröder-Fischer-Regierung weigert sich, anders als im Afghanistankrieg, Washington zu folgen. Vor allem Kanzler Schröder wird für diese Haltung von deutschen Leitmedien als antiamerikanischer Populist kritisiert. Das Nein der Regierungskoalition zu Bushs Kreuzzug ist weitsichtig und die größte außenpolitische Leistung von Rot-Grün. Allerdings hat dieses lichte Bild eine dunkle Stelle. Und Ströbele sorgt 2006 mit anderen dafür, dass dieser Fleck sichtbar wird.

Das Magazin *Panorama* zeigt am 11. Januar 2006 einen Film des Journalisten John Goetz, der die Affäre in Schwung bringt. Inhalt: Zwei in Bagdad stationierte BND-Offiziere versorgten während des Krieges im März und April 2003 das US-Militär mit Zielkoordinaten für Bombenangriffe. Die beiden Agenten des Sonder-Einsatz-Teams (SET) wurden dafür sogar mit Orden des US-Militärs ausgezeichnet. Am 7. April, so Goetz' *Panorama*-Film, meldete SET dem

US-Hauptquartier in Katar den vermuteten Aufenthaltsort von Saddam Hussein. US-Bomber legten daraufhin ein Wohnhaus im Bagdader Stadtteil Mansur in Schutt und Asche. Zwölf Zivilisten starben. Saddam befand sich nicht in dem Gebäude. Während Joschka Fischer beteuerte, dass man sich nicht an dem US-Krieg beteilige, halfen BND-Offiziere dem US-Militärgeheimdienst DIA bei der Zielerfassung. War es so?

Goetz' Film schlägt im Januar 2006 in Berlin hohe Wellen. Exaußenminister Fischer sträubt sich vehement gegen die Einsetzung eines Untersuchungsausschusses und versucht die grüne Fraktion auf Linie zu bringen. SPD-Außenminister Frank-Walter Steinmeier, der 2003 als Kanzleramtschef für die Geheimdienste zuständig war, hält das Ganze für einen »inszenierten Skandal«. Der Zeitpunkt der Affäre wirft in der Tat Fragen auf. Kanzlerin Merkel ist gerade in Washington bei George W. Bush und hat gewagt, das US-Lager Guantanamo zu kritisieren. Ist die Veröffentlichung eine Revanche aus den USA für die Kriegsdienstverweigerung von Rot-Grün?

Die SPD versucht jedenfalls einen Untersuchungsausschuss zu verhindern. Die Union, die 2006 mit der SPD regiert, möchte die Antikriegshaltung der rot-grünen Vorgängerregierung gern als bigott enttarnen, will aber keinen Ausschuss, der den BND ins Zwielicht setzt. Die Grünen sind zerrissen. Sie können, als Bürgerrechtspartei, schlecht Nein zur Aufklärung einer Geheimdienstaffäre sagen, wollen aber auf keinen Fall, dass das rot-grüne Nein in Anführungszeichen gesetzt wird.

Ströbele interessieren solche taktischen Überlegungen wenig. Er will wissen, was war, egal wem das nutzt. »Das Direktmandat hat ihm endgültig die Freiheit gegeben zu sagen: Ihr könnt mich mal«, sagt Claudia Roth. Der Kampf um den BND-Ausschuss ist die letzte Auseinandersetzung zwischen ihm und Fischer. »Er hatte aber«, so der Grüne Wolfgang Wieland, »nie Schaum vor dem Mund, wenn es um Fischer ging.«

So entbrennt im Januar 2006 ein Kampf, ob der BND-Bagdad-Fall eine dringend aufzuklärende Affäre oder nur medialer Hype sei. Ein zentraler Schauplatz dieses Ringens ist das Parlamentarische Kontrollgremium (PKG), in dem strikte Geheimhaltung gilt. Am 17. Januar sagen dort die beiden BND-Offiziere Rainer M. und Volker H. aus. Das Ergebnis: Sie hatten am 7. April 2003 in Bagdad nichts mit der Bombardierung des Wohnhauses im Stadtteil Mansur zu tun und waren an diesem Tag nachweislich in der zehn Kilometer entfernten französischen Botschaft. Auch Ströbele hält sie für glaubwürdig. Zu Recht. Der anonyme Informant aus dem Pentagon, dem der Journalist John Goetz vertraute, hat sich in diesem Fall schlicht geirrt. Die Information, dass Saddam Hussein dort vermutet wurde, kam nicht vom BND.

Die Affäre scheint damit beendet. SPD-Fraktionschef Peter Struck erklärt am 20. Januar, »dass es eigentlich nichts mehr aufzuklären gibt«. Steinmeier poltert, dass ein BND-Ausschuss sowieso bloß »Anti-Amerikanismus und Nato-Ablehnung hoffähig« machen würde. Die BND-Offiziere, so die Version der Großen Koalition, hätten dem US-Militär nur Daten über »non-targets«, wie Krankenhäuser, mitgeteilt, um zu verhindern, dass dort US-Bomben einschlagen – gewissermaßen praktisch angewandte rot-grüne Friedenspolitik. Auch grüne Spitzenpolitiker bekunden Ende Januar 2006 in Hintergrundgesprächen, dass die BND-Affäre – zum Glück – tot sei.

Ströbele sieht das anders. Er glaubt, dass viel unklar und ein Ausschuss nötig sei. Die *FAZ* beschuldigt ihn, deswegen eine »Schmutzkampagne« gegen den BND zu inszenieren. Der frühere BND-Chef August Hanning warnt, dass, wenn das Parlament den BND durchleuchte, die Sicherheit bei der Fußball-WM 2006 gefährdet sei.

Goetz, dessen fulminante Enthüllungsstory nun als Fälschung erscheint, versucht in diesen Tagen vergeblich, sich mit Ströbele zu treffen. Der Abgeordnete hat keine Zeit. Ströbele klagt selten über zu viel Arbeit und findet in der Regel Freizeit oder Urlaub anstrengender als Politik. Anfang Februar sagt er: »Ich ersticke in der Arbeit.«

Ströbele liest im Januar und Februar 2006 Akten, meist in der Geheimschutzstelle des Bundestages. Bei der Lektüre kommt ihm seine Erfahrung als Verteidiger zugute. Er ist es gewohnt, Anklageschriften nach kleinen Fehlern und Widersprüchen zu durchforsten, aus denen sich eine Prozessstrategie entwickeln lässt. Auch das scheinbar Nebensächliche kann zum Freispruch führen. Viele überlesen solche Details, Ströbele nicht. Das Schöngeistige ist ihm fern, sein Metier ist der Schriftsatz und die Aktennotiz.

Das Bild, das er in der Geheimschutzstelle aus den BND-Akten gewinnt, sieht etwas anders aus als die beruhigenden Botschaften, die SPD und Union verbreiten. »Ich weiß viel, darf es aber nicht sagen«, sagt Ströbele zu seiner PKG-Arbeit. Das ist das Problem: Wer Informationen ausplaudert, macht sich strafbar.

Im BND-Bagdad-Fall geht die Große Koalition am 24. Februar 2006 in die Offensive – und greift dabei zu einem ungewöhnlichen Mittel. Das von Norbert Röttgen (CDU) und Olaf Scholz (SPD) geleitete Gremium veröffentlicht Ergebnisse, die sich aus dem Studium der BND-Akten ergeben.[121] Das ist laut PKG-Gesetz trotz genereller Geheimhaltungspflicht möglich, wenn zwei Drittel der Mitglieder dies beschließen. Und dies tun SPD und Union: Sie hoffen mit dieser Transparenzoffensive, die leidige BND-Affäre zu beerdigen und der Forderung nach einem Untersuchungsausschuss den Wind aus den Segeln zu nehmen. Am 23. Februar 2006 verkündet SPD-Obmann Olaf Scholz die frohe Botschaft: »Keine einzige Meldung der BND-Agenten wurde für militärische Angriffe der US-Armee« genutzt. Doch abgehakt ist die Affäre damit nicht.

Ströbele veröffentlicht eine abweichende Einschätzung, was die geheimen BND-Akten bedeuten. Das ist nach dem PKG-Gesetz möglich. Auch FDP-Mann Max Stadler und der Linkspartei-Vertreter Wolfgang Nešković publizieren abweichende Bewertungen – doch die sind eher allgemein gehalten. Ströbele hingegen zeigt mit ziemlich detaillierten Verweisen, warum die BND-Offiziere vom US-Militär mit Orden bedacht wurden.

»Nach Kriegsbeginn am 20. März haben die beiden Mitarbeiter aus Bagdad gerade entgegen der Darstellung im Bericht der Bundesregierung solche militärischen Objekte gemeldet, die nach den Erkenntnissen des BND Ziele für Luftangriffe der US-Luftstreitkräfte in Bagdad waren. Es waren fünf schriftliche Berichte mit 14 militärischen Objekten. Meist waren die Objekte mit Koordinaten versehen. Vier dieser schriftlichen Meldungen mit insgesamt 11 potenziellen militärischen Zielen wurden an die US-Stellen weitergemeldet.«

Außerdem meldeten die BND-Mitarbeiter, laut Ströbeles Minderheitenvotum, dass sich nach der Bombardierung des Offiziersclubs in Bagdad am 28. März dort noch Stellungen des irakischen Militärs befunden hätten. Drei Tage später bombardierten US-Flugzeuge den Offiziersclub abermals. »Es liegt nahe anzunehmen, dass die erneute Bombardierung auf die Meldung neuer militärischer RG-Stellungen [RG = Republikanische Garde]durch die BND-Mitarbeiter erfolgt ist«, so Ströbeles Schlussfolgerung. Diese Erklärung, so Investigativjournalist John Goetz, »war spektakulär, weil sie konkrete Zahlen enthielt«. Ströbele bewegt sich damit in einer rechtlichen Grauzone. Aber was nicht verboten ist, ist erlaubt.[122]
Die Grünen ringen sich, auch wegen Ströbeles Einspruch, schließlich zu einem Ja zu dem Untersuchungsausschuss durch. Der Ausschuss arbeitet drei Jahre lang und hört 140 Zeugen an. Der Abschlussbericht, der 2009 erscheint, umfasst 3500 Seiten – was die Beteuerung der SPD 2006, dass nichts mehr aufzuklären sei, voreilig erscheinen lässt. Einige Passagen in dem Bericht sind wegen Gefährdung des Staatswohls geschwärzt. Das Ergebnis des Berichts lautet grob zusammengefasst: Deutschland hat sich indirekt am Irakkrieg beteiligt. Zu den im Ausschuss minutiös ausgeleuchteten finsteren Stellen im Bild der rot-grünen Regierung zählt auch der Fall des Deutschtürken Murat Kurnaz, der 2001 von US-Geheim-

diensten als Terrorverdächtiger nach Guantanamo verschleppt wurde. Als die USA Kurnaz nach Deutschland abschieben wollten, weigerte sich die rot-grüne Regierung ihn aufzunehmen. Auch im Fall des von der CIA entführten Deutschlibanesen el-Masri hat die rot-grüne Regierung Bürgerrechte vagen Sicherheitsideen geopfert.

Die Wahrheit besteht aus zwei Bildern. In dem großen hat Rot-Grün dem fatalen US-Krieg tapfer Kontra geboten – in dem kleinen haben zwei BND-Agenten den USA ein paar für den Krieg brauchbare Daten geliefert. Dieses kleine Bild mag für Geschichtsbücher eine Marginalie sein. In den Autobiografien von Joschka Fischer und Gerhard Schröder und auch in Edgar Wolfrums Analyse *Rot-Grün an der Macht* ist es noch nicht mal das. Der BND-Einsatz in Bagdad und die Fälle Kurnaz und el-Masri kommen dort nicht vor. Das Bild muss fleckenfrei sein.

Der Fall des SET-Teams ist ein doppeltes Lehrstück – über die Zwiespältigkeit von Geheimdiensten und die Möglichkeit, mit Untersuchungsausschüssen und in Gremien wie dem PKG aufzuklären. Das PKG, mit dem das Parlament die Geheimdienste überwachen soll, ist in der Tat oft ein stumpfes Schwert. Die Regierungsfraktionen stellen dort stets die Mehrheit. Deshalb ist es leichter, Affären früherer Regierungen zu beleuchten, und weit schwieriger, dies zu tun, wenn es die aktuelle Regierung betrifft. Und nie, klagt Ströbele, »haben die Dienste oder die Regierung dem PKG Hinweise über Missstände gegeben. Alles kam über Medien.« Auch personell herrscht keine Waffengleichheit: Ein Dutzend Abgeordnete sollen 6500 Mitarbeiter von BND, Verfassungsschutz und MAD kontrollieren. Ein Teelicht im Keller.

Aber es gibt in der Geheimdienstkontrolle Fortschritte. Die stickige Geheimniskrämerei hat nachgelassen. Als Ströbele 1999 Mitglied des Gremiums wurde, durften die Parlamentarier nicht mal Auskunft erteilen, wo und wann sie sich treffen. »Heute stehen vor dem Saal, in dem wir tagen, manchmal fünfzig Journalisten. Das gehört sich so in einer offenen Demokratie«, so Ströbele. Mit der gewachsenen öffentlichen Aufmerksamkeit, die die Hartwährung für die Detailarbeit in Ausschüssen ist, hat auch der Wirkungsradius der Kontrolleure in die Geheimdienste hinein zugenommen. Ströbele resümiert:

> »Wir haben die Befugnisse im PKG enorm erweitert. Seit es in das Bewusstsein der Geheimdienstmitarbeiter gedrungen ist, dass sie sich eventuell im PKG verantworten müssen, ist ihre Bereitschaft gesunken, am Rand oder jenseits der Legalität zu operieren. Es ist schwer zu sagen, wie weitreichend dieser Effekt ist. Aber es gibt ihn. Die Dienste kommen sich kontrolliert vor. Das verändert sie.«

Ströbele hat eine tief eingravierte linksfundamentale Skepsis gegenüber dem Staat. Und ein robustes Vertrauen in die Möglichkeiten der Aufklärung. Das ist eine Variation der Rolle, die er 1960 in der Bundeswehrkaserne spielte. Man muss in den Institutionen arbeiten, um die Deformationen der Institutionen bloßzulegen. 2013 wird ein unscheinbarer 29-jähriger US-Bürger auf spektakuläre Art zeigen, wie man im Apparat gegen den Apparat arbeiten und so die Geheimnisse des mächtigsten Nachrichtendienstes der Welt publik machen kann. Ströbele spielt dabei eine Nebenrolle.

Held für einen Tag: Die Reise zu Edward Snowden

»Wir müssen die Konfrontation
mit den USA in Kauf nehmen.«

Christian Ströbele, 2014

Die *taz*-Panter-Stiftung vergibt alljährlich einen Preis für Zivilcourage im Alltag. Ströbele sitzt in der Jury, als am 23. Oktober 2013 sein Handy klingelt – die Nachricht ist aufregend. Der US-Geheimdienst NSA hat seit 2002 Angela Merkel abgehört. Das wird öffentlich wegen eines denkbar wenig alltäglichen Falls von Zivilcourage. Der Ex-NSA-Mitarbeiter Edward Snowden hat 1,7 Millionen Daten kopiert und an Journalisten weitergegeben. Damit hat er die Praxis des US-Geheimdienstes enthüllt, die wie die schräge Fantasie von Verschwörungstheoretikern anmutet. Die NSA überwacht den globalen Datenverkehr, spitzelt Computer und Handys von Politikern und Unternehmen aus. Snowdens Material zeigt: Die USA haben, unter dem Deckmantel des Kriegs gegen den Terror, ein globales Überwachungsregime etabliert.

Der politischen Klasse in Berlin sind die Enthüllungen eher lästig. CSU-Innenminister Hans-Peter Friedrich diskreditiert die Kritik an der NSA als »Mischung aus Naivität und Antiamerikanismus«. Kanzleramtschef Ronald Pofalla erklärt die Affäre im August der Einfachheit halber für beendet. Auch Otto Schily warnt vor Antiamerikanismus, wiegelt ab und mokiert sich über »unangemessenes Getöse«. Ströbele hingegen fordert Aufklärung über die NSA und als einer der Ersten Asyl für Snowden.

Nur ein paar Eingeweihte wissen an diesem 23. Oktober, dass Ströbele schon im Sommer versucht hat, mit dem Whistleblower

Kontakt aufzunehmen. Snowden ist am 24. Juni auf der Flucht vor den US-Behörden im Transitbereich des Moskauer Flughafens Scheremetjewo gestrandet. Dort bleibt er mehr als vier Wochen, abgeschirmt von russischer Polizei. Snowden hat den größten Geheimdienstskandal der Geschichte ins Rollen gebracht. Nicht nur Dutzende von Journalisten sind ihm auf den Fersen. US-Behörden setzen alle Hebel in Bewegung, um den Verräter zu schnappen und ein Exempel zu statuieren. Wie weit der Arm der USA reicht, zeigt der Fall Evo Morales. Das Flugzeug mit dem bolivianischen Präsidenten wird am 2. Juli in Wien zur Landung gezwungen, weil US-Dienste Snowden an Bord vermuteten.

Wie kommt Ströbele an Snowden heran? Ströbele hat ein distanziertes Verhältnis zu digitaler Kommunikationstechnik. 1985 bekämpfte er in der grünen Fraktion gesinnungsfest die Einführung von Computern, die nur Arbeitsplätze vernichten würden. 1998 ließ er sich widerwillig von Mitarbeitern ein Handy für den Wahlkampf aufnötigen. 2007 lief er einer Kinderreporterin des ARD-*Morgenmagazins* vor das Mikro und bekannte, dass er »ein oder zwei Mal im Internet war« und nicht wisse, »was eine Startseite ist«. In Kreuzberg gibt es eine Menge Start-ups und Netzaktivisten, die entsetzt waren. Es gab damals einen kleinen Shitstorm im Netz. »Nur gut, dass Christian nicht wusste, was das ist«, so ein Wahlkreis-Mitarbeiter.

Ströbele weiß aber, wer ihm in Sachen Moskau helfen kann. Ende Juni wendet er sich an John Goetz, den er seit 1982 kennt und dem er vertraut. Vertrauen ist die Hartwährung in diesem Fall. Goetz vermittelt den Kontakt zu einem US-Hacker, der mit Snowden in Verbindung steht. Außerdem kennt Goetz die britische Journalistin und Wikileaks-Aktivistin Sarah Harrison, die Snowden auf seiner Flucht begleitet und mit ihm im Transitbereich des Moskauer Flughafens weilt. Auch das ist eine vertrauensbildende Verbindung.

Doch nichts passiert. Ströbele hat die Hoffnung fast schon aufgegeben, als sich Snowden Mitte Juli per verschlüsseltem Chat in seinem Büro meldet. Schon beim ersten Chat signalisiert Snowden, dass er sich ein Treffen vorstellen kann. Das Büro Ströbele ventiliert in den nächsten zehn Tagen fiebrig, wie sich das realisieren lässt. Wie kommt Ströbele in den Transitbereich, in dem Snowden festgesetzt ist? Ströbele schaltet Snowdens russischen Anwalt und die deutsche Botschaft in Moskau ein, die beim russischen Außenministerium anfragt. Die Antwort ist ernüchternd: Die russische Regierung hegt kein Interesse, dass der in allen globalen Medien präsente Problemfall auch noch Besuch aus dem Westen bekommt. Am 22. Juli verständigen sich John Goetz und Ströbele in Berlin, Snowden und Sarah Harrison in Moskau. Der Kontakt funktioniert, doch der Plan scheitert.

Die Lage ändert sich am 1. August. Snowden verlässt den Flughafen Scheremetjewo und bekommt vorläufig Asyl in Russland. Jetzt scheint ein Treffen greifbar nahe. Es gibt schon einen Termin im August. Doch den sagt Snowden wieder ab. Seine Situation ist heikel. Laut John Goetz hat er auch in Moskau, wo er in einer geheim gehaltenen Wohnung lebt, Angst vor einem Zugriff der USA. Auch Snowdens Anwalt empfiehlt seinem Mandanten, jedes Risiko zu vermeiden.

In Moskau sind sich Harrison und Snowden nicht einig, ob es klug sei, nur Ströbele zu empfangen. Snowden sieht die Sache hemdsärmelig – wer ihn treffen will, soll kommen, und Ströbele hat als Erster Interesse signalisiert. Harrison glaubt, dass es geschickter ist, das Spektrum zu erweitern – politisch und geografisch. Auch Konservative, nicht nur Deutsche. Denn so würden Snowdens Chancen steigen, sein Ziel zu erreichen: einen gesicherten Aufenthalt in einem westlich-demokratischen Staat. In Berlin klopft Ströbele bei der liberalen Justizministerin Sabine Leutheusser-Schnarrenberger an, ob sie ein Treffen mit dem Dissidenten will, der viel für den Rechtsstaat geleistet hat. Vergeblich. Er stellt beim Bundestagspräsidenten und beim Vorsitzenden des Parlamentarischen Kontrollgremiums Thomas Oppermann einen Antrag auf Reisekostenerstattung. Auch vergeblich. Irgendwie scheint ihn niemand ernst zu nehmen. Die Aktion ist kompliziert und stets vom Scheitern bedroht. Im August reißt die Kommunikation ab. Das Projekt ist erst mal auf Eis gelegt.

Doch am 28. Oktober, fünf Tage nach der Nachricht, dass Merkels Handy abgehört wurde, meldet sich der Whistleblower wieder und fragt, ob Ströbele kommen wolle. Jetzt, schnell, in drei Tagen. Snowden hat ein präzises Gefühl für den richtigen Zeitpunkt. Denn in Berlin sind die Abwiegler nach dem Lauschangriff auf Merkel erst mal verstummt, die Stimmung ist gekippt. Am 29. Oktober erklärt NSA-Chef Keith Alexander bei einer Anhörung im US-Kongress, Staatschefs wie Merkel auszuspähen sei normale Geheimdienstpraxis – auch das kommt in Deutschland nicht so gut an. Außerdem ist die Bundestagswahl vorbei, und damit auch die Gefahr, dass der Whistleblower zur Wahlkampfmunition wird. Eilig wird die Reisedelegation zusammengestellt. Der Grüne Daniel Cohn-Bendit ist im Gespräch, doch der kann nicht. Er empfiehlt einen französischen Grünen und Ex-Greenpeace-Aktivisten, doch dessen Teilnahme scheitert im letzten Moment an Visaproblemen.

Ströbele will, dass John Goetz und der Ex-*Spiegel*-Chefredakteur Georg Mascolo mitkommen. Beide sind Experten für Geheimdienste. Denn Ströbele fürchtet, dass sein Trip als vom russischen Geheimdienst FSB gesteuerte Propaganda angeschwärzt werden könnte. Die beiden Journalisten gelten als unabhängig, das macht es leichter, die Vorwürfe zu kontern. Konservative Medien versuchen später in der Tat, die Reise als Inszenierung des Putin-Regimes erscheinen zu lassen, allerdings ohne großen Erfolg.

Die Aktion erfordert Vertraulichkeit. Zu einer kleinen Krise kommt es, als der Plan in der ARD durchsickert. Der *Monitor*-Moderator Georg Restle bekommt von dem Moskau-Trip Wind und fragt beim Büro Ströbele an, ob auch WDR-Journalisten bei dem Treffen dabei sein könnten. Das Büro Ströbele winkt entnervt ab. Man hatte

absolutes Stillschweigen vereinbart – und jetzt macht die Aktion auf den Fluren von Fernsehredaktionen die Runde?
Auch Snowden stellt Bedingungen: Er will bei dem Treffen nicht gefilmt werden, jedenfalls nicht mit Ton. Zudem zweifelt er, ob mit Mascolo unbedingt noch ein zweiter Journalist dabei sein müsse. »Er war«, so Goetz, »unerfahren im Umgang mit Medien und daher vorsichtig.«
Am 30. Oktober fliegen Ströbele, Mascolo, Goetz und ein Kameramann nach Moskau. Der Trip ist typisch für Ströbele: einfach, klar, geradeaus. Alle Welt redet *über* den Whistleblower, warum nicht *mit* ihm reden? Ströbele hat schon Mitte Juni die Bundesregierung und Generalbundesanwaltschaft aufgefordert, Snowden zu kontaktieren. Es gebe ja den mehr als handfesten Verdacht, dass die NSA gegen deutsche Gesetze verstoßen habe, und der Ex-NSA-Mann sei der wesentliche Zeuge. Ströbeles Ziel ist es zu eruieren, ob und unter welchen Bedingungen Snowden in Berlin aussagen würde. Er ist, wie schon zu RAF-Zeiten, in der Doppelfunktion als Anwalt und Politaktivist unterwegs und sagt:

> »Snowden sollte mir keine Geheimnisse offenbaren. Ich wollte nicht in die Rolle eines mittelbaren Zeugen kommen. Ich wollte zwei Fragen klären. Weiß er etwas, das uns bei der Aufklärung des Skandals weiterhilft und über die Dokumente hinausgeht? Und ist er bereit, vor einem deutschen Gremium auszusagen?«

Das ist nicht originell, aber die korrekte Formulierung des deutschen Interesses. Am 31. Oktober wartet das Trio um 15 Uhr in einer kleinen Straße neben dem Hotel auf den Wagen, der sie zu Snowden bringen soll. Doch nichts passiert. Ströbele wird nervös. Dann sieht er, dass der NDR-Kameramann die Szene filmt. »Das muss aufhören«, sagt er zu Goetz. Das ist die richtige Idee. Minuten später sitzen sie in einem Minivan mit getönten Scheiben, der

Wie ein Staatsmann: Ströbele trifft Edward Snowden in Moskau.

sie fünfzig Minuten lang durch Moskau fährt. John Goetz hat darauf gedrungen, dass es mehrere Gänge zu essen gibt – eine Vorkehrung, damit das lang erwartete Meeting nicht nach einer halben Stunde schon wieder vorbei ist. Ströbeles Kenntnisse der englischen Sprache sind bescheiden, das erschwert die Konversation. Doch das Treffen dauert drei Stunden und verläuft konstruktiv. Und Ströbele ist angetan von dem 30-Jährigen. »Ich hatte einen in sich gekehrten und vorsichtigen Computernerd erwartet. Aber er war ganz anders. Überlegt und klar. Es herrschte eine sehr lockere Atmosphäre. Er wusste viel über mich, nicht nur das Übliche, was man im Internet recherchieren kann«, so Ströbele etwas orakelhaft.

Ströbele und Snowden unterschreiben einen knappen Text. Inhalt: Snowden will in Berlin vor einem Untersuchungsausschuss oder dem Generalbundesanwalt aussagen. Und: »Die Wahrheit zu sagen ist kein Verbrechen.« Danach treibt Ströbele noch eine Sorge um: Was, wenn sich in Berlin niemand für die Reise interessiert?

Der Snowden-Coup ist, medial gesehen, der Höhepunkt in Ströbeles Karriere. CNN befördert in einer Schriftleiste »Hans-Christian Stroebel« zum deutschen Außenminister. Am Freitag hält er in Berlin eine Pressekonferenz, die von TV-Sendern live übertragen wird. Die Kommentare sind, von der *Ludwigsburger Kreiszeitung* bis zur *Süddeutschen*, enthusiastisch. Denn dies ist eine David-und-Goliath-Geschichte. Hier der Abgeordnete, der mit dem Fahrrad zur Bundespressekonferenz eilt, dort die globale Supermacht und die NSA, die einen Etat von zehn Milliarden Dollar hat. Moral gegen Macht. Ströbele hat getan, was die Bundesregierung aus Furcht vor Sanktionen seitens der USA nicht zuwege bringt. Er ist der begehrte Star, um den sich die Talkshows reißen. Er gibt stundenlang Interviews, auch polnische und irakische Fernsehsender wollen mit ihm reden. Die *New York Times* publiziert einen Text von ihm und Malte Spitz, in dem die beiden Grünen Asyl für Snowden in Deutschland fordern. Ströbele ist für einen Augenblick weltberühmt.

Der Zeitpunkt für den Besuch ist – von Snowden, der doch nicht so unerfahren in medialer Dramaturgie ist – äußerst günstig gewählt. Nur ganz Verbohrte halten nach Merkels »Handygate« im November 2013 die Kritik an dem Spionagesystem Prism und der NSA-Praxis noch für antiamerikanisch. Die USA nutzen ihre technologische Überlegenheit und globale Dominanz rücksichtslos aus. Doch die politische Elite in Berlin scheut die notwendige Konfrontation mit Washington. Ströbeles Trip taucht die Hasenfüßigkeit der Bundesregierung in Richtung USA, ihren kläglichen Versuch, das Offensichtliche zu retuschieren, in gleißend helles Licht.

Ströbele ist fasziniert von Snowden. Und es gibt ein paar vage biografische Ähnlichkeiten. Beide sind eigensinnige Individualisten. Bei Ströbele löste der 2. Juni 1967 die schockartige Erkenntnis aus, dass etwas fundamental falsch läuft. Snowden ist ein konservativer Patriot mit typisch neokonservativer Verachtung für den Sozialstaat, bis die schockhafte Erkenntnis, wie die CIA arbeitet und welche totalitär anmutenden Überwachungsmethoden die NSA praktiziert, seinen Widerstandsgeist weckt. Snowden arbeitet im Apparat gegen den Apparat. Nicht er ist der Verräter, es sind die NSA und die Regierungspolitik, die die Werte der amerikanischen Demokratie verraten. Snowden ist so etwas wie die heroische Version von Ströbele.

Es gibt auch Kritiker der Aktion. Die Reise habe nur Ströbeles Image ordentlich aufpoliert, Snowden aber seinem Ziel, Asyl in Westeuropa zu bekommen, nicht näher gebracht. Doch dieser Vorwurf geht an die falsche Adresse: Ströbele betätigt sich auch nach dem Herbst 2013 unermüdlich und unabhängig von der medialen Konjunktur als Snowden-Lobbyist. Er schreibt Briefe an US-Senatorinnen, antichambriert beim Nobelpreiskomitee und wirbt in Deutschland dafür, Snowden, der Moskau sofort den Rücken kehren würde, in Berlin im PKG oder dem NSA-Untersuchungsausschuss anzuhören und einen sicheren Aufenthalt zu garantieren. Vergeblich. Die Chancen für den Whistleblower, wieder ein freies Leben zu führen, sind trübe. Ströbele sieht das anders:

> »Auch Obama gibt zu, dass das Geheimdienstgesetz ohne Snowden nicht geändert worden wäre. Es ist nur eine Frage der Zeit, bis die USA anerkennen, was er geleistet hat. Ich sehe meine Aufgabe darin, ihm ein normales Leben zu ermöglichen. Und ich bin sicher, dass er in zehn Jahren in den USA als angesehener Bürger leben wird.«

So klingt Ströbeles unverwüstlicher Optimismus, der hart an der Grenze zur Naivität siedelt. Ströbele ist überzeugt, dass es falsch sei, aufzugeben, nur weil alle Welt etwas für unwahrscheinlich halte. Und spricht nicht seine eigene Biografie dafür? Er hat das Fiasko 1991, die Niederlage der Grünen und die Broder-Affäre überstanden. 2002, als die Grünen ihn nicht mehr wollten, hat er durch Energie und Willen geschafft, was außer ihm fast keiner für möglich hielt, und als erster Grüner einen Wahlkreis gewonnen. Nun hat er, einfacher Bundestagsabgeordneter einer kleinen Oppositionspartei, durch Beharrlichkeit eine global wahrgenommene Nachricht geschaffen. Warum soll er nicht Snowden zu seinem Recht verhelfen können?

Auf der Habenseite der Reise steht auch, dass damit der zähe Widerstand der Union und das übliche Zaudern der SPD in Sachen NSA-Untersuchungsausschuss geschwächt wurden. Der Ausschuss wird Anfang 2014 installiert. Ströbele, der dort Stellvertreter von Konstantin von Notz ist, kommentiert:

> »Dass wir überhaupt einen Ausschuss haben, der die USA kritisch beleuchtet, ist schon ein Erfolg. Am Anfang hieß es: Es ist unvorstellbar, dass deutsche Geheimdienste den USA beim Ausspionieren von deutschen Unternehmen und Politikern helfen. Jetzt ist genau das erwiesen. Ohne den Ausschuss wäre nicht herausgekommen, dass der BND in Zusammenarbeit mit dem US-Geheimdienst NSA am Glasfaserknotenpunkt in Frankfurt systematisch den Telekommunikationsverkehr über Jahre ausgeforscht hat. Angeblich wusste das noch nicht mal das Bundeskanzleramt. Das ist mein fünfter Untersuchungsausschuss. Und so viel hat noch keiner herausbekommen.«

In den USA ist es Usus, dass Geheimdienstmitarbeiter bis hin zum NSA-Chef bei Anhörungen Rede und Antwort stehen müssen. Die werden im Fernsehen übertragen. »Eigentlich«, sagt Ströbele, »können wir von den USA eine Menge lernen.«

Kapitel 12

STRÖBELE IN KREUZBERG

Mythos und Moderation

»Gehst du wieder gegen
dich selbst demonstrieren?«

Wolfgang Wieland zu Christian Ströbele

An jedem 1. Mai ist Christian Ströbele in Kreuzberg. Er radelt an dem Zug der revolutionären 1.-Mai-Demo entlang, die regelmäßig am Abend in mehr oder weniger heftigen Krawallen endet. Er hat Übung darin, die Größe von Menschenmengen zu schätzen. Die Polizei mahnt er, friedlich und defensiv zu bleiben. Früher war der 1. Mai Polit-Action der Autonomen. Heute ist er eher eine Art militanter Karneval.

In der linksalternativen Kreuzberg-Heldengeschichte gibt es ein paar Ereignisse, die mittlerweile zum Programm von Touristenführungen zählen. Zum Beispiel die Schlacht am Fraenkelufer 1980, die Geburtsstunde der Kreuzberger Autonomen. Und den 1. Mai 1987, als ein Supermarkt in Flammen aufging. Auch normale Anwohner beteiligten sich an der Plünderung. Ströbele war 1980 und 1987 dabei, immer in der Doppelrolle, als Demonstrant und Anwalt, als Aktivist und Beobachter. Er fehlt, so ein hochrangiger Berliner Ordnungshüter 2009, »bei keinem Polizeieinsatz«.[123] Wenn es Stress zwischen Demonstranten und Ordnungskräften gibt, versucht er zu vermitteln. »Der Bulle ist nicht mehr das Schwein«, hat Ströbele 2004 gesagt.

SO 36, der östliche, szenige Teil zwischen Checkpoint Charlie und Görlitzer Park, ist das Herz der Kreuzberg-Legende vom unbürgerlichen, wilden Leben. Nach dem Mauerbau 1961 war dieses Areal im Norden, Osten und teilweise im Süden von der Mauer eingefasst, eine Art Halbinsel in der Insel Westberlin. In den 60ern verließen die Berliner Arbeiterfamilien diese trostlose Gegend und zogen in die neuen Trabantenstädte. In die Mietskasernen mit Außenklo in der Oranien- und Wrangelstraße zogen in den 70er- und 80er-Jahren türkische Migranten, Studenten, Politaktivisten, Hausbesetzer. Ströbele hat nie in Kreuzberg gewohnt. Aber er ist das Gesicht des alternativen Lebens geworden, das, so das Image, schmuddelig, rau und nicht immer ganz legal ist.

Wer ihn treffen will, muss schauen, wo in Berlin eine Demonstration stattfindet. Ob Christopher Street Day oder ein Meeting gegen Gentrifizierung, eine Großdemonstration gegen das Freihandelsabkommen TTIP oder eine kleine für Flüchtlinge – er ist dabei. Wahrscheinlich hat niemand so viel Zeit auf Demos verbracht wie er. »Die Straße ist der Ort, an dem sich in der Demokratie der politische Wille bildet. Das ist direkte Kommunikation«, sagt er. Die Demo ist das Pendant zum Zwischenruf im Parlament – oder umgekehrt. Und natürlich versteht Ströbele sich bei Demonstrationen dort zu positionieren, wo er von Journalisten und Kameras gesehen wird.

»Na, gehst du wieder gegen dich selbst demonstrieren?«, frotzelt Wolfgang Wieland, wenn Ströbele sich zu einer Kundgebung aufmacht. Ströbele könne sich, so Wieland, »aufgrund seiner Biografie« als verurteilter RAF-Anwalt und energischer Staatskritiker seit 1967 nicht damit anfreunden, dass der demokratische Staat es wert sei, verteidigt zu werden.

Ströbele hat von 2002 bis 2013 vier Mal mit souveränem Vorsprung das Direktmandat in Kreuzberg-Friedrichshain-Prenzlauer Berg Ost gewonnen. 2009 bekam er mehr als 46, 2013 knapp 40 Prozent. Und er hatte immer fast doppelt so viele Erststimmen wie die Grünen Zweitstimmen. 2013 votierten 32000 Wähler für ihn als Direktkandidaten, die mit der Zweitstimme nicht grün wählten. Keiner der 630 Bundestagsabgeordneten erhielt so viel mehr Erst- als Zweitstimmen. Ströbele ist nach wie vor der einzige Grüne, der direkt einen Wahlkreis für den Bundestag gewonnen hat.

Seine Kernklientel sind die Alt-68er und die Exhausbesetzer, die heute in Eigentumswohnungen oder schicken Altbauten leben. Im Wahlbezirk rund um den Südstern, einer eher besseren Gegend in Kreuzberg, votieren fast 70 Prozent für ihn. Doch mehr als die Hälfte der gut 280 000 Bürger im Wahlkreis wohnt im früheren Ostberlin. Ströbele hat in allen Milieus Erfolg, bei Linkspartei-Wählern, der Hartz-IV-Klientel, Jüngeren, kurzum auch bei Gruppen, die 68er-Nostalgie oder grünen Werten von Fahrradwegen über Veggie Day bis Gendermainstreaming eher distanziert gegenüberstehen. Warum ist er so viel beliebter als die Grünen?

Eine naheliegende Erklärung lautet: Nirgends in der Republik wählt man so links wie hier. CDU und FDP fristen ein Schattendasein. Bei Bundestagswahlen kommt die Partei von Angela Merkel auf 15 Prozent. Außerdem ist Ströbele der ideale Kandidat für Politikverdrossene. Denn er ist, so das Image, der knorrige Linke, der sich treu bleibt, nicht nach Macht schielt, sondern auf seinen Grundsätzen beharrt.

Ströbele versteht sich auf die mediale Inszenierung dieses Bildes – mit manchmal vordergründigem Linkspopulismus. 2004 schlug er vor, einen muslimischen Feiertag einzuführen und dafür einen christlichen zu streichen. Damit entfachte er einen Sturm der Entrüstung. Nicht nur Union und katholische Kirche waren ordnungsgemäß empört. Auch manche Grüne und die linksliberale Bischöfin Margot Käßmann hielten das für »Wahlkampf in Kreuzberg«. Die Idee hat etwas Effekthascherisches. Pfingstmontag gegen das Zuckerfest zu tauschen mobilisiert Verlustängste bei der Mehrheitsgesellschaft und schafft Konkurrenzen, die man besser dämpft und nicht anfacht. Es ist in einer Einwanderungsgesellschaft nicht klug, symbolische Akzeptanzgewinne für Minderheiten an Verzicht für die Mehrheit zu koppeln. Ströbele distanzierte sich rasch davon, den Kirchen einen Feiertag streichen zu wollen, und deklarierte den Vorschlag zum »Denkanstoß« um.

2006 machte er mit dem Vorschlag Schlagzeilen, dass die Nationalhymne auch auf Türkisch gesungen werden müsse, als »Symbol für die Vielsprachigkeit Deutschlands«. Die Idee kam ihm bei einer Anfrage einer Boulevardzeitung. Anlass war eine Debatte um eine spanische Version der US-Hymne. Ströbele rechtfertigte seinen Vorschlag »als Akt staatsbürgerlicher Bildung«, weil Migranten ohne Sprachkenntnisse so mit deutscher Kultur in Kontakt kämen. Das Gegenargument lautet, dass die »Nationalhymne auf Türkisch« vom wesentlichen Ziel ablenkt: Migranten müssen die deutsche Sprache beherrschen. Das mediale Echo war jedenfalls ähnlich wie 2004. Die Idee wurde von der Union als Sakrileg verstanden. CSU-Mann Markus Söder befand, Ströbele sei »absolut durchgeknallt«. Von der CSU verachtet zu werden ist in Friedrichshain-Kreuzberg kein Schaden.

2006 machte Ströbele Schlagzeilen, als er seinen Unmut über den Pop-Nationalismus der Fußball-WM bekundete. Er fühle sich angesichts von schwarz-rot-goldenen Wimpeln an Autos unwohl. Das trug ihm den Vorwurf mangelhafter patriotischer Gesinnung ein. Ein CDU-Politiker sah wegen Ströbeles Fahnenkritik sogar die »Würde des Bundestags« beschädigt. Auch das stärkt die Symbiose zwischen Klientel und Kandidat in Kreuzberg. Nur keine Nachricht ist eine schlechte Nachricht.

Ströbele schrieb 2008: »Während der WM habe ich in Kreuzberg beobachtet, dass nach den Spielen nicht nur Deutsche, sondern auch Türken und andere Migranten mit riesigen Deutschlandfahnen im Autokorso unterwegs waren. Manchmal war die türkische Fahne dabei. Da waren meine Befürchtungen kurzzeitig wie weggeweht.«[124]

In diesem Bild scheinen erst türkische Fahnen die Gefahren des deutschen Nationalismus zu bannen. Das erinnert an einen alten Spontispruch: »Ausländer, lasst uns mit den Deutschen nicht allein.« Der war Ausdruck der Selbstausgrenzung der Linken, die auf keinen Fall deutsch sein wollten und die Migranten für diese Distinktionsgeste benutzten. Manche von Ströbeles migrationspolitischen Einwürfen klingen wie ein Nachhall dieses Spruchs und des Antinationalismus der 68er – und sind deshalb nur begrenzt produktiv, um das Regelwerk der multikulturellen Gesellschaft zu verbessern.

Aber Ströbele hat nicht mit Symbolpolitik vier Mal das Direktmandat gewonnen. Ein wesentlicher Grund für den dauerhaften Erfolg ist harte, tägliche Arbeit vor Ort. Ströbele ist im Wahlkreis präsent, mit dem Fahrrad, ohne Bodyguard, ohne Bundestagslimousine, ohne Machtinsignien, die Distanz anzeigen. Auf der Oranienstraße, dem Ku'damm von Kreuzberg, duzen ihn 16-Jährige, die mit ihm Selfies machen. Er plaudert mit Ladenbesitzern und Obdachlosen – der Politiker zum Anfassen. Zu Terminen im Wahlkreisbüro am Kottbusser Tor kommt er manchmal zu spät, weil ihm jemand auf der Straße sein Leid geklagt hat, über unverschämte Vermieter, Tücken der Hartz-IV-Bürokratie oder eine mangelhafte Auskunft vom Tiefbauamt. Er hört stets geduldig zu und macht sich Notizen. Er beantwortet jeden Monat persönlich Hunderte Anfragen. Seit Kreuzberg zur hippen Partyattraktion mit surrealen Wohnungspreisen geworden ist, flattern Kindertagesstätten im Kiez deftige Mieterhöhungen ins Haus. Ströbele lädt manchmal Eigentümer und Mieter in sein Bundestagsbüro. Manchmal funktionieren solche Vermittlungen. Franz Schulz, bis 2013 grüner Bürgermeister in Friedrichshain-Kreuzberg, sagt, dass Ströbele »den Ehrgeiz hat, sich um alles zu kümmern, auch um Detailprobleme«. Was im Wahlkreis zu tun ist, ist Kärrnerarbeit. Und selten steht am Ende ein Erfolg.

Doch auf Ströbele scheint der Alltag in Kreuzberg die Wirkung zu haben, auf die andere Zeitgenossen Wellness, Fußballgucken oder ein Glas Weißwein hat. »Wenn ich mich auf der Straße bewege und mit Leuten rede, die mir zustimmen oder mit mir konstruktiv streiten, dann baut mich das auf, dann komme ich mit einem völlig anderen Lebensgefühl, mit einer anderen Laune nach Hause«, sagt er. Ströbele in Kreuzberg – das ist die Erfüllung des alten linken Traums, mal nicht die Minderheit zu sein, sondern endlich das Volk

In seiner Paraderolle. Mit dem Fahrrad führt Christian Ströbele 2012 in Kreuzberg (auf der Axel-Springer-Straße) eine Demo gegen ungleiche Vermögensverteilung an. Das Motto: Umfairteilen

zu vertreten, das die 68er einst so unermüdlich für sich reklamierten. »Politik«, sagt er, »kann aufputschen, wie eine Droge.«
Ströbele ist freundlich zu fast jedermann. Er macht demonstrativ keine Unterschiede zwischen wichtigen und unwichtigen Menschen. Er wirkt, obwohl er ein extremes Arbeitspensum bewältigt, erstaunlich selten gestresst. Er ist nicht launisch und staucht auch Untergebene nicht zusammen, was im Berliner Politikbetrieb nicht selbstverständlich ist. Streng wird er nur, wenn er Ungerechtigkeit sieht. 2005 weigerte sich ein Taxifahrer, ihn zu seinem Auto zu bringen, das er ein paar Kilometer vom Flughafen entfernt geparkt hatte. Die Fahrt schien dem Fahrer zu wenig lukrativ. Ströbele zeigte ihn an. Dieses Strikte erinnert an seinen Vater Rudolf, der unerbittlich Wert auf Korrektheit legte, die Lust am Kommunikativen auf den Straßen von Kreuzberg an seine Mutter.
Allerdings verbergen sich unter der aufmerksamen Freundlichkeit Unnahbarkeit und gläserne Distanz. Daniel Wesener ist Landesvorsitzender der Berliner Grünen und war acht Jahre lang Ströbeles

Mitarbeiter in Kreuzberg. Es gab, sagt Wesener, nur eine Situation, in der Ströbeles wohltemperierte Stimmung abrupt umschlug. Bei der Demonstration 2007 gegen den G8-Gipfel in Heiligendamm gerieten beide in einen Steinhagel der Autonomen. Wesener packte seinen Chef von hinten, drückte ihn zu Boden, um ihn zu schützen. »Er hat mich angebrüllt. Ich wusste bis dahin gar nicht, dass er brüllen kann«, so Wesener.

Ein fester Termin im Demokalender ist die alljährliche Hanfparade, die die Legalisierung von Cannabis fordert. Ströbele trägt Hanfjeans und bekommt Beifall, wenn er das Oktoberfest als »größtes Drogenfest der Welt« bezeichnet. Ströbele raucht nicht, keinen Tabak, kein Marihuana. Er trinkt keinen Alkohol und noch nicht mal Kaffee, dafür täglich zwei Liter Milch. Das Asketische passt nicht so recht zum hedonistischen Partygroove der Hanfparade.

2002 hat der TV-Moderator Stefan Raab einen Song komponiert, mit Ströbeles energisch, fast markig klingendem Satz »Gebt das Hanf frei! – Und zwar sofort!« als Refrain. Ströbele war erst empört, dass Raab diesen Satz benutzte, ohne ihn zu fragen. Der Erfolg des Songs besänftigte die Aufregung. »Gebt das Hanf frei!« ist ein entspannter Reggaesong, der es in den Charts auf Platz vier brachte und viel zu Ströbeles Status beigetragen hat, der unfertig mit dem Wort »Kult« beschrieben wird. Ströbele orientiert sich, was Kleidung, Stil, Sprache, Technik angeht, nicht an Trends oder Moden. Er ist nicht hip. Aber das kann im hippsten Wahlkreis Berlins auch schon wieder hip sein. Teile der Tantiemen für den Raab-Song hat Ströbele, politisch korrekt, an die Hanfparade und für Suchtprävention gespendet.

In der Bürowohnung am Holsteiner Ufer in Moabit hängt noch immer die Robe, die Horst Mahler 1970 trug. Ströbele ist, politisch und habituell, Traditionalist. Damit passt er zum Anforderungsprofil des Wahlkreises. Denn auch Kreuzberg tickt traditionalistisch. Wenn Neues von außen droht, ob von den Konzernen oder der Hochkultur, mobilisiert das Widerstand. So unterstützte Ströbele den

Protest gegen ein McDonald's-Fastfood-Restaurant im Kiez und das BMW Guggenheim Lab, ein temporäres Kulturobjekt.

Im Jahr 2005 okkupierten Hausbesetzer Räume im Bethanien, einem stillgelegten Krankenhaus in SO 36, das als Musikschule und Kunstraum genutzt wurde. Der Leiter des dortigen Künstlerhauses protestierte gegen die Besetzung. Das schrecke Sponsoren ab. Ströbele, der als Vermittler fungierte, leuchtete nicht ein, dass Kreuzberg für Sponsoren attraktiv sein solle, zuungunsten von Besetzern. An den Wänden der besetzten Räume im Bethanien stand damals »Schmeißt doch endlich Ströbele, Thierse, Fischer, Westerwelle und Trittin aus Deutschland raus«, in Abwandlung eines berühmten Songs von Ton Steine Scherben. Ströbele kümmert solche Kritik nicht. Er geht, seit den 80er-Jahren, Linksautonome nie offensiv an. Wenn er kritisiert, zielt das immer nach rechts.

Die Kreuzberger Grünen sind skeptisch gegen Neues, wenn es mit Geld in den Stadtteil drängt und subkulturelle Projekte verdrängt. Manche der in den 90er-Jahren spontan entstandenen Clubs, die sich auf Brachen ansiedelten, mussten weichen. Kreuzberg wird normaler. Das Unfertige, das viel vom Charme Friedrichshain-Kreuzbergs ausmacht, ist auf dem Rückzug. Wenn Bäume am Landwehrkanal gefällt werden sollen, am Spreeufer teure Renommierbauten geplant werden oder der neue Hauseigentümer einem alteingesessenen Gemüseladen im Kiez kündigt, ist Ströbele verlässlich auf der Seite des Protestes.

Max Thomas Mehr, einst Mitbegründer der *taz*, wirft Ströbele und den Kreuzberger Grünen vor, dass sie »im tiefsten Inneren strukturkonservativ« seien und wollten, dass »alles so bleibt, wie es ist«. Dafür spricht viel. Doch das ist nicht regressiv oder feige. Es ist angesichts der extrem rapiden Veränderung im Stadtteil eine angemessene, kluge Haltung, manchmal zur Notbremse zu greifen.

Friedrichshain-Kreuzberg ist ärmer, migrantischer und jünger als der Rest von Berlin. Die Fluktuation der Wohnbevölkerung ist größer als in anderen Stadtteilen.[125] Seit knapp zehn Jahren wird Kreuzberg zudem mit Wucht gentrifiziert. Ärmere werden verdrängt, Wohlhabendere ziehen in extrem hochpreisige renovierte Altbauten und elegante Neubauten, die auf Brachen errichtet werden. Ströbele hat früh verstanden, dass der Wohnungsmarkt kippt. 2009 hat er eine Mietpreisbremse gefordert, um die Verdrängungsprozesse abzufedern. Die Berliner SPD, die damals mit der Linkspartei die Hauptstadt regierte, hielt das für überflüssig.

Mit dem Wandel wächst in Friedrichshain-Kreuzberg das soziale Gefälle. In SO 36 gibt es 2016 nicht nur viel mehr Dealer und Touristen als vor zehn Jahren, auch die Dichte an Porsche Cayennes hat zugenommen. Kein zweiter Stadtteil in Berlin verändert sich so schnell, dynamisch und radikal. Ströbele steht auf der Seite jener, die möchten, dass in Kreuzberg vieles bleibt, wie es ist – nämlich alternativ, unfertig. Darin liegt in der Tat etwas Bewahrendes. Es ist der Versuch, den Wandel zu verlangsamen – zugunsten der Schwächeren.

Die Grünen haben seit der Ära der Hausbesetzung in den 80er-Jahren Erfahrung darin, die soziale Balance zu bewahren. Seit den Tagen des ersten grünen Baustadtrats in Kreuzberg, Werner Orlowsky, heißen die Schlüsselworte Bürgerbeteiligung und behutsame Stadtsanierung. Konflikte löst man nicht mit der Polizei oder mit Beschlüssen von oben, sondern durch Verhandlungen mit Besetzern, Verwaltung, Bürgerinitiativen, Anwohnern. Dieses Kreuzberger Modell zielt darauf, möglichst viele mitzunehmen und die soziale Textur zu bewahren. Es ist, wie die Demokratie ist: mühsam, langsam, zeitraubend. Dieser Glaube an die diskursive Lösbarkeit fast aller Probleme, an den Kompromiss, der niemanden ausschließt, ist die Basis des Erfolgs der Grünen – und von Ströbele. Denn es gelingt damit meist zusammenzuhalten, was sozial auseinanderstrebt: mittellose Besetzer und gutverdienendes Alternativbürgertum, Migranten und Start-up-Unternehmen. Anders als in Neukölln konnten in Kreuzberg gewalttätige Eskalationen in den letzten zwanzig Jahren oft eingehegt werden.

Ströbele praktiziert diese Politik der Moderation schon lange. In den 80er-Jahren hat er bei Hausbesetzungen zwischen Autonomen und Polizei, Besetzern und Senat vermittelt, später bei Stress zwischen lärmenden Touristengruppen und entnervten Anwohnern. Als die Polizei 2014 eine von Flüchtlingen besetzte Schule in Kreuzberg räumen sollte, verhandelte er auf dem Dach des Gebäudes, um Schlimmeres zu verhindern. Einige Flüchtlinge hatten bei Räumung mit Selbstmord gedroht.

Ströbele verkörpert die Kontinuität in Kreuzberg. Keiner vereint das Radikale und das Bürgerliche, die Gesten des Protests und das Handfeste so wie er.

So originell und erfolgreich war kaum ein zweites Wahlplakat: Gerhard Seyfrieds Poster für den Wahlkampf 2002 macht Anleihen bei der Pop-Art.

Epilog
Right or wrong – my movement!

»Christian Ströbele tritt extrem uneitel auf. Das ist natürlich auch eitel.«

Claudia Roth, 2015

In Ströbeles Bürowohnung am Holsteiner Ufer stehen einfache Holzregale, die bis unter die Decke mit Akten gefüllt sind. Prozessakten, Unterlagen zur RAF, grünen Parteitagen, Wahlkämpfen. Die Bestände des Sozialistischen Anwaltskollektivs hat er schon vor Jahrzehnten nach Hamburg gegeben, in das Institut für Sozialforschung. Dieter Kunzelmann, bekannt für seinen Ordnungssinn, hat einmal vor zwanzig Jahren das Regalarchiv geordnet. Allerdings, so Ströbele nachsichtig, hat Kunzelmann leider vor allem seine eigenen Akten gesichtet.

In einem Nebenzimmer verwahrt Ströbele sein Heiligstes, versteckt hinter Lamellentüren. Eine Wand voll Briefwechsel mit Baader, Meinhof, Ensslin, Akten aus dem Prozess gegen ihn. Diese Unterlagen darf niemand sehen. Was passiert damit, wenn er stirbt? Vernichten, weil die anwaltliche Schweigepflicht über den Tod hinaus gilt? Einem Archiv vermachen? Er weiß es nicht. Das muss ich in meinem Testament noch regeln, sagt er.

Wenn man aus dem Fenster seiner Bürowohnung in Moabit schaut, sieht man einen Steinwurf entfernt jenseits der Spree einen gewaltigen Hochhauskomplex. Dort war, als Rot-Grün regierte, das Innenministerium. Ganz oben residierte Otto Schily, der auf ihn buchstäblich herunterschauen konnte. Wäre er gern dort gewesen – anstelle von Schily, als Minister? »Nur, wenn ich das, was ich woll-

te, hätte durchsetzen können«, sagt er. Die Verhältnisse waren nicht so. Nicht in den oberen Etagen.
Ströbele ist ein Mann rationaler Kalküle. Deshalb ist er bei den Grünen nicht ausgetreten. Er will wirken, das ging am besten in der Rolle als grüner Dissident. Aber es gibt tiefere Gründe. Ströbele ist aus der katholischen Kirche ausgetreten – sonst nirgendwo. Vielleicht wäre er noch immer ein linker Sozialdemokrat, wenn ihn die SPD nicht 1976 vor die Tür gesetzt hätte. Ströbele ist treu – zu Menschen und Ideen. Treue ist mehr als Loyalität. Sie ist ursprünglicher und eher rein vernünftiger Abwägung entzogen. Ströbeles Anhänglichkeit hat etwas von der Verbundenheit zu Fußballvereinen, mit denen Fans nicht brechen können, egal ob die Klubs absteigen oder korrupte Vorsitzende haben. Den Verein zu wechseln liegt jenseits des Möglichen. Es wäre Verrat an sich selbst.
Ströbele ist in vielem konservativ. Er ist seit fast fünfzig Jahren verheiratet. Er fährt seit siebzig Jahren regelmäßig in den Odenwald in das Häuschen, das sein Großvater 1932 in Mannheim kaufte. Veränderungen an diesem Holzhaus, die den Aufenthalt komfortabler machen würden, sieht er mit jener Skepsis, mit der Konservative jeden Wechsel betrachten. Ströbele ist auch in privatesten Beziehungen konservativ. Die Liebesbeziehung zu seiner Freundin währt nicht Jahre, sondern Jahrzehnte.
Peter Schneider und Hans Magnus Enzensberger haben Reflexionen über 1968 verfasst, *Rebellion und Wahn* und *Tumult*. In beiden Texten betrachten sie sich selbst als junge Revoluzzer und beugen sich mehr oder weniger verwundert über dieses Ich, das sie selbst waren.
Bei Ströbele ist eine solche literarische Spiegelung unvorstellbar – nicht nur, weil er kein stilistisch begabter Autor ist und ihm Selbstbefragung fernliegt. Dieses Unterfangen würde scheitern, weil er sich kaum als Fremder gegenübertreten würde. Er ist 1968 und 2016 in vielem der Gleiche geblieben. Er war drei Jahre als Parlamentarier und Grünen-Chef in Bonn. Doch hauptsächlich hat sich sein Leben in den letzten fünfzig Jahren im Umkreis von zehn Kilo-

metern abgespielt – zwischen Charlottenburg, Moabit, Kreuzberg und Wilmersdorf. Es ist viel Verlässlichkeit, wenig Wechsel, wenig Sprunghaftigkeit darin. »Für die Zeit, die ich als Anwalt im Gericht in Moabit und der JVA verbracht habe, hätte ich auch einen schweren Raub begehen können«, sagt er.

Und er hat 1968 und 2016 die gleichen Überzeugungen – dass man den Verfassungsschutz abschaffen muss, dass der Kapitalismus ein krankes System ist, dass die USA eine imperiale Macht sind. Er ist im Laufe der Jahre milder geworden, aber nur ein wenig. Als er 70 Jahre wurde, bekundete er, weiter Politik zu machen, »weil es mit der Weltrevolution noch nicht geklappt hat«. Das war kokett, aber nicht nur.

1968 ist für ihn noch immer Chiffre einer kollektiven Identität, gegen die deutsche Nation und die Mehrheitsgesellschaft. Die Revolte ist ihm geistige Heimat, die auch blindlings verteidigt wird. Ströbele hält es mit 68 und der linken Militanz so wie manche Patrioten mit ihrer Heimat: *Right or wrong – my movement!*

Ströbele war 1968, in der RAF-Zeit und als *taz*-Gründer immer Anwalt mit bürgerlicher Existenz. Er hat keine Polizisten und Professoren verprügelt und war nicht Mitglied einer totalitären Sekte. Er war der engagierte Anwalt der Militanten, inner- und manchmal außerhalb des Gerichtssaals. Das Radikale war immer auch eine Maske des Bürgers. Ströbele hat weniger zu bereuen als andere. Auch deshalb wurde er zur Projektionsfläche, auf der geläuterte Exmaoisten und Exmilitante wie Joschka Fischer ihre eigene linksradikale Vergangenheit verachten konnten.

Als Jurastudent hat Ströbele in den frühen 60er-Jahren, lange vor der Revolte, mit den »Verfassungs- und Verwaltungsgesetzen der Bundesrepublik Deutschland« gearbeitet. In der tausendseitigen zerschlissenen Gesetzessammlung für öffentliches Recht, der 24. Auflage von 1961, hat er Anfang der 60er-Jahre einen Satz rot unterstrichen: »In keinem Falle darf ein Grundrecht in seinem Wesensgehalt angetastet werden.« Grundgesetz, Artikel 19, Absatz 2.

Das ist sein Credo, mehr als die Weltrevolution, die bei ihm immer wie ein Zitat klingt. Er denkt den Rechtsstaat vom Individuum aus, dessen Grundrechte sakrosankt sind. Gerade gegenüber dem Staat. Denn der Staat ist der Gegner.
Der Anwalt Klaus Eschen, der Ströbele seit 45 Jahren kennt, sagt: »Er flaniert nicht, auch gedanklich nicht. Er hat etwas von einem Forscher, der mit Fleiß und Akribie eine Pilzsorte untersucht und darin aufgeht.«
2012 wäre Ströbeles Karriere fast zu Ende gewesen. Er hatte Krebs. Claudia Roth erinnert sich, dass er kreidebleich neben ihr im Bundestag saß. »Er hatte ganz dünne, durchsichtige Hände, die zitterten.« Trotz täglicher Chemo- und Strahlentherapie versäumte er keine Parlamentssitzung: pflichtbewusst und hart gegen sich selbst. Als Patient war er so, wie ihn manche in der grünen Fraktion sehen: störrisch. Er misstraut der Schulmedizin, ein spätes Echo des Anthroposophischen seiner Mutter, und hat, typisch für Männer seiner Generation, ein technisches Verhältnis zu seinem Körper, der zu funktionieren hat. Sein Arzt sagte ihm 2012, er solle während der Behandlung, die strapaziös und schmerzhaft war, weitermachen wie bisher. Das war ein kluger Rat. Für Politikabhängige ist es besser, zitternd im Bundestag zu sitzen, als im Krankenbett nichts zu tun. Das Prostatakarzinom überwand er mit jener trotzigen Willensstärke, mit der er auch die Anklagen wegen RAF-Unterstützung ertragen hatte.
Anfang 2013 war er wieder gesund. Ein Leben ohne die tägliche Dosis Politik kann er sich kaum vorstellen. »Solange ich krauchen kann, will ich in meinem Leben dazu beitragen, dass die notwendigen Veränderungen in der Gesellschaft stattfinden«, sagt er.[126]

Dank

Dieses Buch basiert auf zahlreichen Gesprächen, die ich 2015 mit Christian Ströbele geführt habe. Ich danke ihm herzlich für seine Kooperationsbereitschaft.

Zudem habe ich mit folgenden Zeitzeugen gesprochen, und zwar in alphabetischer Reihenfolge mit: Volker Beck, Gudrun Behrens-Hardt, Heinrich Breloer, Mathias Bröckers, Karl-Heinz Dellwo, Klaus Eschen, Taina Gärtner, Vera Gaserow, Wolfgang Gast, Konny Gellenbeck, John Goetz, Udo Grönheit, Klaus Hartung, Michael Hatry, Diether Heisig, Gitti Hentschel, Claudia Hiesel, Helmut Höge, Niels Kadritzke, Ursula Karusseit, Udo Knapp, Monika Knoche, Bernd Köppl, Heidi Kosche, Renate Künast, Johann Legner (†), Steffi Lemke, Klaus Manchen, Dieter Marcello, Walter Momper, Kerstin Müller, Urs Müller-Plantenberg, Winfried Nachtwei, Gerd Nowakowski, Ulrich K. Preuß, Astrid Proll, Helga Reindel, Harald Remé, Claudia Roth, Ute Scheub, Franz Schulz, Siegfried Sessler, Bernhard Sinkel, Michael Sontheimer, Henning Spangenberg, Herbert Ströbele, Heinz Suhr, Jürgen Treulieb, Axel Vogel, Sybille Volkholz, Ludger Volmer, Jürgen Wachsmuth, Andreas Weeger, Daniel Wesener, Wolfgang Wieland, Harald Wolf, Gisela Wülffing, Matthias Zieger.

Ich danke außerdem Christoph Becker-Schaum vom Archiv Grünes Gedächtnis und Reinhard Schwarz vom Hamburger Institut für Sozialforschung.

Stefan Reinecke
Berlin, im Februar 2016

Anmerkungen

1 Evonik Industries AG, Konzernarchiv Bestand Hüls AG, Auskunft vom 1. Juli 2015.
2 Erik Eggers, *Die Stimme von Bern. Das Leben von Herbert Zimmermann*, Augsburg 2004, S. 221.
3 Evonik Industries AG, Konzernarchiv Bestand Hüls AG, Auskunft vom 1. Juli 2015.
4 Hamburger Institut für Sozialforschung (HIS), Archiv, Signatur SAK 300, 24, 03.
5 HIS, SAK 300, 50, 06.
6 HIS, Gr, W/002, 002.
7 HIS, SAK 300, 73, 06.
8 HIS, SAK 270, 06, 07, Aussage Bruhn, November 1970.
9 So die Erinnerung des Publizisten Fritz J. Raddatz, Interview von Willi Winkler, *Süddeutsche Zeitung*, 10. Mai 2010.
10 HIS, SAK 515, 04, 01.
11 HIS, SAK 270, 01, 02.
12 HIS, SAK 610, 01, 03.
13 HIS, SAK 515, 06, 08.
14 HIS, SAK 515, 06, 08.
15 HIS, SAK 515, 06, 08.
16 Schily/Ströbele, *Plädoyers einer politischen Verteidigung. Reden und Mitschriften aus dem Mahler-Prozess*, Berlin 1973, S. 15 ff.
17 Schily/Ströbele, ebd., S. 123 ff.
18 Schily/Ströbele, ebd, S. 106 ff.
19 HIS, SAK 270, 01, 01.
20 HIS, SAK 270, 06, 04.
21 HIS, SAK 270, 04, 03.
22 HIS, SAK 270, 06, 04.
23 HIS, SAK 270, 01, 02.
24 HIS, SAK 270, 03, 01.
25 HIS, SAK 270, 03, 01.
26 HIS, SAK 270, 04, 01.
27 HIS, SAK 270, 04, 02.
28 HIS, SAK 270, 01, 03.
29 HIS, Protokoll des Stammheim-Prozesses, Band 627, Aussage Ströbele, S. 10840.
30 *Berufsverbot gegen Verteidiger? Stellungnahme zur Anklageschrift gegen Rechtsanwalt Hans-Christian Ströbele*, hrsg. von Henning Spangenberg, Berlin 1977, S. 70.
31 HIS, SAK 610, 01, 04.
32 HIS, SAK 610, 01, 04.
33 HIS, SAK 610, 01, 05.
34 HIS, Protokoll des Stammheim-Prozesses, Band 627, Aussage Ströbele, S. 10839.
35 HIS, SAK 610, 01, 05.
36 HIS, SAK 610, 01, 04.
37 HIS, SAK 610, 01, 05.
38 HIS, SAK 530, 01, 09. BKA-Bericht von Alfred Klaus über die Auswertung des am 16. und 18. Juli 1973 bei acht RAF-Gefangenen gefundenen Beweismaterials, S. 73.
39 HIS, SAK 610, 01, 05.
40 Alfred Klaus, *Aktivitäten und Verhalten inhaftierter Terroristen*, hrsg. vom Bundesministerium des Innern, Bonn 1983, S. 63.
41 HIS SAK 610, 01, 03.
42 Christoph Riederer, *Die RAF und die Folterdebatte der 1970er Jahre*, Wiesbaden 2014, S. 178. Ende April 1973 und in den Monaten danach entstehen in zwei Dutzend Städten Anti-Folter-Komitees.
43 HIS, ME U 008, 010.
44 HIS, Protokoll des Stammheim-Prozesses, Band 627, Aussage Ströbele, S. 10873.
45 HIS, ME U 003, 001.
46 Gespräch mit Jürgen Treulieb, 2015.
47 HIS, SAK 520, 06, 03.
48 http://www.socialhistoryportal.org/sites/default/files/raf/0019730700_2.pdf
49 *Berufsverbot gegen Verteidiger?*, S. 95.
50 HIS, SAK 530, 01, 09. BKA-Bericht von Alfred Klaus über die Auswertung des am 16. und 18. Juli 1973 bei acht RAF-Gefangenen gefundenen Beweismaterials, S. 73.
51 HIS, ME U 009, 005.
52 HIS, ME U 009, 005.
53 HIS, ME U 009, 005.
54 HIS, ME U 009, 005.
55 Laut Hannover hat er die Zusammenarbeit mit Meinhof beendet. Aber das ist un-

wesentlich: Grund war der Dissens über den Kampf gegen die Isolationsfolter.

56 So die Darstellung in Christoph Riederer, *Die RAF und die Folterdebatte der 1970er Jahre*, Wiesbaden 2014, S. 72 ff.

57 *Berufsverbot gegen Verteidiger?*, S. 104.

58 Ebd., S. 159, Erklärung von Ströbele beim Haftrichter, 23. Juni 1975.

59 HIS, RA 02, 048, 003.

60 *Berufsverbot gegen Verteidiger?*, S. 96.

61 HIS, Protokoll des Stammheim-Prozesses, Band 627, Aussage Ströbele, S. 10880.

62 *Berufsverbot gegen Verteidiger?*, S. 70.

63 HIS, SAK 530, 01, 09. BKA-Bericht von Alfred Klaus über die Auswertung des am 16. und 18. Juli 1973 bei acht RAF-Gefangenen gefundenen Beweismaterials.

64 HIS, SAK 530, 01, 09.

65 *Berufsverbot gegen Verteidiger?*, S. 170 f.

66 HIS, SAK 530, 01, 09.

67 Alfred Klaus, *Aktivitäten und Verhalten inhaftierter Terroristen*, hrsg. vom Bundesministerium des Innern, Bonn 1983, S. 43.

68 SAK 520, 13, 03.

69 Pieter Bakker Schut: *Stammheim. Der Prozess gegen die Rote Armee Fraktion*, Kiel 1986, S. 158.

70 Ganz abgedruckt in Bakker Schut, ebd., S. 587.

71 Bernstein (Pseudonym von Ströbele), »Plädoyer für eine Amnestie«, *taz*-Magazin zur Buchmesse 1978.

72 HIS, Protokoll des Stammheim-Prozesses, Aussage Ströbele, S. 10859 f.

73 Zit. nach Stefan Aust, *Der Baader-Meinhof-Komplex*, München 1998, S. 290, und Pieter Bakker Schut (Hrsg.), *Das Info. Briefe der Gefangenen aus der* RAF. *1973–1977*, Kiel 1987, S. 34.

74 HIS, BA, A, 024, 002.

75 Petra Terhoeven, *Deutscher Herbst in Europa. Der Linksterrorismus der siebziger Jahre als transnationales Phänomen*, München 2014, S. 541.

76 *Prospekt: Tageszeitung*, Frankfurt am Main 1978, S. 1.

77 *taz*, 27. Juni 1979.

78 »Es gab auch einen Zwang, sich selbst zu verwirklichen«, Interview mit Sven Reichardt, *taz*, 17. Mai 2014.

79 Patrik Schwarz, »Die Zärtlichkeit der Völker«, *20 Jahre taz. Das Journal*, Berlin 1999, S. 6.

80 *Berliner Zeitung*, 26. November 2004.

81 *Stern*, 22. November 1979.

82 Brief der Bundesschiedskommission der SPD an Ströbele, 16. März 1976, S. 5, Archiv der sozialen Demokratie FES.

83 Archiv Grünes Gedächtnis (AGG) der Heinrich-Böll-Stiftung, Signatur C Berlin I.1. AL.

84 Laut *Handbuch des Deutschen Bundestages* ist Ströbele 1985 in die AL eingetreten. Das ist unwahrscheinlich. Bei seiner Kandidatur für den Geschäftsführenden Ausschuss der AL 1987 gibt Ströbele an, seit 1983 Mitglied der Partei zu sein. Im Bundestagshandbuch ist auch vermerkt, dass er von 1970 bis 1974 Mitglied der SPD war. Auch das ist falsch. Er war von Oktober 1968 bis März 1976, dem rechtsgültigen Ausschluss, Mitglied der SPD.

85 *taz*, 8. Juli 1986.

86 Ursel Sieber, »Bericht aus Bonn über das grüne Antidiskriminierungsgesetz«, *taz*, 16. September 1986, S. 9.

87 Privatarchiv Christian Ströbele.

88 Juliana Ströbele-Gregor, »Transnationale Spurensuche«, in: Markus Hochmüller, Anne Huffschmid, Teresa Orozco Martínez, Stephanie Schütze, Martha Zapata Galindo (Hrsg.), *Politik in verflochtenen Räumen*, Berlin 2013, S. 476 ff.

89 AGG, B II. 1 Akte 5515.

90 Die zitierten Artikel von »laevis« erschienen am 11. September 1981, 25. Mai 1982 und am 29. Oktober 1983, die Replik von Till Bastian wurde am 18. November 1983 in der *taz* publiziert.

91 AGG, C Berlin I 1, 4 ½.

92 laevis, »Yankee go home«, *taz*, 25. Mai 1982.

93 *AL. Die Alternative Liste Berlin. Entstehung, Entwicklung, Positionen*, hrsg. von Michael Bühnemann, Michael Wendt und Jürgen Wituschek, Berlin 1984, S. 167.

94 AGG, CI 1, Berlin, Akte 1.

95 Günther Anders, *Gewalt ja oder nein. Eine notwendige Diskussion*, München 1987, S. 81.

96 laevis, »Wir zahlen keine Schulden mehr«, *taz*, 5. Februar 1982.

97 AGG, C Berlin I 1, 4 ½.

98 AGG, Berlin C I 1. 5 (2/2).

99 Brief an Erich Honecker, Privatarchiv Christian Ströbele.

100 Brief an Georgia Tornow, 26. Oktober 1989, unveröffentlicht, Privatarchiv Ströbele.

101 Rechenschaftsbericht des GA 1988/89, AGG, C Berlin, 1.1. Akte 6 ½.

102 Transkript von Christian Ströbeles Rede in Duisburg, AGG, BI 1, Akte 195.

103 »Lummer und Ströbele – es ist der gleiche Abwasch«, Interview mit Bommi Baumann, *taz*, 25. März 1989.

104 »Eine Herausforderung für Rot-Grün«, Interview mit Christian Ströbele, *taz*, 3. Mai 1989.

105 AGG, C Berlin 1.1 Akte 6 ½.

106 Astrid Köhler, *Klaus Schlesinger. Die Biographie*, Berlin 2011, Anmerkung 534.

107 Christian Ströbele, Resümee der Arbeit des Bundesvorstands 1991, Privatarchiv Ströbele.

108 Christian Ströbele, Entwurf für eine Stellungnahme des Bundesvorstands, 19. Dezember 1990, Privatarchiv Ströbele.

109 Martin W. Kloke, *Israel und die deutsche Linke. Zur Geschichte eines schwierigen Verhältnisses*, Frankfurt am Main 1994, S. 267.

110 *Liebesgrüße aus Bagdad. Die »edlen Seelen« der Friedensbewegung und der Krieg am Golf*, hrsg. von Klaus Bittermann, Berlin 1991, S. 20.

111 AGG, C BaWü. Akte 143, 1.

112 Jan Philipp Reemtsma, »Deutsche Linke 91«, in: *Der Vorgang des Ertaubens nach dem Urknall*, Zürich 1995, S. 69.

113 AGG, C. Ba Wü Akte 143, 1.

114 Astrid Köhler, »Eine Art Beweisnotstand«, Aus dem Tagebuch von Klaus Schlesinger 1991, *Sinn und Form* 3/2014, S. 325.

115 Joachim Raschke, *Die Zukunft der Grünen*, Frankfurt am Main 2001, S. 393.

116 Ludger Volmer, *Die Grünen. Von der Protestbewegung zur etablierten Partei – Eine Bilanz*, München 2009, S. 407.

117 Joschka Fischer, *Die rot-grünen Jahre. Deutsche Außenpolitik – vom Kosovo bis zum 11. September*, Köln 2007, S. 30.

118 *Frankfurter Allgemeine Zeitung*, 24. September 2002.

119 Protokoll des Untersuchungssauschusses, 33. Sitzung, 6. Juli 2000, S. 134 ff. Die Antworten sind geringfügig wegen besserer Lesbarkeit gekürzt, Wiederholungen wurden weggelassen.

120 Abschlussbericht des 1. Untersuchungsausschusses, Drucksache 14/9300, S. 371 ff. Berichterstatter: Joachim Stünker (SPD), Gabriele Fograscher (SPD), Hans-Christian Ströbele (Bündnis 90/Die Grünen), Berlin 11. Juni 2002, http://dipbt.bundestag.de/dip21/btd/14/093/1409300.pdf

121 Unterrichtung durch das Parlamentarische Kontrollgremium (PKGr), Bewertung zum Bericht der Bundesregierung zu Vorgängen im Zusammenhang mit dem Irakkrieg und der Bekämpfung des internationalen Terrorismus, 24. Februar 2006. Drucksache 16/800. Darin finden sich auch die abweichenden Bewertungen von Christian Ströbele, Max Stadler und Wolfgang Nešković. http://dip21.bundestag.de/dip21/btd/16/008/1600800.pdf. In dem Gesetz über die parlamentarische Kontrolle nachrichtendienstlicher Tätigkeit des Bundes (Kontrollgremiumgesetz – PKGrG) heißt es in Paragraf 10: »Die Beratungen des Parlamentarischen Kontrollgremiums sind geheim. Die Mitglieder des Gremiums und die an den Sitzungen teilnehmenden Mitglieder des Vertrauensgremiums nach § 10a der Bundeshaushaltsordnung sind zur Geheimhaltung der Angelegenheiten verpflichtet, die ihnen bei ihrer Tätigkeit im Parlamentarischen Kontrollgremium bekannt geworden sind. Dies gilt auch für die Zeit nach ihrem Ausscheiden aus beiden Gremien. Das Gleiche gilt für Angelegenheiten, die den Mitgliedern des Parlamentarischen Kontrollgremiums anlässlich der Teilnahme an Sitzungen des Vertrauensgremiums nach § 10a der Bundeshaushaltsordnung bekannt geworden sind. Absatz 1 gilt nicht für Bewertun-

gen bestimmter Vorgänge, wenn eine Mehrheit von zwei Dritteln der anwesenden Mitglieder des Parlamentarischen Kontrollgremiums ihre vorherige Zustimmung erteilt hat. In diesem Fall ist es jedem einzelnen Mitglied des Gremiums erlaubt, eine abweichende Bewertung (Sondervotum) zu veröffentlichen.«

122 Ströbele führte folgende konkreten Daten an: »Im Einzelnen waren es drei Objekte mit Schreiben vom 28. März 2003, drei Objekte mit Schreiben vom 30. März 2003, vier Objekte am 1. April 2003 und ein Objekt am 7. April 2003. Am 28. März 2003 – schwere 3-achsige Militär-Lkws untergezogen in Gebäuden mit Koordinaten – ein Ausweichgefechtsstand im Gebäude mit Koordinaten – neue MG-Stellungen und viel Militär auf dem Offiziersclub der Luftwaffe nach dessen Zerstörung. Am 30. März 2003 – SRG- und RG-Stellungen (Republikanische Garden und Sonder-Garden) umgehend gemeldet an bereits zuvor gemeldeten Koordinaten – Republikanische Garden mit Lkws, Tank-Lkw, Pick-ups mit MG, Soldaten in Stellungen mit 3 x Koordinaten – Gebäude mit 2 ZU-Zwilling mit Koordinaten. Am 1. April 2003 – Offiziersclub der Luftwaffe dem Erdboden gleichgemacht durch erneute Bombardierungen, jetzt mit neuen Kfz, Soldaten, Republikanische Garden und Pick-ups – unter Tarnnetzen auf einem Gelände ›hochwertige Militärfahrzeuge‹ und vermutet einen Bunkerzugang mit Koordinaten – Gebäude gegenüber dem Offiziersclub mit Offizieren mit Koordinaten – Gefechtsstand mit 7 Pick-ups mit MGs, Soldaten, höheren Offizieren der Revolutionären Garden. Am 7. April 2003, 14.18 Uhr – Ausweichquartier IRQND (irakischer Geheimdienst) mit Koordinaten.«

123 Plutonia Plarre, *taz*, 7. Juni 2009.

124 http://www.11freunde.de/artikel/stroebele-ueber-deutschland-fahnen

125 Zumindest gilt dies für die Zeit bis 2007. Neuerdings scheint dieser Trend wegen der extrem gestiegenen Mieten gestoppt. Wer hier eine Wohnung hat, gibt die nicht auf. https://www.statistik-berlin-brandenburg.de/Publikationen/Aufsaetze/2008/HZ_200805-02.pdf

126 Hans-Christian Ströbele: »Solange ich krauchen kann«, *Berliner Zeitung*, 28. Januar 2013.

Ausgewählte Literatur

DIE BUNDESREPUBLIK DEUTSCHLAND IN DEN 50ER-JAHREN

Werner Abelshauser, *Die langen fünfziger Jahre. Wirtschaft und Gesellschaft der Bundesrepublik Deutschland. 1949–1966*, Düsseldorf 1987.

Erik Eggers, *Die Stimme von Bern. Das Leben von Herbert Zimmermann. Reporterlegende bei der WM 1954*, Augsburg 2004.

Norbert Frei, *Vergangenheitspolitik. Die Anfänge der Bundesrepublik und die NS-Vergangenheit*, München 1996.

Hermann Glaser, *Kulturgeschichte der Bundesrepublik Deutschland,* Bd. 2: *Zwischen Grundgesetz und Großer Koalition. 1949–1967*, München/Wien 1986.

Ulrich Herbert (Hrsg.), *Wandlungsprozesse in Westdeutschland. Belastung, Integration, Liberalisierung. 1945–1980*, Göttingen 2002.

Jost Hermand, *Kultur im Wiederaufbau. Die Bundesrepublik Deutschland. 1945–1965*, München 1986.

Bernhard Lorentz und Paul Erker, *Chemie und Politik. Die Geschichte der Chemischen Werke Hüls. 1938–1979. Eine Studie zum Problem der Corporate Governance*, München 2003.

Axel Schildt, *Ankunft im Westen. Ein Essay zur Erfolgsgeschichte der Bundesrepublik*, Frankfurt am Main 1999.

Helmut Schelsky, *Die skeptische Generation. Eine*

Soziologie der deutschen Jugend, Düsseldorf 1957.
Kurt Sontheimer, *Die Adenauer-Ära. Grundlegung der Bundesrepublik*, München 1991.

DIE STUDENTENBEWEGUNG

Heinz Bude, *Das Altern einer Generation. Die Jahrgänge 1938 bis 1984*, Frankfurt am Main 1995.
Marco Carini, *Fritz Teufel. Wenn's der Wahrheitsfindung dient*, Hamburg 2003.
Ulrich Chaussy, *Die drei Leben des Rudi Dutschke. Eine Biographie*, Zürich/München 1999.
Daniel Cohn-Bendit, *Wir haben sie so geliebt, die Revolution*, Frankfurt am Main 1987.
Gretchen Dutschke, *Rudi Dutschke. Wir hatten ein barbarisches, schönes Leben. Eine Biographie*, München 1998.
Rudi Dutschke, *Jeder hat sein Leben ganz zu leben, Die Tagebücher. 1963–1979*, hrsg. von Gretchen Dutschke, Köln 2003.
Hans Magnus Enzensberger, *Tumult*, Berlin 2014.
Hans Magnus Enzensberger (Hrsg.), *Kursbuch 12*, »Der nicht erklärte Notstand. Dokumentation und Analyse eines Berliner Sommers«, Frankfurt am Main 1968.
Ulrich Enzensberger, *Die Jahre der Kommune 1. Berlin 1967–1969*, Köln 2004.
Norbert Frei, *1968. Jugendrevolte und globaler Protest*, München 2008.
Christopher Görlich, *Die 68er in Berlin. Schauplätze und Ereignisse*, Berlin 2002.
Gerd Koenen, *Das rote Jahrzehnt. Unsere kleine deutsche Kulturrevolution. 1967–1977*, Köln 2001.
Wolfgang Kraushaar, *1968 als Mythos, Chiffre und Zäsur*, Hamburg 2000.
Dieter Kunzelmann, *Leisten Sie keinen Widerstand! Bilder aus meinem Leben*, Berlin 1998.
Albrecht von Lucke, *68 oder neues Biedermeier. Der Kampf um die Deutungsmacht*, Berlin 2008.
Peter Schneider, *Rebellion und Wahn. Mein 68. Eine autobiographische Erzählung*, Köln 2008.
Detlef Siegfried, *Time is on my side. Konsum und Politik in der westdeutschen Jugendkultur der 60er Jahre*, Göttingen 2006.
Uwe Soukup, *Wie starb Benno Ohnesorg? Der 2. Juni 1967*, Berlin 2007.
Uwe Wesel, *Die verspielte Revolution. 1968 und die Folgen*, München 2002.

DIE RAF

Stefan Aust, *Der Baader-Meinhof-Komplex*, München 1998.
Pieter Bakker Schut, *Stammheim. Der Prozess gegen die Rote Armee Fraktion*, Kiel 1986.
Pieter Bakker Schut (Hrsg.), Das Info. Briefe *der Gefangenen aus der RAF. 1973–1977*, Kiel 1987.
Bommi Baumann, *Wie alles anfing*, Duisburg 1984.
Gerd Conradt, *Starbuck Holger Meins. Ein Porträt als Zeitbild*, Berlin 2001.
Karl-Heinz Dellwo, *Das Projektil sind wir. Der Aufbruch einer Generation, die RAF und die Kritik der Waffen*, Gespräche mit Tina Petersen und Christoph Twickel, Hamburg 2007.
Jutta Ditfurth, *Ulrike Meinhof. Die Biografie*, Berlin 2007.
Ulrike Edschmid, *Frau mit Waffe. Zwei Geschichten aus terroristischen Zeiten*, Frankfurt am Main 2001.
Hans Magnus Enzensberger (Hrsg.), *Kursbuch 32*, »Folter in der BRD. Zur Situation der Politischen Gefangenen«, Berlin 1973.
Alfred Klaus, *Aktivitäten und Verhalten inhaftierter Terroristen*, hrsg. vom Bundesministerium des Innern, Bonn 1983.
Wolfgang Kraushaar, *Die Bombe im Jüdischen Gemeindehaus*, Hamburg 2005.
Wolfgang Kraushaar (Hrsg.), *Die RAF und der linke Terrorismus*, 2 Bde., Hamburg 2006.
Butz Peters, *Tödlicher Irrtum. Die Geschichte der RAF*, Berlin 2004.
Michael Sontheimer, *Natürlich kann geschossen werden. Eine kurze Geschichte der Roten Armee Fraktion*, München 2010.
Klaus Stern und Jörg Herrmann, *Andreas Baader. Das Leben eines Staatsfeindes*, München 2007.
Petra Terhoeven, *Deutscher Herbst in Europa. Der Linksterrorismus der siebziger Jahre als transnationales Phänomen*, München 2014.
Oliver Tolmein, *»RAF – Das war für uns Befreiung«. Ein Gespräch mit Irmgard Möller, über bewaffneten Kampf, Knast und die Linke*, Hamburg 2002.

Kristin Wesemann: *Ulrike Meinhof. Kommunistin, Journalistin, Terroristin – eine politische Biografie*, Baden-Baden 2007.
Willi Winkler, *Die Geschichte der RAF*, Berlin 2007.

DIE ANWÄLTE DER *RAF*

Martin Block und Birgit Schulz, *Die Anwälte. Ströbele, Mahler, Schily. Eine deutsche Geschichte*, Köln 2010.
Hellmut Brunn und Thomas Kirn, *Rechtsanwälte, Linksanwälte. 1971–1981 – das Rote Jahrzehnt vor Gericht*, Frankfurt am Main 2004.
Claus Croissant u.a., *Politische Prozesse ohne Verteidigung?*, hrsg. von Wolfgang Dreßen, Berlin 1976.
Klaus Eschen u.a. (Hrsg.), *»Linke« Anwaltschaft von der APO bis heute. Chancen und Versäumnisse*, Köln 1988.
Heinrich Hannover, *Die Republik vor Gericht. 1975–1995. Erinnerungen eines unbequemen Rechtsanwalts*, Berlin 1999.
Michael Fischer, *Horst Mahler. Biographische Studie zu Antisemitismus, Antiamerikanismus und Versuche deutscher Schuldabwehr*, Karlsruhe 2015.
Stefan Reinecke, *Otto Schily. Vom RAF-Anwalt zum Innenminister*, Hamburg 2003.
Christoph Riederer, *Die RAF und die Folterdebatte der 1970er Jahre*, Wiesbaden 2014.
Henning Spangenberg (Hrsg.), *Berufsverbot gegen Verteidiger? Stellungnahme zur Anklageschrift gegen Rechtsanwalt Hans-Christian Ströbele*, Berlin 1977.
Frank Rühmann, *Anwaltsverfolgung in der Bundesrepublik. 1971–1976*, Hamburg 1977.
Otto Schily und Christian Ströbele, *Plädoyers einer politischen Verteidigung. Reden und Mitschriften aus dem Mahler-Prozess*, hrsg. von der Roten Hilfe Westberlin, Berlin 1973.

DIE 80ER-JAHRE: VON TUNIX ÜBER DIE *TAZ* ZUR ALTERNATIVEN LISTE

Udo Baron, *Kalter Krieg und heißer Frieden. Der Einfluss der SED und ihrer westdeutschen Verbündeten auf die Partei »Die Grünen«*, Münster/Hamburg/London 2003.
Mathias Bröckers, *Die taz. Das Buch. Aktuelle Ewigkeitswerte aus zehn Jahren »tageszeitung«*, Frankfurt am Main 1989.
Michael Bühnemann, Michael Wendt und Jürgen Wituschek (Hrsg.): *AL. Die Alternative Liste Berlin. Entstehung, Entwicklung, Positionen*, Berlin 1984.
Hans Magnus Enzensberger, Karl Markus Michel u.a. (Hrsg.), *Kursbuch 57*, »Der Mythos des Internationalismus«, Berlin 1979.
Geschäftsführender Ausschuß der Alternativen Liste für Demokratie und Umweltschutz (Hrsg.), *Dokumentation über die Gewaltdiskussion der Alternativen Liste Berlin*, Berlin 1983.
Lutz Haarmann, *Teilung anerkannt, Einheit passé? Status-quo-oppositionelle Kräfte in der Bundesrepublik Deutschland vom Grundlagenvertrag bis zur Friedlichen Revolution*, Berlin 2013.
Gudrun Heinrich, *Rot-Grün in Berlin. Die Alternative Liste in der Regierungsverantwortung. 1989–1990*, Marburg 1993.
Walter Hollstein und Boris Penth, *Alternativprojekte. Beispiele gegen die Resignation*, Reinbek 1980.
Initiativgruppen für eine Tageszeitung (Hrsg.), *Prospekt: Tageszeitung*, Frankfurt am Main 1978.
Martin W. Kloke, *Israel und die deutsche Linke. Zur Geschichte eines schwierigen Verhältnisses*, Frankfurt am Main 1994.
Jörg Magenau, *Die taz. Eine Zeitung als Lebensform*, München 2007.
Sven Reichardt, *Authentizität und Gemeinschaft, Linksalternatives Leben in den siebziger und frühen achtziger Jahren*, Berlin 2014.
Joseph Scheer und Jan Espert, *Deutschland, Deutschland, alles ist vorbei. Alternatives Leben oder Anarchie? Die neue Jugendrevolte am Beispiel der Berliner »Scene«*, München 1982.
Klaus-Dieter Tangermann, *Ein Vulkan. Zentralamerika. Politische Reisen durch Guatemala, El Salvador und Nicaragua*, taz-Journal Nr. 2, Berlin 1981.
taz Hoch 10, 10 Jahre Pressefrechheit, Juchz- & Jubel-Sonderheft, Berlin 1989.
20 Jahre taz. Das Journal, Berlin 1999.

DIE GRÜNEN UND ROT-GRÜN

Joschka Fischer, *Die rot-grünen Jahre. Deutsche Außenpolitik – vom Kosovo bis zum 11. September*, Köln 2007.
Joschka Fischer, *»I am not convinced«. Der Irak-Krieg und die rot-grünen Jahre*, Köln 2011.

Matthias Geis und Bernd Ulrich, *Der Unvollendete. Das Leben des Joschka Fischer*, Berlin 2002.
Rudolf van Hüllen, *Ideologie und Machtkampf bei den Grünen. Untersuchung zur programmatischen und innerorganisatorischen Entwicklung einer deutschen »Bewegungspartei«*, Bonn 1990.
Hubert Kleinert, *Aufstieg und Fall der Grünen. Analyse einer alternativen Partei*, Bonn 1992.
Christian Otto, *Die Grünen und der Pazifismus*, Marburg 2011.
Herbert Prantl, *Verdächtig. Der starke Staat und die Politik der inneren Unsicherheit*, Hamburg 2002.
Joachim Raschke, *Die Zukunft der Grünen. »So kann man nicht regieren«*, Frankfurt am Main/New York 2001.
Joachim Raschke (Hrsg.), *Die Grünen. Wie sie wurden, was sie sind*, Köln 1993.
Gregor Schöllgen, *Gerhard Schröder. Die Biographie*, München 2015.
Christian Simmert mit Volker Engels, *Die Lobby regiert das Land*, Berlin 2002.
Ludger Volmer, *Die Grünen. Von der Protestbewegung zur etablierten Partei – eine Bilanz*, München 2009.
Ludger Volmer, *Kriegsgeschrei und die Tücken der deutschen Außenpolitik*, Wien/Berlin/München 2013.
Edgar Wolfrum, *Rot-Grün an der Macht. Deutschland. 1998–2005*. München 2013.

NACH 2000: VOM KOSOVOKRIEG ÜBER AFGHANISTAN ZU EDWARD SNOWDEN

Stefan Aust und Cordt Schnibben (Hrsg.), *Irak. Geschichte eines modernen Krieges*, München 2003.
Sascha Brinkmann, Joachim Hoppe und Wolfgang Schröder (Hrsg.), *Feindkontakt. Gefechtsberichte aus Afghanistan*, Hamburg 2013.
Rainer Buske, *Kunduz. Ein Erlebnisbericht über einen militärischen Einsatz der Bundeswehr in Afghanistan im Jahre 2008*, Berlin 2015.
Christian Fuchs und John Goetz , *Geheimer Krieg. Wie von Deutschland aus der Kampf gegen den Terror gesteuert wird*, Reinbek 2013.
John Goetz, Conny Neumann, Oliver Schröm, *Allein gegen Kohl, Kiep & Co.*, Berlin 2000.
Glenn Greenwald, *Die globale Überwachung. Der Fall Snowden, die amerikanischen Geheimdienste und die Folgen*, München 2014.
Helmut Kohl, *Mein Tagebuch. 1998–2000*, München 2000.
Hans Leyendecker, *Die Lügen des Weißen Hauses. Warum Amerika einen Neuanfang braucht*, Reinbek 2004.
Heinz Loquai, *Der Kosovo-Konflikt – Wege in einen vermeidbaren Krieg. Die Zeit von Ende November 1997 bis März 1999*, Baden-Baden 2000.
Herfried Münkler, *Der neue Golfkrieg*, Reinbek 2003.
Erich Rathfelder, *Kosovo. Geschichte eines Konflikts*, Berlin 2010.
Marcel Rosenbach und Holger Stark, *Der NSA-Komplex, Edward Snowden und der Weg in die totale Überwachung*, München 2015.

ALLGEMEIN

Ulrich Herbert, *Geschichte Deutschlands im 20. Jahrhundert*, München 2014.
Jan Philipp Reemtsma, *Der Vorgang des Ertaubens nach dem Urknall. 10 Reden und Aufsätze*, Zürich 1995.
Heinrich August Winkler, *Der lange Weg nach Westen. Deutsche Geschichte*, 2 Bde., München 2000.

Personenregister

Kursiv gesetzte Seitenzahlen verweisen auf Bildunterschriften

Bildnachweis

Die Abbildungen auf den Seiten 14, 20, 23, 27, 39, 42, 50, 51, 52, 53, 56, 60, 63, 65, 70 und 74 stammen aus dem privaten Besitz von Hans-Christian Ströbele und Helga Reindel. Der Abdruck erfolgt mit ihrer freundlichen Genehmigung.

Gerd Conradt aus dem Nachlass Holger Meins: S. 181
Marc Darchinger: S. 354
ddp images: S. 446
Stefan Doblinger: S. 246
dpa Picture-Alliance: S. 153, 214, 229, 430, 442
Klaus Eschen: S. 120, 124, 132
Theo Heimann: S. 371
Diether Heisig: S. 22
Picture Press: S. 164
Ralph Rieth: S. 268, 288
taz/Isabel Lott: S. 249
ullstein bild: S. 141, 174, 378
Günter Zint: S. 239, 256
Rolf Zöllner: S. 330